U0515958

UNIVERSITY OF CHINESE ACADEMY OF SOCIAL SCIENCES
中国社会科学院大学
1978
中国社会科学院大学
University of Chinese Academy of Social Sciences

笃学 慎思　明辨 尚行

中国社会科学院大学系列教材

工商管理系列

组织行为学

徐　明　主编

Organizational Behavior

社会科学文献出版社
SOCIAL SCIENCES ACADEMIC PRESS (CHINA)

本教材（编号：JCJS2023005）由中国社会科学院大学教材建设项目专项经费支持

徐 明

中国社会科学院大学教授、博士生导师，人力资源学科带头人和学科点负责人，国家治理现代化与社会组织研究中心主任，中国人才研究会副秘书长。《中国人力资源管理年鉴》执行主编。康奈尔大学访问学者。主持国家社科基金项目、中国社会科学院国情调研重大项目、北京市社科基金重大项目等 20 余项。主要著作有：《集团化管控与企业文化建设》《青年就业问题应对之道：基于公共卫生危机视角》等。近年来，在《人民日报》（理论版）、《光明日报》（理论版）、《经济日报》（理论版）、《中国行政管理》、《人口与经济》、《北京社会科学》、《经济与管理研究》、《人民论坛》、《学术前沿》、《中国青年研究》、《管理学刊》、《中国人力资源开发》等报刊发表文章 70 余篇。多篇研究成果被《新华文摘》、中国人民大学《复印报刊资料》等转载。

前　言

在当今快速变化的商业环境中，理解组织内部的行为和动力机制对于任何追求卓越的企业等组织和个人而言都至关重要。本教材旨在为读者提供一个全面而深入的视角，以探究个体、群体以及组织层面的行为模式及其影响因素。

本书各章内容安排如下。第一章为组织行为学概论，全景式地介绍组织行为学的理论演进、学科基础等。第二章至第六章针对个体层面，主要探讨了个体在组织中的心理和行为基础，包括态度与工作满意度、人格与价值观、情绪与情绪劳动、知觉与个体决策以及动机等核心议题。通过对这些议题的深入分析，我们希望能够帮助读者更好地理解个体在组织中的行为模式，以及如何通过调整这些因素来优化个体的工作表现和幸福感。第七章至第十二章针对群体层面，着重于探讨群体、工作团队、沟通、领导、权力与政治以及冲突与谈判等议题。群体是组织的基本单位，而群体内部的互动和关系直接影响着组织的运行效率和创新能力。因此，通过深入分析这些议题，我们期望能够帮助读者更好地理解群体行为的动力机制，以及如何有效地管理和引导群体行为。第十三章至第十五章针对组织层面，主要关注组织结构与组织设计、组织文化以及组织变革与发展等议题。组织是个体和群体行为的集合体，而组织的结构和文化则直接影响着个体和群体的行为表现。因此，通过深入分析这些议题，我们期望能够帮助读者更好地理解组织行为的动力机制，以及如何有效地推动组织的变革和发展。

在编写本教材的过程中，我们特别注重融入立德树人思想和中华优秀传统文化。“立德”即培养崇高的品德，“树人”即培养高素质的人才，立德树人就是让学生成为德才兼备、全面发展的人才。在组织行为学教材的编写过程中，我们坚定不移地将立德树人作为核心使命，将这一理念深度融入教材的每一章节，旨在激励和引导学生不断磨砺品格、积累知识、激发创新思维，并培养他们为祖国的繁荣富强贡献力量的崇高情怀。中国作为一个拥有悠久历史和灿烂文化的国家，其传统文化中蕴含着丰富的管理智慧和人生哲理。因此，我们将中华优秀传统文化中的典型案例融入教材中，以期在传授专业知识的同时，能够激发读者的爱国情怀和民族自豪感。此外，本教材还以培养具有家国情怀、德才兼备、能够担当民族复兴大任的时代新人为宗旨，希望通过教育引导读者树立正确的价值观和人生观。

同时，为了保持教材的时效性和权威性，我们在编写过程中引用了大量最新的权威期刊论文。这些论文不仅为我们提供了最新的理论观点和研究成果，还为我们拓宽了学术视野和思路。我们相信，通过阅读这些论文，读者能够更好地理解组织行为学的最新动态和发展趋势。

本教材获得中国社会科学院大学校级教材建设项目“组织行为学”（编号：JCJS2023005）的支持。在教材编写过程中，中国人民大学李超平教授、中国社会科学院工业经济研究所高中华研究员提供了宝贵的意见和建议，聂云蕊、曾玲、李美华、刘雅函、李佳颐参与了资料收集和校对工作。

本教材是一本全面、深入、具有鲜明中国特色的面向研究生的教材。我们希望通过本教材的学习，读者能更好地掌握组织行为学的核心知识和技能，为未来的职业生涯和学术研究打下坚实的基础。受编者水平所限，书中难免存在疏漏和不足之处，敬请读者指正！

徐　明

2024 年 5 月于中国社会科学院大学

目　录

第一章　组织行为学概论

第一节　组织与组织行为学

一　组织的定义与特点

组织（organization）是指在一定的环境下，为实现一个或者一系列共同的目标，由若干个人或群体协作组成的具有特定结构和功能的、通过权责分配形成一定规章制度的系统。组织是由一系列连续活动构成的动态整体，也是相对静止的社会实体单位。它要求的是人的和谐，而不是物的和谐。组织是人生价值得以实现的地方，人的许多活动都会以组织的形式出现。组织目标的实现需要依靠组织成员的努力，而组织为个人价值的实现提供舞台，组织与个人的有机结合使双方互惠互利。

从组织的定义中我们可知组织具有如下特征。

（一）组织具有目标性

组织是为了实现特定的目标和使命而形成的。企业的目标是为消费者提供产品或者服务；学校的目标是为了培养人才，促进人的身心发展；医院的目标是为人们的健康服务。

（二）组织是人的集合

组织的目标仅仅依靠个人是难以完成的，这使得组织由多个人构成，组织可以通过调动人的能动性将现存的资源进行合理配置。如果工作人员都离开了计算机公司且无人接替，那么计算机公司就不能被称为组织，也失去了意义。正是人群形成了组织，创造了价值。

（三）组织具有系统性

组织由若干个人或群体协作构成，通过专业化的分工和协调完成目标任务进而形成一个有机整体。组织需要把要做的工作拆分开，对个人的权责进行明确，利用一定的规章制度等对成员的行为进行约束和协调，以强化对组织的管理。

二　组织与管理的关系

管理作为一种实践活动一直伴随着人类的社会生活。美国管理学家哈罗德·孔茨（Harold Koontz）和海因茨·韦里克（Heinz Weihrich）认为，管理是设计和保持一种良好环境，使人们在组织中高效率地完成既定目标。关于管理的职能，法国工业家亨利·法约尔（Henri Fayol）指出，管理包括计划、组织、指挥、协调和控制五项职能。如今，我们常将管理简化为：计划、组织、领导和控制四项职能。无论何种表述，其核心都是：在组织中让人把事情做好。

组织与管理两者密不可分，组织是管理的基础，管理是组织的核心。组织为管理提供了施展的平台，没有组织，管理就失去了对象。一方面，管理目标是为了更好地实现组织目标，管理的好坏直接影响组织的效益和发展。组织是由一个个的个体组合而成的整体，必须进行协调管理才能确保目标的一致性。另一方面，管理需要适应组织的特点和环境的要求，不同的组织需要采取不同的管理模式和方法。于内部而言，组织需要通过资源的合理分配、技术的有效利用和机构的有效协调等实现自己的目标。于外部而言，组织也需要进行管理，以确保所提供的产品和服务符合消费者的需求，实现价值的增值。

三　组织行为学的定义与主要内容

组织行为学（organizational behavior）是行为科学在管理中的运用，即利用各种与人的行为有关的知识，采用系统性的分析方法，研究一定组织中的心理和行为规律的科学，以期提高管理者对本组织成员行为的预测、引导和控制，进而实现组织目标。[①] 组织行为是人们作为组织成员在工作中表现出来的行为，但不包含成员下班后的业余活动，比如购物、娱乐等。组织行为学探讨个体、群体以及结构对组织内部行为的影响，以便应用这些知识改善组织的有效性。根据上述定义，组织行为学具有以下内涵。

① 刘智强、关培兰编著《组织行为学（第5版）》，中国人民大学出版社，2020，第3页。

第一，研究对象既包括心理活动规律也包括行为活动规律。

第二，研究范围是在一定的组织当中，既可以是工商企业等营利组织也可以是学校、医院、政府机构等非营利组织。

第三，研究方法为系统分析法，个体作为群体的子系统，群体作为组织的子系统，三个层次相互联系，共同构成一个相对稳定的特定系统。

第四，研究目的是掌握组织中个体的心理和行为规律，以期提高管理者对本组织成员行为的预测、引导和控制，进而实现组织目标。

斯蒂芬·罗宾斯（Stephen Robbins）和蒂莫西·贾奇（Timothy Judge）将组织行为学的研究内容模型化。这个模型指出：组织行为学包括输入、过程和输出三种类型的变量，分个体、群体和组织三个层次进行分析。表 1-1 是本书的框架，我们参考了罗宾斯和贾奇的组织行为学模型并结合本书特色进行调整，总共分为十五章，第一章为组织行为学概论，个体层面为第二章到第六章，群体层面为第七章到第十二章，组织层面为第十三章到第十五章。这一模型表明，输入导致过程，过程导致输出，我们将在各个层次的分析中进行详细讨论。

表 1-1　组织行为学的基本模型

	个体	群体	组织
输入	人格与价值观	群体 工作团队	组织结构与组织设计 组织文化
过程	情绪与情绪劳动 知觉与个体决策 动机	沟通 领导 权力与政治 冲突与谈判	组织变革与发展
输出	态度与工作满意度	群体凝聚力	生产率

资料来源：斯蒂芬·罗宾斯、蒂莫西·贾奇《组织行为学（第 18 版）》，孙健敏、朱曦济、李原译，中国人民大学出版社，2021，第 23 页。

四　组织行为学核心课题

组织行为学是研究组织内部个体、群体和行为及其对组织效能影响的学科。它关注人们在组织中的行为模式以及这些行为如何影响组织的绩效。通过分析个体在工作环境中的态度、行为和动机，群体间的互动和团队动力，以及组织结构和文化对行为的制约和激励，组织行为学旨在提升组织运作的效率和效果。组织行为学特别强调对工作、岗位、缺勤、离职、生产率、工作绩效和管理等与雇佣直接相关的行为的研究。尽管存在一些争议，但对于组织行为学的核心课题，学术界和实践界已基本达成共识，主要包括：

- 态度形成与知觉
- 动机
- 群体结构与过程
- 沟通
- 领导行为和权力
- 组织变革
- 冲突与谈判
- 组织结构与组织设计

五　组织行为学的研究方法

（一）观察法

观察法（observational method）即利用自己的感觉器官对目标对象的行为进行观察，以此来推断其内在的心理状态的研究方法，大致有两种具体的分类。①按照观察者与被观察者的关系可分为参与观察法和非参与观察法。使用参与观察法的观察者直接参与到被观察者的工作当中，通过共同活动开展观察。参与观察法可以更好地避免观察者的伪装，使得观察到的资料更加有效和可靠，但是被观察者可能会觉得不自在，从而影响获取资料的真实性。使用非参与观察法的观察者不参与被观察者的工作，而是通过旁观开展观察。非参与观察法可以看到被观察对象更加真实客观的行为。两种观察方法均受到观察者的价值观、个性等因素的影响。②按照观察场景的不同可分为自然观察法和控制观察法。前者指在自然真实的情景下，对行为不加任何干预而观察他人的行为，这使得观察结果更加具有典型性，但是难以分析其行为变化的自变量因素；后者是指观察者可以对自变量进行控制，而被观察者也知道自己处于被观察状态的观察方法，这类方法更有助于观察变量与行为的关系。

（二）调查法

调查法（survey method）是调查者根据事先拟定的一系列问题，通过调查、访问、谈话、问卷等方式收集资料并加以分析统计，这主要是为了了解调查对象对某一事物的看法、感情和满意度等。抽样是从总体中选取样本的过程和方法，用于选取调查对象，是调查的前提和组成部分。常用的抽样方法有：①随机抽样，即从总体中随机选择个体，例如通过抽签、随机数字生成器等方式取样。其主要优点是简便易行，可减少样本偏差，其结果可推断整个总体相关指标。②有意抽样，它并非概率抽样方法，而是研究者倾向于选择那些容易接触到的和有代表性的个体作为样本。其优点是操作简单、成本低，但缺点是样本可能存在偏差。③分层抽样，即将总体按照年龄、性别、地区、单位、等级、行业等分割成若干个层次，每个层次内部具有相似的特征。在每个层次中独立进行随机抽样，然后将各层次的样本合并起来。

较为常用的调查方法有：①面谈法，一般分为有组织谈话和无组织谈话。前者结构严密，面谈者预先拟定提纲，被面谈者回答相关问题，循序渐进且层次分明；后者结构松散、气氛活跃，没有固定的模式。面谈法简单易行，有助于获得第一手资料，但对面谈者的能力要求较高。②问卷调查法，即被调查者依据个人情况，填写预先详细周密设计的问卷的研究方法。其常用的度量方式有：是非法、选择法和等级排列法等。问卷法可以在短时间内获得大量材料，使得研究高效和低成本，标准的问卷使得数据易于数量化。但这种问卷在设计过程中可能出现问题表述不清、开放式问题难以量化、部分受访者不愿意花时间填写问卷等问题。

（三）心理测试法

心理测试法（psychological test）指调查者通过一系列标准化的测试工具来测量和评估人的心理特征、行为模式和认知过程。测试通常包括各种题目和任务，旨在考察个体的智力、性格、动机、情绪、态度和其他心理变量。在企业人力资源开发与管理中，它常被作为招聘选拔、人员考核、岗位测量的基础。然而，心理测试并不是绝对科学和完美无缺的，它可能受到测试条件、个体差异、文化背景等多种环境的影响，因此应将测试的信度和效度控制在一定的合理范围之内。

（四）实验法

实验法（experimentation）需要先假设一个或者多个自变量对一个或者另外几个因变量的影响，然后设计一个实验，通过在控制或模拟的条件下操纵一个或多个变量，来观察这些变量对其他变量的影响，收集数据并进行相关分析。在社会科学领域，实验法需要更多考虑到社会和心理现象的复杂性。实验法包括：①实验室实验，即在受控的实验室环境中进行的实验，借助各种仪器设备，在严格控制的条件下，通过反复实验取得精确数据。例如，测试特定环境中被测试者的心理活动等。②现场实验，即在正常工作的环境下进行的实验，适当地控制与实际生产相关的因素，以促进被测试者某种心理现象的出现。③行动实验，即通过短期的、紧张的团队奋斗来压缩时空，促使公司实施某些变革。

（五）聚合定量评价法

聚合定量评价法（Meta-synthesis evaluation method）是研究者通过将多个定量指标或数据集合并成一个单一的数值或评分，来对某个整体进行评估。研究者借助元分析聚合技术，定量整合所有过往和当前研究，最终找出变量之间某种确定的关系。①

这种方法常用于评估组织的绩效、项目的成效、个人的能力或者产品的质量等。聚合定量评价法的基本步骤通常包括：①指标选择，即确定用于评估的指标或参数，这些指标应该能够反映评价对象的关键特征和性能。②数据收集，即收集相关指标的数据，这些数据可以是量化的，也可以是质化的。③数据处理，即对收集到的数据进行处理，可能包括标准化、归一化、转换等，以确保数据在聚合过程中是可比较的。④聚合，即选择合适的聚合方法将多个指标合并成一个单一的评价结果。常见的聚合方法包括算术平均、加权平均、几何平均、中位数、众数等。⑤结果解释，即对聚合后的结果进行解释，这可能包括对评价对象的绩效进行排序、分类或者给出具体的评分。聚合定量评价法的优点在于它能够提供一个综合性的评价视角，帮助决策者快速了解评价对象的整体表现。

（六）循证管理

循证管理（evidence-based management）是一种将科学研究证据应用于管理实践的方法，是对系统研究的补充。它强调在做出管理决策时，应该基于最佳的科学证据，而不是仅仅依赖于直觉或经验。循证管理的核心是整合研

① 刘智强、关培兰编著《组织行为学（第5版）》，中国人民大学出版社，2020，第20页。

究证据、实践经验和利益相关者的观点，以确保决策的科学性和有效性，具体体现在决策时对环境的充分分析和对现有研究成果的回顾、对现有实践的评估以及对新方法的实验和评估等。①

第二节　组织行为学的理论演进

对组织行为学理论演进的梳理，有助于我们更好地理解和研究组织行为的本质，推动理论的不断创新和发展。组织行为学是行为科学在管理中的运用，因此对管理学的发展脉络进行研究，有利于我们更好地认识和使用管理工具。对人的研究历史悠长，但是对人的心理和行为的研究则源于19世纪末的西方国家，且在较长的时间里局限于对工业组织活动中人的问题的研究。②

一　早期的工业学派（19世纪末~20世纪初）

组织行为学的产生与发展起源于心理学在管理实践或工业界中的应用。1901年，德国心理学家威廉·斯特恩（William Stern）将心理学相关知识与企业相结合，第一次提出“心理技术学”这个概念。随着工业革命带来的工厂制度的兴起，劳动分工和生产效率成为研究者关注的焦点。雨果·芒斯特伯格（Hugo Munsterberg）在其1913年出版的《工业效率心理学》中开始强调人的心理因素在工业生产中的重要性。芒斯特伯格认为，研究不同工作岗位对人员素质的要求，识辨和评价不同人员的心理品质，为他们找到最恰当的工作岗位，对企业提升生产效率至关重要。

二　古典管理学派（20世纪初~30年代）

古典管理学派通常被管理学界认为是管理科学诞生的标志，在早期工业学派的基础上，古典管理学派开始关注组织结构和管理的合理性。

---

① 杨克虎:《循证社会科学的产生、发展与未来》,《图书与情报》2018年第3期，第1~10页。

② 方振邦、刘琪编著《 管理思想史（第3版）》，中国人民大学出版社，2014，第18~84页。

（一）弗雷德里克·泰勒的科学管理理论

科学管理理论提出的背景是，在美国资本主义快速发展的时期，美国工厂生产模式从手工艺生产逐渐转变为机械化生产，工厂规模扩大，生产线变得更加复杂，但管理模式还是按照传统的经验办事，工人消极怠工，生产效率低下，浪费严重。弗雷德里克·泰勒（Frederick Taylor）对此进行了研究并于 1911 年出版了《科学管理原理》，指出管理的中心问题是提高劳动生产率，其研究的主要内容如下。①劳动方法标准化：研究适合工作的工具、工作方法和环境，以便工人能够以最少的努力完成工作，制定各种工作的标准操作法。②工时利用的科学化：对工作中的时间和动作进行精确测量和分析，找出最经济的动作和最节省时间的方式来进行工作，创造了劳动定额和时间定额。③差别计件工资制：通过推行“定额加奖励”的差别计件工资制，激励工人提高工作效率，也为管理层提供了衡量工人绩效的客观标准。④选择和培训工人：一方面确保工人的身体和心理等基础条件能够适应工作，另一方面主张对工人进行培训，以使他们能够使用新设计的工作方法和技术。⑤雇佣双方应该具有合作精神，确保工人接受新的科学管理方法，实现劳资双方的和谐，进而促进生产力的提高。⑥管理者和工人应明确分工，管理层应该承担制定科学的工作方法、培训工人、监督和评估生产效率的职责。

泰勒的科学管理理论是“经济人”假设的代表，它采用“萝卜加大棒”的办法，一方面靠金钱的收买和刺激，另一方面靠严密的控制、监督和惩罚，迫使人为组织目标努力。这一理论在工业革命之后提高了工人的劳动生产率和管理者的管理效率，促进了资本主义的改革和发展。鉴于泰勒开创性的研究，他被称为“科学管理之父”，他的思想在许多国家广为流传，并鼓舞了他人的研究，其中最著名的就是吉尔布雷斯夫妇（Frank Bunker Gilbreth 和 Lillian Moller Gilbreth），他们改进了泰勒的方法并发明了“动素”的概念，开拓性地进行了动作研究、疲劳研究和制度管理研究等。

（二）亨利·法约尔的计划组织理论

亨利·法约尔与泰勒同时著书，但法约尔更关注高层的管理活动而并非工人个体，他提出了管理的五项职能，包括计划、组织、指挥、协调和控制。其中，计划和组织是其管理理论的两个重要组成部分。他将计划定义为“预先考虑未来，以便为现在和将来做出决定”，指出计划工作是管理的首要职能，是管理活动的灵魂。而组织工作“确保人员、资金、设备等资源的有效配置，以便实现计划中规定的目标”。法约尔的理论对组织结构和管理的实践产生了深远的影响，他被称为“现代经营管理之父”。

（三）马克斯·韦伯的行政组织理论

马克斯·韦伯（Max Weber）是德国著名的社会学家、政治经济学家，他提出了“理想的行政组织理论”。行政组织体系的基本结构是一种“层峰结构”，而理想的行政组织体系指以劳动分工、清晰界定的等级、详细的规章制度以及非人际关系为特征的组织形式。当时的德国正从封建社会向资本主义社会过渡，韦伯这一理论的提出冲破了封建家族的世袭制管理，符合新式职业管理的工业化要求。他的理论成为当今大型组织的结构设计基础，因此他也被称为“组织理论之父”。

三　行为科学学派（20 世纪 30~50 年代）

此时的世界陷入经济危机之中，古典管理理论虽然在劳动力提高方面取得了显著的成就，但是工人更多地成了机器的附属品，成日地工作，劳累、单调而乏味，这使得雇佣双方关系变得异常紧张，生产效率难以提高。统治阶级和管理学学者们不得不寻找新的管理理论和方法，他们将社会学和心理学的理论引入企业管理的研究领域。

（一）埃尔顿·梅奥的人际关系学说

人际关系学说是在 20 世纪 30~40 年代通过霍桑实验逐步发展起来的。霍桑实验是在芝加哥西方电气公司的霍桑工厂进行的。埃尔顿·梅奥（Elton Mayo）和他的团队发现，工人的生产效率并不像科学管理理论所预测的那样，仅仅受到工作环境和物理条件的影响。他们注意到，工人的情绪、归属感、同事间的相互作用以及他们对工厂政策的感知等因素对生产效率有重大影响。

梅奥提出了几个关键的观点。①社会人假设：员工不仅仅是追求物质利益的“经济人”，更是社会和情感的“社会人”。②非正式组织：在正式的组织结构之外，员工会形成非正式的小团体，其有特殊的规范、感情和倾向，控制每个成员的行为，进而影响正式群体中人们的生产效率。③安全感与风险感知：梅奥指出，员工对于工作环境的安全感对其工作态度和效率至关重要。如果员工感到自己的工作或职位受到威胁，他们可能会产生防御性行为，这会影响他们的合作和创造力。④新型的领导能力：如果领导倾听和沟通员工的意见，让他们参与企业的决策过程，员工则更有可能表现出高度的工作投入和责任感。梅奥的观点是革命性的，因为它第一次强调了组织管理中人的行为因素，指出管理者除了关注工作任务还应该体贴爱护员工，与他们建立融洽的人际关系。

（二）在梅奥之后的行为科学学派

亚伯拉罕·马斯洛（Abraham Maslow）按照人的需要的重要性和发生先后提出了一个五层次的需求结构，从低到高分别为生理需求、安全需求、社交需求、尊重需求和自我实现需求。弗雷德里克·赫兹伯格（Frederick Herzberg）将影响工作效率的因素称为双因素，即激励因素（如成就、认可）和保健因素（如工资、工作环境），指出激励因素能提高员工的工作满意度，而保健因素的不良会导致工作不满意。道格拉斯·麦格雷戈（Douglas McGregor）提出了“X-Y 理论”。X 理论认为人们天生懒惰、缺乏自我驱动，需要严格管理和激励；Y 理论则认为人们具有自我驱动、渴望成就和责任感，适合自主管理和自我激励。对于以上三个学派，本书将在第六章进行详细介绍。

四　权变理论学派（20 世纪 60 年代）

在权变理论学派出现之前，管理学派认为存在一种普遍适用的最佳领导风格，但权变理论学派认为人是复杂的，没有一种管理方法是普遍适用的，组织是不同的，面对的情况不同，需要采取不同的管理方法。权变理论学派的代表人物有约翰·莫尔斯（John Morse）和杰伊·洛希（Jay Lorscn），他们提出的超“Y”理论主张工作性质和做此工作的人需要相互适合。人们有各种不同的需求，当工作和组织设计可以迎合需求时，员工就能较好地完成工作。因此，管理者要根据具体的人的不同情况灵活地采取不同的管理措施。

五　系统理论学派（20 世纪 70 年代）

系统理论学派的核心思想是将组织看作一个复杂的系统，从整体和相互关联的角度研究管理问题，强调组织内部各部分之间的互动和外部环境对组织的影响。其主要观点如下。①企业是由人、物资、机器和其他资源在一定的目标下组成的一体化系统，它的成长和发展同时受到这些组成要素的影响。在这些要素的相互关系中，人是主体，具有主动性，其他要素则是被动的客体。②组织是由许多子系统组成的，各子系统既相互独立又相互作用，不可分割，从而构成一个整体。这些系统还可以继续分为更小的子系统，同时企业是社会大系统中的子系统。③从系统的观点来考察管理的基本职能，可以把企业看成一个投入—产出系统，投入的是物资、劳动力和各种信息，产出的是各种产品（或服务）。从系统的角度分析，组织行为也是一个子系统，这个行为子系统与其他子系统相互作用。

案例链接 1-1

霍桑实验

霍桑实验是1924~1932年在西方电气公司的霍桑工厂进行的一项实验，该工厂是一个制造电话交换机的工厂，具有较完善的娱乐设施、医疗制度和养老金制度，但工人们仍愤愤不平，生产成绩很不理想。研究分为两个回合：第一回合为1924~1927年在美国国家科学院的赞助下进行的照明实验阶段；第二回合为1927年之后梅奥和哈佛大学的同事加入的福利实验阶段。整个实验包含四个部分。

一、照明实验

当时关于生产效率的理论占统治地位的是劳动医学的观点，认为也许影响工人生产效率的是疲劳和单调感等，于是当时的实验假设便是“提高照明度有助于减少疲劳，使生产效率提高”。可是经过两年多的实验发现，照明度的改变对生产效率并无影响。具体结果是：当实验组照明度增强时，实验组和控制组都增产；当实验组照明度减弱时，两组依然都增产，甚至实验组的照明度减至0.06烛光时，其产量亦无明显下降；直至照明度减至如月光一般、实在看不清时，产量才急剧降下来。研究人员面对此结果感到茫然，失去了信心。从1927年4月起，以梅奥教授为首的一批哈佛大学心理学工作者将实验工作接管下来，继续进行。

二、福利实验

福利实验是照明实验的下一个阶段，实验总的目的是查明福利待遇的变换与生产效率的关系。但经过两年多的实验发现，不管福利待遇如何改变（包括工资支付办法的改变、优惠措施的增减、休息时间的增减等），都不影响产量的持续上升，甚至工人自己对生产效率提高的原因也说不清楚。后经进一步的分析发现，生产效率提升的主要原因如下。

第一，参加实验的光荣感。实验开始时6名参加实验的女工曾被召进部长办公室谈话，她们认为这是莫大的荣誉。这说明被重视的自豪感对人的积极性有明显的促进作用。

第二，成员间良好的相互关系。

三、访谈实验

研究者在工厂中开始了访谈计划。此计划的最初想法是要工人就管理当局的规划和政策、工头的态度和工作条件等问题做出回答，但这种规定好的访谈计划在进行过程中却得到了意想不到的效果。工人想就访谈提纲以外的事情进行交谈，工人认为重要的事情并不是公司或调查者认为意义重大的那些事。访谈者了解到这一点，及时把访谈计划改为事先不规定内容，每次访谈的平均时间从30分钟延长到1~1.5小时，多听少说，详细记录工人的不满和意见。访谈计划持续了两年多。工人的产量大幅提高。工人们长期以来对工厂的各项管理制度和管理方法存在许多不满，无处发泄，访谈计划的实行恰恰为他们提供了发泄机会。发泄过后心情舒畅，士气提高，使产量得到提高。

四、群体实验

群体实验是银行电汇室研究。梅奥等人在这个实验中选择了14名男工人在单独的房间里从事绕线、焊接和检验工作。对这个班组实行特殊的工人计件工资制度。实验者原来设想，实行这套奖励办法会使工人更加努力工作，以便得到更多的报酬。但观察的结果发现，产量只保持在中等水平上，每个工人的日产量平均都差不多，而且工人并不如实地报告产量。深入的调查发现，这个班组为了维护他们群体的利益，自发地形成了一些规范。他们约定，谁也不能干太多，突出自己；谁也不能干太少，影响全组的产量。并且他们约法三章，不准向管理当局告密，如有人违反这些规定，轻则挖苦谩骂，重则拳打脚踢。进一步调查发现，工人们之所以维持中等水平的产量，是担心产量提高，管理当局会改变现行奖励制度，裁减人员，使部分工人失业，或者使干得慢的伙伴受到惩罚。

这一实验表明，为了维护班组内部的团结，可以放弃物质利益的引诱。由此研究者提出了“非正式群体”的概念，认为在正式的组织中存在自发形成的非正式群体，这种群体有自己特殊的行为规范，对人的行为起着调节和控制作用，加强了内部的协作关系。

资料来源：刘智强、关培兰编著《组织行为学（第5版）》，中国人民大学出版社，2020，第25页。

第三节　管理与组织行为学

管理是一个动态的过程，涉及组织运作的各个方面，而管理者则是这一过程的推动者和执行者。管理者对于组织来说至关重要，主要有以下三个原因。首先，管理者具备在复杂多变环境中识别问题并制定有效应对策略的能力，帮助组织适应经济、技术和劳动力等方面的挑战。其次，管理者通过优化工作流程和资源分配，确保团队能够高效完成任务和达成目标。最后，管理者与员工的关系直接影响员工的满意度和忠诚度，他们的领导风格和人际管理技能对于激发团队潜力和提升整体绩效至关重要。①

一　管理者的角色

亨利·明茨伯格（Henry Mintzberg）在其1973年出版的《管理工作的性质》中提出了管理者的三种角色：人际角色、信息传递者角色和决策角色

① 斯蒂芬·罗宾斯、玛丽·库尔特:《管理学（第15版）》，刘刚等译，中国人民大学出版社，2022，第6页。

（见表 1-2）。这些角色描述了管理者的工作内容和行为方式，并且揭示了管理者在组织中的作用。

表 1-2　管理者的角色

管理者的角色	具体角色
人际角色	头面角色 领导角色 联络角色
信息传递者角色	监控者 传播者 发言人
决策角色	创业者 麻烦处理者 资源分配者 谈判者

（一）人际角色

人际角色指的是管理者在处理与他人的关系时扮演多种角色，其具体角色如下。①头面角色：象征性的首脑，指其在法律上或社会习惯上扮演的角色。②领导角色：激励和指导团队成员，以确保他们朝着组织的目标前进。③联络角色：与外部能够提供好处和信息的人保持联系的网络。

（二）信息传递者角色

信息传递者角色指的是管理者负责收集、处理和传递信息以确保组织内部和外部有效沟通的角色，其具体角色如下。①监控者：收集信息，以了解员工、团队和外部环境的变化。②传播者：管理者需要收集内外部信息传递给组织中的相关人员，以使他们能够理解并采取相应的行动。③发言人：代表组织向外部环境传达信息，如向股东、客户和媒体发布消息。

（三）决策角色

决策角色指的是管理者必须做出决策以指导组织的行为和方向的角色，其具体角色如下。①创业者：在组织中寻找新的机会，推动新的变革，促进组织的发展。②麻烦处理者：处理组织面临的棘手问题和挑战，减少混乱，保持组织的稳定和效率。③资源分配者：管理者负责分配资源，如时间、资金和人力，以优化组织的绩效。④谈判者：在主要谈判中代表组织。

案例链接 1-2

汉武帝的管理者角色

汉初为了休养生息，对匈奴采取守势，实行和亲政策，互通关市。汉武帝刘彻作为西汉第七位皇帝，面对匈奴持续的边境威胁，改变了前任的和亲政策，采取积极军事行动应对。他加强边防，修建长城，增设驻军，提升防御；培养骑兵，增强机动性和战斗力；主动出击，通过漠北等战役削弱匈奴，迫使其北迁；开辟丝绸之路，促进经济发展，削弱匈奴影响力。这些措施不仅解决了边境问题，也推动了汉朝疆域扩张和中央集权，对后世产生了深远影响。

作为历史上杰出的政治家、战略家和军事家，汉武帝刘彻在改变国策，出兵打匈奴的过程中，扮演了管理者的人际角色、信息传递者角色和决策角色，具体分析如下。

人际角色。作为国家的最高领导者，汉武帝在内政和外交上发挥了关键作用。他与朝臣、将领和边疆官员沟通协调，确保了政策的有效执行，并在对外关系中采取了积极的立场，以维护国家利益。

信息传递者角色。汉武帝命人搜集和分析匈奴的相关信息，为制定战略提供了依据。他确保了这些关键信息能够准确传达给军队和民众，以统一战争目标和增强民众对战争的支持。

决策角色。这是汉武帝最为关键的角色。汉武帝在国家现状和长远利益的基础上，做出了出兵打匈奴的战略决策。这一决策不仅涉及军事战略，还涉及国家资源分配、外交政策调整及国内政策改革，体现了他的远见和决断力。

汉武帝很好地驾驭了这些角色，在对匈奴的战略决策中发挥了重要作用，推动了汉朝的军事、经济和文化发展，对后世产生了深远的影响，也确立了他在历史上的重要地位。

资料来源:《刘彻》，https://baike.baidu.com/item/%e5%88%98%e5%bd%bb/477056#reference-96，最后访问时间：2024 年 5 月 3 日;《汉武帝刘彻四大用人之道》，https://sohu.com/a/199874319_778267，最后访问时间：2024 年 5 月 3 日。

二 管理者的技能

罗伯特·卡茨（Robert Katz）在1955年出版的《管理者技能》中提出，有效的管理者应具备技术、人际和概念三方面的技能，并强调优秀的管理者不一定是天生的，他们可以被开发。可以通过帮助不同责任级别管理者确定所需要的技能，为其选拔、培训和晋升提供依据。

（一）技术技能

技术技能（technical skill）指管理者在其专业领域内所需的专业知识和能力，通常通过经验、教育和训练获取。这些技能通常与特定的工作或行业相关，包括对工具、流程、技术和方法的了解和应用，足够的技术技能可以保证个人能完成所负责的特定工作。同时，技术发展也不断推动着社会的进步，我们的大多数职业和在职培训项目主要关注发展专业技术技能。例如，一个工程师团队的管理者需要具备工程设计和管理的相关技术技能。

（二）人际技能

人际技能（human skill）是指管理者在与他人互动和沟通时的能力。这包括理解、激励和影响他人的能力，以及解决冲突和建立团队合作的能力。现代管理的本质在于对人际活动的协调，协作活动的核心在于人际的互动。对于管理者而言，人际技能对于建立和维护良好的人际关系，以及激发团队成员的积极性和创造力至关重要。例如，团队成员最近工作状态不佳，影响了项目的进度，管理者需要进行沟通，了解团队成员的问题，提供必要的支持，并帮助其找回工作状态，从而推动项目回到正轨。

（三）概念技能

概念技能（conceptual skill）是指管理者了解整个组织及自己在组织中的地位和作用的能力。这包括能够理解复杂的组织结构、市场动态、战略规划和决策制定。概念技能使得管理者能够按照整个组织的目标行事，从整体的角度思考问题，预测未来的趋势，并制定相应的战略计划。

这三种技能在管理者的日常工作中都扮演着重要的角色。对不同层次的管理者来说，三种技能所占比重是不同的。从组织层级的观点来看，一般可将管理者分成三个等级，分别是基层主管、中层主管与高层主管。托马斯·马奥尼（Thomas Mahoney）等于1965年对452个管理和执行职位进行了研究，探讨了不同层级的管理者在工作中的活动和所需的技能，整理后如表1-3所示。

表 1-3　不同层级的管理者三种技能的对比

管理者所属层级	主要任务	管理者技能特点	例子
基层主管	基层主管主要负责管理非管理雇员所从事的工作，这要求他们具备较强的人际技能，以便有效地领导和激励团队。他们的工作重点是确保日常操作的顺利进行，解决具体的工作问题，并为团队成员提供指导和支持	在基层主管的工作中，人际技能占据了较大的比重	企业中的主管、主任
中层主管	中层主管介于组织基层与高层之间，起到承上启下的作用，他们不仅需要继续发展人际技能，还需要加强概念技能，以理解和执行高层制定的战略。他们的工作涉及协调不同部门的活动，确保组织目标的实现。中层主管需要能够分析信息、制订计划，并评估项目的进展和成效	中层主管的工作特点是人际技能和概念技能的平衡发展	企业中的地区经理、总监、副经理
高层主管	高层主管负责制定组织的长期战略和决策，他们的工作更多地侧重于概念技能，包括思考组织的发展方向、分析市场趋势和竞争对手以及创新管理方法。高层主管需要具备远见卓识，能够在复杂和不确定的环境中做出战略决策	虽然人际技能仍然重要，但高层主管更多的是通过战略规划和决策制定来运用这一技能，而不是日常的人际互动	公司董事长、总经理

资料来源：Thomas A. Mahony, Thomas H. Jerdee, & Stephen J. Carroll, "The Job (s) of Management," *Industrial Relations* 2 (1965): 97-110。

总的来说，随着管理层级的提升，从基层到高层，所需的人际技能逐渐减少，而概念技能的占比逐渐增加。基层主管的工作更多依赖于人际技能，中层主管需要平衡人际技能和概念技能，而高层主管则主要依赖概念技能来进行组织的战略规划和决策。专业技能在所有层级中都是必要的，但具体的占比和要求会根据职位的具体职责和组织的需求而有所不同。

案例链接 1-3

不同层级管理者的职能

《人物志》在描述中国古代的政治哲学和治理思想时写道："臣以自任为能；君以能用人为能。臣以能言为能；君以能听为能。臣以能行为能；君以能赏罚为能。”这段话主要阐述了臣子和君主各自应该具备的能力，我们可以从君臣所属层级进行分析。

臣（基层主管）在组织中扮演着执行者的角色，他们直接参与日常运营和任务完成，要求高专业技能。他们需要具备自我担当的能力，即对自己的工作负责，确保任务得到有效执行。此外，基层主管应具备一定的人际技能，善于表达，能够清晰地向上级汇报工作进展和面临的挑战，同时应具有良好的沟通技巧，以便与团队成员和其他部门进行有效沟通。实际行动是基层主管能力的体现，他们通过具体的工作成果展现自己的价值，为组织目标的实现做出直接贡献。

君（高层主管）则主要负责组织的战略规划和决策制定，要求高概念技能。他们的核心能力在于用人，即识别、选拔和运用合适的人才来推动组织发展。他们必须能够实施赏罚制度，根据员工的表现和贡献给予相应的奖励或惩罚，以此来激励员工，确保组织的高效运作和目标的达成。同时，高层主管需要具备人际技能，学会倾听，合理采纳下属和各方的意见与建议，以便做出更全面和明智的决策。通过这些能力，高层主管引导组织朝着既定的方向前进，实现长期的成功和稳定。

资料来源:（魏）刘劭《人物志》，吴家驹译注，江苏人民出版社，2019。

三　有效的管理者与成功的管理者

弗雷德·卢桑斯（Fred Luthans）等在《成功和真正有效管理者》中探讨了成功的管理者和有效的管理者之间的差异。其中，成功的管理者指的是晋升相对较快的管理者；有效的管理者指的是拥有满意忠诚的下属和高绩效部门的管理者。他将管理者的日常活动分为沟通（处理日常信息和文书工作）、传统管理（规划、决策和控制活动）、人力资源管理（包括激励、人员配备、组织纪律、培训和管理冲突）、社交（与外部人员互动、社交 / 政治活动），通过对他们日常活动时间的分布发现，成功的管理者与有效的管理者在日常活动中并没有太多共同之处。①

如图 1-1 中不同类别管理者的时间分配所示，成功的管理者在社交方面所用的时间占比最大，在人力资源管理方面所用的时间占比最小；有效的管理者在沟通方面所用的时间占比最大，社交的时间占比最小。

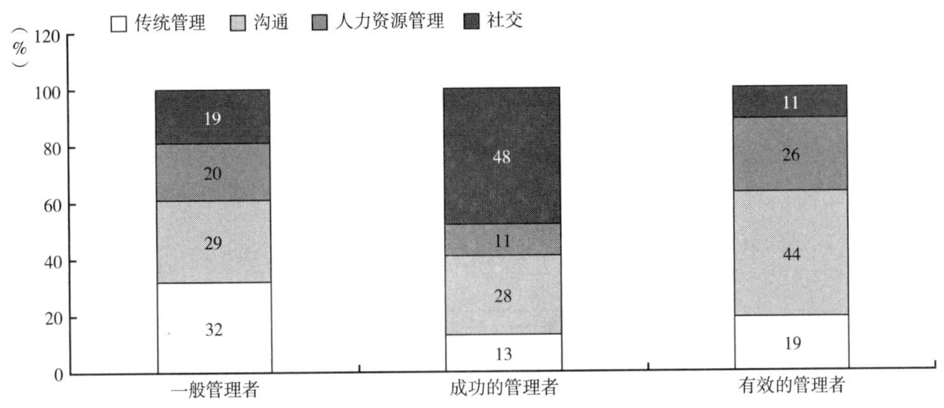

图 1-1　不同类别管理者的时间分配

资料来源：斯蒂芬·罗宾斯、蒂莫西·贾奇《组织行为学（第 18 版）》，孙健敏、朱曦济、李原译，中国人民大学出版社，2021，第 8 页。

第四节　组织行为学的学科基础

组织行为学是一门应用学科，是一个跨学科的领域。其产生的基础是行为科学的产生和发展，而心理学、社会心理学、社会学、人类学等多个学科的研究成果，共同为组织行为学提供了理论基础和研究方法。

组织行为学作为一个交叉学科，内容涉及多个研究领域，拥有一套自己的学术话语体系，使得学者和实践者能够在一个共同的基础上交流和沟通。组织行为学的学术话语体系包括理论框架、研究方法和应用领域。这些组成部分相互交织，共同构成了组织行为学的学术体系。我们将其产生和发展的学科基础主要归于心理学、社会心理学、社会学、人类学和政治学（见图 1-2）。

---

① Fred Luthans, "Successful vs. Effective Real Managers," *The Academy of Management Executive* 2（1988）：127-132.

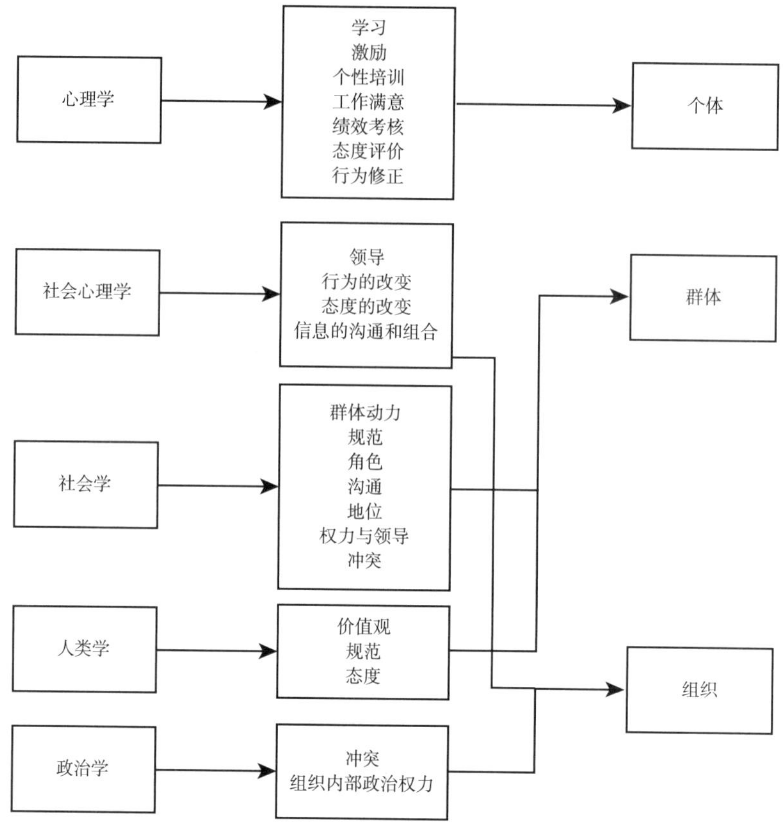

图 1-2　组织行为学的学科基础

一　心理学

心理学通过探讨人的心理活动和行为变化的规律，对人的心理和行为做出科学的解释，通过对行为的观察、分析、解释和预测达到调节和控制人的心理和行为的目的。一般认为，心理活动是内在的，行为是外显的。心理活动和心理特征是人们产生行为的重要原因和内驱力。

工业心理学被认为是心理学对组织行为学最早期的影响（20 世纪初至 40 年代），这个时期管理者开始关注个体差异对工作表现的影响，研究主要集中在工业心理学和人事心理学上，关注工作激励、疲劳和工效学等问题。“二战”后，行为科学开始兴起，马斯洛、麦格雷戈等强调满足员工的需求和动机对提高组织效能的重要性。20 世纪 80 年代以来，随着积极心理学的兴起，组织行为学开始关注个体在工作中的积极体验，如幸福感、成就感等，强调组织内部价值观、信念和规范对员工行为和组织效能的影响。如今心理学对组织行为学的影响正变得更加多元化，不仅关注个体心理，还关注团队、组织乃至更广泛的社会文化背景。人工智能和大数据分析技术的发展使得心理学研究可以更精准地预测和影响组织行为，推动组织行为学向数据驱动的方向发展。马克思主义哲学指出，人的心理是在社会实践活动中产生的，是人脑对客观现实的主观能动的反应。

总体而言，心理学对组织行为学的影响是不断深化和扩展的，主要体现在学习、激励、个性培训、工作满意、绩效考核、态度评价、行为修正等方面，对提高组织效能和促进员工福祉具有重要意义。

二　社会心理学

社会心理学属于心理学的领域，它是心理学和社会学相结合的产物。它探讨个体如何在社会环境中行为和互动，致力于理解人在社会情境中的心理和行为及其本质和起因。管理者可以通过领导、行为的改变、态度的改变、信息的沟通和组合对组织产生影响。

三　社会学

社会学是一门综合性较强的学科，它将社会作为一个整体，研究社会结构、社会过程和社会关系，它提供了对组织内部和外部的社会互动的深刻理解，综合研究社会现象各方面的关系及其发展变化的规律性。社会学对组织行为学的影响领域主要包括：群体动力、规范、角色、沟通、地位、权力与领导、冲突等对群体的影响。

四　人类学

人类学作为一门研究人类在物质、精神、社会活动中的多样性的学科，对组织行为学有着重要的影响。人类学家研究社会是为了认识人及其活动，他们对于文化和环境的研究有助于我们了解不同的文化背景下组织中人的基本价值观、规范和态度方面的差异。

五　政治学

政治学关注权力、政府、政策、选举和外交等议题，对所处政治环境下个体和群体的行为进行研究，组织内部的政治权力和冲突会影响组织中人的行为。政治学为组织行为学提供了分析组织内部和外部政治环境的重要理论和框架，帮助组织行为学者更好地理解和预测组织行为和政治因素之间的复杂关系，主要包括冲突、组织内部政治权力在组织中的影响等。

复习思考题

1. 什么是组织行为学？
2. 组织行为学的研究方法有哪些？
3. 组织行为学的发展脉络是什么？
4. 有效的管理者与成功的管理者有什么不同？
5. 如何理解组织行为学的跨学科性？
6. 学习组织行为学对管理者的意义是什么？

案例分析题

家族企业传承中二代领导身份认知的形成与演化

王云俏、李卫宁、吕源等研究者通过对六个家族企业的传承问题进行纵向多案例研究，探讨了家族企业传承过程中二代领导身份认知的形成与演化机制。文章中的六个家族企业（A、B、C、D、E、F）分别代表了不同的家族企业传承情境，每个家族企业都有其独特的传承过程和特征，具体如下。

企业A：传承过程相对顺利。一代对二代的领导身份认知较为正面，认为二代能够承担起企业领导者的角色。传承过程中，二代在一代的支持下逐步接管企业，并且在企业经营中取得了一定的成绩，这进一步巩固了一代对二代的认可。

企业B：传承过程中有挑战和失败。尽管一代对二代有较高的期望，但二代在尝试创业时遭遇失败。这个失败的经历促使一代和二代重新评估二代的领导身份认知，更新期望并调整了传承策略。促其后续坚定企业发展决心，停止创业，得到了一代的认可。

企业C：一代对二代的领导身份认知存在偏见，认为二代已经具备了领导企业的能力，因此在传承过程中过早地放权。然而，二代实际上并未准备好承担全部责任，导致传承过程中出现了停滞，多次考虑退出企业、放弃接班。

企业D：经历了艰难的传承过程。一开始，二代未能达到一代的期望，导致传承陷入停滞。但随后，二代通过企业内部的创业活动，成功改变了一代的认知偏见，并推动了传承的顺利进行。

企业E：二代在传承过程中承担了一定的管理职责，但因为一代的期望过高，二代感到压力巨大。尽管二代在年会上的发言打破了一代的认知偏见，完成了传承，但传承过程中的心理压力仍然存在。

企业F：以传承失败告终。一代基于二代的海外经历对其领导身份有正面的认知，但二代在实际接班过程中表现出自我认知偏低，且一代的高控制行为导致二代缺乏实际参与，最终导致二代退出企业，传承暂停。

同时，研究者通过跨企业分析揭示了一个关于家族企业传承中二代领导身份认知形成和演化的模型，该模型主要包括以下几个关键阶段。

阶段一，初始认知。这是代际双方对二代领导身份的最初看法，通常基于个人经历和对领导角色的期望。在这个阶段，一代和二代根据个人的经历和对领导角色的理解，形成对二代是否符合领导者角色期望的初步判断。

阶段二，身份认知和修正。随着传承过程的推进，一代和二代通过实际的交接班行为和互动，对初始认知进行不断的修正。这些行为可能包括二代的学习和实践、一代的指导和资源传递等。在这一阶段，双方的认知可能会因为行为的主观满意度和客观结果而发生变化。

阶段三，身份再认知。基于身份构建行为的主观满意度和客观绩效，代际双方对二代的领导身份进行再评估。如果行为结果符合或超过预期，可能会强化对二代的正面认知；如果未达到预期，可能会引发对角色期望的重新审视和调整。

阶段四，行为修正。再认知的结果导致代际双方对当前行为进行调整。正面的再认知可能促使一代增加对二代的支持和授权，而负面的再认知可能导致一代加强对二代的监督和指导。

阶段五，期望更新。在行为修正的基础上，代际双方可能对领导角色的期望进行更新，形成新的角色期望和认知，这可能导致新一轮的身份认知和修正过程。

这五个阶段强调了家族企业传承过程中身份认知的动态性和互动性，以及认知和行为之间的相互影响。顺利传承组A和B，代际双方均能及时根据当前行为产生身份再认知并依此进行行为修正，进而通过持续性互动保证传承顺利开展，并得到一代认可完成交班。艰难传承组D和E经历了半年至一年的传承“停滞”时期。幸运的是，由于意外事件二代意识到一代的负面认知偏见，通过创业等改变一代的认知偏见并与一代就企业领导者应“怎么做”的角色期望进行协商，打破认知偏见，顺利进行传承。失效传承组C和F，代际双方存在身份认知偏见和认知固化的现象，单独一方的行为难以引发再认知或行为修正，长时间的反馈失调导致传承无法顺利开展，二代也无法得到一代认可。通过这个模型，研究者能够更好地理解家族企业传承中二代领导身份认知的形成机制，以及如何通过代际互动促进传承的顺利进行。

资料来源：王云俏、李卫宁、吕源等《家族企业传承中二代领导身份认知的形成与演化——基于纵向多企业研究》，《管理世界》2023年第4期，第140~160页。

思考题

1. 从顺利传承的企业中我们可以看到哪些管理者的角色？

2. 通过企业说明企业领导者自我认知的重要性。

第二章　态度与工作满意度

第一节　态度的概念及特征

态度（attitude）是对外界的一种较为持久而又一致的内在心理和行为倾向。人们在认识客观事物和工作交往中，总是对不同的人或者事物产生不同的反应，做出诸如赞成、反对、喜欢、厌恶、接纳或者排斥等评价，同时表现出一种行为的倾向性，它是一种内在的心理活动的准备状态，当这种准备状态变得比较持久稳定，便成为态度。而态度的特征表现为社会性、指向性、稳定性和间接性。态度的构成包括态度主体（态度持有者）和态度客体（态度对象）。

在日常生活中，人们常将“信念”、“意见”、“观点”等词语和“态度”交替使用，然而它们在心理学上有着本质的区别。信念是个体对于事物存在状态的坚定看法，通常由个人经历和文化背景塑造，影响着我们的认知和情感，但不直接驱动行为。意见则是个体对特定问题或议题的立场和看法，它基于个人知识和信息，可能随着新信息的出现而变化。观点描述了个体观察和理解世界的特定角度，与认知结构和价值观紧密相关。[①] 与这些概念不同，态度的形成受到经验、个人特征、认知等主观因素的影响，也受到社会文化、家庭环境等客观因素的影响。态度的形成是一个复杂的动态过程，是多种因素相互作用的结果。凯尔曼（Kelman）将态度的形成过程分为服从、同化和内化三个阶段。服从即个体基于自身需要或者外部权威而表现出来的表面顺从。这个阶段的特点是态度与内在信念不一致，个体并未真正接受某种观点或行为，行动往往是暂时的。同化即个体开始自愿将新的信息或观点与自己的原有信念和价值观相结合。如果认为它是合理的，个体将会主动接受和认

① 边一民等编著《组织行为学（第二版）》，浙江大学出版社，2018，第 87 页。

同他人的态度并付诸行动。这个阶段的态度与内在信念逐渐趋于一致，但仍然可能受到外部因素的影响。内化即个体内心深处完全接受并相信新的观点或行为，并彻底转化自己的态度。这个阶段的特点是态度与内在信念完全一致，个体自愿地采取某种态度或行为，而不再受外部因素的干扰。

爱德华·桑代克（Edward Thorndike）在1913年提出了著名的态度三角形理论，他认为态度是由三个相互关联的成分——认知成分、情感成分、行为成分共同组成的。

认知成分指人对事物的看法评价以及带评价意义的叙述。它包括个人对某一对象的理解、认识以及评价。这些认知可以是准确的也可以是不准确的。它对态度的情感成分和行为倾向有重要影响。通过改变个体的认知成分，可以改变个体的态度。

情感成分指的是个体对态度对象所激起的情感的反应，表现为人对事物的喜欢或不喜欢、高兴或愤怒、同情或冷漠等。情感成分是态度的核心和动力，那些能够满足主体需要、对主体而言具有积极意义的对象就会激发主体的积极情感；反之，则会激发消极情感。但态度不能和情感画等号，态度含有情感倾向，情感情绪可以直接反映态度。

行为成分指个体对态度对象表现出的准备状态或者行为倾向。态度的行为成分决定态度对象做出哪种反应、采取哪种行为。它是行为发动前的行为倾向，但并不是行为本身。

态度的这三个成分相互关联和制约，共同构成了个体的态度。认知成分是态度的基础，情感成分使态度具有情感色彩，而行为成分则体现了态度的行为表现。态度的形成和改变通常涉及这三个成分的相互作用和影响。以一家互联网企业对“创新”的态度为例。认知成分指企业坚信只有通过不断的产品创新和技术创新，才能保持竞争力，赢得市场份额。情感成分指企业内部员工对于创新工作充满热情和愉悦。他们认为创新能够带来成就感，提升个人价值。行为成分包括企业积极投资研发部门，准备提供资源支持创新项目的开展，如资金、人力和技术支持。这种态度有助于企业在竞争激烈的市场中不断创新和学习。

第二节　态度与行为

一　态度与行为的理论基础

（一）弗洛伊德的无意识理论

无意识理论是西格蒙德·弗洛伊德（Sigmund Freud）在19世纪90年代提出的理论，他认为人的行为受到潜意识欲望和冲突的影响。这些欲望和冲突虽然不为个体所意识到，但它们却深刻地影响着个体的行为和态度。弗洛伊德认为，无意识中的冲突有时会以梦、失误行为和病症的形式表现出来。

（二）认知失调理论

认知失调理论是利昂·费斯廷格（Leon Festinger）于1957年提出的阐释人的态度变化过程的社会心理学理论，它将人的认知分为若干个元素，包括思维、想象、需要、态度、兴趣、理想和信念等。认知失调理论指出，当个体的行为与他们的认知元素不一致时，会产生一种不舒适的心理状态，即认知失调。为了减少这种不舒适感，个体可能会改变他们的态度、行为或者寻找新的信息来合理化自己的行为。例如，如果一个人因为社会压力而做出与自己信念相悖的行为，他们可能会改变自己的信念来合理化这一行为，或者找到其他方式来减轻心理不适。

（三）态度自我知觉理论

态度自我知觉理论是比姆（Bem）在1972年提出的，主要阐释行为是否影响态度。该理论认为，人们通过自己的行为和行为发生的情境来了解自己的态度、情感和内部状态。态度是在事实发生之后，用来使已经发生的事实具有意义的工具，而不是在活动之前指导行为的工具。态度自我知觉理论在对行为进行预测时，使用态度使已经发生的行为具有意义。当态度不够清晰、模棱两可时，态度自我知觉理论能更好地预测行为。

（四）社会认同理论

社会认同理论由社会心理学家亨利·塔基菲尔（Henri Tajfel）和约翰·特纳（John Turner）在20世纪70年代提出，强调个体通过将自己归入某个社会群体来形成认同感。这种群体归属感影响个体的态度和行为，使个体倾向于采取符合群体身份的行为，并对内群体持有更积极的态度，对外群体可能持有偏见。当个体感受到群体身份受到威胁时，他们可能会加强对内群体的认同，同时最小化与外群体的差异。社会认同理论为理解群体行为、偏见、冲突以及群体间的相互作用等提供了有价值的视角，并被广泛应用于市场营销、广告、教育等领域。

（五）计划行为理论

计划行为理论由伊塞克·艾奇森（Icek Ajzen）在 1988 年和 1991 年提出，该理论认为个体的行为意向是预测其行为的关键因素。行为意向受到三个因素的影响：态度（对特定行为的评价）、主观规范（个体认为重要的人对行为的评价）和感知行为控制（个体对实施行为的难易程度的评估）。这个理论强调了行为背后的心理过程，并提供了一个框架来预测和改变行为。

二　态度与行为之间的调节变量

研究人员发现，在态度与行为的关系中，存在以下一些调节变量，这些变量能够影响态度对行为预测的有效性。①态度的重要性。态度对个体来说越重要，它对行为的预测力就越强。当一个态度对个体的生活有着显著的影响时，这个态度就更有可能转化为相应的行为。②态度与行为的一致性。个体的态度与其行为越一致，态度对行为的预测力就越强。当个体认为自己的行为与态度相匹配时，他们更可能坚持这些行为。③态度的可提取性。态度越容易被提取和回忆，它对行为的预测力就越强。当个体能够轻松地回忆起自己的态度时，这个态度更有可能影响他们的行为。④社会压力。社会压力可以调节态度与行为之间的关系。当社会压力与个体的态度一致时，它会增强态度对行为的预测力。⑤个体对某种态度是否有直接的经验。如果个体有直接的经验支持其态度，那么这个态度对行为的预测力就会增强。直接经验可以是一个人自己的经历，也可以是通过他人的故事或媒体报道得知的经历。例如，一个人如果亲身体验过某种产品的好处，那么他对该产品的积极态度就更有可能转化为购买行为。

总之，这些调节变量可以帮助我们理解在不同的情境下，态度如何以及为什么会影响行为。通过考虑这些调节变量，研究人员和实践者可以更准确地预测和影响个体的行为。

态度与行为之间的关系是复杂和多变的，它们相互作用并相互影响。态度可以预测行为，同时行为也可以影响态度。理解这种关系需要考虑个体的内在心理过程、外部环境因素以及行为的具体情境。

第三节　工作态度

一　工作满意度

工作满意度是最重要的工作态度，指个体对工作进行整体评估而产生的积极向上的感觉。工作满意度强调对工作的整体感受，在某种程度上代表了员工在工作中的获得感和幸福感。它包括对工作内容、工作环境、同事关系、薪酬福利、组织政策、职业发展等多个方面的满意度。

工作满意度对组织和员工来说都非常重要。于组织而言，它不仅能提高工作绩效和团队协作水平，降低员工流失率，还直接影响客户满意度和忠诚度。此外，工作满意度还能促进员工分享创新想法和提出改进建议，增强组织的创新能力和竞争力，减少缺勤和迟到现象，维持组织的日常运营和生产力。满意的员工更可能表现出组织公民行为（Organizational Citizenship Behavior，OCB），如自愿加班、帮助同事等，这些行为有助于提高组织的整体效能。于员工而言，工作满意度直接关系到职业满足感、工作生活平衡、个人成长与发展、心理健康以及社交人际关系。满意的员工会在工作中表现出更高的投入和效率，进而提高工作绩效。同时，他们在工作中找到的意义和成就感能够提升职业满足感。此外，工作满意度高的员工更可能获得职业发展机会，促进个人成长，同时减少工作压力和焦虑，提高心理健康水平。在社交方面，满意的员工更可能建立积极的人际关系，增强团队协作，提高工作和生活质量。工作满意度在组织行为学中比较重要，我们将在本节进行细致的讨论。

（一）工作卷入

工作卷入是与工作满意度相关的一个概念，指的是员工对工作的心理投入程度，包括他们对工作结果的关注和对工作角色的认同。高度工作卷入的员工会对工作充满热情，愿意投入更多的时间和精力，并对工作结果承担责任。

（二）心理授权

心理授权是与工作卷入密切相关的概念，指员工对于自己能对工作环境产生影响、工作能力、工作意义及工作自主性的认知和信念。心理授权高的员工通常感到自己对工作有更大的控制力和影响力，这有助于提高他们的工作满意度和工作卷入。

心理授权、工作卷入和工作满意度之间存在相互影响。心理授权高的员工更愿意投入到工作中，从而提高工作卷入。而高度的工作卷入使得员工能够从工作中获得更高的成就感和满足感，进而带来较高的工作满意度。

二　组织承诺

组织承诺（organizational commitment）是指员工对组织的态度，是员工投入组织及认同组织，并希望维持组织成员身份的一种程度和水平[①]。梅耶（Meyer）和阿伦（Allen）于1991年提出了组织承诺的三成分模型，即留任承诺（continuance commitment）、规范承诺（normative commitment）和情感承诺（affective commitment）。留任承诺是员工对离开组织所带来的损失的认知。员工可能因为高的离职成本（如失去养老金、资历等）而选择留在组织中。持续承诺的员工可能并不一定对组织有强烈的情感依恋，但他们的理性计算使他们决定留在组织中。规范承诺是员工对留在组织中的义务和责任的认知。员工可能因为道德或伦理而感到有责任留在组织中，即使他们对组织没有强烈的情感依恋。情感承诺是员工对组织的情感依恋和认同。对组织做出高情感承诺的员工通常对组织有强烈的归属感和忠诚度，他们愿意为组织的成功付出额外的努力。[②]

组织承诺对组织和员工来说都十分重要。于组织而言，高组织承诺的员工对组织的忠诚度和投入程度更高，这有助于提高组织的工作绩效和竞争力。对组织做出承诺的员工即便感到不满，也不太可能怠慢自己的工作，因为他们出于对组织的依赖感和忠诚感认为自己应该努力工作。于个人而言，高组

① 王岩、郭志达、王俊峰主编《组织行为学（第3版）》，经济管理出版社，2019，第68页。

② 王垒：《组织管理心理学（第2版）》，北京大学出版社，2020，第123页。

织承诺的员工通常表现出更高的工作满意度和更小的工作压力。他们更可能留在组织中，为组织的目标和成功付出努力。

案例链接 2-1

劳动关系氛围与工作满意度

柯江林、孙健敏通过对60家企业中的1607名员工的问卷调查，揭示了劳动关系氛围对员工内在和外在工作满意度的直接影响，并特别强调了组织承诺在这一关系中的调节作用。研究结果表明，劳资双赢氛围能够显著提升员工的内在和外在工作满意度，而劳资对立氛围则显著降低了这两种满意度。员工参与氛围主要对内在工作满意度有积极影响。情感承诺作为组织承诺的一个重要组成部分，能够显著增强劳资双赢氛围对内在和外在工作满意度的积极影响，同时减轻劳资对立氛围对内在工作满意度的消极影响。然而，规范承诺并未显示出对这些关系的调节作用。

企业在管理实践中应重视培养员工的情感承诺，因为这不仅能够提升员工对积极劳动关系氛围的满意度，还能缓解劳资对立产生的负面效果。通过建立基于信任和长期合作的雇佣关系，企业可以增强员工对组织的忠诚度和归属感，从而提高工作满意度和整体绩效。此外，企业应关注员工的内在需求和心理期望，通过提供发展机会、自主性以及与个人价值观相契合的工作内容来提升其内在满意度。同时，优化外在工作环境，如提供合理的薪酬和良好的工作条件，也是提升员工外在满意度的关键。通过这些措施，企业便可以有效地利用组织承诺的调节作用，促进员工与企业的共同成长和发展。

资料来源：柯江林、孙健敏《心理资本对工作满意度、组织承诺与离职倾向的影响》,《经济与管理研究》2014年第1期，第121~128页。

三　组织支持感

组织支持感是员工对组织重视他们的贡献和关心他们的福祉程度的感知。这种支持不仅包括对员工工作表现的认可，还包括对员工个人福祉和职业发展的关心。

组织支持感对组织和个人具有重要影响。于组织而言，组织支持感有助于提高整体的工作绩效和竞争力，增强员工的组织公民行为，降低员工流失率，减少招聘和培训成本。于个人而言，感受到组织支持的员工更有可能对工作感到满意，对组织产生更强的承诺，提高工作投入和绩效，提升个人价值，减少工作压力和离职意向，增强创新和尝试新事物的意愿。组织可以采取多种措施，通过提供必要的资源和支持、认可和奖励员工的贡献、关心员工的福祉和职业发展、建立开放的沟通渠道等提高员工的组织支持感。

四　员工敬业度

员工敬业度是指员工对工作的参与度、满意度和热情。它反映了员工对组织的承诺和对工作角色的投入程度。敬业度高的员工通常表现出更高的工作绩效、更强的组织承诺和更低的人员流失率。员工敬业度对个人和组织均具有重要影响。于个人而言，敬业度高的员工更投入和专注于工作，展现出更高的工作热情和努力，有利于工作满意度提高和个人职业生涯目标的实现。于组织而言，高敬业度的员工能够促进组织整体工作氛围和文化的形成，降低员工流失率。

组织可以通过提供公平的待遇、营造积极的工作环境、增强员工的工作意义和目标感、促进员工成长和发展等方式来提高员工的组织承诺、组织支持感和员工敬业度，从而促进组织的长期成功和员工的个人发展。

第四节　工作满意度的影响因素及其测量

一　工作满意度的影响因素

影响工作满意度的因素是多方面的，在不同的工作中让人感到满意或者不满意的因素是不同的，具体包括以下几个方面。

（一）薪酬福利

薪酬福利是员工衡量自身价值和组织公平性最重要的指标。工作赚取的货币能够满足员工的各种需要，它是对员工工作最直接、最明确的物质肯定方式，是员工工作得到他人承认的象征。一般而言，合理的薪酬结构和福利政策能激发员工的工作积极性，但薪酬福利对工作满意度的影响是有限的，并不是绝对的。在现实生活中，薪酬福利对工作满意度的影响因个人、文化、行业和组织的不同而有所差异。一方面，薪酬福利首先可以满足员工对食物、住房和医疗保障等的基本经济需求，此时它对工作满意度的贡献较大。另一方面，员工可能会根据他们的工作投入（如教育、经验、工作努力）和产出（如工作成果、创新绩效、贡献）来评估薪酬福利的合理性。如果薪酬福利与他们对工作的价值评估不相符，可能会降低他们的满意度。同时，许多其他因素，如工作环境、同事关系、工作内容、职业发展机会、工作安全感和组织声誉等，也对工作满意度有重要影响。在这些因素得到妥善处理的情况下，薪酬福利对工作满意度的影响可能会降低。

因此，虽然薪酬福利是工作满意度的一个重要组成部分，但它并不是唯一的因素。组织在提高员工满意度时，应该考虑薪酬福利以外的多种因素，并采取综合措施来提升员工的整体工作体验。

（二）工作本身

工作本身的内在性质主要包括工作活动的多样化、对工作方法和工作速度的控制权、工作的挑战性、个人对工作的偏爱性、工作成就感、工作与生活之间的平衡，不同的人对同样工作的感知是不同的，具有较强的差异性。

（三）职业发展

职业发展包括员工的晋升机会、培训和专业发展等。当员工个人的职业发展同组织目标一致时，员工更有可能看到自己期望的职业发展路径，拥有更高的工作满意度。反之，缺乏成长空间和晋升机会可能导致员工流失。

（四）工作环境

工作环境指工作场所的物理布局、安全性、工作设备的先进性等，它会直接影响员工的工作体验和工作效率。良好的工作条件如舒适的办公环境、先进的设备、安全的工作场所，能显著提升员工的工作满意度和组织忠诚度。反之，恶劣的工作环境可能导致员工感到压抑、不满，甚至影响健康。因此，组织应该重视改善工作条件，以提高员工的工作满意度和忠诚度，同时提高员工的个人福祉和生活质量。

（五）管理与人际关系

管理与人际关系主要指管理者的领导风格、管理能力以及与员工的关系，它对员工的工作满意度和组织承诺有显著影响。每个人都有归属和被尊重的需要，支持型的管理风格和良好的上下级关系能增强员工的归属感和工作动力。同事间的人际关系和团队合作氛围也是影响工作满意度的重要因素，良好的同事关系和团队协作能提升工作满意度、增强组织凝聚力，进而使员工拥有较高的工作满意度。

（六）个人人格

个人人格也对工作满意度具有重要影响：具有积极核心自我评价的人与那些具有消极核心自我评价的人相比，对自己工作的满意度更高。具体而言，核心自我评价是一个个体内在的、相对稳定的自我评价，它包括自我效能感、自尊、乐观和自信等成分。① 具有积极核心自我评价的个体通常对自己的能力和价值有坚定的信念，他们对自己的工作有更高的满意度。而具有消极核心自我评价的个体可能会对自己的工作能力持怀疑态度，他们更容易感到不满意、产生挫败感。因此，组织可以通过培训使员工获得积极的核心自我评价来提升员工的工作满意度。

以下是积极核心自我评价对工作满意度的几种作用方式。①自我效能感：个体对自己完成工作任务的能力的信心影响他们对工作的满意度。自信的员工更可能接受挑战性的任务，并成功地完成它们，从而获得成就感和满足感。②自尊：个体对自己的尊重和价值感与工作满意度密切相关。自尊心强的员工可能更容易感到被工作场所接纳和尊重，这有助于提高他们对工作的满意度。③乐观：乐观的员工倾向于看到工作中的积极方面，即使面对挑战和困难也能保持积极的态度。这种乐观有助于他们维持较高的工作满意度。④自信：自信的员工相信自己能够影响工作结果，他们对自己的能力和决策有信心。这种自信可以帮助他们在工作中克服障碍，实现目标，从而提高工作满意度。

以上因素共同对个体的工作满意度产生影响，这些因素相互联系、相互作用，共同决定了个体对组织工作的满意度。由此，我们构建了一个工作满意度模型，如图 2-1 所示。

① 斯蒂芬·罗宾斯、蒂莫西·贾奇:《组织行为学（第 18 版）》，孙健敏等译，中国人民大学出版社，2021，第 76 页。

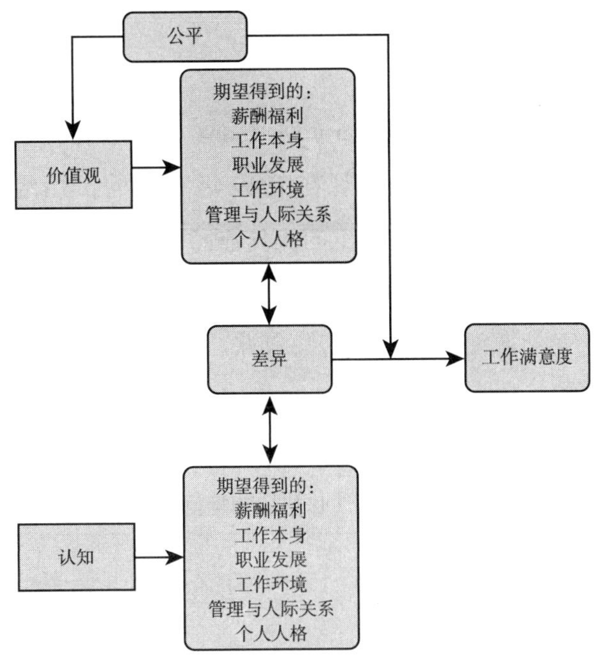

图 2-1　工作满意度模型

由图 2-1 的模型可以看出，工作满意度是一个人对其期望的工作结果与实际的工作结果之间差异的函数。如果工作中实际的情况远高于自己的期望值，且这个结果同他人比较也是相对公平的，那么个体的工作满意度就较高。反之，如果实际情况不如自己所期望的，那么个体就会感到不满意。另一个重要的因素是“公平”。模型基于约翰·亚当斯（John Adams）于 1965 年提出的公平理论（公平理论将在第六章详细介绍）指出，员工感受到的公平是通过将个人对工作的投入和所获的结果同其他参照对象的投入和结果进行比较而获得的。公平并不是指每个人获得的都是一样的，而是让每个员工按照自己的贡献获得相应的回报。即使员工实际的工作结果高于个人的期望值，但倘若通过比较，员工感受到自己受到了不公平的待遇，那么其工作满意度仍可能较低。

二　工作满意度的测量

员工个体对工作满意度的不同方面有不同的态度，可以使用问卷调查法、访谈法、关键事件法等进行测量。其中，问卷调查法最为常用。

（一）问卷调查法

1. 工作描述指标问卷

工作描述指标问卷（Job Descriptive Index，JDI）是由史密斯（Smith）、肯德尔（Kendall）和胡林（Hulin）在 1969 年提出的，后经过罗兹诺斯基（Roznowski）的修正，用于评估员工的工作满意度。JDI 是一个多维度的量表（见表 2-1），它包括对工作、薪酬、晋升机会、上司监督、同事五个方面的满意度评估。把五个方面的满意度汇总起来，即可以对工作满意度进行综合测量。被调查者用“是”“否”“无法确定”来回答问卷。

表 2-1　工作描述指标问卷

现在的工作	是	否	无法确定
1. 令人着迷的			
2. 常规的			
3. 令人满意的			
4. 枯燥的			
5. 有创造性的			
6. 受尊重的			
7. 愉快的			
8. 有用的			
9. 感到疲倦的			
10. 有挑战性的			
11. 受挫折的			
12. 简单的			
13. 有成就感的			
14. 快乐的来源			
15. 沉闷的			
16. 有趣的			
17. 糟糕的			
18. 重要的			
现在的薪酬	是	否	无法确定
1. 收入刚好够日常的消费			

续表

2. 靠收入勉强为生 3. 很低的 4. 没有安全感 5. 少于我应得的 6. 收入太低了 7. 丰厚的 8. 不公正的 9. 足够得到我想要的东西			
晋升的机会	是	否	无法确定
1. 好的晋升机会 2. 机会比较有限 3. 根据能力晋升 4. 没有发展前途的工作 5. 好的晋升机遇 6. 很少有晋升 7. 定期的晋升 8. 非常好的晋升机会 9. 很容易得到晋升			
现在的上级	是	否	无法确定
1. 很难取悦的 2. 不礼貌的 3. 会对出色的表现加以表扬 4. 老练的 5. 思想跟得上潮流的 6. 急躁的 7. 能够理解我的工作定位 8. 烦人的 9. 固执的 10. 非常清楚工作情况 11. 坏的 12. 聪明的 13. 需要时常在身边的 14. 懒惰的			

续表

15. 干扰我的工作的 16. 发出使人混淆的指令 17. 善于指导下属工作 18. 不能被信任的			
现在的同事	是	否	无法确定
1. 令人鼓舞的 2. 沉闷的 3. 动作慢的 4. 志向远大的 5. 笨的 6. 负责任的 7. 精明的 8. 容易树敌的 9. 话太多的 10. 聪明的 11. 懒惰的 12. 令人不悦的 13. 主动的 14. 兴趣狭隘的 15. 忠诚的 16. 工作中很好相处的 17. 打扰我的 18. 浪费时间的			

资料来源：王岩、郭志达、王俊峰主编《组织行为学（第3版）》，经济管理出版社，2019，第65页。

2. 明尼苏达工作满意度问卷

明尼苏达工作满意度问卷（Minnesota Satisfaction Questionnaire，MSQ）是由维斯（Weiss）等四人在20世纪60年代编制的一种评估工具，用于测量员工对其工作环境的满意程度。它包括长式量表和短式量表两个版本。长式量表包含120个题目，覆盖20个方面的工作满意度。短式量表涉及内在满意度、外在满意度和一般满意度3个方面，通常包含20个题目，每个题目对应一个方面的工作满意度，具体如表2-2所示。

表 2-2　明尼苏达工作满意度问卷（短式量表）

你对现在的工作感觉如何?	非常满意	满意	不确定	不满意	非常不满意
1. 独自工作的机会					
2. 时常有做不同事情的机会					
3. 成为团体中重要人物的机会					
4. 上级对待下级的方式					
5. 我的上级做决策的能力					
6. 能够做不违背自己良心的事					
7. 工作的稳定性					
8. 为别人做事的机会					
9. 叫别人做事的机会					
10. 发挥自己能力的工作的机会					
11. 公司政策的实施方式					
12. 我的报酬与我的工作量					
13. 晋升的机会					
14. 我自己做决策的机会					
15. 按自己的方式完成任务的机会					
16. 工作条件					
17. 同事间相处的方式					
18. 工作完成得好而得到的奖励					
19. 我从工作中获得的成就感					
20. 总能保持一种忙碌的状态					

资料来源：王岩、郭志达、王俊峰主编《组织行为学（第 3 版）》，经济管理出版社，2019，第 67 页。

3. 彼得需求满意度问卷

彼得需求满意度问卷（Need Satisfaction Questionnaire，NSQ）是一种专门设计的用于评估管理人员工作满意度的工具。这种问卷是由劳伦斯·彼得（Laurence Peter）提出的，它侧重于评估管理工作中的具体问题，并且是一种开放式的调查方式。受访者需要分别从“应该是”与“现在是”两个方面对每个选项进行评价，前者是对理想状态的评价，后者是对当前状态的评价。对受访者两个问题的得分进行比较，差距越大，表明满意度越低；差距越小，表明满意度越高。表 2-3 为一个样表，实际的 NSQ 可能会包含更多的问题，并且可能会根据具体的组织和管理工作的需求进行调整。

表 2-3　彼得需求满意度问卷（样表）

问题 1：工作安全	最小					最大
应该是： 现在是： 差异评分：______	1 1	2 2	3 3	4 4	5 5	6 6	7 7
问题 2：工作挑战性	最小						最大
应该是： 现在是： 差异评分：______	1 1	2 2	3 3	4 4	5 5	6 6	7 7
问题 3：个人成长和发展机会	最小						最大
应该是： 现在是： 差异评分：______	1 1	2 2	3 3	4 4	5 5	6 6	7 7
问题 4：工作与个人价值观的一致性	最小						最大
应该是： 现在是： 差异评分：______	1 1	2 2	3 3	4 4	5 5	6 6	7 7
问题 5：与同事的合作关系	最小						最大
应该是： 现在是： 差异评分：______	1 1	2 2	3 3	4 4	5 5	6 6	7 7
问题 6：上级的支持和指导	最小						最大
应该是： 现在是： 差异评分：______	1 1	2 2	3 3	4 4	5 5	6 6	7 7
问题 7：工作认可和奖励	最小						最大
应该是： 现在是： 差异评分：______	1 1	2 2	3 3	4 4	5 5	6 6	7 7
问题 8：工作环境和条件	最小						最大
应该是： 现在是： 差异评分：______	1 1	2 2	3 3	4 4	5 5	6 6	7 7
总结：							
总体满意度评分：_____							

（二）访谈法

访谈法是社会科学研究中一种常用的数据收集方法，它指研究者与受访者之间直接对话交谈。访谈可以是结构化的、半结构化的或非结构化的，每种类型都有其特定的应用场景和目的。访谈法在调查员工工作满意度时可以提供深入的见解和定性数据，帮助了解员工对其工作环境、职责、薪酬、晋升机会、同事关系、管理方式等方面的感受。谨慎地向员工提问，系统地记录他们的回答，有利于厘清工作态度积极或消极的真正原因，表 2-4 为一个样表。

表 2-4　员工工作满意度访谈记录表（样表）

一、基本信息				
问题编号	主要问题	受访者回答	追加问题	备注
1	您对目前的工作内容满意吗？	是 / 否 / 不确定	为什么？	
2	您认为薪酬水平与您的工作负担相匹配吗？	是 / 否 / 不确定	您期望的薪酬是多少？	
3	您对工作环境和条件满意吗？	是 / 否 / 不确定	您认为哪些方面需要改进？	
4	您对与同事的合作关系感到满意吗？	是 / 否 / 不确定	您认为团队合作中存在哪些问题？	
5	您对上级的管理方式满意吗？	是 / 否 / 不确定	您希望上级在哪些方面做出改变？	
二、开放式问题				
问题编号	开放式问题		受访者回答	备注
1	您认为目前工作中最令您满意的方面是什么？			
2	您认为目前工作中最需要改进的方面是什么？			
3	您对组织未来的发展方向有何建议或期望？			
二、其他观察和备注				
1. 受访者的情绪和态度：（如积极、消极、中立、激动等）				
2. 访谈过程中的特殊情况或重要观察：				
3. 访谈者的额外评论或反思：				

（三）关键事件法

关键事件法是一种定性研究方法，它侧重于收集和分析特定情境下的关键行为或事件，以理解这些行为或事件背后的动机、原因和后果。利用关键事件法调查员工工作满意度时，可要求员工描述工作中令自己特别满意和不满意的事情，通过对其回答进行分析，解释潜在的问题。

三　不同国家的员工工作满意度对比

根据任仕达（Randstad）《2020 年工作和生活平衡报告》公布的工作满意度调研数据（见图 2-2），我们可以看到不同国家的员工工作满意度存在显著差异。

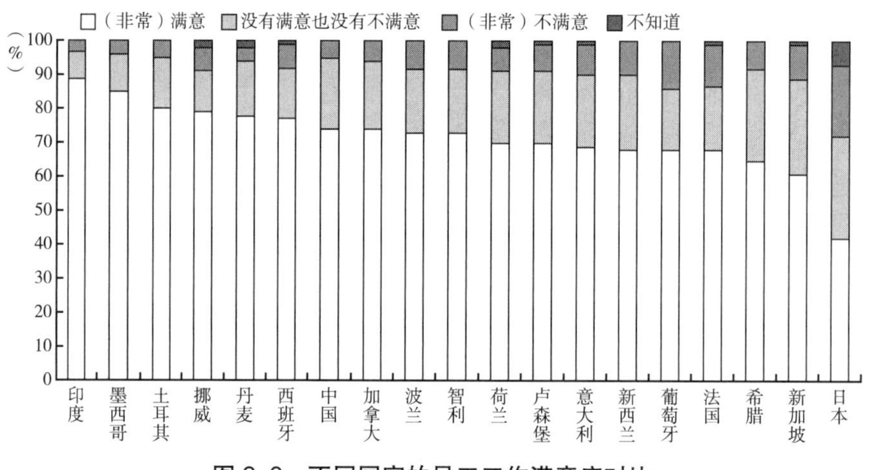

图 2-2　不同国家的员工工作满意度对比

资料来源：Randstad《2020 年工作和生活平衡报告》，https://www.199it.com/archives/1064335.html，最后访问时间：2024 年 9 月 30 日。

报告显示，印度的工作满意度最高，有 89% 的员工表示非常满意或满意，体现了印度劳动力市场的积极情绪，以及员工对于工作机会和职业发展的乐观态度。墨西哥（85%）、土耳其（80%）的员工工作满意度也较高，表明这些国家的员工对工作普遍持积极看法。相比之下，日本的员工工作满意度最低，只有 42% 的员工表示非常满意或满意。日本员工工作满意度低的原因可能是日本工作文化的高压力和长时间工作、工资停滞增长等，这些都会影响员工的身心健康和工作与生活的平衡等。

员工的工作满意度受到多种因素的影响，组织和政策制定者应该关注这些数据，以便更好地理解员工的需求和期望，并采取措施提高员工的工作满意度和生产力。

案例链接 2-2

归因、自主权与工作满意度

随着中国经济的快速发展和劳动力市场的不断变化，员工工作满意度对于企业稳定人才和提升竞争力越来越重要。在此背景下，才国伟、刘剑雄利用 2009 年中国（广东）家庭动态跟踪调查数据，研究揭示了员工工作满意度的关键影响因素。

首先，外部归因，如父母社会地位、家庭经济收入、运气等，与较低的工作满意度密切相关。这种归因方式可能导致员工对工作环境的不满和对个人职业发展的悲观态度，从而降低了他们对工作的满意度。相比之下，内部归因，如将成功归因于个人的努力和能力，虽然在理论上可以提升工作满意度，但研究中并未发现显著的正向效应。这可能是因为在高度竞争的劳动市场中，员工认为内部因素并不能完全决定工作成果，因此内部归因对满意度的影响有限。其次，工作自主权的提高与工作满意度的提升呈正相关关系。拥有较高工作自主权的员工能够自主安排工作内容和时间，这不仅增强了他们的工作投入感，也提高了他们对工作的控制感，从而提升了工作满意度。此外，在体制内工作的员工通常享有更稳定的工作环境和更完善的福利体系，这些因素共同作用，使得他们的工作满意度相对较高。流动人口的工作满意度较高可能与他们对工作机会的积极寻求和对改善生活条件的期望有关。而为员工购买保险等福利措施，相较于单纯的工资增长，更能显著提升员工的工作满意度，这反映了员工对安全感和长期稳定的需求。

该研究启示我们，企业管理者应关注员工的归因倾向，并通过沟通与培训引导员工认识到个人努力的价值。同时，应改革管理制度以增加员工的工作自主权，从而激发员工的创造性和工作热情。企业还需提供充足的社会保障和福利，如保险和健康保障，以提升员工工作满意度和忠诚度，构建和谐的工作环境。在制定人力资源政策时，应考虑员工的个人需求和社会文化背景，实现员工与企业的共赢发展。

资料来源：才国伟、刘剑雄《归因、自主权与工作满意度》，《管理世界》2013 年第 1 期，第 133~142 页。

第五节　工作满意度的结果

在大多数情况下，工作态度和工作行为是一致的。员工喜欢他们的工作会发生什么？不喜欢他们的工作又会怎么样呢？斯蒂芬·罗宾斯、蒂莫西·贾奇按照“建设性”或“破坏性”、“积极性”或“消极性”两个维度将对工作不满意的反应分为表 2–5 中的四种。

表 2–5　工作不满意的反应

分类	建设性	破坏性
积极性	建议 工作热情，可以做出建设性的努力来改善工作条件，对未来充满乐观	退出 直接离开组织，寻找其他更满意的工作机会
消极性	忠诚 工作被动，但乐观地等待环境的改善，在受到外部批评时可以坚信公司的决策	怠工 工作被动，且会减少工作努力、故意拖延或提供低质量的工作成果来表达不满

资料来源：斯蒂芬·罗宾斯、蒂莫西·贾奇《组织行为学（第 18 版）》，孙健敏、朱曦济、李原译，中国人民大学出版社，2021，第 80 页。

工作不满意的员工可能会产生反生产的行为，如故意拖延、质量下降、频繁请假、蓄意破坏和抵触变革。这些行为不仅直接影响生产效率和团队士气，还可能导致员工流失和企业声誉受损，甚至引发法律风险。但通常情况下管理者并不能及时发现员工的不满意，究其原因主要包括：①管理者可能没有建立有效的沟通渠道，使得员工不敢或不愿意表达自己的不满；②员工的不满可能通过缺勤率、离职率、工作表现或团队氛围的变化表现出来，但管理者可能未能识别这些信号；③管理者可能过于关注短期业绩而忽视了员工的长期福祉和满意度；④文化或结构障碍，员工的意见可能不被重视。

这些反生产行为可能导致企业的整体生产效率低下、长期不满意的员工离职、组织内士气低落、企业的口碑下滑和增加法律风险等。通过建立有效的沟通机制、鼓励员工参与决策、定期进行员工满意度调查、关注员工反馈和改善工作环境，可以有效提高员工的工作满意度，促进企业的稳定发展。

（一）工作满意度与工作绩效：快乐的员工更有可能是高效的员工

一般认为，满意的员工往往更能投入工作，展现出更高的积极性和主动性，从而提高工作效率和工作质量。同时，员工工作满意度高的组织整体绩效高于满意度低的组织。因为快乐和满足的员工更少缺勤，更愿意接受挑战性任务，并且更有可能超出工作要求，这些都有助于提高组织的整体工作绩效。

20 世纪 30 年代，人际关系学派提出了“满意导致绩效”的学说，即良好的人际关系有利于提高员工的工作满意度，进而提高企业的绩效。当时，管理者表现出来的是家庭式管理风格，即通过取悦员工来提高生产力，但进一步的研究发现，工作满意度和绩效之间的关系是复杂的，也是积极的，这种作用相当微弱，而适当地引入其他变量可以影响这种关系。一般而言，当员工从事机械化程度低的工种且其行为较少受到外界约束和控制时，这种关系就会增强。[①]

（二）工作满意度与组织公民行为：对工作满意的员工更愿意表现出组织公民行为

组织公民行为是指员工自发进行的、对组织的运作和效率有益的行为，它是非正式工作职责的一部分。组织公民行为主要基于员工对组织的信任和忠诚，虽然超出了员工的正式工作职责，但能显著提高组织的整体效能，是建立高效的团队和工作环境的关键，它通常包括助人行为、自觉遵守规则、积极参与组织决策、关心组织福祉、倾听他人意见、避免冲突等。

工作满意度与组织公民行为有中等程度的相关性。工作满意度高的员工

---

① 王岩、郭志达、王俊峰主编《组织行为学（第3版）》，经济管理出版社，2019，第64页。

更容易表现出组织公民行为。[①] 其主要原因如下。①工作满意度高的员工往往具有更积极的情感状态，这种积极情感使他们更愿意帮助同事和参与组织活动，从而展现出组织公民行为。②工作满意度通常与对组织的信任和承诺相关联，员工在感到满意时，更有可能信任组织，并产生强烈的组织承诺，这种信任和承诺是组织公民行为的重要驱动力。③满意的员工可能期望通过额外的努力和贡献来获得长期的职业发展或提升，而组织公民行为被视为一种有助于实现这些目标的方式。④根据社会交换理论，员工在感到满意和受到良好对待时，会倾向于通过额外的努力来回报组织，这种互惠关系促进了组织公民行为的产生。为了促进这种正向关系，组织可以通过改善工作条件、提供职业发展机会、认可员工成就等方式提高员工的工作满意度，建立和维护员工对组织的信任，并对表现出组织公民行为的员工给予及时的认可和奖励，强化其正向行为，激发其更多的组织公民行为，从而提升整体的组织效能。

（三）工作满意度与客户满意度：满意的员工可以提升客户满意度和忠诚度

员工的满意度不仅影响他们的工作表现，还直接影响他们与客户的互动。满意的员工更有可能提供优质的服务，展现友好、热情和专业的态度，这有助于提高客户体验感，提升顾客满意度和忠诚度。另外，在面对客户提出的问题时，工作满意度高的员工往往能够更有效地解决。因此，员工的工作满意度可以成为提升组织声誉和市场竞争力的重要因素。

（四）工作满意度与生活满意度：总体幸福感取决于在工作中的幸福感

工作不仅是个人身份和自我价值感的一个重要来源，也是日常生活的核心组成部分，主要体现在为员工带来经济收入，它是经济独立和稳定生活的基础。满意的工作意味着稳定的收入来源，能够满足员工基本生理需求和其他欲望，从而提高员工幸福感。另外，它还与个人的身份、社会关系、心理健康和整体福祉紧密相关，一个高社会认同的职位意味着可以得到更多的尊重和更高的社会地位，从而满足员工受人尊重的需要。员工个人通过工作可以实现个人目标，带来自我成就感，进而提高总体幸福感。

① 段万春主编《组织行为学（第四版）》，高等教育出版社，2020，第 108 页。

工作与个人生活的平衡也是影响工作满意度的重要因素。当员工个体对工作感到满意时，工作不会过度侵占个人时间，员工能够有足够的时间进行休闲活动、与家人朋友相处，总体幸福感会更高。

复习思考题

1. 什么是态度？态度与行为的关系是什么？

2. 为什么工作满意度对于员工来说至关重要？工作不满意会有哪些后果呢？

3. 影响员工工作满意度的因素有哪些？

4. 请结合你所了解的实例，简述企业是如何提升员工满意度的。

5. 影响组织承诺的因素有哪些？

6. 有人说工作是工作，生活是生活，二者难以兼顾，你怎么理解呢？

案例分析题

服务机器人角色对员工幸福感影响的研究

随着技术的不断进步，服务接待业引入服务机器人以提升效率和客户体验。这种变革不仅重塑了服务模式，也显著影响了员工的工作和心理状态。刘欣和谢礼珊通过深度访谈 43 名服务接待业员工并对 1373 名服务接待业员工进行问卷调查，分析了服务机器人角色对员工幸福感的双路径影响机制。研究发现，随着服务机器人在服务接待业的引入，员工的工作模式和心理状态经历了显著变化。服务机器人在服务接待工作中的角色可以分为合作型和竞争型两种，这两种角色对员工的幸福感产生了不同的影响。

服务接待业员工每天需要开展大量的体力劳动和情绪劳动，大多数时候承受着较大的身心压力，服务机器人的合作型角色让员工切实感受到了工作效率的提升，员工可以从事更多挑战性的工作。合作型角色的服务机器人作为员工的辅助工具，减少了员工的重复性劳动，提高了工作效率和服务质量，促进了员工对自身角色的再认识和工作方式的创新，从而增强了工作意义和幸福感。相反，竞争型角色的机器人可能威胁员工的工作安全，进而导致员工感到身份威胁和工作疏离，对员工幸福感产生了负向影响。研究还发现，创新氛围能够正向调节合作型角色与角色重塑之间的关系，而技术焦虑能够负向调节竞争型角色与身份威胁之间的关系。这意味着，积极的创新氛围可以增强服务机器人合作型角色对员工角色重塑的积极作用，而技术焦虑则加剧了竞争型角色对员工身份威胁的影响。两者对员工幸福度的作用机制都是角色重塑－工作意义的链式中介影响。合作型角色的服务机器人使员工从原来的服务提供者变为现在的技术管理者、科技分享者、流程监督者等。在这一情境下，员工进行了积极的角色转换以及自我唤醒，在职场中体会到更多深层次的工作意义，从而实现了角色学习的自我增益，最后实现了幸福感的提升。竞争型角色的服务机器人的替代效应在一定程度上剥夺了员工固有的角色属性，员工感受到了更多的心理危机以及身份威胁，过多的消极心理认知引发个人在工作上表现出自我抽离，因此这一链式中介属于角色冲突的自我损耗，最终阻碍了个体对幸福感的追求和实现。另外，组织创新氛围和技术焦虑作为调节变量，分别对服务机器人的合作型角色和竞争型角色与员工幸福感之间的关系产生影响。组织创新氛围强化了合作型角色的积极效应，而技术焦虑则加剧了竞争型角色的消极效应。

企业应通过营造积极的创新氛围和提供技术培训，帮助员工适应技术变革，同时考虑员工的个人人格特质，如开放性和技术适应性，为他们提供个性化的支持，以克服技术焦虑并优化互动。

资料来源：刘欣、谢礼珊《是喜还是忧？服务机器人角色对员工幸福感的双路径影响机制——基于服务接待业人机互动情境的定性和定量研究》，《南开管理评论》，网络首发时间：2024 年 2 月 20 日，网络首发地址：https://link.cnki.net/urlid/12.1288.F.20240220.0828002，第 1~25 页。

思考题

1. 员工幸福感与工作满意度的关系如何?

2. 本案例中员工幸福感的影响因素有哪些?

3. 本案例中员工幸福感的变化可能对工作行为产生什么样的影响?

第三章 人格与价值观

第一节 人格

一 界定人格

人格（personality）在中文里被翻译为性格、个性，指的是赋予个体身份的稳定的生理和心理特征组合。人格是个体内部身心系统的动态组织，它决定了个体对环境的独特调节方式，它包括个体的思维方式、情感反应、行为习惯和社交风格等。人格是构成个体差异的重要因素，它影响人们如何看待世界、如何与他人互动，以及如何在不同的生活场景中应对挑战。人格具有以下一些基本特征。

（一）稳定性

人格特征在时间上具有一定的稳定性，即个体在不同的情境和生命阶段中表现一致的行为模式。例如，一个责任心强的人在多年的工作经历中，无论在哪个岗位，都会表现出准时完成任务和遵守承诺的行为。

（二）独特性

人格的独特性指人和人之间的差异性。由于先天遗传和环境的影响，每个人的人格都是独一无二的，不同的人有不同的心理和行为组合。

（三）综合性

人格的综合性指人格是由多种不同特征组成的复杂结构，包括气质、性格、动机、自我概念等多个方面，是一个人人格的各个部分相互关联形成的有机整体，人格的有机结构具有内部一致性，受自我意识的调控。人格不是各个特征的简单拼凑，而是有机结合，体现了人思想和行为的有机性。

（四）动态性

人格动态性指在人格形成过程中受到遗传和环境的双重影响。遗传决定了人格的一些基础特征，而环境因素如家庭、教育、文化等则影响人格的发展。尽管人格具有稳定性，但在某些情况下，如经历重大生活事件、心理治疗等，人格是可以发生变化的。人格有助于个体适应环境，不同的人格特征可以帮助个体在不同的社会和文化环境中生存和繁衍。

二　人格的决定因素

人格的决定因素是一个复杂的话题，涉及多个学科领域，包括心理学、生物学、社会学和哲学等。根据当前的普遍观点，人格是自然遗传和环境共同作用的结果，是个人稳定的行为模式和心理特质的组合，受到多种因素的影响。

（一）遗传因素

遗传因素指的是在个体胚胎阶段就已经决定了的因素。可遗传的人格特质就是可以根据染色体上的基因分子结构进行解释的人格特质。亲属间的人格相似性部分可以归因于共享的遗传因素。例如，双胞胎研究常常被用来评估遗传对人格的影响，即使是在不同环境中成长的同卵双胞胎也会展现出一定程度的人格相似性。

（二）环境因素

环境因素主要指的是个体所在的社会环境，包括家庭、教育、文化背景、社会经历、与他人的互动等，这些都会对人格产生显著影响。环境可以塑造个体的行为模式，影响其对世界的看法和反应方式。

遗传和环境两个因素并不是独立作用的，它们之间存在相互作用，一般认为遗传因素和环境因素的比为4∶6。所谓相互作用意味着个体的遗传特质会影响其选择和适应环境的方式，而环境又会反过来影响遗传特质的表达。因此，理解人格的决定因素需要一个综合的、多维度的视角。

三　如何测量人格

在公司管理中，了解团队成员的人格特征是非常重要的。它对于提升团队效能、优化人力资源配置、增强组织凝聚力等方面具有重要意义。管理者需要掌握科学的人格测量方法，以便更好地招募、评价和激励团队成员。最常用的方法就是自我报告法。

自我报告法（Self-Report Method）是人格测量中最常用的方法之一，它要求被测者在量表或问卷中对自己的行为、态度、思想、情感等进行客观、如实的报告。自我报告法操作简单、成本较低，可以快速收集大量数据，适用范围相对广泛，且被测者在报告自己的心理特质时，往往能提供一个相对稳定的参考点。然而，自我报告法也有其局限性，比如可能存在社会期望效应（被测者可能会回答他们认为应该回答的内容，而不是真实情况）、回答偏差（如记忆失真或自我美化）等问题。因此，在使用自我报告法进行人格测量时，需要设计严谨的问卷，并采取措施减少偏差，如使用匿名调查、确保问题中立无导向性等。

此外，人格测量还应结合其他方法，如心理测评、行为观察、第三方评价等，以获得更全面、准确的评价。这样，管理者就能更好地了解团队成员的人格特质，从而采取适当的领导策略，促进团队和谐，提高组织效能。

四　早期的人格研究

早期的人格研究致力于识别和标记那些能够描述个体行为的持久特征。在心理学的历史上，有几位重要的心理学家和哲学家对人格理论做出了贡献，他们的研究为理解人格的特质奠定了理论基础。

（一）弗洛伊德的精神分析理论

西格蒙德·弗洛伊德是精神分析学派的创始人，他提出人格由三个结构组成：本我（id）、自我（ego）和超我（superego）。这三个结构影响着个体的行为和思维方式，并且理论上是相对持久的。

（二）阿尔伯特·艾利斯的理性情绪行为疗法

阿尔伯特·艾利斯（Albert Ellis）提出了理性情绪行为疗法（Rational Emotive Behavior Therapy，REBT），强调个人的认知、情感和行为模式之间的关系。艾利斯认为，个体的性格特质可以通过改变其不合理的信念来改变。

（三）卡尔·荣格的心理类型理论

卡尔·荣格（Carl Jung）提出了心理类型的概念，他认为人们在生活中表现出固定的偏好，这些偏好可以在个体的人格结构中找到。荣格将这些偏好视为个体性格的基础。

（四）汉斯·艾森克的人格理论

汉斯·艾森克（Hans Eysenck）提出了一个基于生物学的人格理论，他认为人格特质的一部分受到遗传和生理因素，例如神经系统活动差异的影响。

（五）戈登·奥尔波特和雷蒙德·卡特尔的特质理论

戈登·奥尔波特（Gordon Allport）和雷蒙德·卡特尔（Raymond Cattell）等心理学家发展了特质理论，他们试图通过识别和分类人格特质来解释个体差异。奥尔波特提出了“人格特质理论”，而卡特尔则发展了“16PF”（16 Personality Factors）模型，试图用16个主要的人格维度来描述人群。

这些理论和模型都试图捕捉人格的持久特征，并为我们理解个体行为提供了框架。随着时间的推移，人格研究持续发展，涉及特质理论、生物学基础、社会认知角度以及情境因素等多个方面。

案例链接 3-1

卧薪尝胆

越王勾践“卧薪尝胆”是中国古代历史上一个典型的人格受环境和遗传共同影响的案例。勾践作为王室成员，天生具备一定的领导潜质。然而，正是在他面对国破家亡、个人屈辱的极端环境下，这些潜在的领导特质才得到了锻炼和提升。在被迫向吴王夫差称臣并遭受屈辱的过程中，勾践选择了卧薪尝胆，以此自我激励，不忘复仇之志。这种逆境不仅考验了他的心理承受能力，也强化了他的决心和智谋。在长达数年的准备中，勾践不断积累力量，等待时机反击。

最终，勾践利用自己的智慧和勇气，以及在逆境中培养出的坚韧不拔，成功地击败了吴国，恢复了越国的独立。这一历史事件充分说明了人格特质的形成是遗传与环境相互作用的结果。勾践的故事至今仍然激励着人们，在逆境中保持坚韧不拔的精神，通过不懈努力实现自我超越。

资料来源：门岿主编《二十六史精粹今译》，人民日报出版社，1991，第100页。

第二节　人格理论框架

一　迈尔斯－布里格斯类型指标

迈尔斯－布里格斯类型指标（Myers-Briggs Type Indicator，MBTI）是当前非常热门的人格类型评估工具，由凯瑟琳·库克·布里格斯（Katharine Cook Briggs）和她的女儿伊莎贝尔·布里格斯·迈尔斯（Isabel Briggs Myers）基于卡尔·荣格的心理类型理论开发。MBTI 旨在帮助人们更好地理解自己和他人，以及他们在工作、人际关系和日常生活中的行为模式。

MBTI 评估涉及四个维度，每个维度有两个极端选项，共产生 16 种不同的个性类型。

补充精神能量的来源分为：外倾型（Extroverted）与内倾型（Introverted）。外倾型（E）倾向于从外部世界获得能量，常表现为性格开朗、善于社交和充满自信；而内倾型（I）则更能从独处中获得能量，常表现为安静和害羞。

搜集信息的方式分为：感觉型（Sensing）与直觉型（Intuition）。感觉型（S）更加注重实际，个体偏好使用五官感受当前的、具体的信息，偏爱秩序和细节；而直觉型（N）个体则依赖无意识的处理过程，关注抽象、整体和概念。

分析信息的方式分为：思考型（Thinking）与情感型（Feeling）。思考型（T）个体在做决定时倾向于使用逻辑和客观分析，更遵守理性、逻辑的结论；而情感型（F）个体则倾向于考虑人际关系和价值观，会更关注主观因素，也就更感性、更易受情绪影响。

应对外部世界的方式分为：判断型（Judgment）与感知型（Perceiving）。判断型（J）个体喜欢控制，偏爱充满组织和秩序的生活方式，更加看重结果，因而常常更严谨；而感知型（P）个体更加注重过程，因此更加灵活和顺其自然。

MBTI 的评估通常通过一系列选择题或自我报告问卷进行，个体根据自己的真实感受和倾向选择最符合自己的选项。完成评估后，个体将得到一个人格类型代码（见表 3-1）。

表 3-1 MBTI 的 16 种人格

类型	名称	类型	名称	类型	名称	类型	名称
ISTJ	物流师型人格	ISFJ	守卫者型人格	INFJ	提倡者型人格	INTJ	建筑师型人格
ISTP	鉴赏家型人格	ISFP	探险家型人格	INFP	调停者型人格	INTP	逻辑学家型人格
ESTP	企业家型人格	ESFP	表演者型人格	ENFP	竞选者型人格	ENTP	辩论家型人格
ESTJ	总经理型人格	ESFJ	执政官型人格	ENFJ	主人公型人格	ENTJ	指挥官型人格

MBTI 在个人发展、团队建设、职业规划等领域得到了广泛应用，但它也受到了一些批评，比如缺乏科学性和可重复性，以及可能鼓励刻板印象和过度简化的理解。尽管如此，许多人和组织仍然认为 MBTI 是一个有价值的工具，可以帮助人们更好地了解自己和他人，从而改善人际关系和工作表现。

二 大五人格模型

大五人格模型（Big Five Personality Traits Model）也被称为五因素模型（Five-Factor Model，FFM），它是现代心理学中被广泛接受的人格特质理论。这一模型由保罗 · 科斯塔（Paul Costa）和尼古拉斯 · 安德森（Nicholas Anderson）在 1988 年提出，建立在早期的特质理论，特别是科斯塔（Costa）和麦克雷（McCrae）工作的基础上。相比于 MBTI，它有更多的证据支持，并包含了人格特质中最重要的变量。这些特质可以很好地预测不同的人在现实中的表现。

大五人格模型将人格分为五个主要维度，每个维度代表一种特质。一是经验开放性（Openness to Experience），它反映个体对经验和新事物的态度和兴趣程度。开放性高的人通常好奇心强、创造力丰富、喜欢冒险、对艺术敏感；开放性低的人通常比较保守，只对熟悉的事物感到舒适和满足。二是责任心（Conscientiousness），它是对个体一致性和可靠性的测量，指个体在行为上的计划性、组织性、持久性和自控性。责任心强的人通常有较强的组织能力、自律，是值得信赖和持之以恒的；缺乏责任心的人容易精神分散、缺乏规划，是不可信赖和容易放弃的。三是外倾性（Extraversion），它指个体与外部世界交换的方式，描述个体在社交互动中的活跃和愉悦程度。外倾性高的人通常社交能力强、喜欢社交活动和娱乐；外倾性低的人内向胆小、安静少语。四是随和性（Agreeableness），它反映个体对别人的服从程度，以及在处理人际关系时的合作、友善和同情程度。随和性高的人通常和善、易于合作、有同情心、信赖他人；随和性低的人通常冷漠、敌对和不受欢迎。五是情绪稳定性（Emotional Stability），它反映个体情绪稳定和承受压力的能力。情绪稳定性高的人通常较为平和、自信、有安全感；情绪稳定性低的人容易紧张、焦虑、失望、缺乏安全感。

大五人格模型的优点在于其广泛的适用性和相对较好的预测能力，它被用于多个领域，如人力资源管理、心理健康、市场营销等。研究者通过问卷调查和行为观察等方式来评估个体在这五个维度上的得分，从而描绘出他们的人格轮廓。学者们普遍认为大五人格与工作绩效之间存在显著的相关性。研究显示，责任心是预测多数职业领域工作绩效的关键人格特质，尤其是在需要高度责任感和自我纪律的工作中。外倾性对于涉及人际交往和团队合作的职位，如管理和销售的工作绩效有积极影响。而随和性则与维护良好的工作关系和组织公民行为相关，它对于团队协作和组织氛围同样重要。①

这些发现对于人力资源管理和组织发展具有重要意义，有助于在员工选拔、培训和激励策略中考虑到个体差异，以提高整体工作绩效。尽管大五人格模型得到了广泛的应用，但它也并非没有争议。也有学者指出，大五人格模型可能忽视了文化差异和人格特质的重叠和复杂性。

三　黑暗三特质

黑暗三特质包含马基雅维利主义、自恋和精神病态，其核心特征是以漠视或牺牲他人利益为代价，以达到获取自身利益、提高和维持自身地位的目的。它们是不受欢迎的，但每个人或多或少都有。

（一）马基雅维利主义

马基雅维利主义（Machiavellianism）是个体利用他人达成个人目标的

① 任国华、刘继亮：《大五人格和工作绩效相关性研究的进展》，《心理科学》2005 年第 2 期，第 406~408 页。

一种行为倾向，即讲求实效，保持情感的距离，并且为了目标不择手段。[①]它源自文艺复兴时期意大利政治家和哲学家尼科洛·马基雅维利（Niccolo Machiavelli），尤其是他的著作《君主论》。马基雅维利主义者表面上遵守道德和社会规范，但在实际人际关系中缺乏情感，道德感弱，在工作中、与他人交往中具有功利性，为达目的不择手段。一般而言，马基雅维利主义者通常分为高马基雅维利主义者和低马基雅维利主义者，赵君、廖建桥描述了马基雅维利主义者的行为特征（见表 3-2）。

表 3-2　马基雅维利主义者的行为特征

高马基雅维利主义者	低马基雅维利主义者
抵制社会影响	易受他人意见影响
隐藏个人罪恶	显露内心的罪恶
有争议立即改变态度	坚持己见
拒绝承认	立即坦诚承认
阐述事实时具有较高的说服力	阐述事实时缺乏说服力
怀疑他人的动机	在表面上接受他人的动机
情境分析	对情境进行了大量的假设
不接受互惠主义	接受互惠主义
对他人可能行为的判断持保留态度	相信他人“应该”以确定的方式行动
能够随情境改变策略	局限自己的行为
说别人喜欢听的话	说实话
对他人的信息很敏感	对他人的影响很敏感
如果他人不能报复则尽可能多地剥削	不愿意去剥削他人
决不明显地操控他人	操控别人时往往很明显
不容易脆弱到恳求屈从、合作或改变态度	以社会所期望的方式去反应
偏爱变动的环境	寻求稳定的环境

资料来源：赵君、廖建桥《马基雅维利主义研究综述》,《华东经济管理》2013 年第 4 期，第 145~148 页。

马基雅维利主义在政治、经济、社会等领域的行为特征和影响表现为利用他人达成个人目标的行为倾向。马基雅维利主义者具有实效导向、决策果

① R. Christie & F. Geis, *Studies in Machiavellianism*（New York：Academic Press，1970）.

断、擅长操纵他人、强适应性的行为偏向，这种行为在某些情况下可能有积极的影响，但大多数研究主要关注其负面影响。这些负面影响主要包括：道德风险、信任的缺失、短视行为等。总的来说，高马基雅维利主义在某些情况下可能带来效率和成功，但同时也伴随着道德风险和人际关系的潜在损害。

案例链接 3-2

张居正的马基雅维利主义人格解析

张居正是明朝历史上有志向、通权术、有作为的政治家，为了实现自己的政治理想，为了获得、巩固和延续自己的权势与地位，张居正在彼时的人治官场下也有着不少的非常之为，而下面这些历史公案也能鲜明且生动地折射出张居正的马基雅维利主义人格。

一、附保逐拱

所谓“附保逐拱”，是指张居正与冯保暗自结成权力联盟来扳倒高拱。高拱，裕邸旧臣，隆庆皇帝多年的讲官，深得隆庆皇帝信任，时任内阁首辅兼吏部尚书，因作风跋扈、个性偏执而与张居正渐生怨隙。冯保，大内权监，太子朱翊钧的“大伴”，深得后宫信任，时任司礼监秉笔太监兼东厂总督，因高拱插手内廷人事致使其两度升迁不成而结仇怨。冯保是内廷的次辅，张居正是外廷的次辅，两人为进一步上位，在隆万朝更替之际，利用后宫孤儿寡母的微妙心态构陷文字狱，将高拱在内阁中发牢骚所讲的一句“十岁的太子如何治天下”借题发挥为“十岁孩子如何做人主”，这严重地激怒了后宫，导致高拱被逐，而张居正则代之成为首辅。

二、王大臣案

“王大臣案”是“附保逐拱”的续集，王大臣是一“刺客”的化名。“附保逐拱”的结局是张居正和冯保联手用计将高拱斗败，高拱回籍闲住。但鉴于高拱于隆庆元年（1567）五月辞去官职后又于隆庆三年（1569）十二月复出，因此二人在高拱人去职空后仍感觉心底不踏实，他们都觉得还需要一次更加彻底的人身清除，以消弭潜在的隐患。万历元年（1573）正月十九的清晨，万历皇帝上朝途中捕获了身携利刃闯入宫中的逃兵王大臣，冯保立即派心腹辛儒到狱中对王大臣威逼利诱，指使其招假供，牵连高拱，制造所谓“高拱谋刺皇帝”的阴谋，但由于元老重臣的担保相救和王大臣的反水而“流产”。事后王大臣被灌生漆酒，不能说话，旋即被处死。高拱得以在安宁平祥中度完余生，张居正则自鸣解救高拱之功。

三、刘台案

刘台，江西安福县人，隆庆五年（1571）进士。刘台是张居正的门生，张居正是刘台的座主，二人是利益共同体。张居正对刘台格外关照，先授刑部主事，后来提升为御史，巡按辽东。但万历三年（1575），因刘台抢先奏报辽东大捷，张居正以“综核名实”为由，认为刘台越俎代庖、越权行事，请圣旨降谕对其严加斥责。而刘台竟于万历四年（1576）正月向万历皇帝上《恳乞圣明节辅臣权势疏》，张居正成为明朝有史以来第一个遭门生弹劾的座主。因而他在伤心之余，先后两次向皇帝提交了辞呈，皇帝一方面对张居正再三劝慰挽留，另一方面令锦衣卫逮捕刘台，准备廷杖后充军。但张居正并不现仇现报，反而出面为刘台求情，免予廷杖，削职为民。刘台得以生还回乡，但张居正秋后算账，指使亲信构陷刘台在辽东贪墨，同时要地方官怂恿刘台的仇家揭发控告。万历五年（1577），刘台被充军边疆，困苦不堪，受尽迫害，于万历十年（1582）死去。二人的师生之缘有善始但并未善终。

资料来源：汤舒俊、郭永玉《张居正的马基雅弗利主义人格解析》，《心理学探新》2011 年第 3 期，第 209~213 页。

（二）自恋

自恋（narcissism）是一种以对自己的过度自爱和自我中心为特征的人格障碍，认为自己极度重要，希望获得更多的称羡，有权力意识并且自大。自恋者通常对自己的成就和外貌过分自负，对他人的感受和需求缺乏同理心，并且持续地渴望获得他人的赞美和关注。自恋者可能会有权力和控制欲，同时对批评和失败缺乏容忍度。通过在知网平台上将“自恋”作为关键词进行知识元检索发现，近些年的研究聚焦于自恋型领导和青少年自恋两个方面。[①]

有学者将自恋型领导的内涵概括为魅力、利己主义、欺骗动机和知识抑制四个关键词。他们指出，自恋型领导具有正负双重影响。正面影响表现在冒险的倾向、目标灵活的导向、对工作的创造力等方面，这使得他们更具魅力；负面影响包括为实现目标不择手段、剥削他人、低质量的人际关系、盲目自信等。自恋在大学生群体中也表现出“双刃剑”效应，消极的一面主要表现在与攻击行为的正相关，积极的一面主要表现在与学习投入的正相关。[②]

（三）精神病态

精神病态（psychopathy）在组织行为学中并不是精神错乱，而是一种严重的人格障碍，其主要特征包括冷漠无情、缺乏同理心以及冲动。[③]精神病态者冷酷、欺骗和漠视他人，在自己的行为对他人造成伤害时常表现出缺乏愧疚和懊悔。他们可能在暴力等犯罪行为方面有着较高的风险。虽然精神病态者在社交场合中可能是迷人的和有魅力的，但他们的行为往往是不可预测的和危险的。精神病态的管理者无畏艰险的特质可以促进个体职业成功，但他的有勇无谋可能会导致较差的实际表现，进而阻碍个体职业的成功。

黑暗三特质描述了介于健康人格和临床人格障碍之间的亚临床层面的人格消极面，丰富了人格特质论所包含的内容，更为全面地刻画了人格的动态矛盾性与复杂性。[④]对于企业管理而言，它们也显示出“双刃剑”的作用，虽然这些特质的极端情况在正常人群中很少见，但企业管理者在做出相关的雇佣决策时也应谨慎。

四　组织行为预测指标

（一）核心自我评价

核心自我评价（Core Self-Evaluation，CSE）是个体对自己的能力以及

---

① 黄攸立、李璐：《组织中的自恋型领导研究述评》，《外国经济与管理》2014 年第 7 期，第 24~33 页。

② 孔华秀、郭斌、张楠等：《自恋的潜在类别及其对大学生行为影响的双刃剑效应》，《心理研究》2022 年第 1 期，第 86~93 页。

③ D. N. Jones & D. L. Paulhus, “Introducing the Short Dark Triad（SD3）a Brief Measure of Dark Personality Traits,” *Assessment* 21（2014）：28-41.

④ 张文娟、张惠：《黑暗三人格的两面性及心理机制解析》，《北京师范大学学报》（社会科学版）2014 年第 4 期，第 38~47 页。

自我价值的总结性评论，它是一种潜在的、宽泛的人格结构。评价指标包括自我效能感（Self-Efficacy）、自尊（Self-Esteem）、控制点（Locus of Control）三个方面。自我效能感是个体对自己完成特定任务的能力的信心。高自我效能感的个体相信自己有能力克服困难和挑战，这种信念可以激发积极的行为和提高应对压力的能力。而前面所介绍的高马基雅维利主义者的核心自我评价是极低的。自尊涉及个体对自己价值和能力的整体评价。自尊较高的个体倾向于对自己持有积极的看法，并认为自己值得尊重和成功。控制点描述了个体认识到的控制其行为结果的力量源泉，如果这种力量源泉来自个体的内部，称为内部控制点；如果来自个体的外部，则称为外部控制点。具有内部控制特征的个体相信通过自己的努力可以影响结果，而具有外部控制特征的个体则认为自己对结果的控制较少。大五人格中情绪稳定性较高的个体更能有效地管理情绪波动，减少焦虑和压力的影响。

过去的研究表明，积极的核心自我评价与好的表现相关。在大学生群体中，高自信、自尊和自我效能感有助于个体更好地调控自己的行为和情绪，减少面对挫折时的躯体化倾向、神经症状和精神病反应。同时，具有高自我效能感的个体在面对挑战时不太可能产生焦虑，因为他们相信自己有能力应对困难。这种信念有助于他们保持冷静，集中精力解决问题，而不是被焦虑情绪所困扰。[①]

了解和提升个体的核心自我评价对于个人发展和组织管理都具有重要意义。对于个人而言，提升核心自我评价可以提升自信、自尊和情绪稳定性，从而更好地应对生活中的挑战。对于组织而言，提升员工的核心自我评价，可以提高其工作满意度、工作绩效和整体福祉。

（二）自我监控

自我监控（Self-Monitoring）是个体感知周围环境和他人期许，调整自己的行为与之适应的能力。[②]这种能力使个体能够根据不同的社交环境和情境

① 甘怡群、王纯、胡潇潇:《中国人的核心自我评价的理论构想》,《心理科学进展》2007年第2期，第217~223页。

② Mark Snyder, “Self-Monitoring of Expressive Behavior,” *Journal of Personality and Social Psychology* 30（1974）: 526.

调整自己的行为。高自我监控的个体通常非常注意自己在他人眼中的形象，较为敏感，能够根据社交线索和目标灵活地调整自己的行为。而低自我监控的个体敏感度较低，更倾向于保持自身的一致性，不太会根据外部情境变化而改变自己。

自我监控能力的培养对于个人的发展至关重要，有助于提高自我管理能力，增强执行力和适应性。在学习和工作中，良好的自我监控能力可以帮助个人更有效地管理时间，提高学习和工作效率。在人际交往中，自我监控能够帮助个体更好地理解他人，调节自己的情绪和行为，以建立和谐的人际关系。当然，过度的自我监控可能导致个体忽视自己的内在感受和需求，过分迎合外部期望。

（三）主动性人格

贝特曼（Bateman）和克兰特（Crant）在 1993 年提出的主动性人格（proactive personality）概念，为我们理解个体在组织行为中的作用提供了重要视角。他们认为，主动性人格是指个体采取主动行为影响周围环境的一种稳定的倾向。这一定义强调了个体不仅仅是环境的响应者，更是能够积极塑造和改变环境的行动者。①

主动性人格的个体能够随着环境进行适应与改变，他们更加善于机会识别与利用。主动性人格的个体通常是问题的早期发现者和解决者，能够通过创新思维和行动来解决复杂问题。非主动性人格的个体，通常更倾向于对环境变化做出反应，而不是主动寻找机会或解决问题，他们更加依赖环境，消极适应变化。温瑶、甘怡群使用主动性人格量表对 3 家中国本土企业的 253 名员工进行的调查研究证明，主动性人格在中国企业中可以有效地预测工作绩效。但在考察主动性人格时需要和特定的企业组织环境相联系，只有更好地理解组织价值、将自身的目标同组织目标相融合的员工才能输出高绩效。②

① T. S. Bateman & J. M. Crant, "The Proactive Component of Organizational Behavior: A Measure and Correlates," *Journal of Organizational Behavior* 14（1993）：103-118.

② 温瑶、甘怡群：《主动性人格与工作绩效：个体—组织匹配的调节作用》，《应用心理学》2008 年第 2 期，第 118~128 页。

第三节　人格与情境

正如本章第一节所描述的，人格是自然遗传和环境共同作用的结果。上一节的最后我们提到，主动性人格的绩效预测需要和企业的具体情境相联系。而其他一些人格特质对组织行为的影响也取决于具体的情境，相关理论如下。

一　情境强度理论

心理学家沃尔特·米歇尔（Walter Mischel）提出的情境论（Contextualism）强调了情境因素对个体行为的强烈影响，并认为个体的行为在不同情境下可能表现出显著的不一致性，情境不是泛泛的生活或工作，它是具体动作与环境的互动。

情境强度理论（situation strength theory）认为，人格转化为行为的方式取决于情境的强度。情境强度是指情境的规范或标准在多大程度上支配我们的行为。当情境对行为有强烈的指导作用时，个体的特质差异对行为的影响就会减弱。通常在一个严格规定的工作环境中，员工的行为可能更多地受到组织规定，而不是他们的人格特质的影响。情境强度主要包括以下四个维度。

（一）明确性

情境中的规则、期望和要求越明确，个体的行为就越容易被预测和控制。明确性高的情境要求个体遵循特定的行为模式，这减少了个体自由选择的空间。

（二）一致性

一致性是指一个情境中工作任务和责任指示是相兼容的，即当所有信号和提示都指向同一种行为时，一致性就高。

（三）约束性

约束性指个体的决策和行动的自由在多大程度上受到外力的限制。高约束性情境限制了个体的行为选择，迫使其遵循特定的行为规范。

（四）严重性

严重性是指违反情境规则或期望可能带来的后果的严重程度。如果负面后果非常严重，个体更有可能遵循情境的要求。

案例链接 3-3

组织对个体性格的影响

2012 年，华盛顿大学的行为学家杰克逊教授与德国国防部合作开展的一项研究，深入探讨了军事训练对义务兵性格的影响。通过在士兵入伍前、退役时及退役四年后的三次大五人格模型测量，研究发现，尽管服役时间（高强度情境持续时间）仅为 9 个月，但是士兵的随和性发生了显著变化：他们变得更加具有攻击性，且这种变化在四年后依然持续存在。

这一发现挑战了传统观念中性格固定不变的理论，揭示了情境强度在性格可塑性中的重要作用。它表明：通过设计具有高情境强度的工作环境，组织可以有效地塑造员工的行为和性格特质。这对于提高员工的工作表现、团队合作和组织忠诚度等方面都具有潜在的应用价值。

资料来源：《是个体成就组织，还是组织成就个体》，https://zhuanlan.zhihu.com/p/63836196，最后访问时间：2024 年 5 月 3 日。

二　特质激活理论

（一）特质激活理论的基本概述

特质激活理论（Trait Activation Theory，TAT）是由罗伯特 · 泰德（Robert Tett）和哈尔 · 古特曼（Hal Guterman）从交互心理学的独特视角提出的。2003 年，泰德与唐 · 伯内特（Dawn Burnett）又进一步拓展，提出了基于人格特质的工作绩效交互作用模型，探索了外部情境和个体内在特质间的有机联系，以及这种有机联系对个体行为的预测作用，为人们理解“人”与“情境”间的动态互动关系，尤其是工作场所中“人 - 情境”的交互关系提供了颇具新意的思维框架。①

有学者通过对特质激活理论的回顾和总结，采用泰德的情境分层模

① R. P. Tett & D. D. Burnett, “A Personality Trait-Based Interactionist Model of Job Performance,” *Journal of Applied Psychology* 88（2003）：500 - 517.

型，将情境分为任务层、社会层和组织层三大层级子系统。任务层情境系统源于工作本身，社会层情境系统源于个体与工作相关的沟通过程，组织层情境系统源于组织文化和氛围。根据该研究简化得到模型图 3-1，具体如下。

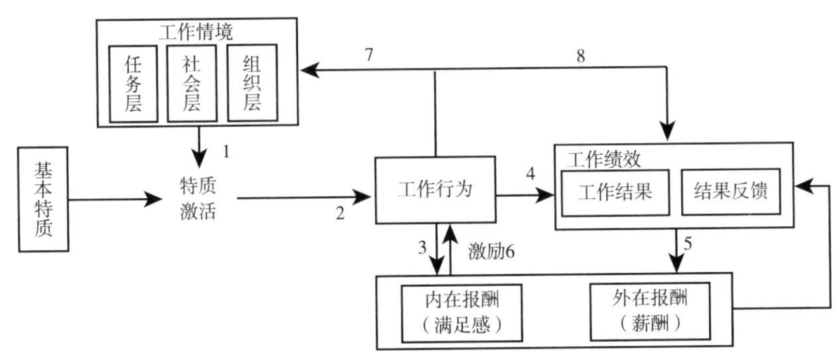

图 3-1　特质激活过程的基准模型

资料来源：刘玉新、陈晨、朱楠等《何以近朱者赤、近墨者黑？——特质激活理论的缘起、现状和未来》,《心理科学进展》2020 年第 1 期，第 161~177 页。

1. 潜藏于个体内部的特质在适宜的工作情境下被激活（路径 1）。

2. 被激活的特质可促使个体表现出相应的工作行为（路径 2）。

3. 工作行为产生后，获得基于工作行为的内在报酬（路径 3）。

4. 工作结果影响工作绩效（路径 4），进而获得外在报酬（路径 5）。其中，工作绩效的评价受到工作情境中的任务层、社会层和组织层对从业个体期望的影响（路径 8）。

5. 个体受到激励，重塑自己的工作行为（路径 6）。

6. 调整后的工作行为则会反作用于环绕在个体周围的工作情境（路径 7）。

7. 情境变化使得特质的激活程度也发生变化（路径 1），并最终引起模型新一轮的改变。

（二）特质激活理论与大五人格

斯蒂芬 · 罗宾斯、蒂莫西 · 贾奇曾指出，特质激活理论与大五人格特质关系紧密（见表 3-3）。

表 3-3 特质激活理论：大五人格中的具体特质与哪些工作更相关

关注细节	社交技能	工作竞争	创新能力	应对愤怒的人	时间压力（最后期限）
得分高的工作（特质可以预测工作中的行为）					
航空管制员 会计 律师	神职人员 治疗师 礼宾服务员	教练 / 球探 财务经理 销售代表	演员 分析师 广告策划人员	劳教员 电话推销员 空乘人员	新闻分析员 编辑 飞行员
得分低的工作（无法预测的工作行为）					
林务员 按摩师 模特	软件工程师 司泵员 广播员	邮递员 历史学家 核反应操作员	法庭书记员 档案管理员 医生	作曲家 生物学家 统计学家	护肤专家 数学家 健身教练员
得分高的工作激活这些特征					
责任心（+）	外倾性（+） 随和性（+）	外倾性（+） 随和性（-）	开放性（+）	外倾性（+） 随和性（+） 神经质（-）	责任心（+） 神经质（-）
注:（+）代表此种特质高的人在工作中表现得更好,（-）代表此种特质低的人在工作中表现得更好。					

资料来源：斯蒂芬 · 罗宾斯、蒂莫西 · 贾奇《组织行为学（第 18 版）》，孙健敏、朱曦济、李原译，中国人民大学出版社，2021，第 136 页。

最新的研究表明，责任心强的员工通常展现出组织性、勤奋和可靠性，而这些特质在工作环境中容易被观察到。当他们处于一个鼓励自主和创新的环境时，他们的责任心特质更可能被激活，表现出积极的声音和行为。相反，在高权威层级结构的组织中，由于决策集中且规章严格，责任心强的员工的主动和建议行为可能不被同事注意，导致他们的道德性感知降低。这意味着，在高权威层级结构的组织中为了充分发挥尽责型员工的潜力，组织需要考虑调整其管理策略和文化，以鼓励员工的积极参与和创造性，减少其责任心被抑制。①

案例链接 3-4

孟子的“特质激活”

“近朱者赤，近墨者黑”表达的是一个人的行为和品质受到周围环境和朋友的影响。从人格特质理论的角度来看，这揭示了个体

① A. Luksyte，J. A. Carpini，et al.，“Conscientiousness and Perceived Ethicality：Examining Why Hierarchy of Authority Diminishes This Positive Relationship，” *Human Resource Management* 1（2024）：1-17.

的人格特质并不是孤立存在的，而是会受到外部环境的影响和激活。中国古代有一个经典故事“孟母三迁”，讲述了孟母为了给儿子孟子创造良好的成长环境三次搬家的故事。最初，孟子的家靠近墓地，孟子玩耍时总模仿下葬哭丧一类的事。孟母意识到环境的影响，于是搬到市场附近，但孟子又开始模仿商贩叫卖。再次感到环境不良影响的孟母，最终选择了学宫附近的住所，孟子开始模仿学生们的学习行为。在这里，孟子的学术特质得到了激活和培养，最终成为儒家的代表人物之一。

这个故事体现了人格特质理论中的“特质激活”概念，即孟母通过改变环境，激活了孟子的学术特质，引导他成为一位伟大的思想家和学者。这与“近朱者赤，近墨者黑”的道理相呼应，也说明了一个人的潜能和特质需要适宜的环境来激发和发展，选择合适的社交环境和生活圈子，可以促进个体积极特质的发展，从而影响其行为和成就。

资料来源:《孟母三迁》，https://so.gushiwen.cn/shiwenv_ff54370baf0f.aspx，最后访问时间：2024 年 5 月 3 日。

情境强度理论和特质激活理论共同表明，人格会影响工作行为，情境也会影响工作行为，在确定的情境下某些人格特质对行为的预测性较强。人格是对个人持久性行为的描述，接下来我们来讨论个人价值观即信念方面。

第四节　价值观

一　价值观

价值观（values）代表了人们最基本的信念：从个人或社会的角度来看，某种具体的行为模式或存在的最终状态比与之相反的行为模式或存在状态更可取。简而言之，它是一个人对周围客观事物（包括人、事、物）的意义、重要性的总评价和看法，是一个人基本的信念和判断。① 价值观包括内容和

① 段万春主编《组织行为学（第四版）》，高等教育出版社，2020，第 73 页。

强度两种属性。前者指的是某种行为模式或存在状态是重要的；后者界定的是它有多重要。当我们根据强度来对一个人的价值观进行排序时，就可以得到这个人的价值系统（value system）。[①] 它是指导个人决策和行为的内在标准，反映了个人或群体认为什么是好的、什么是正确的、什么是值得追求和实现的。

价值观来源于什么呢？从社会整体来看，这主要涉及历史文化、经济政治、宗教等多个方面的综合影响。在人类文明史中，每个社会都有其独特的历史和文化传统，有些价值观历经千百年磨炼，不断完善和发展，代代相传，进而为社会提供了独特的价值体系。同样，经济和政治体系也会影响社会价值观，资本主义社会可能更加重视竞争和个人成功，而社会主义社会可能更加重视平等和集体福祉。从个体来看，一个人出生后就生活在现实社会中，接受文明的洗礼，家庭背景是个人最早的社会环境，父母和其他家庭成员的信仰、态度和行为对个人价值观的形成有重要影响。青少年时期，教育通过传授特定的价值观，如诚实守信、努力学习、追求卓越等，对个人价值观的形成产生影响。随着个体年龄的增长，媒体和社会事件、个人经历、社会交往等都会影响个人的价值观。最终，人们逐步形成判定是非、优劣、可取不可取的价值观。

二　价值观的重要性

价值观在个人、组织和社会层面都发挥着重要作用。在个人层面，价值观指导着决策和行为，帮助个体在面临选择时做出符合内心信念的决定，同时提供心理满足和内在一致性，可以提升生活质量和幸福感。在组织层面，价值观塑造了组织文化，影响着组织的运作方式和员工的行为，可以促进团队合作和提高组织效率。在社会层面，共同的价值观有助于维持社会秩序和规范，促进社会和谐，并且是文化传承的基础。价值观影响着人们的信念、行为和心理状态，是构建和谐社会的基础。因此，理解价值观的来源和重要性对于个人、组织和社会的发展都具有重要意义。

---

① 斯蒂芬·罗宾斯、蒂莫西·贾奇:《组织行为学（第18版）》，孙健敏、朱曦济、李原译，中国人民大学出版社，2021，第137页。

案例链接 3-5

李大钊：坚定的马克思主义者

李大钊是中国早期共产主义运动的杰出领导者之一，李大钊的一生体现了一个坚定的马克思主义者的价值观和行动准则。1913年，李大钊在《新青年》杂志上发表了《我的马克思主义观》，这篇文章标志着他正式接受了马克思主义，并开始将其作为改变中国社会的思想武器。在这篇文章中，李大钊系统地介绍了马克思主义的基本理论和方法，强调了马克思主义对于中国社会变革的重要意义。他认为，中国要摆脱半殖民地半封建的社会状态，必须借鉴和采纳马克思主义的阶级斗争理论和社会主义革命的道路。李大钊不仅在理论上进行阐述，而且在实践中积极推动工人运动和农民运动，努力将马克思主义与中国的实际情况相结合。

李大钊的行动和思想对中国革命产生了深远的影响。他的马克思主义观点激发了许多青年的革命热情，为中国共产党的成立奠定了思想基础。尽管李大钊在1927年被反动派杀害，但他的思想和精神继续激励着后来的革命者。同时，他的行动展现了个体如何在特定的历史条件下，通过学习和实践，将外来思想与中国革命的具体实践相结合。李大钊的案例也说明了个体价值观的形成和发展是一个动态的过程，既受到个人经历的影响，也与社会环境和历史背景紧密相关。

资料来源：张腾扬《李大钊：铁肩担道义 精神启后人（奋斗百年路 启航新征程·数风流人物）》，《人民日报》2021年5月6日，第4版。

三　价值观的分类

（一）斯普兰格的价值观分类

德国教育学家和哲学家斯普兰格（Spranger）在《生活方式》一书中对个人价值观进行了分类，提出了以下六种主要的价值观类型。

理论型。理论型的人追求知识和真理，对理解世界和探索未知有着强烈的兴趣。他们重视科学、哲学和理论的探索。

经济型。经济型的人注重实用和效率，他们追求物质利益和经济成功。在行为决策中，他们往往以成本和收益为重要考量。

审美型。审美型的人追求美的体验和艺术表达，他们对艺术、音乐、文学和设计等领域有着深厚的兴趣和情感投入。

社会型。社会型的人关注社会关系和人际互动，他们追求和谐、友谊和群体的归属感。他们倾向于帮助他人，促进社会福祉。

权力型。权力型的人渴望影响和控制他人，他们追求权力地位和领导能力。他们可能更关注社会结构和组织层级。

宗教型。宗教型的人寻求精神层面的满足和超越，他们对宗教信仰、道德规范和生命的意义有着深刻的关注。

斯普兰格的价值观分类体系强调了个体在不同生活领域中的价值取向，这些价值取向影响着人们的行为、选择和生活目标。了解个体的价值观类型有助于理解他们的行为动机和决策过程，对于个人发展、职业规划、教育指导以及人际关系的建立和管理等方面都具有重要意义。

（二）罗克奇的价值观分类

米尔顿·罗克奇（Milton Rokeach）把价值观定义为广泛持有的信念，这些信念不仅指导个人的行为和态度，而且是规范性和静止性的。他的价值观理论主要包括两个部分：终极性价值观（Terminal Values）和工具性价值观（Instrumental Values）。

终极性价值观代表了个体或群体想要实现的最终目标或生活状态。它是个体认为值得追求的最终结果，如表 3-4 左半部分所展示的。终极性价值观通常与个体的长期目标和愿景相关，是个体用一生去实现的目标。

工具性价值观是个体认为有助于实现终极性价值观的手段或方法。它是个体更加偏好的行为模式或实现终极目标的手段。如表 3-4 右半部分所展示的，它被认为是实现个人或社会目标的重要品质或行为方式。

表 3-4　终极性价值观和工具性价值观

终极性价值观	工具性价值观
舒适的生活（富足的生活）	雄心勃勃（辛勤工作、奋发向上）
振奋的生活（刺激的、积极的生活）	心胸开阔（开放）

续表

终极性价值观	工具性价值观
成就感（持续的贡献）	能干（有能力、有效率）
和平的世界（没有冲突和战争）	欢乐（轻松愉快）
美丽的世界（艺术和自然的美）	清洁（卫生、整洁）
平等（兄弟情谊、机会均等）	勇敢（坚持自己的信仰）
家庭安全（照顾自己所爱的人）	宽容（谅解他人）
自由（独立、自主的选择）	助人为乐（为他人的福利工作）
幸福（满足）	正直（真挚、诚实）
内在和谐（没有内心冲突）	富于想象（大胆、有创造性）
成熟的爱（性和精神上的亲密）	独立（自力更生、自给自足）
国家的安全（免遭攻击）	智慧（有知识、善思考）
快乐（快乐的、休闲的生活）	符合逻辑（理性的）
救世（救世的、永恒的生活）	博爱（温情的、温柔的）
自尊（自重）	顺从（有责任感、尊重的）
社会承认（尊重、赞赏）	礼貌（有礼的、性情好）
真挚的友谊（亲密关系）	负责（可靠的）
睿智（对生活有成熟的理解）	自我控制（自律的、约束的）

资料来源：杨宜音《社会心理领域的价值观研究述要》,《中国社会科学》1998 年第 2 期，第 82~93 页。

罗克奇的价值观理论强调了价值观在指导行为和决策中的作用。他认为，终极性价值观和工具性价值观之间存在一种层次关系，个体在日常生活中的行为和决策通常是为了实现某些终极性价值观，而选择符合工具性价值观的行为方式。

罗克奇于 1973 年开发了《罗克奇价值观调查表》（Rokeach Value Survey, RVS），这是一个用来测量个体价值观的工具。通过这个调查表，研究者可以了解个体对不同价值观的重视程度，以及这些价值观如何影响个体的行为和生活选择。

（三）谢洛姆·施瓦茨等的价值观分类

谢洛姆·施瓦茨（Shalom Schwartz）等的价值观理论起源于罗克奇的理论。在实际运用 RVS 的过程中，心理学家发现了一些问题，比如难以对价值观进行排序、价值观之间的界限不明确等。施瓦茨等因此开始对罗克奇的理论进行扩展和改进，更加注重价值观的普遍性和独立性，试图揭示价值观的内部结构。他们认为，价值观主要源于人类作为生物体个人的需要、社会交往合作的需要、集体生存和福利的需要三种需要，并提出了十种基本价值观动机（见表 3–5）。动机是个体为实现目标而付出的努力程度、方向和持续性，施瓦茨等认为价值观就由一组具体化的动机目标构成，我们将在第六章详细介绍动机这一概念。

表 3–5　施瓦茨等的价值观动机分类

序号	价值观	解释
1	大同主义（Universalism）	理解、欣赏、宽容和保护所有人和自然的福利，表现为社会正义、保护环境、世界和平等
2	慈善（Benevolence）	倾向于保护和加强与自己经常接触的人的福利，强调自愿关心他人的福利，表现为乐于助人、宽容、诚实、真诚的友谊、忠诚
3	顺从（Conformity）	克制个体可能会扰乱或伤害他人的行为和倾向，遵守社会期望或规范，表现为顺从、自律、尊师敬长等
4	传统（Tradition）	个人可以尊重、承诺和接受文化或宗教强加给自己的习俗和想法，表现为信仰虔诚、尊重传统、奉献等
5	安全（Security）	包括社会、关系和自我的安全、和谐和稳定，表现为家庭安全、国家安全、社会秩序等
6	权力（Power）	指社会地位和名望，以及对他人和资源的控制，表现为追求财富、社会权利等
7	成就（Achievement）	通过根据社会标准展示能力获得个人成功，表现为事业成功的、有能力的
8	享乐主义（Hedonism）	指对自己的快乐或感官满足，表现为享乐、享受生活
9	刺激（Stimulation）	倾向于生活中的兴奋、新奇和挑战，表现为大胆，追求丰富多彩、令人兴奋的生活
10	自我指导（Self-Direction）	指个体思想和行动的独立性，表现在创造力、自由、自主选择目标等

资料来源：S. H. Schwartz, M. Verkasalo, A. Antonovsky, & L. Sagiv, "Value Priorities and Social Desirability: Much Substance, Some Style," *British Journal of Social Psychology* 36（1997）：3–18。

以上十种价值观动机构成了一个环状结构模型（见图 3–2）。施瓦茨等指出，相邻的价值观是关联最紧密的，沿着价值观的圆环逐渐疏远甚至对立。在模型中我们可以看出，价值观分为两个维度四个分区。“开放”区的价值观包含自我指导、刺激和享乐主义，它的对立面——“保守”区的价值观包含顺从、传统和安全。“自我超越”区的价值观包含大同主义和慈善，其对立面——“自我提高”区的价值观是权力、成就。值得注意的是，如果两个处于对立面的动机经常同时产生，就会发生价值观冲突，引起个体的内心冲突，并可能进一步导致幸福感的降低，并使个体表现出不一致行为或其他社会问题。

尽管施瓦茨等的理论起源于罗克奇的理论，但它在结构和内容上进行了扩展和深化，形成了一个更为复杂和细致的价值观分类体系。施瓦茨等的理论强调了价值观之间的相互作用和环状结构，而罗克奇的理论则更侧重于价值观的目的性和手段性。①

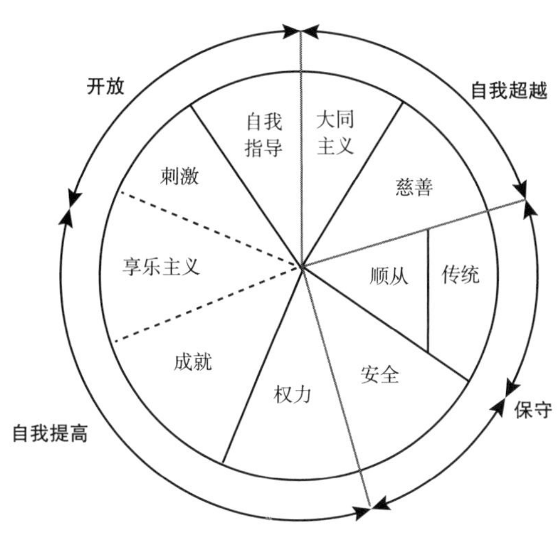

图 3-2 施瓦茨等的价值观模型

资料来源：S. H. Schwartz, M. Verkasalo, A. Antonovsky, & L. Sagiv, “Value Priorities and Social Desirability: Much Substance, Some Style,” *British Journal of Social Psychology* 36（1997）：3-18。

四 代际价值观

卡尔·曼海姆（Karl Mannheim）从社会学的视角出发，指出“代”不是一个“具体的团队”，而是一种“社会位置”。② 这种共同位置使一些人

① 李玲、金盛华：《Schwartz 价值观理论的发展历程与最新进展》，《心理科学》2016 年第 1 期，第 191~199 页。

② Karl Mannheim, “The Sociological Problem of Generations,” *Essays on the Sociology of Knowledge* 306（1952）：163-195.

具有相似的经历，并产生了趋同的思考、体验和行动模式，进而形成独特的价值观。代际价值观的差异可能会影响家庭关系、社会政策、经济趋势和文化的演变。了解和尊重代际价值观的差异对于促进跨代沟通和理解具有重要意义。

代际价值观的划分标准主要包括自然属性和社会属性。自然属性指的是基于年龄或生理特征的划分，如不同年龄段的人群。社会属性则是指每代人所处的社会环境、文化背景和历史时期对价值观的影响。社会重大历史事件是代沟、代际冲突出现的前提条件。每代人所处时代不同，导致代差的形成（见表 3-6）。

表 3-6　西方国家代际价值观

人群	进入劳动力市场的时间	主导的工作价值观
婴儿潮一代	1965~1985 年	成功，成就，雄心，藐视权威，对职业忠诚
X 世代	1985~2000 年	工作与生活的平衡，团队取向，不喜欢规则，对关系忠诚
千禧一代	2000 年至今	自信，经济上成功，自我依赖但热衷于团队工作，忠于自我，忠于人际关系

资料来源：斯蒂芬 · 罗宾斯、蒂莫西 · 贾奇《组织行为学（第 18 版）》，孙健敏、朱曦济、李原译，中国人民大学出版社，2021，第 138 页。

在过去的半个多世纪中，中国人所经历的社会经济变迁更加急速剧烈，特别是改革开放以来，数十年的发展历程跨越了其他国家历经百年的演变过程，由此导致的代际差异现象更为突出，代际时间跨度更短，代际更替节奏更快。因此，国内学者普遍认同十年一代的代际区分，从“60 后”到“00 后”，各代都经历了重大的历史巨变（见表 3-7），其人生经历、物质生活条件、社会文化氛围、教育知识水平的代际差异十分明显，代与代之间的观念和行为冲突更为凸显。但也有学者通过对不同年代被试者进行半结构化访谈，要求被试者对工作价值观类目上的重要性排序发现，尽管被试者处于不同时代，但他们在职业生涯早期择业时考虑的要素基本相同，工作价值观结构呈现一定的代际稳定性，但是在优先考虑的择业要素方面呈现代际变迁差异。①

① 张建人、刘佳怡、皮丹丹等:《时间视角下工作价值观的结构访谈：基于重要性排序的分析》,《中国临床心理学杂志》2019 年第 4 期，第 716~721 页。

表 3-7　中国代际价值观

人群	成长背景及价值观
60 后	经历了“文化大革命”的后期影响，价值观中可能包含对稳定的渴望和对集体主义的认同。受到改革开放初期的启发，开始重视教育和个人发展，但仍然保持对传统价值的尊重。
70 后	成长于改革开放加速推进的时期，开始受到市场经济和个人主义的影响。重视家庭和社会责任，同时追求职业成功和经济独立。
80 后	在经济快速发展和社会变革中成长，具有较强的适应性和创新意识。受到互联网和全球化的影响，更加开放和多元，注重个人表达和自我实现。
90 后	被称为“独生子女政策的一代”，在家庭中享有较多关注和资源。价值观中融合了传统和现代元素，更加自我，追求个性化和生活质量。
00 后	在信息时代和移动互联网环境中成长，对科技和新媒体有天然的亲近感。价值观更加国际化和包容，注重环保、社会公正和个人自由。

资料来源：李庆真《网络化背景下青年价值观代际群比较研究》,《浙江社会科学》2016 年第 3 期，第 74~81、88、158 页。

总之，代际差异对于一个国家的传统观念、信念、心理和行为等方面都产生了深远的影响。这些差异不仅决定了社会文化的发展方向，而且为传统价值观引入更高级的内容和形式。最新的《中国管理发展报告（2023）》指出，Z 世代员工（95 后）为组织带来了新的活力和挑战，他们成长于高科技和数字化环境中，能够适应快速变化的商业环境，更加关注个体价值，注重工作与生活的平衡，并将个人价值观融入工作中。企业需要鼓励 Z 世代员工参与决策过程，提供反馈和发表意见的平台，并赋予他们更多的自主权。同时，建设开放性、学习型、合作性和多元化的企业文化，进而激发他们的创造力和主动性，从而增强整个组织的创新力。了解每代员工的价值观，对企业的有效管理意义重大。①

案例链接 3-6

宁愿杀头，也不能告诉任何人——贺页朵的入党誓词

“牺牲个人，言首秘蜜（严守秘密），阶级斗争，努力革命，伏（服）从党其（纪），永不叛党。”中国国家博物馆珍藏着一份入党

① 管理科学奖案例研究课题组:《新时代的中国管理》，载张晓东主编《中国管理发展报告（2023）》，社会科学文献出版社，2023，第 227~228 页。

誓词，这是现存最早的中国共产党入党誓词。这份誓词出自江西省永新县北田村的一位普通农民——贺页朵之手。

贺页朵（1886~1970），江西省永新县的普通农民，以其对中国共产党的忠诚和革命精神，成为中国革命史上的一个标志性人物。1927 年，贺页朵参加革命，担任北田村农民协会副主席和湘赣边区苏维埃政府财粮干事。在井冈山斗争时期，他秘密为红军收集情报，运送物资，并积极参与战斗，救护伤员。1931 年 1 月，贺页朵在榨油坊昏暗的油灯下，参加了入党仪式，并亲手写下了现存最早的中国共产党入党誓词。这份誓词虽然字迹模糊，错别字众多，却透露出他对党的无限忠诚和坚定信念。他在红布上写下“CCP”和入党誓词，画上五角星和党徽，并大胆地签上自己的名字和地点，这在当时是冒着巨大危险的。

贺页朵的行动和誓言体现了中国共产党人的核心价值观：牺牲个人利益，严守秘密，积极参与阶级斗争，服从党的纪律，永不背叛党。这些价值观不仅是他个人行为的准则，也是激励他和其他党员在艰难困苦中坚持斗争的精神支柱。在红军长征后，贺页朵身负重伤，与党组织失去联系，但他仍然坚持斗争，将入党誓词珍藏并时常默读，以此激励自己。全国解放后，这份誓词成为战争硝烟和岁月流逝中信仰力量的象征，彰显了贺页朵“不忘初心”的坚定信念。

贺页朵的故事和入党誓词是中国共产党早期历史的见证，他的经历和坚守反映了当时许多党员的共同信仰和价值观。他的忠诚和牺牲精神，至今仍然是激励无数党员和人民群众的精神财富。通过贺页朵的事迹，我们可以看到，坚定的信念和忠诚的价值观是革命成功的重要精神动力，也是中国共产党能够在各种困难中不断成长和发展的关键因素。

资料来源:《贺页朵的入党誓词》，http://dangshi.people.com.cn/n1/2019/0315/c85037-30977178.html，最后访问时间：2024 年 4 月 14 日。

第五节　人格、价值观与工作场所

人格和价值观的相互作用对于个体和社会的发展都至关重要。它们共同塑造了个体的生活选择、行为模式和人际交往，同时也影响着组织的文化、效率和绩效。组织希望可以通过人格、价值观的研究加强个体与具体工作的匹配。

一　人与工作的匹配：霍兰德的人格 - 工作匹配理论

约翰 · 霍兰德（John Holland）的人格 - 工作匹配理论是职业选择和职业指导领域的一个重要理论。他指出，个体的职业满意度和职业成功与个体的性格类型和工作环境之间的匹配程度有联系。霍兰德认为，人们倾向于选择与他们的性格类型相匹配的工作环境，当个体的工作环境与他们的性格类型相匹配时，他们更有可能感到满足和成功。霍兰德编制了一个职业偏好量化表，被试者可以通过回答自己对工作的偏好得出个人的职业性向图（见图 3-3）。

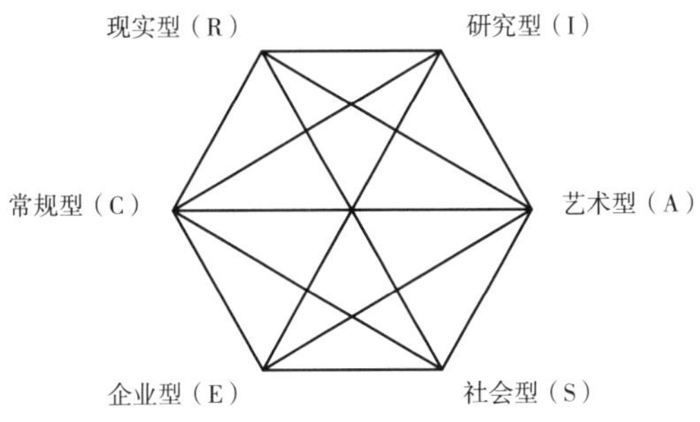

图 3-3　霍兰德职业性向模型

在这个六边形中，每种类型都与特定的职业环境倾向相关联，距离越近，职业倾向的类型越相似，具体的人格匹配和职业的匹配见表 3-8。匹配个体的人格特质和工作性质对于提升工作满意度和个人职业成就至关重要。当人们从事与自身兴趣和技能相符的工作时，不仅会更加快乐和投入，而且更可能在工作中取得成功。这种匹配还为大学生进入职场提供了有效的工具，帮助他们评估和指导个人的职业生涯规划。对于企业而言，理解员工与岗位的匹配关系能够优化招聘流程、提高员工培训的效果，并促进员工的职业成长，从而推动整个组织的健康发展。

表 3-8　人格匹配和职业的匹配对比

人格类型	人格特点	适合职业
现实型（Realistic）：喜欢通过物理活动来解决问题，擅长操作工具、机器或从事户外工作	害羞、真诚、持久、顺从、实际	适合从事工程技术、农业、建筑和其他以物理技能为基础的职业
研究型（Investigative）：喜欢探索和理解理论，擅长进行思考、分析和解决复杂问题	分析、创造、好奇、独立	适合从事科学研究、数据分析、医学和其他需要深入探究的职业
艺术型（Artistic）：喜欢创造和表达个人想法，擅长在视觉、音乐、文学和表演艺术领域工作	富有想象力、杂乱无序、理想化、情绪化	适合从事艺术设计、音乐、写作和其他创造性职业
社会型（Social）：喜欢帮助和教导他人，擅长与人交流、提供支持和解决问题	社会化、友好、合作、理解	适合从事教育、社会工作、医疗和人力资源管理等职业
企业型（Enterprising）：企业型个体喜欢影响和领导他人，擅长冒险、竞争和社交	自信、进取、精力充沛	适合从事销售、管理、创业和其他需要人际交往和领导能力的职业
常规型（Conventional）：常规型个体喜欢有序和规范化的环境，擅长处理数据、组织和执行任务	顺从、高效、实际、缺乏灵活性和想象力	适合从事会计、行政、数据录入和其他需要精确和细节处理的职业

二　人与组织的匹配

相较于人与工作的匹配，人与组织的匹配对于公司而言更加重要。人与组织的匹配，具体指的是员工的人格特质、个人价值观、职业目标等个人特质与其所在的组织文化、价值观、工作环境等方面的相容性。从某种程度上说，这决定了个体是否能够在组织中找到归属感、是否能够顺利地适应组织的变化和要求。当员工的价值观和工作方式与组织的文化相匹配时，他们更有可能感到满意和投入。相反，如果员工的人格特质与组织文化不匹配，即使他们具备完成具体工作任务的能力，也可能会感到不适应、挫败或不满，这可能降低工作卷入，导致工作绩效下降、工作满意度降低，甚至离职。以本章第二节所描述的大五人格为例，可将大五人格理论应用于人与组织匹配的情境中，具体如下。

经验开放性高的个体在鼓励创新、适应变化和创造性思维的组织中会感到更加适应，这类组织通常积极吸收新的想法和不同的观点。

责任心强的个体在强调纪律、结构和规则的组织中往往表现更好，因为这些个体倾向于遵守规则。

外倾性高的个体在需要团队合作、客户互动和社交活动的组织中更可能获得成功。他们喜欢与人交往，通常在社交环境中感到自在。

随和性高的个体在强调团队合作、协作和支持性工作环境的组织中会感到更加舒适，因为他们倾向于合作，能够建立和谐的人际关系。

情绪稳定性高的个体在组织中具有多种优势，他们能够更好地控制自己的情绪，从而在团队合作、压力管理和决策等方面表现出色。这种稳定性不仅有助于个人职业的发展，还能提升整个团队的绩效。

员工与岗位的匹配确保了工作效率和个人职业发展，而人与组织的匹配则有助于建立舒适的工作环境和组织文化。人员与岗位的匹配是人与组织匹配的基础。总之，只有人与组织的匹配和人员与岗位的匹配相辅相成，才能提高绩效，共同促进员工的个人成功和组织的战略目标实现。

案例链接 3-7

新生代工作价值观对工作绩效的影响

侯烜方、卢福财通过对两批共 227 份配对问卷进行实证研究，全面探析了新生代工作价值观对工作绩效的影响机制。研究结果表明，新生代工作价值观对工作绩效具有正向作用。

研究过程。研究者首先识别了新生代员工的工作价值观，包括对功利导向、创新导向、长期发展、内在偏好和人际和谐的重视。通过纵向研究设计，研究者发现这些价值观不仅直接影响了员工的角色内绩效，即完成本职工作的能力和效率，还通过激发内在动机，间接提升了角色外绩效，即超出职责范围的积极行为。研究进一步揭示了组织文化在这一过程中的调节作用。在竞争导向的文化中，新生代员工的功利导向和长期发展价值观与角色内绩效的关系更为紧密；而在人本主义文化中，内在偏好和人际和谐价值观则更能促进角色外绩效的提升。

这一工作价值观的发现为公司提供了重要的管理启示。首先，管理者应当认识到新生代员工价值观的多样性，并在绩效管理中考虑到这些价值观的影响。其次，公司可以通过塑造适宜的组织文化，如强化竞争导向以提升工作效率，或者倡导人本主义以增强团队合作和创新，激发新生代员工的潜力，从而提高整体工作绩效。此外，公司还应当重视内在动机的培养，为员工提供成长和发展的机会，以及一个支持性和协作的工作环境，以满足新生代员工对于工作意义和人际互动的需求。通过这些措施，公司不仅能够提升新生代员工的工作绩效，还能够增强他们的工作满意度和组织承诺，从而构建一个更加和谐、有竞争力的工作环境。

资料来源：侯烜方、卢福财《新生代工作价值观、内在动机对工作绩效影响——组织文化的调节效应》,《管理评论》2018 年第 4 期，第 157~168 页。

第六节　文化价值观

人格是自然遗传和环境共同作用的结果，而价值观更多受到外在环境的影响，通过学习得来。它们世代相传，因文化而异。文化价值观是指在特定文化背景下，社会或群体所共享的核心信念和观念，它们影响着人们的行为、判断和生活方式。本节我们从吉尔特 · 霍夫斯泰德（Geert Hofstede）提出的文化维度理论与全球领导力和组织行为有效性研究（GLOBE）两个框架去研究了解文化价值观的差异。

一　吉尔特 · 霍夫斯泰德的框架

20 世纪 60 年代末，荷兰学者吉尔特 · 霍夫斯泰德通过对 40 个不同国家的国际商用机器公司（IBM）员工工作相关的价值观进行研究，提出了文化维度理论，用以分析和比较不同国家和地区之间的文化差异。基于 IBM 公司的数据，他提出了以下五个主要的文化维度，这些维度被用来解释不同文化背景下的工作态度、行为和沟通方式。

（一）权力距离

权力距离（Power Distance）反映了社会中权力分配的不平等程度。在高权力距离的文化中，社会等级和权力极度不平等，但文化对此呈现可接受的程度，而在低权力距离的文化中，平等和民主的价值观更被强调。

（二）个人主义

个人主义（Individualism）文化强调个人自由、独立和自我实现。在这样的文化中，人们喜欢以个人为活动单位而不是作为群体成员进行活动，个体普遍更加重视个人的权利和利益。相反，集体主义（Collectivism）文化强调集体利益、群体和谐与社会责任。

（三）阳刚气质

阳刚气质（Masculinity）描述的是某种文化强调竞争、成功和物质成就。在这样的文化中，传统男性角色的果断和野心被视为积极品质而被推崇，男性在这样的文化中占据主导地位。与之相对的是阴柔气质文化，这种文化更加强调合作、关怀和有品质的生活，认为男女在所有方面都是平等的。

（四）不确定性规避

不确定性规避（Uncertainty Avoidance）反映了社会成员对不确定、模糊和变化的心理容忍度。在高度不确定性规避的文化中，规范和结构很重要，人们对不确定性和模糊性的焦虑水平更高。而在低度不确定性规避的文化中，人们不太以规则为导向，灵活性和创新受到鼓励，可以包容各种意见。

（五）长期取向

长期取向（Long-Term Versus）是指某一文化中的成员对延迟满足其物质、情感、社会需求的接受度。长期取向文化强调未来规划、耐心和持续的努力，看重节俭、传统和未来。短期取向文化则强调当下，更加注重变革，不把承诺视为变革的阻碍。

霍夫斯泰德的框架为跨文化研究提供了一个有用的工具，它可以帮助组织理解和管理不同文化背景下的员工和工作环境。这个理论被广泛应用于国际商务、人力资源管理、组织行为学和跨文化交流等领域。

二　GLOBE 框架

全球领导力和组织行为有效性研究（Global Leadership and Organization

Behavior Effectiveness, GLOBE）是一个国际性的研究项目，旨在探索和分析不同文化背景下领导力和组织行为的有效性。GLOBE 项目的目标是开发一个跨文化的领导力理论，并验证这个理论在不同国家和地区的影响力。

研究结果揭示了九种文化维度，其中权力距离、个人主义、阳刚性质、不确定性规避、长期取向五个方面与吉尔特·霍夫斯泰德的划分维度相似，我们不再赘述。但 GLOBE 框架增加了绩效取向、人本取向、决断性和内群体集体主义四个维度。具体来讲，绩效取向是组织或社会鼓励和奖励成员提高绩效和卓越表现的程度；人本取向是社会鼓励和奖励个人公正、利他、友善、慷慨、关怀性和友善对待他人的程度，强调人际关系的重要性，鼓励个体在处理问题时考虑他人的感受和需要；决断性指社会成员在社会关系中的决断性、对抗性或侵略性的程度以及他们表达意见时的直截了当程度；内群体集体主义是个人在组织或家庭中表现自尊、忠诚和凝聚力的程度，内群体集体主义高的文化表现为个人对所属群体的认同感和归属感，以及愿意为了群体的利益牺牲个人的利益。GLOBE 框架为研究者提供了一个统一的参考框架，以便在不同文化背景下进行领导力和组织行为的研究。

以上两个理论都是用来理解和比较不同文化背景下组织行为和领导力的工具。它们各自提出了不同的文化维度，并试图解释这些文化差异如何影响组织和社会的行为。两者考评的维度有所不同，GLOBE 框架更适用于全球组织管理和领导力研究，而霍夫斯泰德框架更适用于跨文化交流和文化适应。

案例链接 3-8

联想的企业价值观塑造

联想集团的企业文化经历了多个发展阶段，而每一个阶段都在员工价值取向的基础上构建了企业的核心价值观。创业文化阶段（1984~1988 年）继承了中科院人才开放认真、讲求科学、实事求是的优秀传统，确立了求实进取的企业核心价值观。之后联想受到新进入的一批年轻员工的价值观冲击，开始在大船文化阶段（1988~1994 年）进行一系列企业文化理念和做法的变革。在舰队文化阶段（1994~1997 年），员工普遍反映深受部门激烈竞争之苦，“大船体制”的弊端日渐显露。1999 年，联想集团开始构建“平等、信任、欣赏、亲情”的“亲情文化”，力争把员工的个人追求融入企业的长远发展之中，注重员工的价值观取向和心理需求。之后联想以业务和部门作为企业文化用户，全体员工作为企业文化建设的主体，通过全体员工的广泛参与和共同努力，在2001年发布了“服务客户、精准求实、诚信共享、创业创新”的十六字核心价值观。

资料来源：朱青松、胡小东、夏艳芳《员工与组织匹配视角的企业价值观塑造模式》,《软科学》2013年第2期，第118~121页。

复习思考题

1. 人格的定义是什么？环境和遗传对人格有什么影响呢？

2. 通过填答迈尔斯－布里格斯类型指标题目得到自己的MBTI并试着进行分析。

3. 简述大五人格模型，并讨论其各维度与工作绩效之间的联系。

4. 如何理解人格、情境和工作行为三者的关系？

5. 如何在工作中实践和体现自我的价值观？

6. 人与工作的匹配和人与组织的匹配有什么不同？

7. 简要介绍吉尔特·霍夫斯泰德的文化价值观框架。

案例分析题

自主氛围对不同文化价值观员工建言行为的影响机制研究

张靖昊、张燕、刘翠婷等认为，个体对自己的行动做出自由选择的内部动机来源于外部环境因素的驱动以及个体自身特质的共同作用，而员工主动提出建言行为的心理动力会受到自主氛围和员工文化价值观的交互影响。他们对中国样本和非东亚国家样本分别进行了300份问卷调查，探讨了组织自主氛围对员工心理所有权和建言行为的影响以及员工文化价值观的调节作用。

研究者对中国和非东亚国家员工进行了问卷调查，得到了关于自主氛围、个人主义/集体主义、心理所有权以及建言行为的数据。通过验证性因子分析确保了测量构念的区分效度，随后使用层次回归分析检验了调节效应，并采用 SPSS24.0 中的 PROCESS 宏检验进行了中介效应检验以及有调节的中介效应检验。最终得出结论：不同文化价值观的个体在自主氛围下可能产生不同类型的建言行为，且其机制也会有所差异。

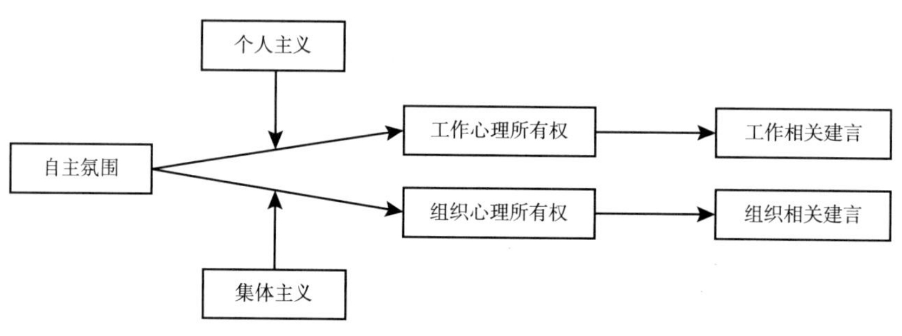

图 3-4　理论模型

自主氛围对员工心理所有权的产生具有积极影响，但这种影响受到员工文化价值观的调节。具体来说，个人主义正向调节自主氛围与工作心理所有权之间的关系，而集体主义正向调节自主氛围与组织心理所有权之间的关系。心理所有权（指个体对某个对象的主观拥有感）在自主氛围与建言行为之间起到中介作用。对于个人主义者而言，工作心理所有权（侧重于对自身工作的主观拥有感，聚焦于个体独自负责或处理的事务）在自主氛围与工作相关建言之间起到中介作用；对于集体主义者而言，组织心理所有权（强调对所属组织的心理联结，更关注个体在组织内的社会互动中所形成的集体感）在自主氛围与组织相关建言之间起到中介作用。文化价值观对自主氛围影响机制设定了文化边界条件，从文化视角解释了自主氛围的作用机制，并提供了对建言行为更精确的理解。

这启示我们：一方面，为了增强员工的“主人翁意识”和增加员工在组织中的建言行为，组织需要提供一个高自主性的组织氛围。管理者可以通过鼓励员工参与决策、降低工作流程的约束、提供工作安排的灵活性等方式提升组织的自主氛围。另一方面，对于跨文化团队或组织，管理者需要注意员工的文化价值观对其工作感受的影响。在个人主义倾向较高的组织中，管理者应采取管理方式促进对集体利益的关注；而在集体主义倾向较高的组织中，管理者应加强个人任务聚焦的管理方式。

资料来源：张靖昊、张燕、刘翠婷等《自主氛围对不同文化价值观员工建言行为的影响机制研究》,《管理学报》2022 年第 1 期，第 36~45 页。

思考题

1. 自主氛围对不同文化价值观员工建言行为的影响机制是什么?
2. 结合案例，分析理解价值观、情境和工作行为三者的关系。

第四章　情绪与情绪劳动

第一节　情绪和心境

一　基本情绪

情绪（mood）是对一系列主观认知经验的通称，是人对客观事物的态度体验以及相应的行为反应。在西方心理学中常见的基本情绪分类是六种：快乐、愤怒、悲伤、害怕、惊讶和厌恶。在东方传统医学，特别是中医理论中，有“五志”的说法，即喜、怒、悲（哀）、恐（惊）、思，这五种情绪与五脏有相应的联系。

基本情绪是人和动物共有的、不学而会的情绪。它常和心情、性格、脾气、目的等因素互相作用，也受到荷尔蒙和神经递质的影响。情绪可以被分类为与生俱来的“基本情绪”和后天学习到的“复杂情绪”。

情绪作为我们日常生活中的一种复杂现象，与情感紧密相关，但又有其特点和表现形式。它通常被认为是一种更为广泛、持久且边界模糊的心理状态，不像具体的情感那样具有明确的对象和更大的强度。情绪往往是我们对一段时间内经历的总体感受，它可以是积极的，如快乐、兴奋，也可以是消极的，如沮丧、焦虑。

情绪的产生受到多种因素的影响，包括个人的性格特征、生活经历、当前的环境和生理状态等。一个人可能天生具有较高的情绪稳定性，这使其在面对压力和挑战时能够保持相对平和的心态。相反，情绪不稳定的人可能更容易受到外界刺激的影响，情绪波动较大。在日常生活和工作中，情绪对我们的行为和决策有着重要的影响。积极的情绪可以提高我们的工作效率、创造力和社交能力，而消极的情绪可能导致注意力分散、决策失误和人际关系紧张。因此，了解和管理自己的情绪对于个人的心理健康和职业发展都至关重要。

为了更好地理解和调节情绪，我们可以采取自我觉察、情绪表达、情绪调节、寻求支持、健康生活等方式管理自己的情绪，从而在面对生活和工作中的挑战时，保持积极和健康的心态。①

二 区分情绪和心境

情绪指的是由特定的人或事物引发的较为强烈的情感体验，它直接指向具体的人或物，是由具体事件引起的直接反应。情绪通常具有较短的持续时间，是对特定事件的即时反应。情绪往往由具体的事件或行为引发，以具体性和多样化为特点，通常伴随明显的面部表情，有助于人们相互理解和沟通。

心境则是一种宽泛的、不清晰的情感状态，它更多地表现为一种普遍的、持续的情绪背景，从本质上说，心境是认知上的。心境的持续时间相对更长，它可以持续数小时、数天甚至数周。它的引发因素通常具有一般性，可能由多种因素共同作用而产生，如环境、身体状况、心理状态等。心境通常没有明显的表情，其表现为一种情感的底色或背景，以一种不易察觉的方式影响着我们的情绪和行为。不同的心境状态可能会导致我们对同一事物的不同评价和反应。

三 基本心境：积极和消极情感

人们在工作生活中会经历多种多样的事件，从而表现出的基本心境包括积极和消极两种情感类型。

高度的积极情感有惊醒、兴奋、得意、快乐等，低度的积极情感有满意、平静、放松、冷静等。积极的情感可以给人带来正面的作用，有助于促进身心健康，增强心理韧性和免疫力，提高个人的注意力和创造力，增强与他人的互动，提升人际关系。

高度的消极情感有高度紧张、压力、沮丧等，低度的消极情感有悲伤、失望、厌倦、疲惫等。消极的情感会给人带来负面的影响，它可能让人的身

① 杰拉尔德·格林伯格:《组织行为学（第6版）》，朱舟、王蔷译，格致出版社，2017，第82页。

体处于应激状态，增加患病的风险，可能引发诸如抑郁症、强迫症、狂躁症、妄想症等心理疾病，或诱发心脏病、高血压甚至癌症等生理疾病。消极情绪可能导致注意力、创造力等方面的下降，影响工作效率和人际交往。

四　体验心境的情绪

体验心境的情绪是一个涉及个体内在感受和对外部环境反应的复杂过程。心境可能由个人经历、生活事件、工作压力、人际关系、身体健康状况等多种因素引起。情绪体验可以极大地影响一个人的行为方式、思维模式和决策过程。

积极心境通常带来乐观、自信和活力，使个体更愿意参与社交活动，更能够看到事物的积极面，并在面对挑战时保持坚定和创造性。相反，消极心境可能导致沮丧、焦虑或愤怒，这些情绪不仅影响个体的日常生活和工作效率，还可能对健康产生负面影响，如睡眠障碍、消化问题和心脏病。

情绪体验的强度和持续时间也因人而异，有些人可能更容易受到情绪的影响，而其他人则可能更有能力保持情绪稳定。情绪智力（EI）在这里起着关键作用，它涉及个体识别、理解、管理和使用情绪的能力。高情绪智力的个体通常更能够有效地处理情绪波动，减少消极情绪的影响，并利用积极情绪来提升自己的生活质量。

为了更好地管理情绪体验，个体可以采取多种策略，如通过冥想、运动或与他人交流来缓解压力，通过正念练习来提高对当前情绪状态的意识，以及通过积极的自我对话和目标设定来提升积极情绪。此外，寻求专业的心理咨询和支持也是提高情绪管理能力的有效途径。

体验心境的情绪是一个多维度的现象，它影响着个体的心理和行为，而通过情绪智力的提升和有效的情绪管理策略，个体可以更好地应对生活中的挑战，享受更加充实和满意的生活。

五　情绪的作用

情绪在组织行为学中扮演着至关重要的角色，对组织的整体氛围和效能产生深远影响。

员工甄选。在招聘过程中，情绪智力和情绪稳定性是评估候选人的重要指标。情绪稳定的员工更可能在面对工作压力和挑战时保持冷静，与同事建立和谐的工作关系，并快速适应新环境。组织在甄选员工时，除了考虑专业技能和经验外，还应重视候选人的情绪管理能力和人际交往能力。

领导选拔。领导者的情绪表达对团队的士气和动力有着显著影响。积极的情绪表达，如热情和乐观，能够激发团队成员的积极性，增强团队凝聚力。在变革和不确定性的环境中，领导者的情绪稳定性和积极情绪对于引导员工克服困难、保持信心至关重要。

人际关系。情绪智力在维护良好的工作关系中起着核心作用。员工能够理解和管理自己及他人的情绪，有助于促进积极的人际互动，减少冲突和误解。在组织中，良好的人际关系是提高工作效率和团队协作的关键。

组织决策。情绪状态对决策过程有着直接的影响。在高压力或情绪激动的状态下，决策者可能会做出非理性的选择。因此，组织需要培养决策者的情绪自控能力，以确保在关键时刻能够做出理智、客观的决策。

工作动力。员工的情绪状态直接影响其工作动力和绩效。积极的情绪能够提升员工的工作热情和创造力，而消极的情绪则可能导致工作效率下降。管理者应当采取措施创造一个积极的工作环境，激发员工的积极性，促进其职业成长和组织目标的实现。

情绪在个人层面上也发挥着关键作用，它不仅塑造个人的心理健康状态，影响着幸福感和生活满意度，还直接驱动着行为选择，激发个人追求目标或避免不利情境。它不仅对心理健康和生活满意度产生深远影响，还直接关系到行为选择和目标追求。情绪智力高的人更擅长在社会交往中表达和理解情绪，这有助于建立牢固的人际关系，增强人际连接，并在冲突出现时有效解决问题。情绪对认知功能的影响也不容忽视，积极情绪能够使注意力更集中，提高记忆力和决策效率，而消极情绪则可能削弱这些认知能力，导致理性思考的障碍。

案例链接 4-1

“牲口”变成人——有效的情绪管理在工作场所中的重要作用

情绪在工作场所中扮演着至关重要的角色，它不仅影响个人的工作表现，还会对团队的协作和整体的工作氛围产生深远的影响。

矿山的员工小王，因为其古怪的脾气和难以相处的性格，成了一个“问题员工”。他在工作和个人生活中都遭遇了严重的挑战，同事们对他避而远之，家庭关系也濒临破裂。

新任工区主任吴先生注意到了小王的问题，并决定以调节其情绪状态为突破口。通过观察，吴先生发现小王热爱唱歌，于是组织了一次 KTV 活动，让同事们有机会了解小王的这一优点。在活动中，小王的歌唱才华得到了同事们的认可和赞赏，这不仅让他感受到了团队的温暖，也为他释放了内心的压力。

随着情绪的改善，小王在工作上的态度和表现也有了显著的转变。他开始更加积极地参与团队工作，接受并完成了一些具有挑战性的任务。同事们对小王的成见逐渐消失，取而代之的是一种新的尊重和信任。

吴主任并没有就此止步，而是继续寻找小王的其他优点，并给予他展示自己的机会。每当小王有所成就时，吴主任总是第一时间给予肯定和表彰，这进一步增强了小王的自信心和归属感。

小王的行为改变逐渐影响了他的人际环境，进而促进了他的思想和个性的积极变化。他开始更加开放地与同事交流，学会了倾听和接受他人的意见。这种改变不仅让他在矿山内部成了一个模范人物，也改善了他的家庭关系。

这个案例展示了情绪在工作场所中的重要作用。有效的情绪管理和积极的激励机制可以显著改善员工的工作表现和团队的协作氛围。小王的故事告诉我们，每个人都有潜在的优点和能力，关键在于如何通过合适的方法去发现和激发它们。作为领导者，应该具备洞察力和同理心，通过关注员工的情绪状态，帮助他们实现个人的成长和团队的和谐。

资料来源:《“牲口”变成人》，2015 年 10 月 28 日，https://cases.sem.tsinghua.edu.cn/tsh/caseb/tsh_caseb_main/tshCasebMain.do?method=view_new&fdId=182c9edd49889b219efa6e9499ba676a，最后访问时间：2024 年 5 月 22 日。

第二节　情绪和心境的来源

一　人格

情绪与心境在塑造个体的人格特质方面发挥着重要作用。它们往往蕴含着各种特质成分，这些成分共同构成了个体的情感调色板。当一个人更倾向于积极的心境和情绪，这可能表明其人格具有乐观、开朗的特质。当一个人更倾向于消极的心境和情绪，这可能反映出其人格特质更趋向于沮丧或焦虑。

（一）情境强度理论

情境强度理论指出，人格转化为行为的方式取决于情境的强度。情境的强度指规范、提示或标准对个体行为的支配程度。较强的情境会明确展示正确行为，并迫使个体表现出来，以此防止错误行为的发生。相反，在较弱的情境状态下，个体更能自由地表达自我。

研究人员从四个方面分析了情境强度在组织中的作用。

明确性：工作任务和责任的提示是否清晰明确。

一致性：工作任务和责任的提示是否互相兼容。

约束性：个体决策和行动的自由受到外力限制的程度。

严重性：决策或行为对组织及相关人员产生重大影响的程度。

研究人员推测，组织通常是强情境状态，它们通过规则、规范、标准来管理行为。强情境可能会压抑创造性、主动性和自主性。因此，管理者需要识别情境强度在职场中的角色，并在保持秩序的同时提供足够的自由度。

（二）特质激活理论

特质激活理论提供了一个理解和预测个体在特定情境下行为表现的框架。这一理论认为，个体的人格特质在不同的情境中会被激活到不同的程度，从而影响其行为表现。在工作场所，这意味着通过理解个体的特质和工作环境的特性，可以更好地匹配员工与职位，以提高工作效率和满意度。例如，在销售岗位上，以佣金为基础的薪酬方案可能会激活外向者的特质，因为他们可能对奖励更加敏感。而在需要创造力的工作环境中，开放性这一特质可能比外倾性更能预测个体的创新行为。这种理论也适用于理解个体对特定情境的反应，如害怕失败的人可能在电子监控的学习环境中表现不佳，因为监控激活了他们的失败恐惧特质，导致学习成效降低。

在积极的环境中，特质激活理论预测人们普遍会表现出亲社会行为。然而，在更具挑战性的环境中，可能只有具有亲社会倾向的个体才会展现出亲社会行为。

在探讨创新奖励对创新行为的影响时，特质激活理论强调了奖励与个体特质匹配的重要性。如果奖励能够激活与创新相关的特质，如开放性、创造力、自我效能感，它可能会促进个体的创新行为。反之，如果奖励与个体的内在动机不一致，可能会削弱创新行为。因此，设计创新奖励时，应考虑到如何激发个体的积极特质，以促进创新和提高整体绩效。情境强度理论和特质激活理论共同表明，二者相互影响，相互作用。人格和情境都会影响工作行为，在适配的情境下，人格对行为的预测能力更强。①

二　每日时间

每日的清醒时间通常是在一天的中间时段，它被认为是情绪高涨和情绪稳定的时段。在这个时间段里，人们更容易体验到快乐和积极的心境。大多数人会感到充满能量，心情也会更加愉快和积极。这种积极的心境会受到多种因素的影响，如生物钟的调节、日常活动的安排以及个人生活方式的选择等。此外，身体和心理状态在这段时间内也已经适应了一天的活动，处于较为稳定的状态，这有助于人们更好地应对各种情境。

与早晨相比，在清醒的中间时段，人们的心理警觉性和注意力往往更为集中。这使得他们更能够专注于当前的任务和目标，增强了积极情绪的体验。中间时段的积极心境不仅是情绪体验的结果，也反映了人们在日常生活中对各种挑战的应对能力和适应能力。

---

① 李春玲、张西英、仇勇等:《不同激励偏好下创新奖励对研发人员创新行为的影响——自我决定与特质激活理论整合视角》,《科技进步与对策》2019 年第 24 期，第 153~160 页。

三　每周时间

在一周中，接近周末的时段通常是人们体验到积极心境的时间。这段时间标志着一周工作或学习的结束，人们开始期待即将到来的休息和放松。在此期间，人们会感到轻松愉悦。同时，接近周末的时段也为人们提供了更多社交和娱乐活动的机会。很多人会安排与家人、朋友聚会，或是参加各种休闲活动等。这些社交和娱乐活动不仅可以增加人们的社交联系，还能够增加快乐和幸福感，进一步促进了积极心境的形成。

四　天气

天气变化常常被人们认为与他们的情绪和心境存在一种关联，但这种关联通常被称为虚假相关。在某些情况下，阳光明媚的天气可能会让人感觉更加愉快和积极，阴雨天气可能会使人情绪低落，但实际上，天气并不是情绪波动的主要原因。天气变化往往会影响人们的日常活动和计划，而这些活动的变化可能会直接影响人们的情绪和心境，人们感受到的情绪波动很有可能源自天气变化所导致的活动变化而并非天气本身。此外，个体的心理特征和应对方式也会影响他们对天气变化的反应。虽然天气变化可能会影响人们的情绪，但这种影响往往是暂时的，并不会影响所有人的情绪。

五　压力

持续性的压力常常与消极心境相关联。当人们长时间处于压力下时，他们可能会感受到情绪的负面影响。这种压力可能来自工作、家庭、人际关系等各种因素。持续性的压力会导致情绪不稳定、焦虑、抑郁等负面体验。压力会激活身体的应激反应，导致心理和生理上的紧张状态。长期处于这种紧张状态下，人们可能会感到疲惫、沮丧，甚至失去对生活的兴趣和动力。此外，持续性的压力还可能影响人们的认知功能，导致注意力不集中、记忆力减退等问题，进而加剧了消极心境的产生。持续性的压力还可能引发负面的情绪循环，在压力缓解或消失之后，人们仍可能持续感受到消极心境。这种负面情绪的持续存在可能会阻碍个体的情绪调节和适应，进一步加重消极心境的程度。

持续性的压力不仅会直接影响个体的情绪状态，还可能通过多种途径加剧消极心境的发展和持续。要应对持续性的压力，个体需要采取积极的心理应对策略，如寻求社会支持、进行放松训练、调整生活方式等，以帮助缓解压力并重建积极的心境。

六　社交活动

参与社交活动，无论是身体上的、非正式的，还是涉及美食的活动，通常都会促进积极的心境。这些活动提供了与他人交流和互动的机会，从而有利于增强人际关系、建立社会支持网络，促进心理健康和幸福感。

身体上的社交活动，如与他人一起锻炼、散步、打球或参加团队运动等，有助于人们保持健康，还能增进友谊和团队精神。通过与他人一起运动，人们能够享受到身体上的愉悦和挑战，也能在交流中分享彼此的喜悦和成就，从而增强积极心境。在非正式的社交活动，如家庭聚餐、朋友聚会中，人们可以获得放松和交流的机会。在这样的场合，人们能够忘却日常的压力和忧虑，轻松愉快地与他人交流，分享笑声和快乐。这种轻松愉快的氛围有助于缓解紧张和焦虑，增强幸福感和满足感。而涉及美食的社交活动，如聚餐、品酒会或美食节等，不仅可以提供享受美味佳肴的机会，还能促进人与人之间的社交互动和情感交流。在共享美食的过程中，人们可以体验到愉悦的味觉享受，同时与他人建立更紧密的联系，增进彼此之间的情感联系和友谊。

七　睡眠

睡眠质量不佳可能会导致人们在白天感到疲倦、精神不集中，甚至出现头痛、身体疼痛等不适感，影响到人们的认知功能和情绪调节能力，使人们出现记忆力减退等问题。这些不适感很容易影响人们的情绪状态，使人们出现消极情绪，增加情绪波动和情绪不稳定的风险。睡眠质量不佳还可能加剧日常生活中的压力和挑战。人们因为疲劳和精力不足而无法有效地应对工作、学习或日常生活中的各种任务和责任，进而增加了焦虑和压力的感受，加深了消极心境。

要维持积极的心境和心理健康，保持良好的睡眠质量至关重要。可以通过建立健康的睡眠习惯、改善睡眠环境、调整生活方式等方法，提升睡眠质量，减少睡眠问题对心理健康的负面影响，从而促进心情的愉悦和积极心境的形成。

八　锻炼

通过锻炼，人体可以释放出多巴胺和内啡肽等神经递质，这些化学物质被称为“快乐激素”，能够提升人的情绪状态，使人感到愉悦和兴奋。锻炼还能促进血液循环，增加大脑中的血液供应，改善心理状态，帮助人们缓解压力和焦虑。在锻炼的过程中，人们也会常常感受到挑战和成就感，通过克服身体的限制，达到锻炼的目标，使自己变得更强大和更有信心。这种成就感和自信心的提升，能够改善人的心理状态，增强积极的情绪体验。

此外，锻炼也是一种释放压力和情绪的方式。在运动中，人们可以倾诉自己的烦恼和担忧，释放负面情绪，使心情得到舒缓和宣泄，让身心放松，更专注于当下的运动过程，从而减少焦虑和抑郁的发作。

九　年龄

随着年龄的增长，人们往往更加成熟和稳重，对生活中的挑战和困难有更为理性和宽容的态度。他们经历了许多人生阶段，积累了丰富的经验和智慧，对待生活中的各种情况也会更加从容和平和。另外，年长的人们通常会拥有更加健全和稳固的社会支持网络，他们拥有更多的社会关系，可以在困难时寻求支持和安慰。这种社会支持的存在有助于缓解压力和焦虑，减少消极情绪的产生。研究表明，随着年龄的增长，人们的情绪调节能力可能会提高。年长的人们更加懂得如何应对负面情绪，采取积极的心理应对策略寻求解决问题的方法。因此，他们在面对挑战和压力时更有可能保持乐观和积极的心态。

十　性别

研究表明，相比于男性，女性更倾向于通过语言、面部表情和身体语言来表达内心的情感。她们更习惯于分享自己的情感和体验，与他人交流自己的感受，从而获得情感支持和共鸣。同时，女性体验到的情绪往往更为强烈。她们更敏感于情感刺激，更容易受到外界情境的影响，因此她们更频繁地经历喜悦、悲伤、愤怒等各种情绪，而这些情绪也更加强烈和深刻。此外，女性在面对情绪刺激时表现的情绪反应也会更持久，她们更难以从负面情绪中恢复。这使得女性更倾向于将情绪内化，较难及时摆脱消极情绪的困扰。

第三节　情绪劳动

一　情绪劳动的概念

情绪劳动（emotional labor）指员工在工作过程中，根据组织的要求，通过管理自己的情绪，展示出符合组织期望的面部和身体表现。这个概念最早由美国社会学家阿莉·霍赫希尔德（Arlie Hochschild）提出，旨在描述员工在人际交往中表现出令组织满意的情绪。情绪劳动主要包括表层扮演和深层扮演两种策略。表层扮演是指员工隐藏内在情感，进行情绪伪装，调整外部可见的姿势、语气和表情，但内心感受并没有实质变化。而深层扮演则是员工通过自我说服和想象等心理过程来改变内心真实情感，以适应组织的期望。情绪劳动不仅影响员工的工作态度、心理健康和幸福感，还关系到组织的竞争优势。它在员工特质、领导风格以及团队或组织氛围对组织创新过程的影响中发挥着中介或调节作用。

二　情绪劳动的特点

工作环境的直接性。情绪劳动通常发生在直接的工作环境中，特别是在需要面对面交流的服务行业中。在这些情境下，员工的情绪表达直接影响顾客的感知和满意度。因此，服务行业的员工需要具备高度的情绪管理能力，以确保他们能够提供高质量的服务体验。

目的的间接性。情绪劳动的最终目的是通过影响公众的情绪、态度和行为来实现组织的目标。这可能包括提高工作效率、增强组织信誉或促进销售。情绪劳动的基础假设是：当顾客处于积极的情绪状态时，他们更有可能接受服务并感到满意。因此，员工的情绪表达不仅是为了个人的情感需求，更是为了实现组织的战略目标。

情绪调节的主动性。情绪劳动要求员工主动调节自己的情绪和情绪表达，以适应工作环境的要求。在服务行业中，员工需要根据顾客的情绪和行为来调整自己的反应。这要求员工具备高度的自我监控能力，以便在面对顾客的不同情绪反应时，能够及时调整自己的情绪状态，并保持专业的情绪表达。

情绪表达的差异性。不同行业对情绪表达的要求各不相同。员工需要根据所在行业的标准和组织的要求来调整自己的情绪表达。例如，医疗行业的护士可能需要展现出关怀和同情，而法律行业的律师则可能需要表现出坚定和自信。组织通常会通过岗位职责、职业道德、行为规范和企业文化等方式，指导员工如何在工作情境中恰当地表达情绪。

情绪劳动的概念强调了情绪在工作中的重要性，以及个体如何通过情绪管理来适应和满足工作要求。有效的情绪劳动不仅能够提升工作表现，还能够增强顾客满意度和组织绩效。然而，长期的情绪劳动可能会导致员工的情感疲劳和职业倦怠，因此组织需要关注员工的情绪健康，并提供必要的支持和资源。①

三　情绪失调

与情绪劳动相关的是情绪失调（emotional dissonance），它指的是员工需要表现出的情绪与其真实情绪不同，导致内心和外部表达之间的差异，最终可能引发情绪倦怠。在情绪失调状态下，个体的内心情绪被高度激活，因为其需要伪装情绪来符合工作要求。这种情绪状态可能持续时间较长，严重影响个体的日常生活和工作。相反，当情绪和谐时，个体的内心情绪是低激活状态，倾向于表达真实情绪。因此，情绪劳动和情绪失调的理解对于组织有效管理员工情绪、提高员工幸福感和工作绩效至关重要。

案例链接 4-2

理解教师的情绪劳动

教师情绪劳动的特殊性在于教师从事的是一种情感密集型行业，这要求教师在日常工作中不仅要传授知识，还要投入情感，以促进学生的全面发展。正如教育家顾明远所言："没有爱就没有教育。"他强调了情感在教育中的中心地位，没有情感的投入，教育

① 薛继东主编《组织行为学实验实训教程》，中国人民大学出版社，2019，第77页。

就失去了其真正的意义。教师的每一次互动、每一次表达都充满了情感的色彩，这些情感的投入对于激发学生的学习兴趣、建立积极的师生关系以及促进学生的健康成长至关重要。

教师情绪劳动的特殊性还体现在其职业角色上。作为国家教育事业的重要承担者，教师不仅要遵循教育规则和职业道德，还要在情感表达上做到适度和恰当。教师的情绪状态直接影响着学生的学习体验和情感发展，因此，教师需要在保持个人情感真实性的同时，确保这些情感表达对学生有积极的影响。

张老师是一名富有经验的教育工作者，她深知自己的情绪状态不仅仅影响自己，更会直接影响学生，而教师的情绪劳动不仅仅是为了维持课堂秩序，更是为了促进学生的全面发展。

在面对学生焦虑和不安的情况时，张老师首先通过幽默和轻松的教学方式来缓解学生的紧张情绪，这种做法不仅能够立即吸引学生的注意力，还能够在无形中建立起一种积极的师生关系，让学生感受到课堂是一个安全和愉快的学习场所。张老师鼓励学生分享自己的担忧，这不仅帮助学生释放了内心的压力，也让张老师更好地理解学生的情绪状态和需求。通过提供有效的学习策略，张老师帮助学生找到了解决问题的方法，这种积极的互动不仅提升了学生的学习能力，也增强了他们的自信心。

张老师的这种做法体现了教师情绪劳动的深远意义。她不仅仅关注学生的学业成绩，更关注学生的情感需求和心理健康。通过她的情绪劳动，学生们不仅在数学学习上取得了进步，而且在情绪管理和人际交往方面也有了显著的提高。张老师的积极情绪表达和对学生情绪的敏感关注，为学生创造了一个支持性和鼓励性的学习环境，这对于学生的长期发展至关重要。

这一案例告诉我们，教师不仅仅是知识的传递者，更是情感的引导者。通过有效的情绪管理和情绪表达，教师可以创造一个积极的学习氛围，促进学生的学业和情感发展。教师情绪劳动的研究和实践对于提升教育质量、促进学生全面发展具有重要意义，它要求教师具备高度的情绪智力和同理心，以及持续的专业发展和个人成长。通过这样的努力，教师可以更好地满足学生的需求，实现教育的最终目标——培养出全面发展的人。

资料来源：《理解教师的情绪劳动：他们也是有喜怒哀乐、七情六欲的普通人》，2023 年 1 月 3 日，https://new.qq.com/rain/a/20230103A02GKF00，最后访问时间：2024 年 4 月 15 日。

第四节　情感事件理论

情绪是由一系列单一事件沉淀下来的情感状态，它对个体的工作满意度和绩效产生持续的影响。情绪的波动性意味着它对工作表现的影响也在不断变化。无论是积极的情绪还是消极的情绪，都可能导致工作者分心，从而对绩效产生负面影响。情感事件理论强调，工作事件是情绪反应的前因，这些情绪反应进一步影响员工的工作态度和行为，最终体现在工作绩效上。当员工体验到积极的情绪时，他们更可能从内心喜欢自己的工作，这导致高工作满意度的产生。工作满意度通常伴随着高能力和精力，以及丰富的情感资源，这些资源使员工有能力进行角色外行为，即超出职责范围的行为，这些行为对同事和组织都有积极的影响。①

团队绩效压力是一种特殊的工作情境因素，它可以被视为一种令人振奋的积极情感事件。当团队成员感受到绩效压力时，他们可能会产生积极的情绪反应，这种反应可能会对团队的最终成果和个人行为产生积极影响。团队绩效压力反映了团队成员对自我价值实现的追求，这种追求内化成了一种紧迫感。团队成员意识到，达到或超过绩效期望可能会带来晋升和加薪等正面结果，而未能达到期望则可能导致负面后果。这种紧迫感可能会激发员工的心理、情绪和生理反应。当团队成员将绩效压力视为个人成长、学习和目标达成的机会时，他们可能会做出积极的认知评价，引发积极的情绪和态度。这种积极的心态可以提高员工的工作满意度，并增强其对组织的承诺。②

① 李刚、夏梦瑶：《人力资源弹性实践对员工工作绩效的影响——基于情感事件理论的视角》，《首都经济贸易大学学报》2023 年第 3 期，第 61 页。

② 叶晓倩、欧梁羽柔、杨琳、陈伟：《团队绩效压力影响团队绩效和员工退缩行为机理探讨——基于情感事件理论研究》，《中央财经大学学报》2022 年第 4 期，第 108~109 页。

第五节 情绪智力

一 情绪智力的五个维度

情绪智力（emotional intelligence，EI）指一个人感知自我和他人情绪、理解这些情绪的意义、在传递模型中相应调节自己的情绪的能力。它可被视为一种情绪信息的加工能力，涉及对自己和他人情绪状态的理解和评价以及个体自身情绪的表达、调控及利用等多种能力。情绪智力传递模型通过感知自我和他人的情绪来了解情绪的意义，以此来动态调节情绪变化的过程。情绪智力包括以下五个维度。

自知（self-awareness）。指个体对自己情感状态的觉察和理解能力。这种能力使个体能够在体验情绪时准确地识别和理解这些情绪，认识到它们的存在、类型和强度。自知还包括对情绪产生的原因和可能的影响的洞察，以及对个人情绪如何影响思维和行为的自我反思。具备高度自知能力的个体能够更好地理解自己的内在体验，并在此基础上做出更为明智的决策和行为选择。

自控（managing emotions）。它涉及个体有效管理和调节自己情绪状态的能力。具有良好自控能力的个体能够识别自己的情绪触发点，并采取积极的策略来应对，例如通过深呼吸、冥想、运动或其他放松技巧来缓解紧张和焦虑。自控还包括对冲动行为的管理，如在愤怒或挫败时避免做出可能会后悔的决定。通过找出问题的根源并主动采取措施来解决问题，个体可以更好地控制自己的情绪反应，从而在各种情境中保持情绪稳定和心理平衡。这种能力对于建立和维护健康的人际关系、提高工作效率和实现个人目标都至关重要。

自励（motivating emotions）。它描述了个体如何利用情绪来激发和维持动力以实现目标。具备自励能力的人具有明确的奋斗目标，积极进取，能够自我激励并主动追求成长。他们对新知识持开放态度，不断学习和完善自我。同时，自励的人对自己的行为负责，忠诚于承诺，并在面对挑战时展现出坚毅和求实的精神。这种内在的动力和积极性对于个人的成长和成功至关重要。

同理心（empathy）。指的是个体理解和感受他人情绪的敏感性。这种能力使个体能够通过观察他人的语言、语调、面部表情、身体语言和手势等非语言线索，来识别和理解对方的情绪状态。具备同情心的人在人际交往中能够更好地建立联系，因为他们能够从他人的角度出发，感受到对方的情感体验，并做出适当的响应。这种能力对于建立和维护积极的人际关系至关重要，有助于促进社会和谐与合作。同情心也是情绪智力的一个重要组成部分，对于个人的社交能力和情感智慧的发展具有显著影响。

人际交往能力（handling relationships）。这种能力包括与他人和谐相处、有效沟通、解决冲突、建立信任和尊重。在现代社会，随着工作分工的细化和团队合作精神的日益重要，人际交往能力变得尤为关键。协作不仅能够汇聚集体智慧，提升组织绩效，还能促进团队成员之间的相互支持和协作，从而实现团队目标。

在团队环境中，个体需要关注并响应他人的言语、行为和需求，展现出接纳和合作的态度。这种能力有助于个体融入团队，增强团队凝聚力和战斗力，确保团队工作的高效率和高质量完成。通过有效的人际交往，个体不仅能够为团队贡献自己的才能，还能够在团队合作中实现个人的成长和发展。因此，人际交往能力是个体在现代社会中取得成功的关键技能之一。[①]

二　情商与智商

情绪智力的高低程度被称为情商。情商和智商是两个不同的概念，它们分别反映了人们在情感认知和智力方面能力的高低程度。情商主要指的是人们识别、理解、表达、调控自己和他人情绪的能力的高低程度。较高的情商使人能够对自己的情绪有清晰的认知，能够理解和接受他人的情绪，并在人际交往中恰当地表达情绪和控制情绪。高情商的人通常能够更好地处理人际关系，适应各种社交场合，以及更有效地应对压力和挑战。智商则是指人们的智力水平，包括逻辑思维、空间认知、记忆力、观察力、想象力等方面的能力。智商测试通常通过一系列标准化的测验来评估一个人在认知知识等积累方面的能力。高智商的人通常在学习、解决问题和创新方面表现出色。

① 薛继东主编《组织行为学实验实训教程》，中国人民大学出版社，2019，第73~74页。

1995年，心理学家丹尼尔·戈尔曼（Daniel Goleman）的著作《情绪商数》引起了广泛关注，在书中，他提出情商对个人的成功至关重要。戈尔曼通过心理学和神经心理学的研究案例，阐述了自知、自控、自励、同理心和人际交往能力等情商组成部分在实现个人价值和事业成功中的关键作用。他认为，成功者和领导者往往拥有较高的情商，这是他们与众不同的标志。

戈尔曼强调，情商与智商同样重要，它是感性与理性之间的调节器，也是个体内在力量的源泉。通过学习和实践，人们可以增强自我意识，更好地管理情绪、激励自己、理解他人，从而在社交互动中更加高效。这些情商技能不仅有助于个人在职场上取得成功，也能够促进个人的全面成长和生活质量的提升。情商和智商都是个人成功的重要因素。在现代社会中，人们不仅需要具备高智商来应对复杂的问题和挑战，还需要具备高情商来建立良好的人际关系并适应各种社交场合。因此，提升情商和智商都是个人发展的重要目标。

智商和情商之间的关系常被描述为辩证的，它们在个人成功中扮演着不同的角色。智商通常被视为解决问题和逻辑推理的能力，为人提供了完成任务和实现目标的基础。而情商则涉及管理自己的情绪、理解他人以及建立有效人际关系的能力，它对于将潜在的可能性转化为实际成果至关重要。

在追求成功的道路上，智商和情商的互补与和谐发展被认为是理想的状态。智商为成功提供了可能性，而情商则有助于实现这些可能性。当个人在智力或能力方面存在局限时，情商可以作为一种补偿机制，帮助其克服困难。即使是智商很高的个体，如果能够进一步发展情商，比如更好地调控情绪和自我激励，会更有可能取得显著的成就。

个人发展应当注重智商和情商的双重提升，两者不是相互排斥的，而是相互促进、相辅相成的。通过均衡发展这两方面的能力，个人不仅能够在职业上取得成功，还能在生活中获得更加丰富和满足的体验。①

---

① 李晔:《情商，编辑的一门必修课——兼论情商（EQ）与智商（IQ）之关系》,《广西大学学报》（哲学社会科学版）1998年第3期，第87~88页。

三　情绪调节

（一）情绪调节的概念

情绪调节（emotion regulation）是个体管理和改变自己或他人情绪的过程，涉及生理活动、主观体验、表情和行为的调整。情绪调节不仅包括对负面情绪如愤怒、悲伤的调整，也涉及积极情绪的调整。情绪调节可以是抑制、削弱、掩盖的过程，也可以是维持和增强的过程。情绪调节的目的是保持功能上的适应状态，帮助个体在情绪唤醒的情景中维持最佳表现，并使情感表达落在可容忍范围内。

情绪调节过程包括生理反应、主观体验、表情和行为的调整，旨在协调情绪与认知、行为，使情绪达到良好、适应、灵活有效的状态。情绪调节策略包括认知策略、行为策略和人际策略等，可以带动相应的机制，长期运用策略也可能形成新的调节机制。情绪调节是一个从有意识到无意识的连续体，包含有意识的、努力的控制调节和无意识的、无须努力的自动调节[①]。

（二）情绪调节方式与个体的人际关系

情绪调节方式与个体的人际关系之间的关系是一个复杂且多维的研究领域。根据心理学家詹姆斯·格罗斯（James Gross）提出的“情绪调节同感过程模型”，情绪调节通常被划分为原因调节和反应调节两种类型，或者可进一步细分为评价忽视、评价重视、表情抑制和表情宣泄四种具体的策略。这些分类主要是从情绪调节的过程角度进行的，而未直接关联到实际的社会互动情境。

研究表明，情绪调节与应对方式之间存在密切联系，但因为两者针对的对象不同，所以在具体的划分和应用上存在差异。应对方式更多地关注个体如何处理和解决问题，而情绪调节则专注于个体如何管理和改变自己或他人的情绪体验和表达。[②]

---

① 黄敏儿、郭德俊:《情绪调节的实质》,《心理科学》2000 年第 1 期，第 109 页。

② 李梅、卢家楣:《不同人际关系群体情绪调节方式的比较》,《心理学报》2005 年第 4 期，第 517 页。

案例链接 4-3

社会排斥对情绪冲突适应的影响

社会排斥是一种普遍而深刻的人类经历，它不仅在个体层面上引发孤独感和失落感，而且对个体的心理健康和情绪调节能力构成重大威胁。情绪冲突适应作为情绪调节的一个关键机制，涉及个体解决即时情绪冲突以促进后续类似任务解决的能力，这在维护日常人际关系和社交互动中起着至关重要的作用。

研究团队通过精心设计的实验，采用 Cyberball 游戏，即吉卜林·威廉姆斯（Kipling Williams）等于 2000 年创建的网络投球范式这一工具来模拟社会排斥的情境，让参与者体验到被接纳或被排斥的社交经历。随后，利用面孔－词 Stroop 任务来衡量情绪冲突适应效应，即个体对情绪冲突刺激的反应时间和准确度。先前的研究表明，高兴面孔和愤怒面孔分别传达了社会接纳和社会排斥的信号。

实验 1 通过随机分配参与者到接纳组或排斥组，发现社会排斥组在情绪冲突适应上的表现不如接纳组，这表明社会排斥可能削弱了个体的情绪调节能力。

实验 2 进一步探索了社会接纳的调节作用，通过两轮不同社会情境的 Cyberball 游戏，揭示了社会接纳尤其是在接受社会排斥前的体验，能够显著提高个体的情绪冲突适应能力。这一发现表明，社会接纳可以通过提供情感支持和归属感，增强个体的情绪调节资源，从而在一定程度上缓解社会排斥的负面影响。

这些研究结果对于理解情绪调节方式与个体的人际关系之间的联系具有重要意义。社会支持和接纳感的增强不仅可以提升个体的情绪调节技能，还能够促进更健康的人际关系发展。例如，通过团体辅导、社交技能训练和正面反馈等方法，可以帮助那些经历社会排斥的个体建立更有效的情绪调节策略，减少情绪问题的发生，并改善他们的社交体验。

此外，这项研究还指出了未来研究的潜在方向，包括跨文化研究、长期社会排斥的影响以及社会接纳在不同人群（如不同年龄、性别和文化背景）中的作用。通过更广泛的研究，我们可以更全面地理解社会排斥和社会接纳如何影响情绪健康和人际关系，为构建更加包容和支持的社会环境提供科学依据，并为心理健康专业人士提供干预策略，以增进个体的情绪福祉，提升其社交能力。

资料来源：孟现鑫、罗怡、韩晨媛等《社会接纳调节社会排斥对情绪冲突适应的影响》,《心理学报》2024 年第 5 期。

第六节　情绪和心境的应用

一　客户服务

员工的情绪状态对客户服务的质量有着显著影响，这是因为情绪传染使得员工的情绪容易传递给客户。当员工表现出积极情绪，如快乐和兴奋时，这些情绪可以通过非语言信号如微笑传递给客户，提升客户的服务体验和满意度，进而可能增加客户的停留时间和消费额。

然而，负面情绪的传染也可能发生，当员工感受到客户的不满或愤怒时，这些情绪可能会影响员工的情绪和服务态度，降低服务质量。长期暴露于负面情绪中可能导致员工工作满意度下降、工作绩效降低，甚至影响心理健康。此外，员工在提供客户服务时可能需要进行情绪劳动，即压抑真实情绪、展现符合角色的情绪，如果管理不当，可能导致情绪疲惫和情绪失调。

因此，管理者应通过提供积极的工作环境、情绪支持和培训来帮助员工管理情绪。情绪智力培训可以帮助员工识别和调节情绪，保持积极态度。同时，通过表扬和奖励优质服务，管理者可以激励团队的积极性，提升服务质量和客户满意度。这些措施有助于防止负面情绪的传播，促进积极情绪的扩散，对员工福祉和组织表现都有积极影响。

二　工作态度

每个人都具有各种各样的工作态度，但组织行为学只聚焦于很有限的几种态度，这些态度对于理解员工对工作环境的态度和行为有着重要的帮助。其中，工作满意度、工作卷入、组织承诺、组织支持感、员工敬业度、工作场所偏差行为、工作中的安全与伤害是研究的重点。

（一）工作满意度和工作卷入

工作满意度（job satisfaction）是指员工对其工作环境、工作内容以及与组织和同事之间的关系的整体评价。这种态度不仅反映了员工对工作本身的满意程度，还影响着员工的情绪状态、工作表现以及对组织的忠诚度。在社会工作领域，工作满意度被视为一个多维度的概念，涵盖了员工对工作内容、薪酬福利、个人发展以及社会支持等方面的综合满意程度。研究表明，工作满意度对社会工作者的职业倦怠感和离职倾向有着显著的影响。工作满意度较高的社会工作者更倾向于在工作中投入更多的时间和精力，这有助于减少他们的离职可能性。

在美国进行的一项研究发现，当社会工作者对自己的工作感到满意时，他们更愿意积极参与工作，并考虑长期从事社会工作。同样的，埃文斯（Evans）和赫胥黎（Huxley）在威尔士对 998 名社会工作者的研究发现，高工作满意度有助于社会工作者长期留在岗位上，尤其是在工作量管理和居家工作相关的福利措施得到妥善处理的情况下。韩国与中国的研究也指出，员工的工作满意度与他们的离职意愿成反比。

在社会工作领域，无论社会工作者是基于何种动机加入这一行业的，他们都会根据实际工作体验与个人动机需求的匹配程度来评估工作，进而形成对自己工作的满意度的评价。因此，提高社会工作者的工作满意度不仅有助于降低他们的离职率，还能够提升他们的工作投入和服务质量，对整个社会工作领域产生积极影响。为了提高工作满意度，组织应当关注并改进员工的工作环境、薪酬福利、职业发展机会以及提供充足的社会支持，从而激发员工的工作热情和承诺，提升社会工作服务的质量和效率。①

与工作满意度密切相关的概念是工作卷入（job involvement），它衡量了员工对工作的投入程度和工作绩效对自我认同的重要性。高度卷入工作的员工往往会将自己的身份与工作紧密联系在一起，并对工作任务产生强烈的兴趣。还有一个关键概念是心理授权（psychological empowerment），它涉及员工对自己在工作环境中的影响力、能力、意义和自主性的信念。心理授权感强的员工更有可能展现出积极的工作态度和高效的工作表现，因为他们感受

① 仝秋含、温腾龙:《为何来又为何去：青年社会工作者的择业动机与离职倾向关系研究》,《华东理工大学学报》（社会科学版）2023 年第 6 期，第 63 页。

到了自己在组织中的价值和重要性。研究表明，心理授权对员工的工作态度和绩效具有显著影响。当员工感受到自己在工作中具有影响力和自主性时，他们更有动力投入到工作中，表现出更高的工作满意度和更出色的绩效表现。

工作满意度、工作卷入和心理授权是组织行为学中的重要概念，它们共同塑造着员工的工作态度和行为。了解和管理这些概念对于提高员工的工作满意度、绩效和组织的整体表现至关重要。

（二）组织承诺

员工的组织承诺（organizational commitment）水平反映了他们对所在组织的认同和忠诚程度。当员工对组织的目标和价值观感到认同，并且希望继续留在组织中时，就会表现出较高的组织承诺水平。员工对组织的情感依恋以及对其核心价值观的认同被认为是衡量组织承诺的关键标准。

拥有高组织承诺水平的员工即使感到不满意，也很少会懈怠或怠工。这是因为他们认为自己有责任为组织努力工作，出于对组织的依赖感和忠诚感，他们会坚持做出最大的努力，并由此感到自己与组织紧密相连，很难离开组织，因此他们愿意克服困难，为组织的成功贡献力量。

即使员工对当前的工作感到不满意，只要他们对组织表现出足够的承诺，仍会决定留在组织中工作。这表明，组织承诺是一种驱使员工坚定地留在组织中，并持续为组织发展和目标努力的重要因素。

（三）组织支持感

组织支持感（perceived organizational support, POS）指的是员工对组织重视他们的贡献、关心他们福祉程度的主观看法。员工可能会感知到组织对他们的关注与支持取决于许多因素，如公平的报酬、参与决策的机会以及主管的支持。这种组织支持感是预测员工工作满意度和绩效的强有力因素之一，但它同时也受到文化因素的影响。在权力距离较低的国家，组织支持感尤为重要。权力距离是指人们对于权力在组织中分配不平等程度的接受程度。在这些国家，员工更倾向于把工作视为一种交换关系，而不是道德义务。因此，他们会更加重视组织的支持，并为此寻找理由。

在权力距离较高的国家，员工对组织支持的感知可能并不完全基于公平、支持和鼓励。在这些国家，文化和社会结构的影响可能会使员工对组织的关心与支持有不同的理解和期望。

（四）员工敬业度

员工敬业度（employee engagement）是指员工对工作的参与度、满意度以及投入程度。要评估员工的敬业度，可以询问他们是否有机会学习新技能和资源、是否认为自己的工作具有重要性和意义，以及他们对与同事或上级的互动是否满意。敬业度高的员工对工作充满热情，与公司的联系密切；而不敬业的员工可能会在工作中花费时间，但缺乏投入和关注。

敬业度是许多可衡量结果的决定性因素之一。对员工敬业度的研究表明，它与员工表现和组织绩效有着中度相关性。一项针对 36 家公司近 8000 个经营单元的研究发现，敬业度高的单元，客户满意度、生产效率和利润都较高，同时离职率和事故发生率较低。①

尽管这些发现令人信服，但对于敬业度概念的有效性仍然存在较大争议。这在一定程度上是由于敬业度的影响难以从相关结构中分离出来。一些研究提到，敬业度在不同情境下可能指代不同的组织现象，包括心理状态、个性特征和行为。总体而言，研究表明，员工敬业度能够对组织承诺、离职意愿、工作满意度等产生影响，但我们仍然需要更深入的研究来理解敬业度与其他工作态度之间的区别。

（五）工作场所偏差行为

在组织中，可能存在一些个体会通过其行为来挑战或破坏既定的工作规范和期望，这些行为被称为反生产工作行为（counterproductive work behaviors, CWB）。这些行为的根源往往可以追溯到个体的消极情绪，它们不仅对组织的整体效率和氛围构成威胁，也可能对其他成员产生负面影响。

消极情绪，如愤怒、嫉妒和不满，可能会导致员工在工作中表现出短期的偏差行为，如过度社交或上网冲浪，从而降低工作效率和产出。这些行为虽然对组织有害，但通常被视为较为轻微的违规行为。然而，当这些消极情绪积累并升级时，可能会导致更为严重的反生产工作行为，如故意损害同事的利益、抢夺他人的工作成果，甚至产生语言或身体上的攻击行为。当员工看到他人获得自己渴望但未能获得的奖励（薪酬、更好的待遇等）时，可能

① 斯蒂芬·罗宾斯、蒂莫西·贾奇:《组织行为学（第 18 版）》，孙健敏、朱曦济、李原译，中国人民大学出版社，2021，第 72 页。

会产生嫉妒心理。这种情绪可能会导致员工采取恶意的行为，如故意破坏他人的工作成果，或者不公平地将他人的成就归功于自己。愤怒的员工可能会将自己的不满情绪归咎于同事或管理层，认为他们是敌对的，从而采取攻击性的行为，这不仅包括语言上的冲突，甚至可能升级为身体上的暴力。

赵君、蔡翔的研究通过实证分析，揭示了性别、受教育程度、单位类型和组织规模等因素对工作场所偏差行为的显著影响。这些变量在不同群体和环境下对工作场所偏差行为的作用存在显著差异。此外，研究还意外地发现年龄和工作年限与组织导向和人际导向工作场所偏差行为的关系与预期相反，即随着年龄和工作年限的增加，工作场所偏差行为呈现增多的趋势。

研究提出了两个可能的原因。一是随着年龄和工作年限的增加，个体的受教育程度可能更低，对社会伦理的认知可能存在偏差，而较年轻或工作年限较短的个体可能因为接受了更多的高等教育而对伦理道德有更加理性的认知。二是员工的职业发展进程可能影响其行为，随着年龄的增长，晋升和加薪的空间变小，当员工意识到晋升无望时，可能更倾向于采取损害组织利益的行为以谋求私利。

这些发现对于管理实践具有重要的指导意义。首先，管理人员应当意识到年长、工作年限长、受教育程度较低的男性个体可能更容易发生工作场所偏差行为，因此在日常管理中应当加强对这部分员工的引导和培训，以减少由工作场所偏差行为带来的潜在损失。其次，研究还表明，外资企业相对于国内企业在组织导向工作场所偏差行为上表现得更好，这显示中国企业在管理制度和培训方式上仍有改进空间。最后，组织规模的扩张可能会带来更多的工作场所偏差行为，因此在组织结构设计时，应考虑规模扩张的负面影响，力求实现边际效益的最大化。①

（六）工作中的安全与伤害

消极情绪与工伤之间的关系是一个重要的组织行为学议题。研究表明，当员工处于消极心境时，他们的工作表现和安全行为可能会受到影响，从而增加工伤的风险。这种心境糟糕时的高焦虑水平可能会导致员工无法有效地

① 赵君、蔡翔:《人口统计学特征对工作场所偏差行为的差异性影响研究》,《软科学》2014 年第 8 期，第 112~113 页。

处理潜在的危险，或者对安全防护措施持有悲观态度，认为自己无论如何都会受到伤害。此外，消极情绪还可能分散员工的注意力，导致他们在执行任务时分心，从而增加了粗心大意行为的发生概率。

为了提高员工的健康和安全水平，降低相关的成本，组织可以采取一系列措施来确保员工在心境不佳时不参与具有潜在危险的活动。这可能包括提供心理健康支持、实施情绪管理培训以及创建一个积极的工作环境，以帮助员工更好地管理自己的情绪。通过这些措施，组织不仅能够减少工伤事件，还能够提升员工的整体福祉和工作效率。

在团队建设方面，选择具有积极心境的团队成员同样至关重要。积极的心境不仅能够在团队成员之间传播，还能够提升团队的整体表现和协作效率。研究表明，有魅力的领导者能够通过传染效应将他们的积极情绪传递给追随者，从而激发团队的活力和创造力。因此，在选拔团队成员时，除了考虑他们的专业技能和经验外，还应该重视他们的情绪智力和心境状态。通过培养和选拔心境积极的团队成员，组织可以构建一个更加和谐、高效和安全的工作环境。

复习思考题

1. 情绪和心境有什么不同?
2. 情境强度在组织中的作用有哪些?
3. 情绪劳动的特点有哪些?
4. 什么是情绪失调?
5. 简述智商与情商之间的关系。

案例分析题

情感事件理论视角下的情绪调节与创业研究

在创业的道路上，情绪的波动与创业者的每一步决策和行动都紧密相连。情绪调节，作为创业者应对挑战、维持团队凝聚力、推动企业成长的关键能力，其重要性不言而喻。尽管情绪调节对于创业成功至关重要，但目前创业领域的研究对此却缺乏足够的认识和探讨，忽视了其作为一个动态过程的复杂性和重要性。通过系统梳理，于海晶等发现情绪调节的研究主要集中在创业产出、创业失败、创业意向和领导力等方面，但这些研究往往局限于情绪调节的特质观或能力观，缺乏对情绪调节作为动态过程的深入分析。

在输入阶段，创业事件作为触发因素，与创业者的个体特征相互作用，产生情绪反应。这些事件的模糊性、新颖性、关键性和颠覆性等属性，以及创业者对事件的认知评价，成为情绪产生的重要源泉。例如，面对市场的不确定性，创业者可能会体验到焦虑或兴奋，这些情绪的产生与他们如何评估市场变化及其对企业可能产生的影响密切相关。

在过程阶段，创业者识别自己的情绪状态，并根据情绪体验选择和实施调节策略。这些策略包括情境选择、情境修正、注意分配、认知改变和反应调整等，旨在有效管理和调节情绪反应。例如，一个创业者可能会通过重新评估失败的经历，将其视为学习和成长的机会，从而采用认知重评策略来调节消极情绪。

在输出阶段，情绪调节的效果将对创业活动产生短期和长期的双重影响。从短期来看，情绪调节影响创业者对特定事件的即时反应和决策；从长期来看，它涉及创业者的心理福祉、情绪调节技能的提升，以及与利益相关者之间的持久关系构建。例如，通过有效的情绪调节，创业者不仅能够更好地应对即时的压力，还能够建立起更为稳定和深入的合作关系，为企业的长期发展奠定基础。

研究团队深入探讨了情绪调节在创业过程中的双元性特征，揭示了情绪调节并非总是带来积极结果，其效果的正负取决于多种情境和环境因素。在创业的高压环境下，有效的情绪调节可以促进创业者的适应性，增强团队凝聚力，并使利益相关者建立起信任。然而，长期的表达抑制可能导致创业者的心理压力积累，而过度的情绪上调可能引起利益相关者的不信任感。情绪调节策略的选择和应用需要考虑文化背景、组织氛围、创业阶段等具体因素。在集体主义文化中，创业者可能更注重维护社会和谐，而在个人主义文化中，创业者则可能更强调个人情绪的真实表达。此外，组织的支持性氛围可能促进健康的情绪表达，压抑的组织氛围可能导致创业者采取更多的情绪抑制策略。于海晶等人还指出，未来的研究应进一步探索跨文化背景下情绪调节的策略和效果、情绪调节策略的长期影响、情绪智力在情绪调节中的作用，以及情绪调节如何影响领导行为和团队动态。

通过构建情绪调节的过程模型，不仅可以为理解情绪调节在创业中的作用提供新的理论视角，而且可以为创业者通过情绪调节促进创业成功提供实践指导。这一研究对于未来的创业实践和学术研究都具有重要的启示意义，它鼓励创业者关注情绪调节的重要性，并采取积极措施来提升自身的情绪调节能力。同时，它也为创业教育和培训提供了新的教学内容，帮助创业者更好地理解和应用情绪调节策略，以应对创业过程中的挑战。

资料来源：于海晶、蔡莉、詹天悦、陈彪《创业中的情绪调节过程模型：基于情感事件理论》，《南开管理评论》2023 年第 6 期，第 201~209 页。

思考题

1. 在创业过程中，情绪调节对团队成员的心理健康有何影响？
2. 情绪调节与领导者之间存在怎样的关系？

第五章　知觉与个体决策

第一节　知觉

一　知觉的概念

知觉是一系列组织并解释外界客体和事件产生的感觉信息的加工过程。换句话说，知觉是客观事物直接作用于感官而在头脑中产生的对事物整体的认识。《牛津英语词典》中对知觉（perception）定义为："大脑将其感觉指向外部物体作为原因的行为。"这一观点起源于 18 世纪的哲学——始于乔治 · 贝克莱（George Berkeley）和大卫 · 休谟（David Hume）——后来被英国的联想主义者扩展，并成为实验心理学和现代神经科学的基础。[①]

在知觉与感觉概念的联系上，感觉是指人脑对直接作用于各种感官系统的一种个体属性的直接反应；对同一事物的各种感觉的结合，就形成了对这一事物的整体的认识，也就是形成了对这一物体的知觉。知觉是各种感觉的结合，它来自感觉，但已不同于感觉。在知觉与感觉概念的区分上，感觉和知觉是不同的心理过程，感觉反映的是事物的个别属性，知觉反映的是事物的整体，即事物的各种不同属性、各个部分及其相互关系；感觉仅依赖个别感觉器官的活动，而知觉依赖多种感觉器官的联合活动；感觉不依赖于个人的知识和经验，知觉却受个人知识和经验的影响。与感觉相比，知觉具有不同的特征。第一，知觉反映的是事物的意义，知觉的目的是解释作用于我们感官的事物是什么，尝试用词去标志它，因此知觉是一种对事物进行解释的过程。第二，知觉是对感觉属性的概括，是对不同感觉通道的信息进行综合加工的结果，所以知觉是一种概括的过程。第三，知觉含有思维的因素。知觉要根据感觉信息和个体主观状态所提供的补充经验来共同决定反应的结果，

① Thomas D. Albright, "Perceiving," *Daedalus* 144（2015）：22-41.

因而知觉是人主动地对感觉信息进行加工、推论和理解的过程。可以说感觉是知觉的基础，知觉是感觉的深入。

二　知觉的特性

知觉具有选择性、整体性、理解性、恒常性。

选择性。人在知觉过程中把知觉对象从背景中区分出来优先加以清晰地反映的特性就是知觉的选择性。其中被清楚地知觉到的客体叫对象，未被清楚地知觉到的客体叫背景。常见的例子如说鹤立鸡群、红花绿叶、万绿丛中一点红、夜空中划过的流星。

整体性。知觉的对象是由不同部分和属性组成的，但我们总是把客观事物作为整体来感知，即把客观事物的个别特性综合为整体来反映，这就是知觉的整体性。常见的例子如窥一斑而知全豹。

理解性。在知觉过程中，人们总是根据已有的知识经验来解释当前知觉的对象，并用语言来描述它，使它具有一定的意义，这就是知觉的理解性。常见的例子如：外行看热闹，内行看门道；术业有专攻；仁者见仁，智者见智；一千个读者眼里有一千个哈姆雷特。在对知觉对象理解的过程中，经验是最重要的。其次，语言的指导对知觉的理解性也有较大的作用。再者，知觉对象本身的特点也影响知觉的理解性。此外，知觉的理解性还受人的情绪、动机、态度以及实践活动的任务等因素的影响。

恒常性。在知觉过程中，当知觉的条件在一定范围内发生变化时，人的知觉的映象仍然保持相对不变的特性就叫知觉的恒常性。常见的恒常性有四种，即亮度恒常性、颜色恒常性、形状恒常性、大小恒常性。亮度恒常性指的是，在照明条件改变时，物体的相对明度或视亮度保持不变。颜色恒常性是指当个体熟悉的物体的颜色由于照明等条件的改变而改变时，颜色知觉趋于保持相对不变的知觉特征。形状恒常性指的是，当个体从不同的角度看物体时，物体在其眼中的成像会发生变化，但其实际知觉到的物体的形状不会改变。大小恒常性指的是，物体离个体近时在视网膜上的成像要大于物体离个体远时在视网膜上的成像，但个体实际知觉到的物体的大小不会因此而改变。

三　知觉的信息加工

知觉的信息加工包括自下而上的加工和自上而下的加工。知觉的产生依赖于感觉器官提供的信息，即客观事物的特性，对这些特性的加工叫自下而上的加工，或叫数据驱动加工。例如，对颜色和明度的知觉依赖于光的波长和强度。知觉的产生还依赖于主体的知识经验和兴趣、爱好、心理准备状态，即还需要加工自己头脑中已经存储的信息，这种加工叫自上而下的加工，或叫概念驱动加工。在知觉外界物体时，非感觉信息越多，需要的感觉信息越少，因而自上而下的加工占优势；相反，非感觉信息越少，需要的感觉信息越多，因而自下而上的加工占优势。在两种加工方式的关系上，自下而上的加工需要建立在感觉信息输入的基础之上，自上而下的加工需要已有经验的介入才能更好地整合各种零散信息。二者相辅相成，交互作用。

四　知觉的影响因素

知觉的影响因素主要可以分知觉者主观因素、知觉对象因素和情境性因素三个方面。

知觉者主观因素包括兴趣和爱好、需要和动机、知识和经验、个性特征、态度和价值观等，这些因素会影响个体对信息的筛选和解释，从而影响知觉的结果。个体的兴趣和爱好会影响他们对特定对象的知觉，使其更加关注并投入；知觉往往受到个体当前需要和动机的驱动，例如，饥饿的人更可能注意到食物相关的信息；个体的知识和经验会影响他们对事物的理解和解释，形成不同的知觉体验；个性特征如性格、情绪状态等也会影响个体的知觉过程；个体的态度和价值观作为深层次的认知和情感导向，亦会对个体在知觉过程中的信息接收、信息加工等方面产生影响。

知觉对象因素包括刺激物的颜色、形状、强度、频率、新异性、运动状态，以及知觉对象与背景的关系等，这些物理属性会直接影响我们的知觉体验。刺激物的颜色越鲜艳、形状越突出、强度越大、频率越高，越容易引起个体的注意和知觉；新颖、独特的刺激物更容易引起个体的兴趣和关注；动态的刺激物往往比静态的更易引起注意；知觉对象与背景的对比度和配合程度也会影响知觉的清晰度。

情境性因素包括适应、对比、敏感化和感受性降低等。个体对环境的适应过程会影响其知觉体验；同一对象在不同背景下的对比效应会影响知觉的结果；长时间的刺激可能导致个体对某些刺激变得不敏感，反之，新的或强烈的刺激可以提高个体的感受性。

第二节　人际知觉：对他人做出判断

一　归因理论

归因理论是社会心理学的理论之一。归因是指人们从自己或他人的行为中推断出行为的动因，归因的方式不同会影响以后的行为方式和动机的强弱。归因理论的假设建立在个人随时想重建认知平衡的欲望之上。它认为当人们发生言行脱序时，会主动运用脑中的认知为自己找出原因，或为别人找理由。

归因理论包括海德的归因理论、凯利的三维归因理论、韦纳的成败归因理论。归因理论最早于 1958 年由社会心理学家弗里茨 · 海德（Fritz Heider）提出，弗里茨 · 海德常被描述为 20 世纪初的“归因理论之父”。此后，美国心理学家哈罗德 · 凯利（Harold Kellex）提出了“共变模式”（或称“三维归因理论”），并在这一理论中对海德的理论提出了更深入的解释。伯纳德 · 韦纳（Bernard Weiner）的成败归因理论进一步细化了归因的维度，并详细探讨了在原因源维度、稳定性维度和可控性维度下能力、努力、任务难度、运气、身心状况和其他因素的影响。

（一）海德的归因理论

1958 年，社会心理学家弗里茨 · 海德在他的著作《人际关系心理学》中，从通俗心理学（Naive Psychology）的角度提出了归因理论，该理论主要解释的是日常生活中人们如何找出事件的原因。

在海德看来，行为可以归因为内因或者外因。内因包括人的情绪、态度、人格、能力；外因包括外界的压力、情境、天气等。他指出，通常情况下，人对别人行为的解释倾向于归于内因，对自己行为的解释倾向于归于外因。海德提出了归因时人们常用的两个原则。一是共变原则。如果在许多情况下，一个原因总是与一个结果相联系，而且没有这个原因时，这个结果不发生，那么我们把这个结果归于这个原因。二是排除原则。如果情境原因足以引起行为，就排除个人归因，反之亦然。海德所提出的关于内因与外因、环境与个人的理论成为后续归因理论研究的基础。

（二）凯利的三维归因理论

美国社会心理学家凯利在其1967年出版的《社会心理学的归因理论》一书中提出了三维归因理论（Cube theory），也称烁度理论、立方体理论或“共变模式”理论，以对海德提出的归因理论进行拓展。凯利认为，人们在归因的时候会经历三个阶段：第一个阶段是观察行为，第二个阶段是判断原因，第三个阶段是排除偶然因素和迫于环境的因素。人们对行为的归因会涉及客观刺激物、行动者和所处关系或情境三方面的因素，其中行动者属于内部归因，客观刺激物和所处关系或情境属于外部归因。在归因过程中，个体会搜集与个人和情境相关的资讯来辅助判断，有三种重要的资讯，也被称为三个“维度”（面向）的考虑。一是一致性（consensus），即不同的行动者在面对相同的情境时，是否会产生与观察对象行为一致的行为反应。如果不同的人面对相同的情境都有相同的反应，那么可以说行为表现出一致性。一致性高的行为更容易进行内部归因。二是区别性（distinctiveness），即行动者是否在不同情境下做出不同的反应，如果做出的反应不同，那么这个行为的区别性就高。如果区别性高，即反应不同，则会将行为归于外部原因；如果区别性低，即反应相同，则会将行为归于内部原因。三是一贯性（consistency），即在不同时间点、不同情境中，同一行动者面对同一刺激的反应是否相同。如果同一个行动者在不同的时间点、不同的情境中对同一个刺激物做出相同的反应，表明行动者的行为一贯性高。观察者对一贯性高的行为更容易进行内部归因。归因可以分为单线索归因和多线索归因，单线索归因是指依据一次观察就进行归因；多线索归因是指在多次观察同类行为或事件的情况下进行归因。[①]

（三）韦纳的成败归因理论

美国心理学家伯纳德·韦纳在《动机与情绪的归因理论》中对其归因理

---

① 熊良斌、周志娟:《归因方式理论概述》,《安徽文学（下半月）》2009年第6期，第388页。

论进行了系统的总结。[①] 他认为，个体通常在对行为进行归因时将结果归结为六种因素的影响：一是能力，即评估自己对该项工作能否胜任；二是努力，即个人反省检讨在工作过程中曾否尽力而为；三是任务难度，即凭个人经验判定该项工作的困难程度；四是运气，即个人自认为此次各种成败是否与运气有关；五是身心状况，即工作过程中个人当时的身体及心情状况是否影响工作成效；六是其他因素，包括他人的帮助、环境影响等。他认为可以将这六种因素纳入以下三个维度：一是内部归因和外部归因，即原因源维度；二是稳定性归因和易变性归因，即稳定性维度；三是可控性归因和不可控性归因，即可控性维度。韦纳认为，对成功和失败的归因会对后续的行为产生重大的影响，如个体将考试失败归因于运气，由于运气是一个不稳定的因素，那么其对以后考试失败的预期会降低；如果个体将考试失败归因于能力，由于能力是一个稳定的因素，那么其以后更有可能预期考试失败。

表 5-1　韦纳的归因理论

六因素		能力	努力	任务难度	运气	身心状况	其他因素
三维度	原因源维度	内部	内部	外部	外部	内部	外部
	稳定性维度	稳定	不稳定	稳定	不稳定	不稳定	不稳定
	可控性维度	不可控	可控	不可控	不可控	不可控	不可控

韦纳的研究与早期的研究存在明显的不同。一方面，他创造性地将归因研究和动机研究进行了有机结合，开创了心理学研究的新领域，并且形成了动机归因理论；另一方面，他关注的核心问题是归因的后果，也就是归因对期望和情感反应的影响，这种影响又会影响后续的行为，成为后续行为的动因。[②] 韦纳认为，归因对后续行为的动力作用主要通过期望变化和情绪反应来体现，他认为期望的变化与稳定性维度相关，并且提出了期望原则，根据期望原则，在失败后进行归因时，如果归因于稳定性原因包括能力差、任务难等，那么将难以克服失败造成的内部与外部条件，并且对未来的成功失去

① B. Weiner, *Attribution Theory of Motivation and Emotion* (New York: Springer-Verlag, 1986).

② 张爱卿:《归因理论研究的新进展》,《教育研究与实验》2003 年第 1 期，第 38~41 页。

信心；相反，如果将失败归因于不稳定性原因，那么会增强对成功的期望。在归因引起的情绪反应上，韦纳认为原因源维度与个体自身的自尊感有关，如果将成功归因于内部原因会使个体产生较高的自尊感，但是如果将失败归因于内部原因会产生自卑感。可控性这一维度则与指向他人的社会性情感有关，如果归因为可控的原因，将会与产生内疚、愤怒、感激等情感相联系；如果归因为不可控的原因，将会与同情、惭愧等情感相联系。稳定性维度对情绪的影响与期望相关，将成功归因于稳定性原因会产生希望，将失败归因于稳定性原因则会产生绝望、无能为力感。①

（四）其他归因理论的发现

归因理论发现，人们常常会在归因过程中出现错误或者偏见，常见的归因谬误有下列两种：一是基本归因错误，二是自我服务偏差（Self-serving Bias）。基本归因错误出现在对他人行为进行归因的过程中，自我服务偏差出现在个体对自身行为进行归因的过程中。

1. 基本归因错误

基本归因错误最早由海德提出②，最早证明基本归因错误的是爱德华·琼斯（Edward Jones）和维克多·哈里斯（Victor Harris）③。基本归因错误是指人们在对他人的行为进行归因时，常常将他人的行为归因于内部的人格或者态度等特质，而低估环境对于行为的影响。尽管我们在评价他人的行为时有充分的客观证据支持，但是仍旧倾向于低估外部因素的影响，高估内部因素的影响。

对基本归因错误的原因分析最早来源于格式塔心理学，该理论认为，当我们与他人进行互动时，这个人的行为会在我们的知觉中占据显著优势的地位，所以会出现观察者由于对互动人物的关注而低估情境作用的情况。在后续的研究中，大家都采用这种观点并且认为基本归因错误是特定知觉经验的自动结果。④

---

① 韩仁生:《韦纳的归因训练理论模式及其实施》,《齐鲁学刊》2003 年第 1 期，第 56~58 页。

② F. Heider, *The Psychology of Interpersonal Relations*（New York：Wiley, 1958）.

③ E. E. Jones & V. A. Harris, "The Attribution of Attitudes," *Journal of Experimental Social Psychology*（3）1967：1–2.

④ 李陈、陈午晴:《基本归因错误的文化局限性》,《心理科学进展》2006 年第 6 期，第 938~943 页。

对基本归因错误的研究也关注文化差异。发展心理学家琼·米勒（Joan Miller）最早对归因进行了跨文化比较研究，通过比较美国人和印度人对一个熟人做过的错误的事和有益的事的归因，他发现美国受试者倾向于从行为者的人格特质角度出发进行归因，而印度受试者倾向于从情境角度出发进行归因。进一步，他让美国受试者就印度受试者提到的事件进行归因，美国受试者仍然倾向于从个人特质角度进行归因。由此，他推断出不同文化中的人存在归因方式的差别。[①]

2. 自我服务偏差

美国心理学家戴维·迈尔斯（David Miles）在他的著作《社会心理学》中对自我服务偏差进行了描述，认为个体倾向于以有利于自身的方式来进行自我知觉，当得知自己成功后人们乐于接受成功的荣誉，并且容易把成功归因于自己的努力和才能，但是当人们失败后，更容易把原因归为"运气不佳"或者"问题本身就无法解决"等外部因素。[②]

自我服务偏差有多种表现形式，包括成败归因偏好、自我知觉偏好、群际偏好、社会比较等。成败归因偏好是指个体对积极结果进行内部归因，对消极结果进行外部归因的倾向[③]；自我知觉偏好是指个体在对自我的知觉和评价中存在积极效应或积极偏好；群际偏好是指个体对自己从属的群体（本群）的认知和评价比对自己不从属的群体（外群）高的倾向；社会比较是个体将自己的信念、态度、意见等与其他人的相应方面进行比较的过程[④]。布鲁斯·布莱恩（Bruce Blaine）和詹妮弗·克罗克（Jennifer Crocker）归纳了个体在做成败归因时经常采取的三种自我服务偏好：第一，个体倾向于为成功感到自豪，却否认失败的责任；第二，个体倾向于把有利的随机结果归因于能力，把不利的随机结果归因于运气不好；第三，如果测验成绩好，会认为

① J. G. Miller, "Culture and the Development of Everyday Social Explanation," *Journal of Personality and Social Psychology* 46（1984）：961-978.

② David Myers & Jean Twenge, *Social psychology*（New York：McGraw-Hill, 2019）.

③ B. Blaine & J. Crocker, "Self-Esteem and Self-Serving Biases in Reactions to Positive and Negative Events：An Integrative Review," *Self-Esteem: The Puzzle of Low Self-Regard*（1993）：55-85.

④ 田录梅、张向葵：《自尊与自我服务偏好的关系述评》，《心理科学进展》2007年第4期，第631~636页。

该测验是对其知识的有效测量，但是如果成绩不好，则批评该测验并不能测出其实际能力。[①]

自我服务偏好的前因变量研究均表明，高自尊者更易进行自我服务归因。对于自我服务偏差在组织中的应用，花贵如等的研究表明，我国上市公司管理层对年报业绩存在自我服务偏差，其产生的动因主要是信息加工处理过程中无意识的认识偏差，而并非有意的合理化动机[②]。

二 判断他人时常走的捷径及在组织中的应用

（一）选择性知觉（Selective Perception）

选择性知觉是指人们在某一具体时刻仅以对象的部分特征作为知觉的内容，或者指个体根据自己的需要与兴趣，有目的地把某些刺激信息或刺激的某些方面作为知觉对象，而将其他事物或细节仅仅作为背景进行组织加工的一种认知过程。这种知觉方式受到多种因素的影响，包括刺激物的物理特性，知觉主体的态度、兴趣、期望和知识经验等。强度大、对比鲜明、运动变化、符合人的兴趣和期望的刺激物更容易被选择为知觉对象。选择性知觉并不总是客观或准确的。个体在知觉过程中可能会受到主观偏见、刻板印象或情绪等因素的影响，导致对某些信息的选择或忽略产生偏差。因此，在理解和解释知觉数据时，需要考虑到这些潜在的影响因素。

在组织中，选择性知觉会对决策制定、员工激励和团队管理、组织沟通、组织文化塑造等方面产生影响。一是在决策制定过程中，由于人们通常会根据自身的兴趣、经验、价值观等选择性地接收和解释信息，因此，在组织决策中，不同的决策者可能会对同一信息产生不同的理解和反应。这既可能导致决策的多样性和创新性，也可能带来决策风险和偏差。二是在员工激励和团队管理方面，管理者可以根据员工对激励措施的不同知觉反应，制定出更具针对性的激励方案，从而提高员工的工作积极性和满意度。同时，通

① B. Blaine & J. Crocker, "Self-Esteem and Self-Serving Biases in Reactions to Positive and Negative Events: An Integrative Review," *Self-Esteem: The Puzzle of Low Self-Regard* (1993): 55-85.

② 花贵如、郑凯、靳光辉：《管理层对年报业绩自我服务归因偏差的动因研究——来自上市公司管理层讨论与分析的经验证据》，《华东经济管理》2014年第5期，第129~133页。

过了解和引导员工的知觉选择方向，管理者可以更好地把握员工的兴趣和价值取向，从而更有效地进行团队建设和人员管理。三是在组织沟通方面，人们可能会选择性地接收和理解信息，从而导致沟通障碍。了解选择性知觉的特点可以帮助沟通者更好地设计信息内容，选择适当的沟通方式，以确保信息能够准确、有效地传达。四是在组织文化塑造方面，由于员工会根据自己的知觉选择性地接受和解释组织文化，因此，塑造一种积极、开放、包容的组织文化，有助于员工更好地理解和接受组织的价值观和行为规范，从而提高员工的归属感和忠诚度。

选择性知觉在组织中的体现如下。

团队沟通中的信息过滤。在一个项目团队中，团队成员可能只关注与自己任务直接相关的信息，而忽视了其他团队成员的工作进展或遇到的问题。这种选择性知觉可能导致团队内部的信息流通不畅，进而影响团队协作和项目的整体进展。

领导者的“信息泡沫”。高层管理者或领导者往往只接触到经过筛选和加工的信息，这些信息往往符合他们的预期或偏见。这种“信息泡沫”现象可能导致领导者对组织实际状况的理解存在偏差，从而做出错误的决策。

组织文化对知觉的影响。在某些强调竞争和绩效的组织文化中，员工可能更倾向于关注与业绩相关的信息，而忽视团队合作和员工福利等方面的信息。这种选择性知觉可能会加剧组织内部的不公平感和紧张氛围。

（二）晕轮效应（Halo Effect）

晕轮效应，又称“成见效应”、“光圈效应”或“日晕效应”，是一种认知偏差现象，表现为个体在评价他人时，往往只根据对方的某一特征或某一方面的信息，就对其整体特征或全部品质做出判断。这种强烈的知觉品质或特点会像光环一样向周围弥漫、扩散，从而掩盖了其他品质或特点。

晕轮效应在组织中的应用具有双重性。首先，晕轮效应在组织决策中是一个重要的考虑因素。由于晕轮效应的存在，决策者可能基于对某个人的初步印象或某种特征的判断，而对整体情况或整个团队做出偏颇的决策。这种以偏概全的认知偏差可能导致决策者忽视其他重要信息，从而做出不准确的判断。因此，了解晕轮效应的存在和原因可以帮助组织更好地管理决策过程，提高决策的效率和准确性。其次，晕轮效应也影响组织中的人际知觉。在人际知觉中，晕轮效应会导致人们根据对某人的初步印象或某种特征，形成对该人其他方面的片面看法。这种主观印象可能阻碍对他人真实、全面的了解，导致误解和偏见。因此，在组织中，鼓励开放、客观的沟通和交流，以及培养批判性思维能力，有助于减少晕轮效应对人际知觉的负面影响。但晕轮效应在某些情况下也可以被积极利用，例如在品牌建设或团队形象塑造方面。通过强调某些积极的特征或品质，可以有效地提升团队或组织的整体形象，增强其在组织内外的吸引力和影响力。

晕轮效应在组织中的体现如下。

招聘面试中的晕轮效应。面试官可能根据求职者的外表印象和谈吐来判断其是否适合岗位。外表印象良好、口才出色的求职者更有可能得到青睐，而表现紧张的求职者则可能因此失去机会。

绩效考核与评估中的晕轮效应。如果评估者过于关注被评估者的某一方面的表现（如工作业绩、沟通能力），就可能忽视其他方面的表现（如团队协作、创新能力）；如果评估者对被评估者持有某种先入为主的印象（如好感或恶感），就可能导致评估结果的不公正和片面。

（三）对比效应（Contrast Effect）

对比效应是指同时或连续接触两个或多个不同的事物时，人们会基于这些事物之间的差异来评价它们，也就是人们对一件事物的评价会受到评价者接触到的其他事物的影响。

在组织中，对比效应具有双重作用，在员工绩效评估和激励、项目管理和资源配置、组织变革和改进过程中具有积极作用，但是也有潜在的负面影响。一是在员工绩效评估和激励方面，通过将员工的业绩、能力、表现等与其他同事或行业标准进行对比，组织可以更加清晰地识别出优秀的和需要改进的员工。这种对比不仅为管理者提供了决策依据，也激发了员工之间的竞争心理，促使他们努力提升自己的表现，以争取更好的评价和奖励。二是在项目管理和资源配置中，项目团队可以通过对比不同任务的重要性、紧急程度、预期收益等因素，来合理分配资源和人力。这种对比有助于确保关键任务得到优先处理，从而提高项目的整体效率和成功率。三是在组织变革和改进过程中，通过对比变革前后的组织状况、流程效率、员工满意度等关键指标，组织可以评估变革的效果，识别出需要进一步优化的领域。这种对比不仅有助于增强员工对变革的理解和接受度，也为组织提供了持续改进的动力和方向。但过度的对比可能导致员工之间的恶性竞争、团队内部的分裂和矛盾等问题。因此，在利用对比效应的同时，组织也需要注重营造积极、健康的工作氛围，鼓励员工之间的合作与分享，以实现组织的整体目标。

对比效应在组织中的体现如下。

在组织管理中，对比效应常常被用于员工绩效评估。当员工们的绩效表现被放在一起比较时，管理者可以更容易地识别出表现优异的员工和需要改进的员工。这种比较不仅可以激发员工之间的竞争心理，还可以促进整个团队的工作效率和业绩提升。

在组织面临变革或改革时，对比效应可以帮助员工更好地理解变革的必要性和潜在好处。通过对比变革前后的组织状况、工作流程或员工体验，可以激发员工对变革的积极态度和支持。

（四）刻板印象（Stereotype）

刻板印象是指人们对某个事物或个体形成的一种固定的看法，并把这种观点推而广之，认为整体或群体都具有该特征，而忽略个体差异。它源于人们对外界信息的感知和认知，是一种主观的、片面的、武断的评价，常常与现实不符，导致对事物的理解和认识出现偏差。刻板印象可以分为个人刻板印象和群体刻板印象两种。个人刻板印象是指某一人对另一人或某一事物的过于固定的看法和评价，而群体刻板印象则是指人们对某一群体的普遍看法。

在组织中，刻板印象会对招聘与选拔、员工绩效评估、组织文化和氛围产生影响。一是在招聘与选拔中，刻板印象可能会影响招聘者对候选人的初步评估和筛选。例如，某些招聘者可能基于性别、年龄、种族或教育背景等刻板印象，对候选人产生偏见，从而影响公正和客观的选拔过程。二是在员工绩效评估中，刻板印象还可能导致对员工绩效的误解和偏见。如果管理者基于某种刻板印象对员工的能力或工作态度做出判断，可能会忽视员工的实际表现和进步。三是刻板印象还可能影响组织文化和氛围的塑造。如果组织中存在对某一群体或个体的刻板印象，可能会导致不公平的待遇和歧视，进而破坏组织的凝聚力和向心力。

刻板印象在组织中的体现如下。

在组织中，性别刻板印象是一个常见的例子。某些职位可能被视为“男性领域”或“女性领域”，导致在招聘和晋升过程中存在性别偏见。这种偏见不仅限制了女性的职业发展机会，也剥夺了组织从多样化人才中获益的可能性。

年龄刻板印象也是组织中常见的现象。年轻的员工可能被认为是缺乏经验的，而年长的员工则可能被认为难以接受新事物。这种刻板印象可能导致组织在人才选拔和培养方面做出不合理的决策。

第三节　个体决策

一　决策的含义

决策（Decision Making）是在面对不同选择时，根据一定的目标或标准进行判断和选择的过程。从广义上看，决策是包括提出问题、确立目标、设计和选择方案的过程。从狭义上看，决策是从几种备选方案中做出最终抉择。

决策可以根据不同的标准分为不同的类型。按重要程度，决策可分为战略决策、管理决策和业务决策；按重复程度，决策可分为程序性决策和非程序性决策；按可靠程度，决策可分为确定型决策、风险型决策和不确定型决策；按一次性拟订还是随时间推移多次拟订，决策可分为初始决策和追踪决策；按目标与所用方法，决策可分为定量决策和定性决策；按理性程度，决策可以分为理性决策和直觉决策。

二　决策的基本理论

（一）古典决策理论

古典决策理论主要基于“经纪人”假设，它认为决策的目的在于使组织获取最大的经济利益。其核心观点包括决策者必须全面掌握决策环境的信息情报，充分了解备选方案的情况，并做出使组织利益最大化的决策。古典决策理论在20世纪50年代以前盛行，它强调了决策过程中的理性因素，为后续的决策理论发展奠定了基础。然而，它忽视了决策者的心理、社会等因素对决策的影响，因此在解释现实决策过程时存在局限性。

理性决策模型，也称科学决策模型，其理论深受古典经济学理论的“经济人”假设影响。这一模型强调决策者在决策过程中的理性因素，认为决策者面临问题时，会按照一系列理性的步骤来寻求最优解。该模型将决策过程分为六个主要步骤。

发现问题。决策者面临的是一个既定的问题，这是决策过程的起点。

提出目标。决策者需要明确决策的各种目的、价值或目标，这些目标可以是多元的，并且可以依据其重要性进行排序。

设计方案。决策者需要列出所有可能的解决问题的方案，以供选择。这些方案应该是全面的，考虑到所有可能的解决路径。

预测后果。决策者需要准确地预测每个方案执行后可能产生的后果。这需要对每个方案在不同客观条件下的表现有深入的理解和分析。

分析比较。决策者会将每一个方案在不同的自然状态下的收益值（程度）或损失值（程度）计算出来，并进行比较。这一步是理性决策模型的关键，它要求决策者能够客观地评估每个方案的优劣。

选择最优方案。经过比较后，决策者会根据其价值偏好，选出其中的最佳方案。这是决策过程的终点，也是实现决策目标的关键步骤。

（二）行为决策理论

行为决策理论针对古典决策理论的局限性而提出，它认为决策不仅是一个理性的过程，还受到决策者的经验、直觉、认知偏差等因素的影响。行为决策理论强调决策者的有限理性，认为在决策过程中，决策者往往只能掌握部分信息，并受到自身认知能力的限制。此外，行为决策理论还指出，决策者在决策时往往会寻求满意的方案，而不是最优方案。该理论的代表人物包括丹尼尔·卡尼曼（Daniel Kahneman）等，他们提出的前景理论等行为决策模型，为决策科学提供了新的视角和方法。

美国学者赫伯特·亚历山大·西蒙（Herbert A. Simon）的理论突破了传统的经济学理论对人类行为完全理性的假设，引入了有限理性标准和满意标准的概念，拓展了决策理论的研究领域，产生了新的理论——有限理性决策模型，对后续的决策理论产生了深远的影响。① 有限理性决策模型的核心观点主要包括以下几个方面。一是手段 - 目标链的内涵存在一定的矛盾。西蒙

① H. A. Simon, “Theories of Bounded Rationality,” *Decision and Organization* 3（1972）: 161-176.

认为，手段－目标链的次序系统很少是一个系统的、全面联系的链，组织活动和基本目的之间的联系常常是模糊不清的。这些基本目的内部和达到这些目的所选择的各种手段内部，也存在冲突和矛盾。二是有限理性。决策者追求理性，但又不是最大限度地追求理性，他只要求有限理性。这是因为人的知识有限，决策者既不可能掌握全部信息，也无法认识决策的详尽规律。人的计算能力、想象力和设计能力都是有限的，而且人的价值取向并非一成不变，目的时常改变；人的目的往往是多元的，而且互相抵触，没有统一的标准。因此，有限理性限制了作为决策者的个体做出完全理性决策的能力，而只能尽力追求能力范围内的有限理性。三是追求“满意”标准。在决策过程中，决策者定下一个最基本的要求，然后考察现有的备择方案。如果有一个备择方案能较好地满足定下的最基本的要求，决策者就实现了满意标准，他就不愿意再去研究或寻找更好的备择方案了。这是因为，一方面，人们往往不愿发挥继续研究的积极性，仅满足于已有的备择方案；另一方面，由于种种条件的约束，决策者本身也缺乏这方面的能力。在现实生活中，人们往往可以得到较满意的方案，而非最优的方案。①

受西蒙等人的影响，阿莫斯·特沃斯基（Amos Tversky）和丹尼尔·卡尼曼提出了启发式偏差理论和前景理论。对于启发式偏见理论，特沃斯基和卡尼曼认为，人们在面对复杂或者模糊的事物时，经常会发生启发式认知偏差，只是偏差发生的概率、幅度大小不同而已，主要包括代表性启发、可得性启发与锚定效应三个方面②。代表性启发讲的是人们往往会忽略事物的基本特征、性质，而根据所描述的特征去给被观察的事物分类。例如，赌徒效应就是代表性启发的一种表现形式。在比大小的赌局中，当连续 10 次开“大”时，赌徒会增加自己在“小”上的下注。然而假设在没有人作弊的情况下，每次开出的“大、小”概率都是 50%，但赌徒的心理完全不是这样的。可得性启发是指人们会根据自己的感觉或幻觉做出判断，但所得的结论与事实会发生一定偏差的现象。例如，人们经常会根据事物的表象做出一些武断的判

① 吴鸽、周晶、雷丽彩：《行为决策理论综述》，《南京工业大学学报》（社会科学版）2013 年第 3 期，第 101~105 页。

② A. Tversky & D. Kahneman, “Judgment Under Uncer-Tainty: Heuristics and Biases,” *Science* 185（1974）：1124-1131.

断，而并没有找出事物的本质所在。锚定效应描述了人们总是以当前所得的信息作为预测的出发点，受到思维定式的禁锢。“一朝被蛇咬，十年怕井绳”讲的就是由于锚定效应而产生的判断偏差。

前景理论是一个描述性的决策模型，其核心观点在于，决策者在做出选择时会根据一个特定的参照点来形成不同的决策偏好。在风险决策过程中，个人会依赖框架和参照点来收集和处理信息，利用价值函数和主观概率的权重函数对信息进行评估。根据卡尼曼和特沃斯基的研究，人们通常在面临收益时倾向于避免风险，而在面临损失时则更愿意冒险，且对损失的敏感度高于获得。因此，当面临可能的收益时，人们通常更为谨慎，不愿冒险；而面对可能的损失时，他们则更不甘心，希望再次尝试。此外，人们常常高估小概率事件的发生概率，这也是为什么他们热衷于参与高额奖金的抽奖，即使明知获奖的可能性很小。①

（三）当代决策理论

当代决策理论进一步拓展了决策研究的领域和深度。其中，程序性决策和非程序性决策是当代决策理论的重要分类。程序性决策针对常规、重复性的问题，制定例行程序，以提高决策效率；而非程序性决策则针对无先例可循、非常规性的问题，需要决策者运用创新思维和探索性方法来解决。此外，当代决策理论还注重决策过程中的团队合作、信息沟通、风险评估等方面，以提高决策的质量和效果。

三　常见的偏见和决策错误

一是过度自信偏见。过度自信偏见是指个体对自己的能力、知识或判断过于自信，认为自己比实际情况更了解或更能掌控某个领域或事件的发展。

在组织中，过度自信偏见可能导致管理者过分信任自己的直觉或判断，而不愿倾听下属的意见或外部反馈。例如，一个自信满满的项目经理可能会在没有充分市场调研的情况下推动新产品的开发，坚信自己的创意和策略是最佳的，结果可能导致资源的浪费和市场的失败。

二是锚定偏见。锚定偏见是指在做决策时过度依赖第一个接收到的信息

① D. Kahneman & A. Tversky，“Prospect Theory：An Analysis of Decision Under Risk,” *Econometrica 47*（1979）：363-391.

（即“锚”），之后的所有决策都以这个锚为基础。

在组织中，在薪资谈判时，如果员工首次提出的薪资要求很高，即使后续谈判中提出了更低的要求，雇主也可能会根据最初的数字作为锚点，导致最终给出的薪资高于实际市场水平。这种偏见会影响组织的薪资结构和预算控制。

三是验证偏见。验证偏见是指个体倾向于寻找和记忆那些确认自己已有信念或假设的信息，而忽视或遗忘与之矛盾的信息。

在组织中，在绩效评估时，主管可能倾向于注意和记住那些符合他们对员工表现的预设看法的行为，而忽视那些不符合这些看法的行为，导致评估结果偏离客观事实。这会导致员工被不公平对待和士气下降。

四是易获性偏见。易获性偏见是指个体更容易回忆起和依赖于最近或最容易获得的信息来做决策。

在组织中，在晋升决策时，如果最近的几个项目中某位员工的贡献特别突出，即使他的整体业绩并不总是如此优秀，主管也可能会因此给予其晋升的机会，而忽略了其他同样或更有资格的候选人，这可能导致晋升决策的不公和人才流失。

五是承诺升级。承诺升级是指当面对负面信息时，个体仍坚持原有的决策或立场，甚至增加投入，以证明最初的决策是正确的。

在组织中，如果公司在培训和发展项目初期投入了大量资金和时间，即使发现该项目效果不佳，也可能因为承诺升级而不愿意停止投资，继续投入资源以期达到预期的回报。这可能导致资源的无效分配和财务风险。

六是随机错误。随机错误是指个体将随机事件或偶然发生的结果视为有特定原因或模式。

在组织中，在员工离职率上升的情况下，管理层可能会错误地认为这是因为公司的文化有问题，而实际上这可能只是行业普遍现象或个别情况。这可能导致管理层采取无效或不适当的措施来解决根本不存在的问题。

七是风险厌恶。风险厌恶是指个体在面对不确定性时，倾向于回避风险，寻求确定性更高的选项。

在组织中，在薪酬结构设计上，如果公司过于保守，不愿意采用激励性质的奖金制度，担心员工会有短视行为，那么这种做法就体现了风险厌恶的态度。这可能导致员工缺乏动力和创新，影响组织的竞争力。

八是后视偏见。后视偏见是指个体在事情发生后，认为自己早就预料到了结果，而实际上并没有预见到。

在组织中，在回顾过去一年的业务成果时，管理层可能会夸大自己对成功的预测，声称自己早就看到了成功的迹象，尽管事实上他们并没有提前预见这一切。这可能导致组织在未来决策中过于依赖过去的经验，而不是基于现实情况进行合理的分析和预测。

四　影响决策的因素

（一）个体差异

人格。人格特质对决策方式有重要影响。例如，开放性较高的人可能更愿意尝试新的方法和策略，而谨慎性较高的人则可能更倾向于选择保守和稳定的方案。

责任心。责任心对决策过程中的承诺升级现象有显著影响。追求成就的人可能更倾向于在初步决策失败后加大投入，期望通过增加资源来扭转局面，即“承诺升级”；而忠于职守的人可能更注重职责和规则，较少出现承诺升级的现象。

性别。性别差异可能导致决策风格的不同。研究表明，女性可能在决策过程中更注重细节，更倾向于反复权衡利弊，而男性可能更倾向于快速决策。

智力。智力水平对决策能力有直接影响。高智力的人可能更擅长分析复杂问题，制定有效的解决策略。然而，智力并非决策的唯一因素，情感、经验和直觉等因素同样重要。

文化差异。文化差异对决策方式产生深远影响。不同文化背景下的价值观、信仰和习俗可能导致人们在面对相同问题时做出截然不同的决策。

案例链接 5-1

苹果公司的新产品决策

苹果公司一直都是创新和冒险精神的代表。当公司决定开发iPhone 时，面临了巨大的风险。一方面，这是一个全新的市场领域，没有现成的商业模式可以参考；另一方面，公司需要投入大量的研发和市场推广资源。然而，由于乔布斯的坚定信念和团队的创新精神，苹果公司最终决定冒险一试。这一决策不仅改变了手机市场的格局，也奠定了苹果公司在全球科技领域的领先地位。这个案例展示了个体差异和组织文化对决策的影响。乔布斯的个人魅力和创新精神，以及苹果公司鼓励创新、敢于冒险的文化氛围，共同促成了这一重大决策的成功。

资料来源：作者根据网络资料整理。

（二）组织限制

绩效评估。组织的绩效评估体系对决策产生制约。决策者倾向于选择符合评估标准的方案，以获取更好的绩效评价。

奖励体系。奖励体系也会影响决策。如果组织重视创新和冒险精神，那么决策者可能更倾向于选择具有挑战性的方案；反之，如果组织更看重稳定和效率，那么决策者可能更倾向于选择保守的方案。

正式规则。组织的正式规则对决策具有约束作用。决策者必须在规则允许的范围内进行决策，这可能导致某些潜在的有益方案被排除在外。

系统强加的时间限制。时间限制是组织决策中常见的约束条件。在有限的时间内，决策者可能无法充分考虑所有可能的方案，从而影响决策的质量和效果。

传统惯例。传统惯例也可能对决策产生制约。在某些组织中，惯例和习惯做法可能被视为不可逾越的界限，限制了决策者的创新空间。

案例链接 5-2

微软公司的战略转型

随着云计算和大数据技术的兴起，微软公司面临着巨大的转型压力。在传统软件业务逐渐萎缩的情况下，公司需要寻找新的增长点。经过深思熟虑和广泛的市场调研，微软决定加大在云计算和人工智能领域的投入，推出了 Azure 云计算平台和一系列智能化产品。这一战略转型不仅帮助微软保持了市场领先地位，也为其带来了新的增长动力。这个案例体现了组织限制对决策的影响。微软公司在转型过程中，需要克服传统业务模式和组织结构的惯性，打破固有的思维方式和惯例。通过组织变革和文化创新，微软成功实现了战略转型，为未来的发展奠定了坚实基础。

资料来源：作者根据网络资料整理。

（三）行为道德

行为道德在决策过程中起着至关重要的作用。决策者必须遵守道德规范和伦理原则，以确保决策的合法性和正当性。同时，道德因素也可能影响决策者的判断和选择。例如，在面对利益冲突时，决策者需要权衡个人利益和公共利益，做出符合道德规范的决策。此外，道德因素还可能影响决策者的责任感和使命感，激励他们为公共利益和社会福祉做出更大的贡献。

案例链接 5-3

谷歌公司的道德决策

谷歌作为全球领先的科技公司，在面临道德挑战时展现出了高度的责任感和使命感。例如，当谷歌发现其广告平台被用于传播虚假信息和误导性内容时，公司迅速采取行动，加强了对广告内容的审核和监管。尽管这一决策可能短期内影响公司的广告收入，但谷歌坚持认为维护用户利益和社会责任更为重要。这个案例凸显了行为道德在决策中的重要作用。谷歌公司在追求商业利益的同时，始终坚守道德底线，积极履行社会责任。这种道德决策不仅赢得了用户的信任和尊重，也为公司的长期发展奠定了坚实基础。

资料来源：作者根据网络资料整理。

第四节　知觉与个体决策之间的联系

知觉与个体决策之间的联系主要体现在以下几个方面。

首先，知觉是个体为自己所在的环境赋予意义并组织和解释感觉印象的过程。不同的个体由于背景、经验、情感状态等方面的差异，对同一事物的理解可能存在显著不同。这种知觉上的差异直接影响个体在面临决策时所获取的信息以及对这些信息的解释和评估。

其次，个体决策是一个在面临某种问题或目标时，从多个备选方案中选择一个的过程。在这个过程中，知觉起到了至关重要的作用。它帮助个体识别问题、收集相关信息，并对这些信息进行解释和评估。因此，知觉的质量直接影响个体决策的质量和效果。此外，知觉还影响个体的风险偏好和决策策略。对于同一决策问题，不同的个体可能会因为知觉差异而采取不同的风险偏好和决策策略。例如，有些人可能更加谨慎，倾向于选择风险较小的方案；而有些人则可能更爱冒险，愿意尝试风险较大的方案。

最后，知觉与个体决策之间的联系还体现在决策过程中的信息处理和选择上。由于个体的知觉具有主观性和有限性，他们在处理信息时可能会受到偏见、误解或信息不足的影响。这可能导致个体在决策时忽略某些重要信息或过度关注某些次要信息，从而影响决策的质量和准确性。

知觉与个体决策之间存在密切的联系。知觉不仅影响个体对问题的理解和信息的处理，还直接影响个体的决策策略和风险偏好。在进行决策时，个体需要充分考虑自己的知觉特点，尽可能客观、全面地收集和评估信息，以做出更加明智和合理的决策。

第五节　知觉、个人创造力与创造性行为及组织创新

在当今日新月异的商业环境中，提升员工创造力、鼓励创造性行为，进而提高组织创新绩效，已成为组织持续发展和获得竞争优势的关键。创造力是指个体在思维、感知和想象等方面的独特性和新颖性，它为组织带来了源源不断的创新思路和解决方案。创造性行为则是员工将创造力转化为实际行动的过程，通过实践探索来解决问题和创造价值。

一　个人创造力与创造性行为

（一）创造力（Creativity）

创造力是人类特有的一种综合性本领，它指的是产生新思想、发现和创

造新事物的能力。这种能力是成功地完成某种创造性活动所必需的心理品质，由知识、智力、能力及优良的个性品质等复杂多因素综合优化构成。创造力不仅表现为创造新概念、新理论，还包括更新技术、发明新设备和新方法以及创作新作品等。

个人创造力对于组织创新而言发挥着重要作用。首先，个人创造力是组织创新的基础和起点。任何一项改进和创新都必然源自个体的思维，这些新颖而有用的想法、过程和解决办法是组织创新的重要驱动力。个体的创造精神为组织整体的创新提供了源源不断的动力。其次，个人创造力有助于组织在竞争激烈的市场环境中保持优势。具有创造力的员工能够提出并实施创新性的解决方案，帮助组织应对挑战，抓住机遇，从而实现可持续发展。此外，个人创造力还能够激发组织内部的创新氛围。当员工看到他们的创意得到认可和支持时，他们会更加积极地参与创新活动，形成良性的创新循环。这种氛围有助于提升组织的整体创新能力，推动组织不断向前发展。

影响创造力的因素包括个体自身因素与外界因素两个方面。在个体自身因素方面，个人在相关领域的技能、与创造力相关的技能以及内在的任务动机都会影响员工的创造力，其中与创造力相关的技能包括有利于从新角度看待问题的认知方式、探索新认知途径的启发式应用，以及有利于坚持不懈、精力充沛地开展工作的工作方式。在认知方式中，最有利于创造力的认知－知觉风格以理解复杂性的能力和在解决问题时打破思维定式的能力为特征。这种认知－知觉风格的一些具体方面包括：①打破知觉集；②打破认知定式，或探索新的认知途径；③尽可能长时间地保留应对方案；④中止判决；⑤在储存资料时使用“广泛”类别；⑥记忆准确；⑦打破性能“脚本”。①

在外部因素方面，组织氛围和领导风格也对员工的创造力产生影响。外国学者特蕾莎·阿玛比尔（Teresa Amabile）和斯坦利·格里斯凯维奇（Stanley Gryskiewicz）的研究表明，支持性的组织氛围、鼓励创新的领导风格

① Teresa M. Amabile, “A Model of Creativity and Innovation in Organizations,” *Research in Organizational Behavior* 10（1988）：123-167.

等多项因素能够显著提高员工的创造力水平[①]。具体来说，主要包括以下因素。一是领导者良好的项目管理能力，包括有良好的沟通能力，保护项目团队不受外界的干扰，使任务与员工的技能和兴趣相匹配，并设定明确的方向，而不是实施过于严格的管理。二是管理者的鼓励，管理层对新想法的热情，创造了没有威胁性评估的氛围。三是各种组织特征，包括考虑新想法的机制，以跨层级、跨部门的合作和协作为标志的企业氛围，重视创新、失败不会致命的氛围等。四是认可，创造性工作会得到适当的反馈、认可和奖励，这有利于创造性行为的持续。此外，还包括自由，也就是在决定做什么或如何完成任务方面的自由，即对自己的工作和想法的控制感；充足的资源，包括设施、设备、信息、资金和人员；充足的时间，有时间创造性地思考问题，探索不同的观点，而不是强加一个已经确定的方法；挑战，即由于问题本身的有趣性质或其对组织的重要性而产生的挑战感（个人内化为个人挑战感）；压力，指内部产生的紧迫感，来自与外部组织的竞争，或者来自完成重要事情的普遍愿望。反之，抑制员工创新的因素包括组织中不适当的奖励制度、过多的繁文缛节、各部门和各级别之间缺乏合作、总体上很少考虑创新的组织氛围；领导者糟糕的项目管理，包括经理无法设定明确的方向、经理缺乏技术或沟通技巧、经理控制得太紧等，均会对创造力产生抑制作用。

（二）创造性行为（Creative Behavior）

许多心理学和人力资源管理学者从 20 世纪 80 年代末 90 年代初开始关注个体层次的创造性行为。21 世纪以后，在我国大力提倡自主创新的背景下，我国学者开始关注个体层次的创造性行为，尤其是企业家的创造性行为。大多数管理学家从过程角度来界定个人创新。苏珊娜 · 斯科特（Susanne Scott）和雷金纳德 · 布鲁斯（Reginald Bruce）认为，员工创造性行为是指在工作过程中，员工产生创新的构想或问题解决方案，在此基础上努力寻找其构想或问题解决方案的支持资源，并且将之应用于实践的行为。他们将个人创造性行为分为三个阶段：①确立问题，产生构想或解决

① T. M. Amabile & S. S. Gryskiewicz, *Creativity in the R&D Laboratory*（Center for Creative Leadership, 1987）.

方案；②寻求对其构想的支持；③产生创新的标准或模式，使其可以被扩散、大量制造，进而被大量使用，最终完成其创新的构想。[①] 罗伯特 · 基森（Robert Kleysen）和克里斯多夫 · 斯特里特（Christopher Street）确定了 289 种创新相关行为的描述，并将其编码为一个假设的因素结构，该结构表明个人创新行为由机会探索、生成想法、形成性调查、支持和应用五个阶段组成[②]。黄致凯对基森和斯特里特的个人创新五阶段观点进行了检验，发现在中国情境下，个人创新行为可归纳为产生创新构想的行为和执行创新构想的行为两个阶段[③]。顾远东、彭纪生考虑中国情境因素，将员工创新行为界定为员工在工作过程中产生创新构想或问题解决方案，同时将其进行实践，因此员工创新行为包括创新构想产生和创新构想执行两个阶段中的各种创新行为表现。其中，产生创新构想的行为包括员工为了组织的产品、技术、工作流程以及服务的提升广泛地寻找、发现创新的机会，针对这些机会产生构想或解决方案，并对它们的可行性进行实验等行为表现；执行创新构想的行为包括员工为了实现创新构想，积极调动资源、说服及影响他人支持创新、敢于挑战与冒风险，[④] 以及通过个人的努力使创新常规化为企业日常运作的一部分等行为表现。

依据美国心理学家库尔特 · 勒温（Kurt Lewin）的个体 - 情境互动理论（Person-situation Interaction Theory），创新行为的产生是个体和情境相互作用的结果。一方面，外界的领导风格和组织氛围影响员工创新行为，领导力、个人问题解决方式和团队关系通过影响创新氛围感知直接或间接地影响创新行为，任务类型对领导角色期望与创新行为之间的关系有调节作用[⑤]。另一方

① S. G. Scott & R. A. Bruce, "Determinants of Innovative Behavior: A Path Model of Individual Innovation in the Workplace," *Academy of Management Journal* 37（1994）: 580-607.

② R. F. Kleysen & C. T. Street, "Toward a Multi-Dimensional Measure of Individual Innovative Behavior," *Journal of Intellectual Capital* 2（2001）: 284-296.

③ 黄致凯：《组织创新气候知觉、个人创新行为、自我效能知觉与问题解决型态关系之研究》，台湾中山大学硕士学位论文，2004，第 44~45 页。

④ 顾远东、彭纪生：《组织创新氛围对员工创新行为的影响：创新自我效能感的中介作用》，《南开管理评论》2010 年第 1 期，第 30~41 页。

⑤ S. G. Scott & R. A. Bruce, "Determinants of Innovative Behavior: A Path Model of Individual Innovation in the Workplace," *Academy of Management Journal* 37（1994）: 580-607.

面，员工个体的感知也影响员工创新行为。工作场所幸福感是员工创新行为的最显著决定因素，而同事支持则起着显著的中介作用[①]。

二　组织创新

迈克尔·萨伦（Michael Saren）将创新过程模型分为五种类型：①部门阶段模型，②活动阶段模型，③决策阶段模型，④转换过程模型，⑤反应模型[②]。

部门阶段模型将创新过程分解为与组织部门相关的一系列阶段，例如：研发、设计、工程、生产、营销。根据这样的模型，创新从构思作为一个想法依次经过各个部门，直到它最终作为一个新产品出现在市场上。

活动阶段模型将创新过程分解为一系列按顺序进行的活动，包括三个阶段：第一阶段是创新想法的产生；第二阶段是解决问题或创意开发；第三阶段是实施，将解决方案或发明推向市场。

决策阶段模型将创新过程分解为一系列决策，每个决策点都有一系列必须发生的步骤，例如：收集信息以减少不确定性、评估信息、决策、识别剩余的关键不确定性。

转换过程模型将创新视为一个系统的投入和产出，而不是一个有序的、逻辑的过程。例如，在一个这样的模型中，技术创新被视为将投入（如原材料、科学知识和人力）转化为产出（新产品）的转换过程。投入可以采取组织的活动、信息和部门的形式。组织被看作各种投入的使用者，但这种使用的次序和顺序仍未确定。

反应模型将创新描述为组织对某些外部或内部刺激的“反应”，例如：组织激励个人产生的新想法、创新理念的构想、开发项目发明人的建议书、创新的采用。

从这五个模型中可以分析得出知觉与个人创新、个人创新与组织创新之

---

① S. Bani-Melhem, R. Zeffane, & M. Albaity, “Determinants of Employees’ Innovative Behavior,” *International Journal of Contemporary Hospitality Management* 30（2018）: 1601-1620.

② M. Saren, “A Classification and Review of Models of the Intra-firm Innovation Process,” *R&D Management* 1 (1984）:11-24.

间的关系。首先，个人创新是组织创新的基石。在部门阶段模型、决策阶段模型以及反应模型中，都可以看到个人创新的重要性。部门阶段模型强调创新从研发部门的构思开始，这通常涉及个人的创新思维和想法。决策阶段模型中的信息收集、评估和决策步骤，也往往是由个体来完成的。反应模型更是直接指出，创新是组织对外部或内部刺激的反应，这些刺激往往是通过个体来感知和处理的。因此，没有个人的创新思维和行动，组织创新就无从谈起。个人的创新又和个体的知觉、认知具有紧密的联系。

其次，组织创新是个人创新的放大和延伸。个人的创新想法和行动，需要在组织中得到认可、支持和实施，才能转化为实际的创新成果。组织创新不仅仅是个体创新的简单叠加，更需要通过组织的结构、流程和文化等因素，将个体的创新能力整合起来，形成集体的创新力量。在转换过程模型中，组织被看作各种投入的使用者，这些投入包括个体的创新想法和行动，通过组织的转换过程，最终产生创新的产品或服务。

此外，个人创新和组织创新之间还存在相互影响和相互促进的关系。一方面，组织的创新氛围和文化可以激发个体的创新精神和积极性，为个体创新提供支持和保障。另一方面，个体的创新成果也可以推动组织的创新进程，为组织的发展注入新的活力和动力。

综上所述，个人创新和组织创新之间存在密不可分的关系。个体是组织创新的源泉和基础，而组织则是个人创新得以发挥和实现的重要平台。因此，在推动组织创新的过程中，需要充分重视和激发个体的创新潜力，同时也需要为个人创新提供良好的组织环境和支持。

复习思考题

1. 请简述知觉的概念和特性。

2. 请简述海德的归因理论、凯利的三维归因理论和韦纳的成败归因理论的主要内容。

3. 请简述基本归因错误和自我服务偏差的概念，两者有什么区别？

4. 常见的偏见和决策错误有哪些？请简单阐述。

5. 影响决策的因素有哪些？请结合例子说明。

6. 个人创新和组织创新的关系是什么？

案例分析题

管理者认知视角的环境动态性与组织战略变革关系研究

战略变革发生机制是战略管理领域的关键问题。其发生原因主要有产业结构观和管理者认知观两种解释。产业结构观认为行业特点，如环境不确定性和技术变革会影响战略变革。管理者认知观则认为管理者的有限理性及其对行业的不同认知会影响战略变革。然而，单一观点存在局限性。产业结构观忽略了高管团队个人特质在制定战略决策中的差异，而管理者认知观则忽视了外生经济环境和产业环境特点对战略制定的影响。例如，在技术环境变动大的行业中，管理者对技术的敏感度和认知会影响其战略选择。因此，产业结构观和管理者认知观可能相互关联，结合两者可更全面地解释战略变革发生的原因。

高阶梯队理论认为，高层管理团队的特点，包括可观测的年龄、背景、教育等和不可观测的心理认知特点会影响企业战略选择。管理者对环境的解释与战略决策紧密相关，因认知局限，管理者无法全面理解环境，故其对环境的认识而非环境本身决定了战略制定。环境的变化不会直接影响战略调整，需管理者认知作为中介。只有当管理者注意到环境变化，识别其对企业战略的影响并将其嵌入知识结构中时，企业才能有效制定战略响应。因此，管理者认知是环境影响战略的中介机制。

在过去的几十年中，组织惯性备受学者关注，被视为阻碍组织适应环境变动的停滞力量。组织惯性影响企业运作模式，削弱管理者自主权，减少变革弹性，尤其与组织寿命和规模相关。随着组织的发展，其内部形成标准化流程和惯例，虽维持稳定，但不利于长期竞争和变革。组织惯性限制管理者行为，使其易受旧模式束缚，抵制变革。即使管理者意识到需变革以应对环境，强惯性仍阻碍其行使权力，削弱变革程度。高认知复杂性虽有助于管理者识别环境影响，但强惯性阻碍意识转化为行动。认知集中性高则意味着惯性思维强、忽视环境变化、缺乏变革意识，在强惯性下更难推动变革。因此，组织惯性会弱化认知对战略变革的促进作用，强化其抑制作用。

邓新明等人梳理文献并进行了实证分析，从管理者认知角度探讨了环境动态性、管理者认知、战略变革及组织惯性间的关系。研究发现，环境动态性影响管理者认知，动态性增强管理者认知集中性，降低其复杂性。管理者认知则影响战略变革，复杂性促进变革，集中性抑制变革。此外，管理者认知在环境动态性与战略变革间起中介作用。组织惯性削弱认知复杂性对变革的促进，但对集中性与变革关系无显著调节。这些结论回应了前人研究，为理解企业战略变革提供了新视角。

邓新明等人的研究结果对企业实际操作有着不容忽视的启示。首先，企业在日常运营中应警觉管理者的印象管理行为，即他们可能倾向于将战略失败归咎于外部环境，而将成功归因于自身的管理能力。鉴于环境变化是通过管理者认知来影响战略变革的，企业在推动战略变革时，必须正视管理者个人认知对战略结果的重要影响。其次，在高度动态的环境中，管理者应认识到提升认知复杂性、降低认知集中性的重要性。研究指出，认知集中性会阻碍战略变革，而认知复杂性则有助于推动变革。随着环境动态性不断加剧，企业需不断调整战略以适应变化。因此，管理者应主动接触环境的新刺激，积极学习新知识，增加认知的复杂性，降低认知的集中性，以便快速准确地识别环境信息并推动战略变革。最后，企业还需关注规模控制，或设立有效机制，以避免企业规模扩大带来的惯性问题。

资料来源：邓新明、刘禹、龙贤义等《管理者认知视角的环境动态性与组织战略变革关系研究》,《南开管理评论》2021 年第 1 期，第 62~73、88~90 页。

思考题

1. 请阐述管理者认知在环境动态性和战略变革之间发挥中介作用的逻辑机理。

2. 请阐述组织惯性如何弱化管理者认知复杂性对战略变革的促进作用。

第六章　动　机

第一节　动机的基本概念

一　动机的定义

从心理学的角度看，动机（Motivation）是指在特定目标或愿望的引导下，个体产生、维持和调节其行为的内在或外在力量。它代表了个体对某种目标的渴望或需求，是推动个体进行活动的内部动因或动力。动机可以促使个体积极参与行动、追求目标并不断努力，同时也能够帮助个体适应环境变化、克服困难和挑战。克雷格·平德（Craig Pinder）指出，工作动机指的是一系列激发与工作绩效相关的行为，以及决定这些行为的形式、方向、强度和持续时间的内部与外部力量①。

动机是一种过程，它体现了个体为实现目标而付出的努力的方向、强度和持续性，这也体现了动机与行为之间的关系。动机是激发和维持个体行为的内部驱动力或心理倾向，而行为则是这种内部驱动力或心理倾向的外在表现。动机是推动个体进行某种活动的内部原因。它源自个体的需求、愿望或目标，并为行为提供了方向和动力。例如，一个人感到饥饿时，饥饿感就成为他寻找食物的动机，进而驱动他进行相关的行为活动。一方面，动机对行为具有指向作用。在动机的支配下，个体的行为会指向特定的目标或对象。这意味着，不同的动机可能导致不同的行为选择。比如，一个人如果出于健身的动机，他可能会选择去健身房锻炼；而如果出于放松的动机，他可能会选择在家看电影。另一方面，动机还影响行为的强度和持久性。强烈的动机往往能够激发更积极、更持久的行为。相反，动机不足或缺乏动机可能导致行为的迟缓、消极或中断。需要注意的是，动机与行为之间的关系并非一对

① C. C. Pinder, *Work Motivation in Organizational Behavior*（Psychology Press, 2014）.

一的简单对应。同一动机可能引发多种不同的行为，而同一行为也可能源自不同的动机。此外，一种行为可能由多种动机共同引发，这些动机之间可能相互增强或相互冲突。

二　动机理论的发展

对动机的相关研究，以 20 世纪 60 年代为界，可以分为早期动机理论和当代动机理论两个时期。①

早期动机理论强调个体的内在动力和需要，认为动机是由内在驱力引起的，主要包括动机本能理论（Instinct Theory of Motivation）和驱力理论（Drive Theory）。代表人物有美国心理学家威廉·麦独孤（William McDougall）、美国新行为主义心理学家克拉克·伦纳德·赫尔（Clark Leonard Hull）等。

当代动机理论在 20 世纪 60 年代后期蓬勃发展，受到了更多心理学流派的影响。这一时期的代表人物包括亚伯拉罕·哈罗德·马斯洛（Abraham Harold Maslow）、克雷顿·奥尔德弗（Clayton Alderfer）、伯尔赫斯·弗雷德里克·斯金纳（Burhus Frederic Skinner）、维克托·弗鲁姆（Victor Vroom）、埃德温·洛克（Edwin Locke）、托马斯·瑞恩（Thomas Ryan）、阿尔伯特·班杜拉（Albert Bandura）、爱德华·德西（Edward Deci）和理查德·瑞恩（Richard Ryan）等。马斯洛的需求层次理论提出了需求金字塔模型，奥尔德弗的 ERG 理论将员工的需要分为生存需要、相互关系需要和成长需要。斯金纳的强化理论主张通过给予积极的奖励或惩罚来增强或削弱特定行为的发生频率。弗鲁姆的期望理论认为激励强度（M）是效价（V）和期望值（E）的乘积。洛克和瑞恩的目标设置理论强调目标的设置会对工作绩效产生重要影响。班杜拉的自我效能理论认为个体有能力调动动机、资源和行动来回应不同的情境需求。德西和瑞恩的自我决定理论将动机按照自我决定程度的高低视为一个连续体，强调自我在动机形成中的能动作用。

早期动机理论主要受到麦独孤和赫尔等人的影响，强调内在驱力和需要；而当代动机理论则受到了马斯洛、弗鲁姆和班杜拉等人的影响，更加注重需求层次、激励强度和社会学习等方面。

① 刘永芳、杜秀芳、庄锦英:《动机研究的历史演变》,《山东师大学报》（社会科学版）2000 年第 1 期，第 54~58 页。

三　动机在组织中的应用研究

在组织中，可以充分调动员工的工作动机，因为动机与工作效率有密切的关系。耶克斯－多德森定律（Yerkes-Dodson Law）是心理学家罗伯特·耶克斯（Robert Yerkes）和约翰·迪灵汉·多德森（John Dillingham Dodson）基于实验研究总结出的法则，用以阐述心理压力、工作难度与作业成绩之间的关联。它指出，动机与工作效率的关系并不是线性的，而是呈倒 U 型曲线（见图 6-1）。适中的动机水平对任务的完成最有利。对于不同性质的任务，最佳动机水平也会有所不同。在容易或简单的任务中，高动机水平的工作效率最高；在难度适中的任务中，中等动机水平的工作效率最高；而在困难或复杂的任务中，低动机水平的工作效率最高。此外，耶克斯－多德森定律还指出，任务难度越大，学习效果越容易受到高动机水平的干扰。适度的动机水平能带来最佳的工作效率，而动机水平过低或过高都会降低工作效率，因为过高的动机水平会导致过度焦虑和紧张，干扰正常的心理过程，而过低的动机水平会导致缺乏参与活动的积极性。

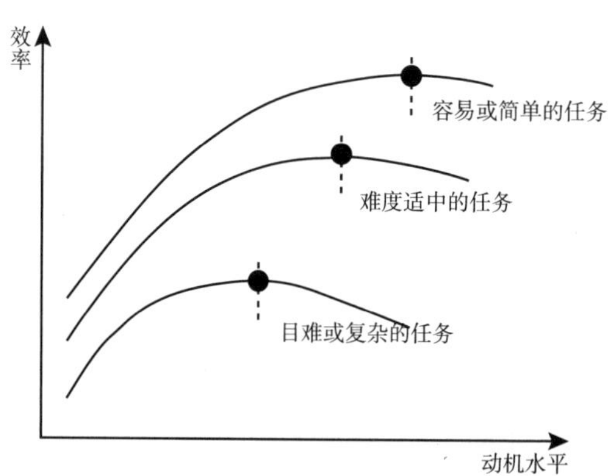

图 6-1　耶克斯－多德森定律倒 U 型曲线

第二节　早期动机理论时期

早期动机理论主要包括动机本能理论和驱力理论。①

① 暴占光、张向葵：《自我决定认知动机理论研究概述》，《东北师大学报》2005 年第 6 期，第 142~147 页。

一　动机本能理论

动机本能理论的主要关注点在于人类行为的本能力量。本能是人在进化过程中形成的由遗传固定下来的一种不学而能的行为模式，是人类行为的原动力。蜘蛛织网和海狸筑坝等，都是在进化过程中形成的本能行为。该理论运用达尔文的生物进化论的观点来解释动机的本质，认为人的大部分行为是由本能控制的。心理学家威廉·麦独孤是该理论的代表。他系统地提出了动机本能理论，认为人类的所有行为都是以本能为基础的，本能是人类一切思想和行为的基本源泉和动力。①

麦独孤于1908年出版的《社会心理学导论》一书，对社会心理学作为一门独立学科的产生起了划时代的作用。在《社会心理学导论》一书中，麦独孤主张心理学应着重研究人的本能、情绪、情操和意志，他认为，过去的心理学过分偏重认知方面，忽视了对情绪和意志的研究，而情绪和意志不仅与本能有密切关系，也是本能奋力追求的目的。因此，麦独孤构建了以遗传本能和相应的情绪以及后天所形成的情操为基础的人类社会行为的学说。②

《社会心理学导论》的主要目标之一是澄清本能的概念。他把本能定义为“一种遗传或天赋的心理－生理倾向，它决定它的占有者对某种客体的知觉和注意；体验这种客体时引起的一种特殊情绪兴奋以及特殊方式的动作，或者至少体验到对客体动作的冲动”。麦独孤认为，动物的一切行为受本能支配，本能的内驱力决定了非理性的行为。当然，人类的行为不同于动物，但不可否认，人类是从低等动物进化而来的高等动物，因而在发展上具有一定的延续性。本能对人的行为和心理仍具有重要的决定作用，本能也提供了内驱力。

在《社会心理学导论》中，麦独孤从什么是引导目标、追求行为的基本动力或动机等问题出发提出假说，认为有机体必须有一些基本的动机，这些动机是自然的、遗传的，是在个体经验中派生所有其他动机的本原。他用

① 张爱卿:《20世纪西方动机心理研究的回顾与展望》,《教育理论与实践》1999年第6期，第41~45页。

② 郭永玉:《麦独孤策动心理学的贡献》,《华中师范大学学报》(人文社会科学版)2002年第5期，第69~74页。

“本能”作为这些基本动机的代名词，从而把他的社会心理学体系完全建立在本能概念的假设上。据此，麦独孤指出，本能包含认知、情绪、情操和意志等心理成分。个体的社会行为由一连串的本能组成，本能又会影响个体对社会的认知、兴趣、情操等行为。个体在出生后只是具有许多本能，后来这些本能在社会影响下才得以发展。要想了解人的个性发展与变化，必须从对本能的认识开始。麦独孤认为本能是推动人类一切活动的东西，是策动和维持人类行为的决定因素，而本能的核心是情绪体验。社会现象则是个体与生俱来的大体相似的本能倾向的结果。

人有许多遗传本能，这种本能不是一个或一串机械的反射，而是一种原始的完整的心理过程。在他看来，反射仅是一种生理作用，而本能动作则是生理、心理兼而有之。这种遗传本能包括三个组成部分：①在受纳方面，它是一种注意特定刺激的倾向；②在运动方面，它是做出一定动作或朝向一定目的的倾向；③在情绪方面，它是本能的核心部分，每种本能都有相应的情绪伴随。例如，好奇本能以惊异情绪为核心，斗争本能以愤怒情绪为核心，亲子本能以柔情为核心，避害本能以惧怕情绪为核心……他用上述标准将本能和情绪配对进行分类（如表 6-1 所示）。

表 6-1 麦独孤的本能及其相应情绪分类（举例）

本能	相伴随的情绪
避害本能	惧怕情绪
斗争本能	愤怒情绪
拒绝本能	厌恶情绪
哺育本能	母爱情绪
求偶本能	嫉妒情绪
求新本能	好奇情绪
服从本能	自卑情绪
支配本能	自负情绪
群居本能	怕孤独情绪
求食本能	食欲情绪
收集本能	占有欲情绪
构造本能	创造欲情绪

麦独孤在《社会心理学导论》中用本能解释社会行为：合群本能产生了人类社会，模仿本能形成了社会传统、风俗与习惯，储蓄本能导致了私有财产，好斗本能引发了战争等。由于人类社会行为的复杂多样性，当麦独孤面临无法解释的社会行为时，便不断增加本能的项目，起初只有几种，后来增加到十几种，以此来应付对各种行为的解释。总之，麦独孤主张"社会心理学必须说明个人心理的天赋倾向与能力如何形成社会上一项复杂的精神生活；反之，这种生活又如何影响个人天赋倾向与能力的发展与表现"。在他心目中，解决这个问题的灵丹妙药便是本能。

麦独孤被公认为社会心理学的先驱，他对于社会心理学成为独立学科起到了举足轻重的作用。

二 驱力理论

驱力理论（Drive Theory）更关注体内平衡、需要满足对行为的动机作用。驱力是指个体由生理需要（如食物的需要、性的需要、逃避痛苦的需要）引起的一种紧张状态，它能激发或驱动个体行为以满足需要、消除紧张，从而恢复有机体的平衡状态。该理论指出，当有机体的需要得不到满足的时候，会在有机体内部产生内驱力，进而引起反应，反应的最终结果使需要得到满足。

美国新行为主义心理学家克拉克·伦纳德·赫尔是该理论的代表人物，他于 1943 年提出了驱力减少理论（Drive Reduction Theory）。他假定个体要生存就有需要，需要产生驱力。驱力是一种动机结构，它供给有机体力量或能量，使需要得到满足，进而减少驱力。赫尔的理论适用于解释生物的机能，例如吃、喝、睡眠和性行为等。随后，赫尔又提出，人类的行为主要是由习惯来支配的，而不是由生物驱力支配的。驱力为行为提供能量，而习惯决定着行为的方向。赫尔认为，有些驱力来自内部刺激，不需要习得，可称为原始驱力；有些驱力来自外部刺激，是通过学习得到的，可称为获得性驱力。他强调经验和学习在驱力形成中的作用，认为学习对有机体适应环境有重要意义。①

赫尔认为，动物做出的各种行为，最终功能是要解决生物学意义上的问

① 岑国桢：《赫尔学习理论初探》，《上海师范大学学报》1994 年第 1 期，第 133~138 页。

题。当一个动物有某种需要（如需要食物）时，它对此做出的有用反应是积极的活动。至于它从事什么活动、活动次数多少，那是无关紧要的，只要这种活动能够增加它的生存机遇就行了。假定这个动物在从事活动时，偶然做出了获得食物的反应，食物消除了它的需要，从而解决了它生物学意义上的问题。事实上，动物成了一个自动的问题解决系统，即“需要”促使动物去活动，活动会使动物逐渐习得还原需要的特定行为。动物在解决它生理上的问题的同时，也逐渐学会了适应环境的要求。赫尔把有机体这种不学而能的刺激 - 反应联结，作为他学习系统的起点。根据上述分析，赫尔提出了两个最基本的概念。

一是与需要相关的动机状态，赫尔称之为驱力（Drive，简称 D）。学习系统首先要有驱力。当动物处于需要状态，无论是饥饿、干渴、疼痛，还是遇到其他生理上的问题时，都会产生一种动力状态，即“驱力”。驱力会激活并产生行为，但这一行为不是任何特定的行为，而仅仅是行为。

二是通过强化产生的刺激 - 反应之间的联结，赫尔称之为习惯（Habit，简称 H）。学习系统还要有强化。若要使动物学会某种反应以解决生物学意义上的问题，强化是不可或缺的。经过一系列尝试，动物的行为会越来越有效，并能熟练地解决某种环境中的问题，也就是说，动物形成了做出某种反应的习惯。

由此，赫尔提出公式 SER = D × H。SER 表示刺激 S 得到反应行为 R 的可能性 E，即一个已经习得的反应发生的可能性。

赫尔始终认为，科学不仅取决于系统的观察和测量，而且还要有一些基本的公设（最好采用数学的方式），根据这些基本公设，可以从理论上演绎出实验的结果。如果演绎与观察到的结果是一致的，那就说明这个公设是可靠的；如果演绎与观察到的结果不一致，那就需要修改公设。赫尔一生也是这样做的，因此，他的理论系统一直在被不断地修正。①

赫尔认为，学习的基本动因是驱力，但除此之外，还有一个习得的动机来源，即诱因动机（Incentive Motivation，简称 K）。赫尔的这一观点，来自他的学生利奥 · 克雷斯皮（Leo Crespi）的一项经典实验的结果。

---

① 宋尚桂:《赫尔公理化学习理论述评》,《济南大学学报》1994 年第 1 期，第 33~36 页。

克雷斯皮训练三组白鼠走通道，各组白鼠得到不同的强化量。第 1 组到目的箱后只得到 1 粒食丸，第 2 组得到 16 粒食丸，第 3 组得到 256 粒食丸。经过 20 次尝试之后，各组白鼠的操作水平明显不同。起初，赫尔认为，白鼠行为上的差异，是它们习惯强度上的差异的反映。也就是说，食物多意味着强化的作用大一些，因而习惯形成得快一些。但后来，赫尔改变了自己的观点。因为克雷斯皮在白鼠尝试了 20 次之后，改变了强化量，每一组都给 16 粒食丸，白鼠的操作水平迅速发生了变化，各组白鼠都很快地调整了自己的奔跑速度。尤其是第 1 组和第 3 组，其操作水平与原来相比有了很大的变化。克雷斯皮由此得出结论：强化量本身并不影响学习或习惯的形成，强化量是通过某种动机变量来影响操作水平的。

赫尔接受了克雷斯皮的论点，在公式中增加了一个新的构成——诱因动机（K），认为强化量是通过诱因动机起作用的。因为习惯强度是逐渐发生变化的，是相对持久的。强化量的变化引起操作水平迅速改变，这一事实很难用“习惯强度本身减弱了”来解释。所以，我们最好还是把强化量与诱因动机联系在一起，用诱因动机来解释因强化量减少而导致的反应强度减弱。这样，赫尔的公式就修改成了：SER = K × D × SHR。根据这一公式，赫尔的学习系统有了两种动因：原有的一级驱力因素（D）和新加入的二级诱因因素（K）。这样，事实上也就有了两种学习：一是一级学习系统，即刺激 – 反应的学习；二是二级学习系统，即建立在二级强化物和诱因动机基础上的学习。

在第一种情况下，有机体习得的是一种刺激 – 反应之间的联系；在第二种情况下，有机体习得的是原来作为中性刺激的一种新特性。这样就引出了赫尔的另外两个概念——二级驱力与二级强化。

所谓“二级驱力”（Secondary Drive），就是指“如果一个中性刺激痕迹（S）曾与某些驱力刺激（SD）的唤起和迅速减弱有过密切联结，那么这个中性刺激痕迹（S）就会获得一种引发这些驱力刺激（SD）的倾向，从而使原来的中性刺激痕迹（S）变成二级驱力的起因（S → SD）”。

所谓“二级强化”（Secondary Reinforcement），就是指“如果一个中性刺激痕迹（S）曾与某些驱力刺激（SD）的迅速减弱有过密切联结，那么这个中性刺激痕迹（S）就会有一种引起驱力刺激（SD）减弱的倾向，从而使原来的中性刺激痕迹（S）具有作为一个强化物的力量”。

二级驱力与二级强化之间的区别用实际例子是很容易说清楚的。例如，“担心”“焦虑”是二级驱力；曾放过食物的箱子则是一种二级强化物，虽说二级强化物本身并不能满足生理上的需要，但也能起强化行为反应的作用。不过，若要使一种中性刺激起二级强化的作用，必要条件是把这种中性刺激与一级强化物配对。这实际上就是说，二级强化作用是建立在巴甫洛夫条件作用的原理之上的。换言之，二级学习系统中所涉及的学习，要遵循一级学习系统中所阐述的学习法则。

赫尔主张通过分析由环境提供的客观刺激（自变量）和由有机体做出的行为反应（因变量）来推导制约环境与有机体的相互作用的各种因素（中介变量），并把驱力还原作为他的理论体系的基础，这样，有机体就成了环境中的一个自动化的学习系统。赫尔的理论对心理学界的影响是巨大的，尤其是在 20 世纪 40~50 年代。赫尔的著作在这段时间是被各种心理学杂志中的文章引用最多的。

第三节　当代动机理论时期

一　马斯洛的需求层次理论（Maslow’s Hierarchy of Needs）

马斯洛的需求层次理论是心理学中的激励理论，由美国心理学家亚伯拉罕·马斯洛在 1943 年的论文“A Theory of Human Motivation”中提出[①]。

（一）核心观点

1. 马斯洛需求层次理论的五个基本层次

马斯洛的需求层次理论将人类需求划分为五个基本层次，这些层次由低到高依次是：生理需求、安全需求、社交需求、尊重需求和自我实现需求。以下是对这五个层次的详细阐述。

生理需求。这是人类最基本的需求层次，包括对食物、水、空气、睡眠和性等的需求。这些需求是维持人类生存所必需的，只有当这些需求得到满足时，人们才能进一步追求其他层次的需求。

---

① Abraham Maslow, “A Theory of Human Motivation” *Psychological Review* 4（1943）: 370–396.

安全需求。当生理需求得到满足后，人们会追求安全感。这包括对人身安全、健康保障、资源所有性、财产所有性、道德保障、工作职位保障和家庭安全的需求。人们希望生活在一个稳定、有序、没有威胁和危险的环境中。

社交需求。社交需求涉及人与人之间的互动和关系，包括友爱的需求和归属的需求。当生理需求和安全需求得到满足后，人们会渴望与他人建立联系，寻求归属感和友谊，以及在团队中建立合作关系。这种需求对人类的生存和发展至关重要，有助于人们建立社会支持系统，促进情感和心理健康。

尊重需求。尊重需求包括自我尊重和他人尊重。当社交需求得到满足后，人们会追求自我尊重和他人尊重。自我尊重是指一个人希望在不同情境中能够有实力、能胜任、充满信心、独立自主。他人尊重是指一个人希望自己能够有地位和威信，受到别人的尊重与信赖。

自我实现需求。这是马斯洛需求层次理论中的最高层次。当人们的生理需求、安全需求、社交需求和尊重需求得到满足后，他们会追求自我实现。这涉及个人成长和发展的各个方面，如追求个人潜能的发挥、实现个人目标和理想，以及体验自我价值和意义。自我实现需求是人类追求自我超越和成长的重要动力。

2. 五个层次之间的关系

马斯洛的需求层次理论中的五个层次，从生理需求到自我实现需求，构成了一个金字塔状的结构，它们之间的关系主要表现为递进和依赖。首先，这些需求层次是递进的。只有当低层次的需求得到相对满足时，个体才会追求更高层次的需求。比如，一个人在饥饿状态下，首要关心的是满足生理需求，即寻找食物；而当生理需求得到满足后，才会逐渐考虑安全、社交、尊重以及自我实现等其他层次的需求。相应地，获得基本满足的需求就不再是一种激励力量。其次，这些需求层次之间是相互依赖的。每一个层次的需求都为更高层次的需求奠定基础，并为个体的成长和发展提供支持。例如，安全需求的满足可以使人们更有信心和勇气去追求社交和尊重需求；而社交和尊重需求的满足则有助于个体更好地实现自我价值，达到自我实现的目标。最后，虽然大多数情况下人们按照需求层次的顺序来追求满足，但在某些特殊情况下，个体可能会跳过某些层次，直接追求更高层次的需求，或者多个层次的需求可能同时存在并被要求满足。综上所述，马斯洛的需求层次理论中的五个层次之间既存在递进关系，又相互依赖，共同构成了人类需求的复杂结构。

（二）对马斯洛需求层次理论的辩证分析

1. 马斯洛需求层次理论的贡献

提供了一个全面的需求框架。该理论将人类需求划分为五个层次，从基本的生理需求到高层次的自我实现需求，形成了一个递进的关系。这种划分有助于我们更系统地理解人类行为的动机。

强调了人的内在价值和自我实现。马斯洛的理论突破了以往仅关注物质需求的局限，将人的自我实现和内在价值提升到重要的位置。这有助于提升对人性的理解，以及在社会和组织中更好地关注个体的成长和发展。

对教育实践有指导意义。在教育领域，马斯洛的理论为教育者提供了了解学生需求的新视角，有助于制定更符合学生发展规律的教育策略。

2. 马斯洛需求层次理论的不足

社会中的任何人的需求都可能倒退。例如，不管一个人是清洁工还是一流的心脏外科医生，如果他或她被诊断出患有影响身体健康的疾病，他或她就很可能会倒退回满足任何可能出现的生理需求。

社会中人的需求可能与马斯洛所呈现的递进层次不一致。如在某些文化中，安全需求可能比社交需求更重要，社交需求可能比尊重需求更重要。许多专家认为，亚伯拉罕·马斯洛的等级体系并不总是按照其原有的顺序排列。举例来说，如果自尊的概念被认为早在儿童两岁时就已经形成，那么马斯洛将尊重需求放在层次金字塔如此靠上的位置的合理性便有待论证。①

（三）马斯洛需求层次理论的研究拓展：马斯洛需求层次理论与生产力水平的关系

马斯洛和其他杰出的行为科学家经过深入的研究与探索达成了共识：一个国家中多数人的需求层次结构并非完全一致，而是深受国家的经济发展水平、科技发展水平、文化和教育普及程度的深刻影响。这种影响是全方位的，涉及社会生活的方方面面，也揭示了人类需求的多样性和复杂性。

---

① Bob Poston, "Maslow's Hierarchy of Needs," *The Surgical Technologist* 41（2009）：347-353.

在欠发达国家中，由于经济资源相对匮乏，科技水平相对落后，以及文化和教育普及程度的限制，人们的需求往往更多地集中在生理需求和安全需求这两个较低的层次上。生理需求，如食物、水、住所等基本生存需求，是人们首先要满足的。而安全需求，包括人身安全、健康保障等，也是这些国家人民普遍关心的问题。因此，在这些国家，生理需求和安全需求占比较大。相对而言，高级需求，如社交需求、尊重需求和自我实现需求等，在这些国家中占比较小，因为这些需求往往是在基本需求得到满足后才能追求的。

然而，在发达国家中，情况则大不相同。由于经济繁荣、科技进步以及文化和教育的普及，人们的基本需求得到了更好的满足。因此，人们更有可能追求更高层次的需求，如建立更广泛的人际关系、追求更高的社会地位和尊重，以及实现自我价值和个人成长等。在发达国家，高级需求占比较大，这也反映了这些国家人民在物质需求得到满足后，对精神生活和个人成长的更高追求。

此外，值得注意的是，一个国家在不同时期也会呈现不同的需求层次结构。随着生产力水平的提高，人们的需求层次也会发生变化。在经济发展初期，人们可能更关注基本需求的满足；而随着经济的增长和社会的进步，人们的需求层次可能会逐渐提升，开始追求更高层次的需求。

综上所述，马斯洛和其他行为科学家的观点揭示了人类需求层次结构的多样性和动态性。这种多样性和动态性不仅受到国家经济发展水平、科技发展水平、文化和教育普及程度等宏观因素的影响，也受到个人经历、价值观等微观因素的影响。因此，在理解和满足人类需求时，我们需要综合考虑各种因素，以更全面、更深入地了解人类需求的本质和变化规律。

二 ERG 理论（ERG Theory）

ERG 理论由美国耶鲁大学克雷顿 · 奥尔德弗教授提出，他在马斯洛需求层次理论的基础上，通过更接近实际经验的研究，提出了一种新的人本主义需要理论。奥尔德弗于 1969 年在“An Empirical Test of a New Theory of Human Needs”一文中指出，在管理实践中可将员工的需要分为生存需要（Existence Needs）、相互关系需要（Relatedness Needs）、成长需要（Growth

Needs）三类，因而这一理论被称为 ERG 理论[①]。

（一）ERG 理论的主要内容

1. ERG 理论的核心观点

首先，生存需要是 ERG 理论的基础层次，它关注的是个体基本的物质生活条件的满足。这些条件包括食物、水、住所等，以及个体的安全。这与马斯洛认为的生理需求和安全需求的项目一致。只有当这些基本的生存需求得到满足时，人们才能进一步追求更高层次的需求。在中国的情境下，随着经济的发展和生活水平的提高，人们对生存需求的满足程度也在不断提高。然而，即使在物质条件相对优越的今天，生存需求仍然是人们不可忽视的基本需求。

其次，相互关系需要是 ERG 理论的中间层次，它强调的是个体与他人建立良好关系、获得认同感和归属感的愿望。这与马斯洛的社交需求和尊重需求中的外部因素相一致。这种需要在中国文化中尤为重要，因为中国人注重家庭、亲情和友情等社会关系的和谐。为了满足相互关系需要，人们会积极参与社交活动，与他人建立亲密关系，并在交往中寻求支持和认可。在企业管理中，关注员工的相互关系需要，营造和谐的工作氛围，对于提高员工的工作满意度和忠诚度具有重要意义。

最后，成长需要是 ERG 理论的最高层次，它反映了人们追求自我发展、实现个人潜能的内在愿望。即马斯洛的尊重需求中的内在因素和自我实现需求的各项内容。在中国，随着社会的进步和教育的普及，越来越多的人开始关注个人成长和职业发展。他们渴望通过学习和实践不断提升自己的能力，实现自我价值。因此，企业和社会应该为个体提供充足的成长空间和机会，帮助他们实现个人目标，从而激发其更大的工作热情和创造力。

此外，ERG 理论还强调了个体需要的多样性和差异性。不同的人在不同阶段和情境下，对各个层次的需要的重视程度可能会有所不同。因此，在实际应用中，我们应该根据个体的具体情况和需要特点，制定有针对性的激励措施，以满足他们的不同需要。

---

① C. P. Alderfer, "An Empirical Test of a New Theory of Human Needs," *Organizational Behavior and Human Performance* 2（1969）：142-175.

2. ERG 理论的基本假设

第一，低级需要的满足不是追求高级需要的前提。在 ERG 理论中，生存需要、相互关系需要和成长需要并不是严格按照顺序排列的。与马斯洛的需求层次理论不同，ERG 理论并不认为个体必须先满足低级需要，才能追求高级需要。实际上，个体可能在低级需要尚未完全满足的情况下，已经开始追求高级需要了。这种灵活性使得 ERG 理论更能适应现实生活中人们需要的多样性和复杂性。例如，一个人可能在经济条件并不充裕的情况下，依然追求自我成长和职业发展，因为成长需要对于个体来说具有强大的驱动力。

第二，需要降级。当个体在追求较高级需要受挫时，可能会退而求其次，寻求低级需要的满足。这种“受挫—回归”的思想是 ERG 理论的一个重要观点。当个体在追求成长、尊重等高级需要遭遇困难或挫折时，他们可能会感到沮丧和失望，从而转向追求更为基础和低级的需要，如安全、生理等。这种回归现象在现实生活中屡见不鲜，人们在面对挫折时往往会寻求一种更为稳妥和安全的满足方式。

第三，需要并存。在 ERG 理论中，各种需要并不是按照固定的顺序排列的，而是可以同时存在并发挥作用的。与马斯洛的需求层次理论不同，ERG 理论并不认为某种需要在得到满足后就会自动消失或被更高层次的需要所取代。相反，某种需要在一定时间内可能对个体的行为起着主导作用，而当这种需要得到满足后，个体可能会选择追求更高层次的需要，也可能停留在当前阶段不再追求更高层次的需要。这种并存性使得人们的需要结构更加复杂和多变，要求管理者能够灵活应对和满足员工的不同需要。

第四，某种需要在得到基本满足后，其需要强度不仅不会减弱，还可能会增加。这与马斯洛的观点不一致。在马斯洛的理论中，一旦某种需求得到满足，其激励作用就会减弱，人们会转向追求更高层次的需求。然而，在 ERG 理论中，即使某种低级需要已经得到基本满足，其需要强度仍然可能保持甚至增加。这是因为人们的需要是不断变化和发展的，即使某种需要在一段时间内得到了满足，但随着时间和环境的变化，这种需要可能会重新变得重要起来。因此，管理者应该持续关注员工的需要变化，并根据实际情况调整管理策略。

（二）马斯洛的需求层次理论和 ERG 理论的关系

马斯洛需求层次理论和 ERG 理论在需求层次的灵活性、受挫后的反应、需求满足后的反应以及管理策略的应用等方面存在显著差异。这些差异使得两种理论在解释和指导人类行为时各有侧重，但都具有一定的现实意义和应用价值。在实际应用中，管理者可以根据具体情况和需求，选择或结合使用这两种理论来制定更有效的管理策略。

需求层次的灵活性。马斯洛需求层次理论强调需求的层次性和顺序性，认为人们必须首先满足低层次的需求（如生理和安全需求），然后才能追求更高层次的需求（如社交、尊重和自我实现需求）。这种理论构建了一个相对固定的、阶梯式的需求结构。相比之下，ERG 理论在需要层次的灵活性上有所不同。它并不认为需要层次是刚性结构，而是允许人们在同一时间有多种需要，甚至可以在低层次需要尚未完全满足的情况下追求高层次的需要。这种灵活性使得 ERG 理论更能适应现实生活中人们需要的复杂性和多样性。

受挫后的反应。马斯洛的理论认为，当某一层次的需求未得到满足时，人们可能会停留在这一层次，持续追求该层次需求的满足。而 ERG 理论提出了“受挫—回归”的思想。它认为，当个体在追求更高层次需要受挫时，其可能会转向追求更低层次的需要作为替代。这种回归机制解释了人们在面对挫折时可能的行为变化，使得 ERG 理论在描述人类行为时更具现实性和动态性。

需求满足后的反应。马斯洛认为，某一层次的需求得到满足后，人们会自然地向更高层次的需求发展，而不再受到已满足需求的激励；而 ERG 理论认为，即使某一层次的需要得到了满足，人们可能仍然会追求这一层次的需要，而不是必然向更高层次的需要发展。

管理策略的应用。根据马斯洛的理论，管理措施应该主要关注满足员工当前所处层次的需求，以推动他们向更高层次的需求发展。然而，ERG 理论则强调了管理策略需要根据员工的需要结构变化而灵活调整。由于人们的需要可能同时出现、多样且动态变化，管理者应该能够识别并适应这些变化，为每个人制定个性化的管理策略。

表 6-1 马斯洛需求层次理论和 ERG 理论的对比

	马斯洛需求层次理论	ERG 理论
需求层次的灵活性	强调需求的层次性和顺序性，认为人们必须首先满足低层次的需求（如生理和安全需求），然后才能追求更高层次的需求（如社交、尊重和自我实现需求）	允许人们在同一时间有多种需要，甚至可以在低层次需要尚未完全满足的情况下追求高层次的需要
受挫后的反应	当某一层次的需求未得到满足时，人们可能会停留在这一层次，持续追求该层次需求的满足	提出了“受挫—回归”的思想，当个体在追求更高层次需要时受挫，他们可能会转向追求更低层次的需要作为替代
需求满足后的反应	某一层次的需求得到满足后，人们会自然地向更高层次的需求发展，而不再受到已满足需求的激励	即使某一层次的需要得到了满足，人们可能仍然会追求这一层次的需要
管理策略的应用	管理措施应该主要关注满足员工当前所处层次的需求，以推动他们向更高层次的需求发展	管理策略应该根据员工的需要结构变化而灵活调整

（三）ERG 理论的研究进展与在组织中的应用

南思宁等基于 ERG 理论探究了高校学报青年编辑的职业发展需求[①]。在 ERG 理论中，生存需要对于新入职的青年编辑来说尤为重要。然而，现实情况是，这些编辑在工资和住房等方面的需要并未得到很好的满足。在相互关系需要上，尽管编辑职业通常被赋予无私奉献的形象，有一定的社会认同度，但高校学报的青年编辑由于在高校中的职业定位较为模糊和边缘，在与作者和同事建立良好关系方面面临一些困难。在成长需要上，高校学报的青年编辑非常看重个人成长和职业发展。他们渴望获得更多的学习提升机会，追求职称和职务的晋升，以实现自己的职业价值和成就。在此基础上，南思宁等提出了认清需求并存、推动需求上升、促进需求加强、防止需求降级的建议。

案例链接 6-1

企业员工管理和激励机制探究——以华为公司为例

据 ERG 理论，当生存需要得到满足时，员工会追求更高层次的需要，如建立良好的人际关系和实现个人自我发展和完善。华为

① 南思宁、王俊红、廖麒豪:《基于 ERG 理论的高校学报青年编辑职业发展需求探究》,《编辑学报》2019 年第 5 期，第 574~577 页。

公司深知这一点，因此不仅提供了具有竞争力的薪酬福利，确保员工的生存需要得到满足，而且通过专业线和管理线双通道发展机制，让员工可以沿着自己感兴趣或擅长的方向发展，实现个人价值和潜能。这种双通道发展机制不仅激发了员工的工作热情，也提升了他们的职业满意度和忠诚度。

通过工作轮换法，华为为员工提供了更多的职业发展机会和挑战。2018 年，华为建立了“三类循环流动机制”，并通过轮值 CEO 制度，培养公司高层接班人，实现领导层的平稳过渡。工作轮换不仅有助于员工提升综合能力和拓宽职业视野，也让他们在工作中获得了更多的新鲜感和成就感。这种轮换制度让管理者在安排工作时有了更大的弹性，同时也增强了员工之间的交流和合作，有助于建立良好的人际关系。

华为通过荣誉激励方案，对员工的工作表现给予及时、公正和充分的认可。华为一直秉持“小改进，大奖励”的理念，早在 1997 年就设立了荣誉部，制定并不断完善荣誉奖管理制度。华为的奖项设置丰富多样，覆盖公司各个层面和部门，如战略项目奖、销售项目奖等，还有诸如“明日之星”“金牌个人”等被广泛认可的奖项。奖品形式也颇具特色，既有常规的奖金和荣誉证书，也有与奖项内容相关的特别纪念品。通过设立这些奖项，华为有效地激励了员工的成就感和归属感。

综上所述，华为公司通过 ERG 理论对员工进行激励，既满足了员工的生存需要，又关注了他们的相互关系需要和成长需要。这种全面而深入的激励方式有助于提升员工的工作满意度和绩效表现，进而推动公司的持续发展和创新。

资料来源：磨一剑《企业员工管理和激励机制探究——以华为公司为例》，《现代商业》2024 年第 2 期，第 126~130 页。

三　强化理论（Reinforcement Theory）

强化理论由美国著名心理学家和行为科学家斯金纳在 20 世纪 70 年代提出，

他根据自己的实验，创造性地发展了伊万·巴甫洛夫（Ivan Pavlov）的条件反射学说和约翰·华生（John Waston）的行为主义学说，提出了以操作性条件反射为基础的强化理论，也被称为操作条件反射理论或行为修正理论。

（一）核心观点

强化理论的核心观点在于，个体会根据其行为的后果来调整自己的行为。当个体采取某种行为并随后得到有利的结果时，这种行为在将来更有可能被重复；相反，如果行为的后果是不利的，那么这种行为在将来出现的频率就会降低或消失。这一过程是通过正强化、负强化、惩罚和消退来实现的。

正强化是强化理论中的一个核心概念，它指的是通过给予个体所喜欢的刺激或奖励来提高某种行为的发生频率、增加其强度。在现实管理中，正强化优先观点得到了广泛的应用。例如，企业可以通过设立奖励机制来激励员工的工作积极性和创造力，如提供晋升机会、发放奖金或给予表彰等。这些奖励措施可以有效增加员工对工作的投入和热情，提高工作绩效，从而实现企业的目标。

负强化则是通过消除个体所厌恶的刺激或情境来提高某种行为的发生频率、增加其强度。在管理实践中，负强化同样发挥着重要作用。例如，企业可以通过消除一些不利于员工工作的因素，如改善工作环境、减少工作压力等，来提高员工的工作满意度和幸福感，进而提升员工的工作效率和创造力。

惩罚是一种对不符合要求的行为给予不愉快刺激的方法，目的是减少这种行为的发生。在企业中，惩罚通常表现为对员工的违规行为进行处罚，如罚款、降职或警告。例如，当员工违反了公司的安全规定或泄露了公司机密时，企业可以给予相应的处罚以维护公司的利益和秩序。然而，需要注意的是，惩罚并不是万能的，过度或不当的惩罚可能会引发员工的反感和抵触情绪，甚至导致员工离职或产生其他负面后果。

消退是指一种行为由于没有得到强化而逐渐减弱或消失的现象。在企业中，这通常表现为对员工的某些行为不予关注或不再给予奖励，导致这些行为逐渐减少。例如，当企业不再关注员工的某些小错误或不再给予额外的奖励时，员工可能会逐渐停止这些行为。消退有助于企业减少不必要的成本和资源浪费，同时也有助于员工更加专注于核心工作。

此外，连续强化和部分强化是强化理论中另外两个重要的概念。连续强化指的是对每一次出现的行为进行强化，而部分强化则是只对部分出现的行为进行强化。在管理实践中，根据具体情况选择适当的强化方式可以有效提升管理效果。例如，在培养员工新技能或习惯时，连续强化可能更为有效；而在维持已形成的良好行为时，部分强化可能更为合适。

强化理论框架主要由强化和行为两个部分组成。其中，强化指的是一个事件或行为会影响未来行为发生的频率和（或）强度，包含了正强化和负强化两种类型。行为则是指被强化的行为，包括各种类型，如条件性反射、习惯性行为以及人类的社会行为等。

此外，强化理论还指出，动机是行为的始发机能，它使行为趋向一定目标，并起到保持与巩固行为的作用。如果随着某些行为发生的某一事件使得这些行为在未来再发生的可能性增大，那么这一事件就被称为强化。动机会因良好的行为结果而加强并使行为重复出现，也会因不好的行为结果而削弱、减少或不再出现。

（二）研究进展与实践应用

1. 研究进展

不同学者对强化理论的应用进行了研究。徐红梅等对斯金纳的强化理论在隐性知识转化中的激励价值进行阐释，认为斯金纳的强化理论为隐性知识的深入转化提供了全新的平台。这一理论中的正向正强化激励、负向正强化激励、负向负强化激励以及正向负强化激励等不同的激励方式，都对知识社会化、知识外显化、知识内隐化等过程起到了实际的推动作用。通过对这些激励路径的细致分析，斯金纳的强化理论为隐性知识转化的研究开辟了一个全新的探索方向。[①] 余钦借助斯金纳的强化理论诠释高校学生干部培养，根据斯金纳强化理论中人的行为跟外部环境存在着一定的联系，通过改变外部环境可有效促进个体行为改变的观点，提出通过严格选拔程序培养学生干部的规范性意识；根据强化理论中积极强化比消极强化更能有效提升强化效果的观点，提出运用激励措施培养学生干部的领导力；根据强化理论运用中应考虑强化的前因、行为和后果三种因素之间的因果关系，前因是行为的向导，

---

① 徐红梅、王华、张同建:《斯金纳强化理论在隐性知识转化中的激励价值阐释》,《情报理论与实践》2015 年第 5 期，第 51~54、29 页。

行为是活动的过程，后果是行为的展现的观点，提出借助考核机制强化学生干部能力的培养①。

2. 实践应用

强化理论与人工智能的交叉研究近年来呈现蓬勃发展的趋势，两者在多个方面的融合为各自领域的发展带来了新的机遇和挑战。强化理论主要研究如何通过奖励和惩罚来调整和优化行为，而人工智能尤其是机器学习领域则致力于让机器能够像人一样学习、决策和适应环境。这种天然的契合使得强化学习与人工智能的结合成为一个热门的研究方向。

在人机对话的研究中，强化学习的方法发挥了重要作用。传统的对话系统往往基于规则或模板生成，这种方法在面对复杂多变的对话场景时显得力不从心。而基于强化学习的对话系统则能够通过与用户的交互，不断优化自身的生成策略，减少生成不安全和不适当答案的风险。具体来说，系统会根据用户的反馈（如满意度、回复时长等）来调整自身的生成策略，使得生成的回复更加符合用户的期望和需求。

除了人机对话，强化学习在其他人工智能领域也有着广泛的应用。例如，在游戏领域，强化学习算法已经能够训练出超越人类水平的游戏 AI，如 AlphaGo 等。这些 AI 通过不断地自我对弈和学习，逐渐优化自身的策略，最终达到了人类难以企及的高度。此外，在机器人控制、自动驾驶等领域，强化学习也展现出了巨大的潜力。

随着技术的不断发展，强化理论与人工智能的结合还将进一步深化。未来，我们可能会看到更加智能、更加自适应的对话系统，能够更好地理解用户的需求并提供个性化的服务。同时，强化学习也将为其他人工智能领域带来更多的创新和突破，推动整个领域的进步和发展。

案例链接 6-2

强化理论视角下的华为公司激励机制

华为公司通过一系列奖励机制，巧妙地运用了强化理论，从而

① 余钦:《斯金纳强化理论对高校学生干部培养的启示》,《学校党建与思想教育》2020 年第 4 期，第 81~83 页。

有效地激励了员工，提升了工作效能，并促进了公司的持续发展。

首先，华为明确了组织目标和员工行为标准，确保员工明确知道什么样的行为是受到鼓励的，什么样的行为是公司期望他们展现的。这为员工提供了一个清晰的行动指南，也为奖励机制的实施奠定了基础。接着，华为设计了多种形式的奖励措施，这些奖励措施直接关联到员工的行为和绩效。例如，当员工在工作中表现出色，达到或超越设定的目标时，他们会获得相应的物质奖励，如奖金、ESOP（Employee Stock Ownership Plan，即员工持股计划）和 TUP（递延奖金）等。这种正强化手段直接激励员工积极工作，追求更好的业绩。此外，华为还注重非物质奖励的运用。例如，通过设立各种荣誉奖项，表彰在工作中取得突出成就的员工，从而增强他们的荣誉感和归属感。这种精神层面的强化，同样能够有效地激发员工的工作热情和创造力。同时，华为还通过机会激励来强化员工的行为，如为员工提供职位晋升、参与重要会议和活动等机会，这不仅是对员工能力的认可，也是对他们未来发展的承诺。这种机会激励有助于员工看到自己的职业发展路径，从而更加努力地工作。在奖励机制的实施过程中，华为还注重公平性和可持续性：通过公正的绩效评估体系，确保奖励的分配是公平合理的；同时，通过不断完善和调整奖励机制，确保其能够适应公司发展的需要和员工的期望。

综上所述，华为公司通过明确目标、设计奖励措施、注重非物质奖励和机会激励以及确保公平性和可持续性等方式，成功地运用了强化理论来激励员工。这不仅提升了员工的工作效能和满意度，也推动了公司的持续发展和创新。

资料来源：《华为的员工激励机制：文化激励、物质激励、精神激励（附案例）》，https://zhuanlan.zhihu.com/p/115945408，最后访问时间：2024 年 5 月 1 日。

四 期望理论（Expectancy Theory）

期望理论由美国著名心理学家和行为科学家维克托 · 弗鲁姆于 1964 年在

《工作与激励》一书中提出，它也被称为“效价－手段－期望理论”，该理论主要探讨的是员工的激励问题，即员工如何根据他们对工作的期望来评估其潜在价值，并由此决定他们的行为动机。

（一）核心观点

该理论的核心观点是，作为有理性、有思想的个体，人们对于自身的工作和生活有着既定的信仰和预期。因此，人们会根据目标达成的可能性和实现目标后所获得的价值，来对行为能否实现内心愿望进行分析和决策。换言之，人们行为的动机强度取决于其对行为结果的价值评估和预期达成该结果可能性的估计。弗鲁姆用公式表示为：激励强度 = 期望值 × 效价（M=E × V）。其中，激励强度（Motivation）指调动个人积极性、激发人内部潜力的强度；期望值（Expectancy）是指对达成目标的把握程度；效价（Valence）是指所能达到的目标对满足个人需要的价值。

在如何使激励强度达到最大值上，弗鲁姆提出了人的期望模式：个人努力→个人成绩（绩效）→组织奖励（报酬）→个人需要。首先，个人努力是这一模式的起点。个体需要付出努力，投身于工作中，以期达到特定的目标或完成特定的任务。这种努力可能是时间、精力、技能等多方面的投入。其次，个人努力的结果通常表现为个人成绩或绩效。这是衡量个体工作成果的重要指标，通常与个人的工作目标、职责以及组织的期望紧密相关。良好的绩效是获得组织奖励的基础。接下来，组织奖励是对个体绩效的认可和回报。这种奖励可以是物质的，如薪资增长、奖金等，也可以是精神的，如晋升、表彰等。奖励的目的在于满足个体的需要，强化其积极行为，并激发其继续努力的动力。最后，个人需要是这一模式的终点。个体通过努力工作、取得良好绩效并获得组织奖励，最终目的是满足自己的需要。这些需要可能是物质的、精神的，也可能是职业发展的。满足个人需要是激励强度达到最大值的关键。在期望模式中，这四个因素相互关联、相互影响。为了激发个体的最大潜力，组织需要关注并优化这一模式中的每一个环节。例如，设定明确的工作目标、提供必要的支持和资源、建立公正的绩效评估体系、设计合理的奖励机制等，都可以有效地激发个体的积极性，提高工作绩效。

（二）研究进展与实践应用

皮格马利翁效应和罗森塔尔效应都是期望理论在实际生活中的应用。当人们对他人有高期望时，这种期望会通过行为和语言传达给他人，从而激发他人的积极性和努力，最终可能实现期望的目标。这符合期望理论中关于期望值和效价影响个体积极性的观点。刘智强等基于罗森塔尔效应，深入探讨了领导的创新期望如何影响员工的突破性创新投入①。他们发现，领导的创新期望能够通过激发员工的探索式与利用式学习之间的张力，间接地促进员工在突破性创新方面的投入。这是因为领导的创新期望能够引发员工强烈的印象建构欲望，即员工渴望通过达成领导的期望来赢得领导的赞赏和认可。这种欲望使员工更加专注于领导提出的创新期望，并因此产生了附属内驱力，即员工为了获得领导的认可而投入更多的努力在突破性创新上。通过这一研究，刘智强等人揭示了领导创新期望在激发员工突破性创新投入中的重要作用。

李德勇、陈谦明提出了以期望理论为基础的组织人力资源激励机制多维构建的主要途径②。根据期望理论，要实现组织目标的激励强度（M）最大化，需要在实现目标的可能性大小（E）、报酬对于个体的重要程度（V）这两个关键要素上采取相应措施。首先，提高实现目标的可能性（E）是关键。组织应该为员工设定明确、可实现的目标，并提供必要的支持和资源，以帮助他们实现这些目标。通过培训、指导和反馈等方式，增强员工对目标实现可能性的信心，从而激发他们的工作动力。其次，关注报酬对于个体的重要程度（V）也至关重要。组织需要了解员工的需求和期望，确保所提供的奖励与员工的价值观和期望相符。奖励包括物质奖励（如薪资增长、奖金等）和精神奖励（如晋升、表彰等），以满足员工在物质和精神层面的需求。在将这两个方面结合起来时，组织需要寻求两者的最佳组合，这意味着要综合考虑员工的期望、能力和需求，以及组织的资源和目标，制定出既符合员工利益又有助于组织发展的激励策略。

五　公平理论（Equity Theory）

美国心理学家约翰·斯塔希·亚当斯（John Stacey Adams）于1965年在

① 刘智强、严荣笑、唐双双:《领导创新期望与员工突破性创新投入：基于悖论理论的研究》,《管理世界》2021年第10期，第226~241页。

② 李德勇、陈谦明:《基于期望理论的组织人力资源激励机制的多维构建》,《西南民族大学学报》（人文社会科学版）2013年第4期，第144~147页。

"Inequity in Social Exchange"一文中提出了公平理论①。

（一）核心观点

公平理论的主要观点是：员工的激励程度来源于对自己与参照对象的报酬和投入的比例的主观比较感觉。具体而言，人们总会自觉或不自觉地将自己付出的劳动代价及其所得到的报酬与他人进行比较，并对公平与否做出判断。这种公平感会直接影响员工的工作动机和行为。

公平理论的公式可以表示为：$\frac{O_p}{I_p}=\frac{O_o}{I_o}$。其中，$O_p$代表一个人对自己所获得报酬的感觉，$I_p$代表一个人对自己所做投入的感觉，$O_o$代表一个人对他人所获报酬的感觉，$I_o$代表一个人对他人所做投入的感觉。

这个公式表明，当员工感觉自己的报酬和投入之比与他人的报酬和投入之比相等时，会感到公平和满意，从而维持工作积极性和努力程度；反之，如果感觉到不公平，则可能会产生不满和消极情绪，影响工作效率和团队合作。当员工感受到不公平待遇时，他们可能会采取以下六种应对策略中的某一种来应对这种不公平感：第一，他们可能会调整自己的工作投入，如减少努力或改变工作态度；第二，他们可能会尝试改变自己的工作产出，如降低工作质量或效率；第三，他们可能会通过调整自我认知来平衡内心的不公平感，如降低对自己的期望或价值感；第四，他们可能会歪曲对他人的认知，如低估他人的能力或贡献；第五，他们可能会寻找其他比较对象，以减轻当前的不公平感；第六，如果以上方法都无法满足他们的公平需求，他们可能会选择离开当前的工作环境或领域。

公平理论为工作场所中的组织公平研究做了重要铺垫。员工会通过分配公平、程序公平、互动公平等维度对组织公平进行衡量和感知。分配公平是指员工对所得到的结果（报酬）公平性的知觉。简单来说，分配公平关注的是员工是否认为他们得到的报酬（如薪资、奖金、晋升机会等）与其付出（如努力、技能、工作时间等）相匹配，以及这种报酬与其他员工的报酬相比是否公平。程序公平是指员工对用来确定结果分配的程序或方法的公平性的知觉。它强调的是分配过程中使用的程序和机制是否公平、透明和一致。员

① J. S. Adams, "Inequity in Social Exchange," *Advances in Experimental Social Psychology* 2（1965）：267-299.

工会评估这些程序是否给予他们充分的机会来表达自己的观点和关切，以及这些程序是否考虑了所有相关因素。互动公平主要关注在程序实际运行过程中，领导者对待个体的方式和态度对员工公平感受的影响。它包括两个方面：人际公平和信息公平。人际公平指的是在执行程序或决定结果时，权威或上级对待下属是否有礼貌、是否考虑到对方的尊严、是否尊重对方人格等。信息公平则是指是否给当事人传达了应有的信息，如解释为什么要用某种形式的程序或为什么要用特定的方式分配报酬。

（二）研究进展

在研究中，有学者基于公平理论研究不公平对工作满意度的影响。托拜厄斯·科曼（Tobias Kollmann）等结合公平理论和老龄化视角提出，由于不同年龄段员工的动机和目标转变，年轻员工和年长员工的工作满意度将不同地依赖于金钱奖励（公平理论的结果方）、任务贡献（公平理论的投入方）以及金钱奖励和任务贡献之间关系的不平衡（不平等）①。他们在对 166 名经理的研究中发现，年轻员工主要对金钱奖励感到满意，而年长员工主要对他们的任务贡献感到满意。最重要的是，三向互动表明，年轻员工和年长员工对两种不平等的反应不同。比例过高的奖励（低任务贡献获得高金钱奖励）降低了年长员工的工作满意度（但对年轻员工没有影响）。相比之下，报酬不足的不平等（高任务贡献获得低金钱奖励）降低了年轻员工（但不是年长员工）的工作满意度。这些工作特征对工作满意度的年龄依赖效应具有重要的理论和实践意义。

此外，越来越多的学者结合人工智能技术的发展对公平理论进行研究。裴嘉良等认为在组织人力资源决策情境下，员工普遍认为人工智能算法的决策相比上级主管的决策具有更低的信息透明度②。由于这种信息透明度的降低，员工对人工智能算法决策的程序公平感知也相应降低。这种感知可能会影响员工对人工智能算法的接受度和信任度，进而影响组织内部的沟通和合

① T. Kollmann, C. Stöckmann, J. M. Kensbock, & A. Peschl, "What Satisfies Younger Versus Older Employees, and Why? An Aging Perspective on Equity Theory to Explain Interactive Effects of Employee Age, Monetary Rewards, and Task Contributions on Job Satisfaction," *Human Resource Management* 1（2020）：101-115.

② 裴嘉良、刘善仕、钟楚燕等:《AI 算法决策能提高员工的程序公平感知吗？》,《外国经济与管理》2021 年第 11 期，第 41~55 页。

作。因此，在引入人工智能算法进行人力资源决策时，提高决策的信息透明度，增强员工的程序公平感知，是组织需要关注的重要问题。

案例链接 6-3

公平理论视角下的非高管股权激励与企业创新

郝项超、梁琪主要从企业创新的角度出发，深入探讨了非高管员工激励对象范围相关的政策规定对股权激励计划效果的影响。在我国，股权激励计划的激励对象已经从高管扩展到了非高管员工，但主要局限于核心业务与关键技术人员等少数员工。这样的规定使得公司员工被分为激励和非激励两组，他们享有不同的公司创新收益分享权利。这种分配机制的变化可能导致上市公司内部员工之间的收入差距加大，从而可能引发薪酬不公平问题。

基于我国上市公司股权激励计划的实际情况，并结合代理理论与亚当斯的公平理论，郝项超、梁琪提出了两个假说。第一个是非高管员工股权激励有效性假说，认为通过股权激励非高管员工，可以缓解代理问题，激发他们更积极地参与企业创新，进而提升企业的创新效果。第二个是非高管员工股权激励不公平假说，认为由于薪酬不公平，激励员工与非激励员工之间可能产生利益冲突，这种冲突可能会削弱股权激励计划对企业创新的积极推动作用。

为了进一步验证这两个假说，郝项超、梁琪利用 2006~2017 年我国上市公司发布并实施的股权激励计划数据以及上市公司的专利数据进行了实证研究。研究结果显示，尽管股权激励计划总体上能够显著推动企业创新，但非激励员工因薪酬不公平而产生的消极行为确实在一定程度上削弱了股权激励计划的激励效果，从而支持了不公平假说。

资料来源：郝项超、梁琪《非高管股权激励与企业创新：公平理论视角》，《金融研究》2022 年第 3 期，第 171~188 页。

六　目标设置理论（Goal Setting Theory）

目标设置理论由美国学者埃德温·洛克于 1967 年在“Goal Setting Theory”一文中提出。此后，托马斯·瑞恩提出，人类的行为是受到有意识的目标、计划、意图、任务和喜好的深刻影响的[①]。这一观点得到了学术界的广泛认可。随后，众多学者基于托马斯·瑞恩的理论，进一步探讨了目标与任务成绩水平之间的关联，从而不断丰富和完善了目标设置理论的内容与体系。

（一）核心观点

目标设置理论强调设置目标会影响激励水平和工作绩效。该理论认为目标本身就具有激励作用，它能把人的需要转变成动机，使人们的行为朝着一定的方向努力，并把自己的行为结果与既定的目标相对照，及时进行调整和修正，从而实现目标。这种使需要转化为动机，再由动机支配行动以达成目标的过程就是目标激励。

目标设置理论的核心原则包括清晰度、挑战、承诺、反馈和任务复杂性。清晰度原则是指目标应该具体、明确，不留任何误解的余地。明确的目标为行动提供了准确的方向。挑战原则是指目标应该具有挑战性但可以实现。设定过于简单的目标不会激发动力，而过于困难的目标可能会导致挫败感。承诺原则是指个人应该致力于自己的目标。当人们致力于自己的目标时，他们更有可能付出实现目标所需的努力。反馈原则是指定期反馈和进度监控对于实现目标至关重要。反馈可以帮助个人做出必要的调整以保持行为处于正轨。任务复杂性原则是指任务的复杂性会影响目标设定的有效性。对于较简单的任务，设定具体目标更为有效，而对于复杂的任务，设定学习或过程目标更有效。目标设定的过程包括以下步骤：①设定明确且具体的目标；②制定时间表；③细分目标；④确定目标的优先顺序；⑤制订行动计划；⑥监控进度。

目标设置理论的研究主要聚焦于以下四个方面：首先，它深入探讨了高效率目标的关键特性，如目标的清晰度和难度等；其次，它关注如何恰当地应用学习目标和成绩目标；再次，它分析了影响目标效应的各种因素；最后，

① T. A. Ryan, *Intentional behavior*（NewYork：Ronald Press, 1970）, pp.10–18.

它还研究了不同来源的目标（如被分配的目标、个人自主设定的目标或参与设定的目标等）所产生的影响。

目标设置理论的研究结果主要集中在以下方面。首先，关于目标困难程度和成绩之间的关系，洛克和布莱恩（Bryan）发现，任务的困难程度与成绩之间呈正相关关系，即最困难的目标能激发最高的成绩水平。然而，当个体能力达到极限或无法承诺实现非常困难的目标时，成绩水平会有所下降。其次，研究发现，具体的困难目标与常用的"最大努力"劝告之间存在明显效果差异。洛克和布莱恩指出，相比"最大努力"这种模糊的目标，具体的困难目标通常能带来更好的成绩。这是因为"最大努力"缺乏明确的外部参照，每个人对其理解可能不同，导致可接受的成绩水平范围宽泛。而具体目标则能避免这种情况。最后，研究还探讨了学习目标与成绩目标之间的差异，以及近期目标与远期目标之间的不同。①

目标设置理论的研究认为，目标通过四种方式影响成绩。首先，目标具有指引作用，它帮助个体专注于与目标相关的行动，并避免与目标无关的行动。例如，有具体学习目标的学生会更注意和学习与目标相关的内容②。其次，目标具有激励作用，更高的目标通常会激发个体付出更大的努力。再次，目标也影响个体的坚持性，面对困难目标时，个体会更愿意延长努力的时间。最后，目标还能通过激发与任务相关的知识和策略的使用，间接影响个体的行动。

加里·莱瑟姆（Gary Latham）等提出了目标设置理论的基本元素和高绩效循环（High Performance Cycle）模式③，指出目标的特性，如清晰度和难度，直接决定了个体的成绩表现；成绩的好坏又会影响个体的满意度；当个体对成绩和所得到的奖励感到满意时，这种满足感会激励他们承诺接受新的挑战。然而，目标和成绩之间的关系并不是单一的，它还会受到多种因素，如个体

---

① E. A. Locke & J. Bryan, "Goal Setting as a Determinant of the Effects of Knowledge of Score in Performance," *American Journal of Psychology* 81（1968）：398-406.

② E. Z. Rothkopf & M. J. Billington, "Goal-Guided Learning from Text：Inferring a Descriptive Processing Model from Inspection Times and Eye Movements," *Journal of Educational Psychology* 3（1979）：310-327.

③ G. P. Latham, E. A. Locke, & N. E. Fassina, "The High Performance Cycle：Standing the Test of Time," *Psychological Management of Individual Performance* 6（2002）：201-228.

对目标的承诺程度、目标的重要性、反馈的质量、任务的复杂性、付出的努力以及采用的策略等的影响。这些因素共同作用于目标和成绩之间的关系，使其变得更为复杂和多变。

（二）研究进展与实践应用

1. 目标和满意度间的关系

目标设置理论认为，在个体对目标有承诺、能够获得反馈、具备自我效能以及拥有恰当策略的条件下，目标设定得越高、越具挑战性，往往越能激发出好的成绩。然而，困难的目标也意味着更难实现，这可能导致个体在实现过程中感受到较低的满意度。为了调和这一矛盾，可以采取以下两种策略：首先，设定中等难度的目标，即那些具有挑战性但又切实可行的目标；其次，从更广泛的角度定义目标的困难度，这包括考虑成功的可能性，预期的成绩水平，达成目标所需的思考深度、努力程度以及技能应用水平，甚至任务的数量等因素。通过这样的调整，个体可以在追求高目标的同时，也保持对实现目标的合理预期和满意度。①

2. 基于目标设置理论的研究

蔡思辰等研究了目标设置理论视角下平台工作游戏化感知对零工工作者服务绩效的影响机制，研究结果表明，平台工作游戏化感知正向影响零工工作者服务绩效，目标承诺在二者之间起到了中介作用，竞争人格倾向正向调节平台工作游戏化感知对目标承诺的影响，竞争人格倾向正向调节平台工作游戏化感知通过目标承诺影响服务绩效的间接效应②。该研究提供了平台数字化工作设计的新思路，并拓展了目标设置理论的应用范围和情境。

七　自我效能理论（Self-Efficacy Theory）

自我效能理论由美国心理学家班杜拉于 1977 年在“Self-Efficacy: Toward a Unifying Theory of Behavioral Change”一文中提出③。班杜拉的社会学习理论产生

① E. A. Locke & G. P. Latham, *A Theory of Goal Setting & Task Performance*（Englewood Cliffs, NJ: Prentice Hall, 1990）.

② 蔡思辰、裴嘉良、刘善仕:《目标设置理论视角下平台工作游戏化感知对零工工作者服务绩效的影响机制研究》,《中国人力资源开发》2023 年第 5 期，第 6~20 页。

③ A. Bandura, “Self-Efficacy: Toward a Unifying Theory of Behavioral Change,” *Psychological Review* 2（1977）: 191-215.

于20世纪六七十年代，是在对传统行为主义的继承与批判中逐步形成的。自我效能理论作为其社会学习理论体系的重要组成部分，随着时间的推移，得到了进一步的丰富和发展，越来越多的研究者开始探讨自我效能与其他心理因素、环境因素之间的关系。

（一）核心观点

自我效能感是指个体相信自己有能力调动动机、认知资源和行动来满足不同的情境需求[①]。自我效能感是个人对自己完成某方面工作能力的主观评估，这种评估结果将直接影响一个人的行为动机。自我效能感不仅仅是对结果的期望，更是个体对自身操作活动的能力以及对操作效果的预期判断。它强调中介因素在人认识事物与自我调节的过程中，对行为产生的改变作用。

个体美好和成功的经历以及他们的情感状态是影响自我效能感的关键因素。班杜拉在他的研究中指出，个体在过往生活中所取得的积极成果和愉悦的情感体验，会显著提升他们的自我效能感，使他们对自己在未来面对类似任务时的能力持有更加乐观的态度。相反，负面的经历和情感状态可能导致自我效能感降低，影响个体对于自我能力的评估。

进一步来说，自我效能感作为个体能动性的基石，在很大程度上塑造了人们的思想和行为选择。一个拥有高自我效能感的个体，在面对挑战和困难时，更有可能采取积极、主动的态度，坚信自己能够克服障碍并达成目标。而低自我效能感的个体则可能倾向于回避困难，或是消极地面对挑战，认为自己的能力不足以应对。此外，自我效能感并不是一成不变的，它能够随着特定任务、问题与情境的变化而变化。个体在面对不同任务时，会根据任务的性质、难度以及自身的经验来调整自我效能感。[②]

（二）研究进展与应用

在理论研究中，不同学者将自我效能感作为中介、调节变量开展了一系列研究，丰富了员工的行为、特质，如组织公民行为、创新行为、员工韧性等领域的研究。

楼鸣等研究了自我效能感对于主管支持感对组织公民行为影响的调节作

---

① A. Bandura, *Self-Efficacy: The Exercise of Control*（New York：Freeman, 1997）.

② 郭本禹、姜飞月:《自我效能理论及其应用》，上海教育出版社，2008。

用[①]。研究表明，主管支持感对组织公民行为具有显著的正向影响，自我效能感在主管支持感与主动社会化之间起调节作用，员工的自我效能感越高，主管支持感与主动社会化之间的正相关关系越强；员工的自我效能感越低，主管支持感与主动社会化之间的正相关关系越弱。

徐小凤等研究了自我效能感在家庭和谐与员工韧性之间的中介作用[②]。研究表明，家庭和谐对员工韧性具有显著的正向影响；自我效能感在家庭和谐与员工韧性之间发挥着重要的中介作用，即家庭和谐能够产生积极的心理资源——自我效能感，从而有益于增强员工韧性。魏巍等研究了自我效能感在地位提升事件强度与员工创造力之间的中介作用[③]。研究表明，地位提升事件强度越高，员工对自身能力的确认程度越高，可以增强员工的自信心，进一步提升员工的自我决定感和胜任感，进而提升自我效能感，促进员工积极主动迎接挑战，在创新过程中不断坚持，最终提高员工创造力水平。

此外，还有学者研究了自我效能理论在职业领域的应用，阐述了自我效能感在理解女性劳动力弱势地位影响机制方面的作用，以及职业自我效能感在构建预测男性和女性职业选择行为模型方面的作用[④]。迈克尔·麦考密克（Michael McCormick）等将自我效能感概念扩展到领导力研究领域[⑤]。研究发现，领导自我效能感能预测领导行为，并能区分领导者与非领导者。

八　自我决定理论（Self-Determination Theory）

自我决定理论由美国心理学家凯伦·米勒（Karen Miller）、爱德华·德西和理查德·瑞恩于20世纪80年代在“Intrinsic Motivation and Self-Determination

① 楼鸣、李萍、刘宝巍:《主管支持感与组织公民行为：自我效能感的调节作用》,《管理科学》2021年第4期，第115~123页。

② 徐小凤、李苗苗、关浩光等:《家庭和谐对员工韧性的影响：自我效能感与社会支持的作用》,《中国人力资源开发》2021年第6期，第68~78页。

③ 魏巍、白润泽、黄杜鹃等:《地位提升事件强度对员工创造力的影响：自我效能与归因倾向的作用》,《中国人力资源开发》2021年第11期，第80~93页。

④ N. E. Betz & G. Hackett, “Applications of Self-Efficacy Theory to Understanding Career Choice Behavior,” *Journal of Social and Clinical Psychology* 3（1986）：279-289.

⑤ M. J. McCormick, J. Tanguma, & A. S. López-Forment, “Extending Self-Efficacy Theory to Leadership：A Review and Empirical Test,” *Journal of Leadership Education* 2（2002）：34-49.

in Human Behavior”一文中提出[1]，强调了自我在动机形成过程中的能动作用。

（一）核心观点

自我决定理论关注的焦点是人类的行为在多大程度上是自愿的和自我决定的，它强调人类行为的自我决定程度，将动机按自我决定程度的高低视作一个连续体。其基础是有机辩证元理论，即认为社会环境可以通过支持自主、胜任、归属三种基本心理需求的满足来增强人类的内部动机、促进外部动机的内化、保证人类健康成长。自主需求指的是个体对行为的选择感和自主感，胜任需求涉及个体对自己能力的信念和自信，而归属需求则指向与他人的联系和归属感。自我决定理论还强调个体对外在因素的接受程度取决于其内在动机的强度。如果个体的内在动机很强，那么他（她）会更加自主地选择行为，而不是被外部因素所驱动。反之，如果个体的内在动机很弱，那么他（她）会更加容易受到外部因素的影响。

自我决定理论对动机的解释提供了一种新的角度。传统的动机理论主要强调外部因素对行为的影响，而自我决定理论则更注重内部因素的作用。它认为，内在动机是个体行为的最终驱动力，而外部因素只是对内在动机的补充和支持。因此，只有在个体内在动机得到满足的情况下，才能保持行为的持久性和持续性。

自我决定理论包含多个分支理论，它们共同构成了该理论体系的丰富内容。以下是其中四个主要的分支理论。

基本心理需求理论（Basic Psychological Needs Theory）。该理论强调人类有三种基本心理需求，即自主需求（need for autonomy）、胜任需求（need for competence）和归属需求（need for relatedness）。当这些需求得到满足时，个体的内在动机和幸福感会得到提升。

有机整合理论（Organismic Integration Theory）。该理论关注个体动机的内化过程，即如何将外部规则和价值观转化为个体的内在动机。它解释了动机内化的不同阶段以及如何通过促进内化来提高个体的自我决定程度。该理论是对传统的二元动机划分方法的突破，指出环境影响个体的自我整合，

---

① K. A. Miller, E. L. Deci, & R. M. Ryan, “Intrinsic Motivation and Self-Determination in Human Behavior,” *Contemporary Sociology* 2（1988）：253.

个体的自我整合是一个从无自我决定到自我决定的连续体。它根据自我整合程度将动机划分为内在动机（Intrinsic motivation）、外在动机（Extrinsic motivation）和无动机（Amotivation）三种类型。内在动机是指由于工作本身具备的挑战性和趣味性等因素，使得个体自然产生对工作的渴望和动力。现有的研究结果大多一致地表明，内部动机具有高度的适应性，它与员工的专注度、工作投入度、卓越的工作表现特别是创造力之间存在正向的关联。与之相对，外在动机则是指那些与工作本身无关的因素，如物质奖励、他人的认可或其他与工作结果相关联的诱因所激发的工作意愿。而无动机则代表缺乏明确的目标和兴趣。该理论强调内在动机的重要性，并关注外在动机如何影响内在动机，特别是当外在动机使用不当时会削弱内在动机。

认知评价理论（Cognitive Evaluation Theory）。该理论主要关注外部环境对个体内在动机的影响。它解释了不同形式的外部反馈如何影响个体的内在动机，以及如何通过调整环境来增强个体的内在动机。它认为环境因素主要通过两种认知过程影响内在动机。一是它可能改变个体在认知过程中的因果关系路径。二是外在事件可能会影响个体的胜任知觉，即个体对于自身能力的感知。当这些事件让个体感到能够胜任工作，而不是削弱他们的胜任感时，内在动机就会得到增强。此外，该理论还确定了一种能有效促进个体的内在动机的环境因素的特性，即当个体身处一个充满安全感和归属感的环境，即其归属需求得到满足时，个体将展现出更多的内在动机行为。然而，与胜任需求和自主需求相比，归属需求在促进内在动机方面所起的作用处于较为间接和远端的位置。

因果定向理论（Causality Orientation Theory）。该理论关注个体在动机形成过程中的个体差异。它认为个体在对待动机的原因时存在不同的定向，这些定向会影响他们的自我决定程度和行为表现。该理论认为个体在自我整合方面会展现出三种不同的水平。首先，自主定向是指个体倾向于根据环境的利益价值和环境对自我创新的支持进行自我调整和定向。这类个体通常以兴趣和自我认可的价值为基础，在参与活动时更有可能产生内在动机和整合的外在动机。与此相反，控制定向的个体则更容易受到报酬、时间限制、组织结构、自我投入以及他人指令的制约，常常表现出外在的和内摄的调节方式。

最后，非个人定向的个体认为他们无法控制行为的结果和意图，这与缺乏动机和缺乏有意识的行动相关联。因果定向理论强调每种定向都是相对独立存在的，它们与环境因素共同作用，影响个体动机的内化过程。①

这些分支理论共同构成了自我决定理论的核心内容，为理解人类动机、行为和幸福感提供了重要的理论框架。每个分支都有其独特的研究重点和应用领域，但它们之间又相互关联，共同服务于自我决定理论的整体目标。

（二）研究进展与实践应用

刘靖东等对自我决定理论相关的中英文期刊文献进行了分析，发现中文文献中论述类研究显著多于实证类研究。而英文文献均为实证类研究。在研究主题上，中文文献关注的主题包括：互动方式，特别强调以教师、父母、领导者所提供的自主性支持为主导的互动方式；基本心理需求的中介作用，涉及学生、员工、运动员、教师等不同群体如何通过这些基本心理需求的满足来影响其行为和动机；动机的内化过程，包括体育锻炼动机、学习动机、教师教学动机、工作动机以及儿童内部动机等多个方面，这些动机的内化对于个体行为和长期发展的重要性也得到了深入探讨。英文文献关注的主题除以上三方面外，还包括目标内容。②

赵燕梅等从认知评价理论、有机整合理论两个子理论系统梳理了自我决定理论，并总结归纳了自我决定理论在理论验证、理论发展、理论延伸三个方面的近期研究情况③。研究结果表明，现有的自我决定理论研究忽视了工作既有趣又无趣的现实可能性和控制性动机负面效应的调节，缺乏无意识自主性动机的激发研究和企业应用研究。基于此，根据工作的有趣性程度，他们将工作分为无趣工作、有趣工作、既有趣又无趣的工作，从三种不同的工作类型构建了自我决定理论的现有研究框架及未来研究发展方向框架。

郑晓彤等基于自我决定理论，对远程工作中的主管监测变异性、下属日

① 张剑、张建兵、李跃等:《促进工作动机的有效路径：自我决定理论的观点》,《心理科学进展》2010 年第 5 期，第 752~759 页。

② 刘靖东、钟伯光、姒刚彦:《自我决定理论在中国人群的应用》,《心理科学进展》2013 年第 10 期，第 1803~1813 页。

③ 赵燕梅、张正堂、刘宁等:《自我决定理论的新发展述评》,《管理学报》2016 年第 7 期，第 1095~1104 页。

常感受信任和福祉的关系进行了研究，提出了一个多层次的理论模型，预测了主管的日常监控会影响下属感受到的信任程度以及他们随后的日常疲惫和活力①。多层次分析结果证实，日常监测与日常信任呈负相关，这又对下属在这两种情况下的日常福祉产生了负面影响。

案例链接 6-4

知识驱动的人力资源管理对员工越轨创新行为影响的分析

越轨创新是员工自发进行的高风险行为，只有内在动机强烈的员工才愿意承担风险，开展创新活动。根据自我决定理论，满足员工的自主、胜任、归属需求能够激发他们的内在动机。在组织层面，知识驱动的人力资源管理重视知识管理，通过鼓励员工参与知识学习、共享、整合和创新等活动，提升员工的胜任感，进而激发他们对工作的内在动机。因此，这种管理模式有助于提升员工的胜任感和内在动机，进而推动越轨创新行为的发生。

激情是个体对某项活动的内在热爱和重视，会促使其投入大量时间和精力。随着创新重要性的提升，创新激情逐渐成为理论界关注的焦点，它表现为个人以高度热情投入产品或服务创新过程。创新激情是员工创新的关键驱动力，即使在没有组织支持的情况下，创新激情高的员工仍会坚持创新，因此他们更有可能进行越轨创新。同时，知识驱动的人力资源管理作为促进组织知识创造、分享与传播的管理实践，通过培训和激励措施能够进一步提升员工的创新激情。

资料来源：黄雯怡、宋典、尹轶帅《知识驱动的人力资源管理与员工越轨创新行为关系研究：基于自我决定理论的视角》,《中国人力资源开发》2023 年第 12 期，第 84~95 页。

① X. Zheng, K. W. Nieberle, S. Braun, & B. Schyns, “Is Someone Looking Over My Shoulder? An Investigation into Supervisor Monitoring Variability, Subordinates’ Daily Felt Trust, and Well-Being,” *Journal of Organizational Behavior* 5 (2023): 818-837.

第四节 对动机理论的应用——如何对员工进行激励

一 通过工作设计激励员工

1. 工作特征模型（Job Characteristics Model，JCM）的概念

工作特征模型是哈佛大学教授理查德·哈克曼（Richard Hackman）和伊利诺伊大学教授格雷格·奥尔德汉姆（Greg Oldham）在20世纪70年代提出的。

工作特征模型是一个衡量工作内容对员工能否产生激励作用以及作用程度的重要工具。它确定了五个核心的工作特征，并分析了这些特征对员工生产率、工作动力和满足感的影响。这五个核心的工作特征是：技能多样性、任务完整性、任务重要性、工作自主性和工作反馈[①]。

技能多样性（Skill Variety）。技能多样性指的是一项工作要求员工使用各种技能的程度。当员工在工作中需要运用多种不同的技能时，他们更可能对工作感兴趣和满足。这种多样性包括使用不同的技术、处理各种问题和面对多样的挑战。

任务完整性（Task Integrity）。任务完整性是指工作要求员工完成一项从头到尾的工作，并能看到自己的工作成果。当员工能够参与一项工作的全过程，从开始到结束，并能明确识别出自己对整体结果的贡献时，他们会感到工作更有意义。

任务重要性（Task Significance）。任务重要性是指员工自己的工作对他人的工作或生活产生实际影响的程度。当员工意识到自己的工作对组织内外的人都有重要影响时，他们通常会感到自己的工作更有价值，从而增强工作动力。

工作自主性（Job Autonomy）。工作自主性是指员工在安排工作内容、确定工作程序和选择工作方法方面所拥有的自由度、独立性和决策权。高自主性的工作允许员工根据自己的判断和能力来组织工作，这有助于提升员工的

① J. R. Hackman & G. R. Oldham, *Work Redesign*（Prentice Hall Organizational Development Series，1980）, pp.17-34.

责任感和工作满意度。

工作反馈（Job Feedback）。工作反馈是指员工在完成任务的过程中，能够直接且明确地获得关于自己工作绩效的信息。有效的反馈不仅能让员工及时了解自己的工作表现，还能为他们提供改进的机会，从而增强工作动机和满足感。

这五种核心工作特征是相互关联的，它们共同影响员工对工作的感知和态度，影响员工在工作中的心理状态，进而影响员工的工作动力、工作绩效、工作满意度和缺勤与离职的水平①。工作特征模型认为，一项工作可以从这五个核心维度来描述。当工作在这五个维度上得分较高时，员工可能会体验到更高的工作满意度、更强的内在工作动机以及更好的工作绩效。该模型还指出，这些核心工作特征通过影响员工的关键心理状态（如工作意义、责任感和对工作结果的了解），进而影响员工个人和工作结果。

2. 研究进展

自哈克曼和奥尔德汉姆提出工作特征模型以来，该模型已经得到了广泛的关注和应用。许多研究者对其进行了验证、扩展和修正，以适应不同的工作环境和员工群体。例如，一些研究者探讨了工作特征模型在不同文化背景下的适用性，而另一些研究者则关注如何将模型应用于对员工创造力、工作压力以及员工激励的研究。

张一弛等对工作特征模型在我国情境中的有效性进行了检验②。其主要研究结果如下。第一，工作特征的核心维度包括技能多样性、任务完整性、任务重要性、工作自主性以及工作反馈，它们对员工的工作满意度、组织承诺和离职倾向等个人与工作结果具有广泛的积极影响。具体来说，任务完整性、任务重要性和工作自主性这三个维度能有效提升员工的工作满意度；而任务完整性、任务重要性、工作自主性和工作反馈这四个维度则能显著增强员工的组织承诺。同时，这五个核心维度也都能降低员工的离职倾向。这进一步证明了工作特征模型在我国企业中的适用性和指导意义。然而，值得注意的

① J. R. Idaszak & F. Drasgow, "A Revision of the Job Diagnostic Survey: Elimination of a Measurement Artifact," *Journal of Applied Psychology* 1（1987）: 69.

② 张一弛、刘鹏、尹劲桦等:《工作特征模型：一项基于中国样本的检验》,《经济科学》2005 年第 4 期，第 117~125 页。

是，技能多样性这一维度在提升工作满意度和组织承诺水平方面并未达到预期的积极效果，这与之前研究工作特征模型的其他文献的结论是一致的。第二，员工个人的成长需求在工作特征模型中所起的调节作用并不显著。其中，唯一起明显调节作用的是员工个人的成长需求可以通过任务的重要性来影响他们的组织承诺水平。第三，工作特征模型更适合应用于那些主要由操作性员工构成的传统产业企业，或是其他主要由受教育程度相对较低的员工组成的组织。鉴于我国有大量的未接受高等教育的劳动力从事制造业等传统产业，因此，工作特征模型在我国应该具有广泛的应用前景。

王端旭、赵轶指出，从现有的组织创造力理论研究框架来看，工作自主性和技能多样性这两个工作特征维度对员工创造力具有积极影响。同时，研究还发现，创意自我效能感在其中起到了调节作用。具体来说，随着员工创意自我效能感的提高，工作自主性对员工创造力的正向影响会相对减弱，而技能多样性对员工创造力的正向影响则会增强。①这些结论对组织创造力领域的理论发展具有重要意义。一方面，它证明了在我国文化背景下，工作自主性和技能多样性特征对员工个体创造力具有积极的预测作用，这与西方文化背景下的研究结果是一致的。另一方面，它进一步揭示了工作自主性和技能多样性与创造力之间的关系在不同个体特征水平下的差异，即创意自我效能感所起的调节作用，这既深化了我们对个体特征与情境因素交互作用于员工创造力的理解，也验证了人职匹配甚至人与环境匹配的理论。

靳娟等基于工作特征模型，着重研究了工作本身与高科技企业研发人员工作积极压力之间的关系②。通过使用结构方程模型进行数据分析，结果显示，工作特征的 5 个因子即技能多样性、任务完整性、任务重要性、工作自主性、工作反馈都与工作积极压力呈显著正相关关系。其中，技能多样性对工作积极压力的影响效果最强；工作自主性和工作反馈也表现出了较重要的影响作用。

① 王端旭、赵轶:《工作自主性、技能多样性与员工创造力：基于个性特征的调节效应模型》,《商业经济与管理》2011 年第 10 期，第 43~50 页。

② 靳娟、宁娟娟、张昕:《高科技企业研发人员工作积极压力影响因素研究——基于工作特征模型》,《科技进步与对策》2017 年第 6 期，第 151~155 页。

二　通过工作再设计（Job Redesign）激励员工

在当下这个不稳定、不确定、复杂和模糊的时代（VUCA 时代），外部环境的变化日新月异，令人目不暇接。这种变化不仅仅体现在技术和市场的快速发展上，更体现在人们对于工作的认知和期待上。职位的职责和工作角色，随着组织内外环境的变迁而不断演变。

工作再设计是指对工作内容、工作职能、工作关系的重新设计，它涵盖了从工作的目标到工作的执行和评估的整个过程，旨在优化工作流程，并为员工提供更好的工作体验。工作再设计的形式有很多种，如工作轮换、工作丰富化、关系型工作设计、弹性工作（制）等。

工作再设计通过重新整理和优化工作内容、职能和关系，可以改善员工的工作体验和提高工作效率。这种设计不仅关注任务的完成，更关注员工的心理感受、内在激励和个人成长，是提升员工激励水平的有效手段之一。通过优化工作内容和环境，工作再设计可以满足员工的内在需求和发展愿望，激发他们的积极性和创造力，为组织的可持续发展提供有力支持。

（一）工作轮换（Job Rotation）

1. 工作轮换的基本概念

工作轮换是一种工作再设计策略，也被称为交叉培训法，指员工在不同工作岗位或职位之间进行轮换①。这种策略的主要目的是增加工作的多样性，以减轻员工的厌烦情绪并提高他们的工作满意度和绩效。它为员工提供了掌握更多不同工作技能的机会，从而提高了他们对环境的适应能力。

具体来说，工作轮换可以是将员工从某个部门的岗位调换到另一个部门的岗位，或是让员工在某个部门内部的不同岗位之间进行轮换。这种调换通常发生在技术要求接近的工作职位之间。通过这样的轮换，员工能够更全面地了解组织的不同部门和职能，获得各种不同的工作经验。

工作轮换有两种具体形式。一种是受训者到不同部门考察工作但不会介入所考察部门的工作，这种方式更多的是让员工进行观察和了解；另一种是

① L. A. Burke & J. E. Moore, “The Reverberating Effects of Job Rotation: A Theoretical Exploration of Nonrotaters’ Fairness Perceptions,” *Human Resource Management Review* 2（2000）: 127-152.

受训者介入不同部门的工作，即员工实际参与并承担所轮换部门的工作职责。后者能让员工更深入地了解和体验不同部门和职位的工作内容和要求。

工作轮换不仅有利于员工个人的成长和发展，对组织也有诸多益处。它促进了员工对不同部门的了解，增强了部门之间的沟通和合作。通过让员工亲身体验不同部门的工作，工作轮换还能帮助员工更好地理解组织的整体运作，从而提高他们的决策能力和解决问题的能力。此外，工作轮换还被认为是培养多面手和复合型人才的有效途径之一，有助于组织在面临人手短缺或岗位变动等挑战时更加灵活地进行人力资源配置。

然而，工作轮换也存在一些挑战和限制。实施工作轮换需要组织投入额外的资源和时间来进行计划和协调，这可能会增加管理的复杂性。同时，工作轮换可能会影响员工的工作效率和工作质量，尤其是在轮换初期员工需要适应新的职位和工作环境时。此外，对于某些需要高度专业知识和技能的职位来说，过于频繁的工作轮换可能会阻碍员工的专业发展和技能的深度提升。

2. 工作轮换的研究进展

王端旭探讨了工作轮换对企业内部隐性知识转移的影响[①]。工作轮换是一种让员工在企业内部同一层级的不同工作岗位之间进行变动的过程。当员工进行岗位变换时，也伴随着知识的流动。与其他知识转移方式相比，工作轮换在隐性知识的转移上更具优势，因为它本质上是知识承载者自身的流动。工作轮换持续进行，每个新的轮换周期都在前一轮的基础上增加了知识存量，形成了一个转移—学习—再转移的循环过程，使隐性知识在企业内部的不同团队之间得以迅速传播和增长。此外，工作轮换不仅改变了员工的工作岗位，还伴随着非正式群体的建立。在每个岗位上，员工都会与同事建立起良好的人际关系。随着工作轮换的持续进行，这些人际关系逐渐形成一个复杂的社会网络，在这个网络中，人们直接或间接地转移着企业内部的隐性知识。这种知识转移方式不仅加速了知识的流动，也促进了企业内部的知识共享和创新。

（二）工作丰富化（Job Enrichment）

1. 工作丰富化的基本概念

工作丰富化是一种工作再设计策略，旨在通过增加工作的难度、责任和

---

① 王端旭：《工作轮换与企业内部隐性知识转移》，《科学学研究》2004 年第 4 期，第 395~398 页。

自主权来提高工作的挑战性和满足感。它是对工作内容和责任层次的垂直深化，与工作扩大化、工作轮换等概念有所不同。工作丰富化的核心在于通过赋予员工更加复杂、系统的工作，使得员工有更大的控制权，赋予员工更多的自主权和责任，使他们在工作中能够充分发挥自己的能力和潜力。①

工作丰富化可以通过以下几种方式实现。第一，增加任务种类和难度。为员工分配更多种类和更高难度的任务，使他们能够接触到不同的工作领域和挑战，从而提高他们的技能水平和工作能力。第二，赋予更多自主权。让员工在工作中拥有更多的自主权和决策权，允许他们根据自己的判断和经验来制订工作计划、解决问题和做出决策。这样可以增强员工的责任感和成就感，提高他们的工作积极性和满意度。第三，提供及时反馈。及时给予员工关于他们工作表现的反馈，让他们了解自己的工作成果和需要改进的地方。这有助于员工明确工作方向，提高工作效果，并增强他们的自我认知和自我激励能力。第四，强调工作意义。向员工解释他们的工作对组织的重要性和意义，让他们明白自己的工作是如何与组织的目标和愿景相联系的。这可以增强员工的工作动力和价值感，提高他们的工作投入度和忠诚度。

工作丰富化的优点在于它可以激发员工的工作积极性和创造力，提高他们的工作满意度和绩效②。通过让员工承担更多的责任、拥有更多的自主权，工作丰富化还可以促进员工的个人成长和职业发展。此外，工作丰富化也有助于组织培养多面手和复合型人才，提高组织的灵活性和适应性。

然而，工作丰富化也存在一些挑战和限制。例如，它需要组织投入额外的资源和时间来进行计划和实施，可能会增加管理的复杂性。同时，并不是所有员工都适合或愿意接受更多的责任和自主权，因此组织需要根据员工的需求和能力来制定合适的工作丰富化策略。

2. 工作丰富化的研究进展

涂红伟等探索了工作丰富化对“白领”和“蓝领”两类员工的不同影

① 王智:《工作设计的激励作用浅析》,《人口与经济》2009 年第 S1 期，第 59~60 页。

② J. R. Hackman & G. R. Oldham , “Development of the Job Diagnostic Survey,” *Journal of Applied psychology* 2 (1975): 159.

响[①]。知识型员工，通常被称为“白领”，他们利用所学的观念、思想和理论在组织中发挥作用，并代表企业的智力资本。与此相对，体力工作者，通常被称为“蓝领”，他们主要依赖手工技能和体力劳动来完成工作。研究发现，知识型员工和体力工作者在相同的工作丰富化水平下反应显著不同。因此，在管理实践中对他们不应一概而论，而应针对不同类型的员工制定不同的工作设计方案，以更好地提升他们的绩效。改变工作内容可以有效提升工作丰富化水平，这对知识型员工尤为有利。因此，人力资源管理者应积极运用工作丰富化理论，从技能多样性、任务完整性、任务重要性、工作自主性以及工作反馈五个方面提升知识型员工的工作丰富化水平，以满足其从事知识型工作的需求，并激发其工作潜力。然而，同时也要注意，丰富化的工作设计并不适用于所有员工，体力工作者可能更偏好泰勒设计的工作方式，因为这有助于管理者确定绩效标准并保证工作效率。在这种情况下，泰勒的专业化分工思想将更为适用。

（三）关系型工作设计

关系型工作设计是一种以工作特征理论为基石的工作再设计方式，它旨在通过重新设计，使工作本身更具激励性，从而激发员工的积极性和创造力。这一设计理念的核心在于将工作设计的焦点从传统的员工转移到那些生活会受员工工作表现影响的受益者，如顾客、患者以及商品或服务的使用者等身上。

关系型工作设计强调工作与员工、组织以及外部受益者之间的紧密联系。它要求管理者在设计工作时，不仅要考虑员工的技能、兴趣和需求，还要充分考虑工作如何为组织创造价值，以及如何满足外部受益者的期望和需求。通过这种方式，关系型工作设计有助于构建一种更加和谐、高效的工作环境，使员工的工作更具意义和目标感。

在具体实践中，关系型工作设计可能涉及多个方面的工作调整。例如，在客户服务领域，管理者可以通过重新设计工作流程，使员工更好地理解客户的需求和期望，从而提供更加贴心、专业的服务。在医疗领域，关系型工

① 涂红伟、严鸣、周星:《工作设计对知识型员工和体力工作者的差异化影响：一个现场准实验研究》,《心理学报》2011 年第 7 期，第 810~820 页。

作设计可以关注如何提升医护人员与患者之间的沟通和协作，以改善患者的就医体验和治疗效果。

以一个具体的工作设计为例，某家零售企业采用了关系型工作设计，重新设计了其销售员工的工作职责和流程。在新的工作设计中，销售人员不仅负责销售商品，还需要主动了解顾客的需求和喜好，提供个性化的购物建议。同时，企业还鼓励销售人员与顾客建立长期的信任关系，以便更好地满足顾客的长期需求。通过这种设计，销售人员的工作更具挑战性和激励性，他们也更加投入地为顾客提供优质的服务。而顾客则能够得到更加贴心、专业的购物体验，从而提高了对企业的满意度和忠诚度。

关系型工作设计的具体方式和路径可以分为以下几个步骤。

第一步，深入了解受益者需求。

市场调研。通过问卷调查、深度访谈等方式，收集受益者对产品或服务的反馈，了解他们的真实需求和期望。

数据分析。利用数据分析工具，对收集到的信息进行整理和分析，找出受益者需求的关键点和痛点。

第二步，重新定义工作职责。

角色分析。对现有工作岗位进行角色分析，明确每个岗位在满足受益者需求方面的职责和贡献。

职责调整。根据受益者需求的分析结果，调整或扩展员工的工作职责，使其更加符合受益者的期望。

第三步，优化工作流程。

流程梳理。对现有工作流程进行梳理，找出可能存在的瓶颈和低效环节。

跨部门协作。加强不同部门之间的沟通与协作，确保信息畅通、资源共享，提高工作效率。

技术应用。利用信息技术手段，如自动化工具、项目管理软件等，优化工作流程，减少不必要的环节。

第四步，提供培训和支持。

技能培训。针对新的工作职责和工作流程，为员工提供必要的技能培训，帮助他们快速适应新的工作环境。

团队建设。加强团队建设，培养员工之间的合作意识和团队精神，确保工作的顺利进行。

心理辅导。对可能因工作调整而感到焦虑或不安的员工，提供心理辅导和支持，帮助他们顺利过渡。

第五步，建立反馈机制。

定期调查。通过定期的问卷调查或访谈，收集受益者对工作成果的反馈意见。

实时反馈。鼓励受益者在使用产品或服务的过程中提供实时反馈，以便及时调整工作策略。

反馈分析。对收集到的反馈进行分析，找出工作中的优点和不足，为持续改进提供依据。

第六步，强化激励和认可。

奖励制度。设立与关系型工作设计相匹配的奖励制度，对在工作中表现出色的员工进行表彰和奖励。

晋升机会。为那些在工作中取得显著成果的员工提供晋升机会，激励他们继续努力。

文化营造。营造一种鼓励创新、尊重成果的企业文化，让员工感受到自己的价值和贡献。

通过以上具体步骤和路径，关系型工作设计可以更加深入地关注受益者的需求，调整和优化员工的工作职责和流程，为组织创造更大的价值。

综上所述，关系型工作设计是一种更加全面、深入的工作再设计方式，它强调工作与员工、组织以及外部受益者之间的紧密联系，有助于构建更加和谐、高效的工作环境，提升员工的工作积极性和创造力，进而提升组织绩效。

（四）替代性工作安排方案——弹性工作制

弹性工作制是一种灵活的工作安排制度，它允许员工在一定范围内自由选择工作时间、地点和方式，以满足个人生活和职业发展的需要。这种制度不仅有助于提高员工的工作满意度和忠诚度，还能为企业带来诸多好处。弹性工作制可以分为基于时间的弹性工作制（时间弹性，Temporal Flexibility）、基于空间的弹性工作制（空间弹性，Spatial Flexibility）、基于雇佣的弹性工作制（雇佣弹性，Flexible Employment）和基于工作内容的弹性工作制（个性化工作协议，Idiosyncratic Deals）。基于时间的弹性工作制是弹性工作制的最早实践形态，它强调工作时间的灵活性。其核心在于确定一个核心工作时间，所有员工必须在此时间段内在岗，而核心工作时间之外，员工可以灵活调整自己的上下班时间。这样的安排有助于避免交通高峰，减少员工的通勤压力，同时也能保证工作任务的顺利完成。这种弹性工作制使得员工能够更好地安排个人时间，提高工作与生活的平衡度。基于空间的弹性工作制则侧重于工作地点的灵活性。随着科技的进步和管理思想的变革，传统的工作形式逐渐向线上办公、远程办公和居家办公等形式拓展。基于空间的弹性工作制允许员工在传统的办公室或工作地点之外进行工作，如在家、咖啡厅、图书馆等地方办公。这种弹性工作制有助于员工在更舒适的环境中工作，提高工作效率，同时也能为企业节省办公空间成本。基于雇佣的弹性工作制则关注雇佣关系的灵活性。这种弹性工作制可能涉及兼职工作、项目制工作、合同工等多种雇佣形式。企业可以根据项目需求或业务变化，灵活调整员工的数量和工作时间，而员工也可以根据自己的需求和兴趣选择适合自己的工作形式。这种弹性工作制有助于企业应对市场变化，提高竞争力，同时也能为员工提供更多的职业发展机会。基于工作内容的弹性工作制则更加注重工作任务和内容的灵活性。企业可以根据员工的专业技能和兴趣，为其分配不同的工作任务和职责。员工也可以根据自己的能力和需求，选择适合自己的工作内容和难度。这种弹性工作制有助于发挥员工的潜力，提高工作质量，同时也能增强员工的责任感和成就感。

本部分将探讨基于时间的弹性工作制（弹性工作时间）、基于空间的弹性工作制（远程办公）和基于工作任务的弹性工作制（工作分担）的详细内容及其对员工工作的激励作用。

1. 弹性工作时间（Flextime）

弹性工作时间是指在完成规定的工作任务或工作固定的时间长度的前提下，员工可以自由选择工作的具体时间安排，以代替统一固定的上下班时间的制度。这种制度最初由德国经济学家威廉·哈勒（Wilhelm Haller）在20世纪60年代提出，主要是为了解决职工上下班交通拥挤的问题。

基于时间的弹性工作制是弹性工作制的原始形式。该制度主张企业不再坚持固定的上下班时间，而是采取错峰上下班的方式，以提供工作时间上的灵活性。作为弹性工作制的早期实践，它吸引了学者们的广泛关注。威廉·希克斯（William Hicks）和理查德·克里莫斯基（Richard Klimoski）在1981年深入探讨了这一制度的结构，认为它包含五部分：一是每日工作时间的总量规定；二是所有员工必须坚守的核心工作时间；三是员工可灵活选择上下班时间；四是工时银行机制，允许员工跨期调整工作时间；五是员工可自行调整工作时间分配，无须领导批准①。此后的研究，包括杰伊·金（Jay Kim）和安东尼·坎帕尼亚（Anthony Campagna）的研究，都沿用了这一对弹性的理解②。而阿莉莎·兰伯特（Alysa Lambert）、珍妮特·马勒（Janet Marler）和哈尔·格乌塔尔（Hal Gueutal）的研究则进一步拓展了弹性工作制的内涵，将压缩工作周也纳入其中，丰富了弹性工作制的具体内容和形式③。

弹性工作时间的具体形式包括以下三种。第一，日弹性工作时间，即每个工作日，员工可以选择上班和下班时间，但必须达到规定的工作时间。第二，周弹性工作时间，即员工必须每天在核心工作时间范围内工作一定的时间，每天没有规定的小时数，但规定了员工每周必须工作的小时数。第三，月弹性工作时间，即只规定每月的工作小时数，不规定每周和每天的工作小时数，但员工每天在核心工作时间范围内必须工作一定的时间。

弹性工作时间通过提升员工的工作满意度和幸福感、增强工作自主性和责任感、促进个人成长和职业发展以及提高工作效率和创造力，对员工产生激励作用。这种激励作用有助于激发员工的工作热情，提高他们的工作效率和质量，从而为组织的发展做出更大的贡献。一是提升工作满意度和幸福感。弹性工作时间允许员工根据个人需求和生活节奏来安排工作时间，从而增加了工作的灵活性和自由度。这种灵活性使得员工能够更好地平衡工作和生活，

---

① W. D. Hicks & R. J. Klimoski, "The Impact of Flexitime on Employee Attitudes," *Academy of Management Journal* 2（1981）：333-341.

② J. S. Kim & A. F. Campagna, "Effects of Flexitime on Employee Attendance and Performance：A Field Experiment," *Academy of Management Journal* 4（1981）：729-741.

③ A. D. Lambert, J. H. Marler, & H. G. Gueutal, "Individual Differences：Factors Affecting Employee Utilization of Flexible Work Arrangements," *Journal of Vocational Behavior* 1（2008）：107-117.

减少不必要的压力和焦虑，从而提升工作满意度和幸福感。这种积极的工作体验会进一步激发员工的工作热情，使他们更加投入和专注于工作。二是增强工作自主性和责任感。弹性工作时间赋予了员工更多的自主权，使他们能够根据自己的实际情况和判断来安排工作。这种自主权的获得不仅增强了员工的责任感，也使他们感到被信任和尊重。员工会更加珍惜这种自主权，并努力通过高效的工作表现来回报组织的信任。三是促进个人成长和职业发展。弹性工作时间为员工提供了更多的学习和成长机会。员工可以利用弹性工作的时间，参加培训课程、学习新技能或进行自我提升。这种个人成长和职业发展的机会能够激发员工的进取心和求知欲，使他们更加积极地面对工作中的挑战和机遇。四是提高工作效率和创造力。弹性工作时间允许员工在最适合自己的时间段内进行工作，这有助于他们发挥出最佳的工作状态。同时，员工可以根据自己的需求和喜好来安排工作环境和节奏，这有助于提高工作效率和创造力。在弹性工作时间下，员工可能更愿意主动思考、探索新的解决方案，从而推动工作的创新和发展。

然而，弹性工作时间也存在一些挑战，如需要更强的自我管理和时间管理能力，以及可能导致的沟通协作问题。因此，企业在实施弹性工作时间时，需要建立完善的管理制度和沟通机制，以确保工作的顺利进行。

弹性工作时间的应用非常广泛，它可以满足不同人群对时间配置的偏好，促进分工经济，提高工作效率。在欧美，超过 40% 的大公司采用了弹性工作时间。在中国，也有越来越多的企业开始尝试这种工作模式，特别是在互联网、科技、媒体等行业中，弹性工作时间已经成为一种趋势。

马红梅、代亭亭基于 CFPS（2020）数据，对于工作时间长度对劳动者健康的影响进行实证研究，通过引入弹性工作时间这一调节变量，探究了弹性工作制能否调节过劳对健康的消极影响①。研究结果显示，上下班时间弹性的提高会弱化长时间工作对健康的负面影响，尤其是对于严重过度劳动的群体，因此建立灵活弹性工作制能够有效缓解劳动力人口的健康损耗。

① 马红梅、代亭亭：《工作时间长度对劳动者健康的影响——基于 CFPS（2020）数据的实证研究》，《西北人口》2022 年第 6 期，第 99~112 页。

2. 远程办公（Flexplace）

现代通信技术的迅猛发展以及管理实践的持续创新，使得远程办公、居家办公等新型工作模式逐渐普及。学者们对于弹性工作制的理解也与时俱进，不断拓展深化。最初，弹性工作制主要关注时间的弹性安排，然而，随着研究的深入，弹性的概念已经从单纯的时间层面扩展到了空间层面①。学者现在普遍认为，弹性工作制不仅仅意味着员工可以在时间上灵活调整工作安排，空间上的弹性同样是其不可或缺的重要内涵②。空间弹性让员工可以选择其更适合的工作环境，进一步提升了工作的灵活性和效率。

远程办公也称“远距办公”或“居家办公”，是一种工作模式，它允许员工在远离传统办公环境的地方（如家中、咖啡厅或其他远离办公室的场所）通过互联网和技术工具进行工作。这种工作模式强调灵活性、高效性和便利性，是信息时代工作方式的革新。

远程办公可以根据工作性质和实施方式的不同进行分类，主要包括以下三种。第一，全职远程办公，即员工长期在家或其他远离办公室的场所工作，与公司同事主要通过电子邮件、即时通信工具、电话会议等方式进行沟通和协作。第二，兼职远程办公，即员工部分时间在办公室工作，部分时间在家或其他场所远程办公。这种模式结合了传统办公和远程办公的优点，使员工既能享受办公室的便利设施，又能享受远程办公的灵活性。第三，分布式团队，即团队成员分布在不同地理位置，通过互联网和协作工具共同完成项目。这种模式需要高效的沟通和协作能力，以确保项目的顺利进行。

远程办公具有灵活性，能够减少通勤时间，降低企业成本，同时提高员工工作满意度。灵活性指远程办公允许员工根据个人需求和生活节奏灵活安排工作时间和地点，从而提高工作效率和生活质量。减少通勤时间指员工无须每天花费大量时间在路上通勤，可以节省时间和精力，用于更有意义的工

① T. D. Allen, R. C. Johnson, K. M. Kiburz, & K. M. Shockley, “Work-Family Conflict and Flexible Work Arrangements: Deconstructing Flexibility,” *Personnel Psychology* 2(2013): 345-376.

② D. Greenberg & E. M. Landry, “Negotiating a Flexible Work Arrangement: How Women Navigate the Influence of Power and Organizational Context,” *Journal of Organizational Behavior* 8 (2011): 1163-1188.

作或生活活动。降低成本指远程办公可以减少公司的办公空间需求和能源消耗，从而降低运营成本。同时，员工也可以节省交通费用和餐饮费用等开销。提高员工满意度指远程办公为员工提供了更多的自主权和舒适度，有助于增强员工的归属感和满意度，提高员工的工作积极性和创造力。但是远程办公也会带来沟通效率降低、团队协作难度增加、安全问题等一系列风险。沟通效率降低指面对面沟通是工作中最有效的沟通方式之一，但远程办公限制了面对面沟通的机会，可能导致沟通效率降低和误解增加。团队协作难度增加指远程办公需要团队成员通过互联网和协作工具进行协作，这需要高效的沟通和协调能力。如果团队协作能力不足，可能导致项目进度延误或质量下降。安全问题指远程办公需要通过互联网传输敏感数据和文件，存在数据泄露和网络安全风险。公司需要采取有效的安全措施来保护员工和客户的信息安全。

关于远程办公的研究主要聚焦于在线远程办公对员工的具体影响，这些影响分为积极和消极两个方面。从积极方面来看，研究表明在线远程办公增强了工作与生活的联系，使得家庭边界更加灵活和具有渗透性①，这有助于提升员工应对工作的能力和灵活性，从而增加员工的工作满意度和对工作的掌控感②。然而，远程办公并非只有优势，也有研究表明其带来了不少负面影响。从消极的角度看，研究发现远程办公可能会妨碍员工的工作心理脱离③，导致工作与家庭之间的冲突，并可能引发失眠、抑郁等生理问题④以及情绪

① L. Leung, "Effects of ICT Connectedness, Permeability, Flexibility, and Negative Spillovers on Burnout and Job and Family Satisfaction," *Human Technology: An Interdisciplinary Journal on Humans in ICT Environments* 3（2011）：250–267.

② K. M. Richardson & C. A. Thompson, "High Tech Tethers and Work-Family Conflict：A Conservation of Resources Approach," *Engineering Management Research* 1（2012）：29–43.

③ Y. Park, C. Fritz, & S. M. Jex, "Relationships between Work-Home Segmentation and Psychological Detachment from Work：The Role of Communication Technology Use at Home," *Journal of Occupational Health Psychology* 4（2011）：457–467.

④ A. Arlinghaus & F. Nachreiner, "When Work Calls-Associations between Being Contacted Outside of Regular Working Hours for Work-Related Matters and Health," *Chronobiology International* 9（2013）：1197–1202.

耗损[①]和工作倦怠[②]等心理问题。因此，远程办公的影响是复杂多样的，需要全面考虑其利弊。

远程办公被广泛应用于各行各业，特别是那些需要高度自主性和创新性的行业，如科技、设计、咨询、媒体等。随着互联网和信息技术的不断发展，越来越多的公司开始尝试和推广远程办公模式，以提高工作效率和员工满意度。同时，政府和社会各界也在积极推动远程办公的发展和应用，为构建更加灵活和高效的工作方式提供支持。

此外，不同学者基于中国情景研究了远程办公对员工绩效、创新等因素的影响。刘松博等认为，文化背景是影响个体在工作中的行为以及角色动态变化的重要因素[③]。中国文化中表现出的关系导向、追求中庸之道、集体主义精神和高度权力距离等特性，与远程办公带来的各种现象之间，可能存在紧密的联系。远程办公的实施，向员工传递了领导对他们福祉的关心和支持，这种正面的信号往往能激励员工更努力地工作，以回馈这份信任。对于权力距离感较高的员工来说，他们更认同地位差异，更愿意遵循权威，并对领导抱有深厚的感激、信任和认同之情。因此，他们更可能基于互惠的原则，用出色的工作表现来回报领导的关心和支持。相反，权力距离感较低的员工，他们更重视上下级之间的平等关系，对领导的感激、忠诚和服从程度较低。因此，即使接收到远程办公的积极信号，他们也不一定会基于互惠原则进行回报。

涂婷婷、赵琛徽基于工作要求 - 资源模型研究了远程办公对员工越轨创新行为的影响，研究揭示了远程办公对员工越轨创新行为的正向影响，提出组织应积极提供远程办公支持，充分发挥远程办公对员工越轨创新行为的积极影响[④]。首先，为了保障员工在远程办公时能够顺利开展创新活动，组织需

① D. Derks & A. B. Bakker, "Smartphone Use, Work-Home Interference, and Burnout: A Diary Study on the Role of Recovery," *Applied Psychology* 3 (2014): 411-440.

② D. Derks & A. B. Bakker, "Smartphone Use, Work-Home Interference, and Burnout: A Diary Study on the Role of Recovery," *Applied Psychology* 3 (2014): 411-440.

③ 刘松博、程进凯、王曦:《远程办公的双刃剑效应：研究评述及展望》,《当代经济管理》2023 年第 4 期，第 61~68 页。

④ 涂婷婷、赵琛徽:《远程办公对员工越轨创新行为的影响研究——角色宽度自我效能和工作重塑的链式中介模型》,《财经论丛》2023 年第 6 期，第 93~102 页。

要搭建一个优质的虚拟办公网络环境。这包括提供稳定的云服务和适合企业需求的在线办公及协作平台。同时，组织应配置专业的技术人员，提供全天候的技术服务支持，从技术层面确保员工能够顺利地进行远程办公。其次，管理者应调整思维，给予员工充分的信任和授权。通过线上办公平台或信息技术手段，管理者可以对员工进行科学合理的监督和评估，从而充分利用远程办公带来的自主性优势。在这样开放、包容的环境中，员工能够充分发挥自己的才能，进一步激发创造力。

3. 工作分担（Job Sharing）

工作分担是一种工作安排策略，指的是两个或多个员工共同承担一个传统上由一个人完成的全职工作。这种安排通常涉及将工作职责、工作时间和薪酬在员工之间进行分配。工作分担的目的是提供更灵活的工作选择，满足员工的需求，同时保持组织的生产力和效率。

工作分担的具体形式可以根据组织的需要和员工的个人情况来灵活安排。以下是一些常见的工作分担形式。第一，时间分割，即两个或多个员工将同一个职位的工作时间分割开来。例如，一个员工可能在上午工作，而另一个员工则在下午工作。这种安排适用于那些需要持续有人在岗，但不必全天都由一个人工作的情况。第二，任务分割，即将一份工作的职责和任务分割成几个部分，由不同的员工分别承担。每个员工只负责自己分配到的任务，并在需要时与其他员工协调合作。第三，交替工作，即两个或多个员工交替承担同一份工作的全部职责。他们可能按周、月或其他时间周期轮换工作岗位。第四，季节性分担，即在某些行业，如旅游、零售等，工作量可能会随季节变化而波动，在这种情况下，组织可以安排员工在旺季时全职工作，而在淡季时则减少工作时间或与其他员工分担工作。第五，项目基础分担，即在项目导向的组织中，员工可以根据项目的需要和时间表来分担工作，一旦项目完成，他们可能会转移到其他项目或回到常规的工作安排中。

在中国，随着工作场所的多样性和灵活性需求的增加，越来越多的企业开始尝试工作分担等灵活工作安排。在互联网行业，许多互联网公司，特别是初创公司和快速发展的企业，由于工作强度高、项目多且变化快，员工常常面临巨大的工作压力。为了缓解这种情况，一些公司开始尝试工作分担安排，允许员工在保持高效工作的同时，更好地平衡工作与生活。在教育行业，特别是高等教育机构中，工作分担的安排较为常见。例如，两位教师可能会分担同一门课程的授课任务，每位教师负责一部分内容或特定的课时。这种安排有助于减轻教师的工作负担，同时为学生提供更多样化的教学风格和学习内容。在零售业，特别是大型连锁超市和百货公司，由于营业时间长、工作强度大，员工流动率较高。为了吸引和留住员工，一些企业开始尝试工作分担安排。例如，两个员工可以分担同一个销售岗位的职责，每人工作半天或交替工作不同的时间段。在制造业，一些企业为了应对季节性需求波动或订单变化，会采用工作分担的方式来调整员工的工作量。例如，在订单量较少的时候，两个员工可以分担一个生产线上的工作岗位；而在订单量增加时，则可以安排更多员工全职工作以满足生产需求。

三　通过员工参与（employee involvement）激励员工

1. 员工参与的概念

员工参与主要是指员工依据一定的规定与制度，通过一定的组织形式，直接或间接地参与管理和决策的各种行为和制度的总称。它包括过程参与（如工作生活质量、质量圈、工作丰富化）、决策参与（如代表参与、自我指导团队）和分配参与（如收益分享计划、员工所有权）等多种形式。员工参与不仅可以让员工介入管理决策的制定和实施，还能通过与管理层的交互作用，参与和影响管理行为的过程。

2. 员工参与的类别

过程参与主要指的是员工在工作流程、任务分配和工作设计等方面的参与。其目的在于提升工作生活质量，增加工作的丰富性，并通过团队合作共同解决问题。其中，工作生活质量是指关注员工在工作中的感受和需求，强调工作环境和条件的改善，以及员工之间的关系协调，从而提高员工的工作满意度和绩效。质量圈是一种由员工自发组成的团队，旨在共同分析和解决工作中遇到的质量问题。通过团队协作和集思广益，员工可以提出改进建议，推动工作流程的优化和产品质量的提升。工作丰富化则是通过增加工作的复杂性和挑战性，使员工在工作中获得更多的成长机会和满足感。这有助于激发员工的积极性和创造力，提高工作效率。

决策参与强调员工在决策制定过程中的角色和影响力，通过让员工参与决策，可以确保决策更加符合实际需求，提高决策的可行性和有效性。其中，代表参与是指员工通过选举产生代表，参与公司的决策过程。这些代表能够反映员工的意见和需求，确保员工的利益被充分考虑。自我指导团队是指员工被赋予更多的自主权和决策权，他们可以自己决定如何完成工作任务，甚至参与制定团队的工作目标和计划。这有助于激发员工的责任感和归属感，提高团队的凝聚力和执行力。

分配参与主要涉及员工在收益分享、所有权等方面的参与，旨在通过合理的利益分配激发员工的工作积极性。收益分享计划是指员工按照一定比例分享公司的利润或收益。这种计划可以让员工感受到自己对公司的贡献得到了认可，从而更加努力地工作。员工所有权是指员工通过购买公司股票或参与员工持股计划等方式成为公司的股东。这不仅可以增强员工的归属感，还可以让员工更加关注公司的长期发展。

3. 员工参与的测量

对于员工参与的测量，可以从多个角度对其维度进行划分。

首先，从人性假设的角度，员工参与可以被划分为两个维度。在这一角度下，员工参与被视为一种激励机制被进一步细分为参与决策和参与监督两个方面。这意味着，员工不仅能够在决策过程中发挥作用，还能对决策的执行情况进行监督，从而确保决策的公正性和有效性。①

其次，从员工参与程度的角度，员工参与可以被划分为建议采纳、信息共享和授权三个维度。建议采纳强调员工提出的意见和建议能够得到重视和采纳，这有助于提升员工的归属感和工作积极性；信息共享则注重员工之间以及员工与管理层之间的信息流通，确保信息的准确性和及时性；授权则意味着赋予员工一定的权力和责任，使其能够自主决策和行动，提高工作效率和创新能力。②

① A. Cox, M. Marchington, & J. Suter, "Employee Involvement and Participation: Developing the Concept of Institutional Embeddedness Using WERS2004," *The International Journal of Human Resource Management* 10 (2009): 2150-2168.

② 谢玉华、张媚、雷小霞:《影响员工参与的组织因素研究》,《财经理论与实践》2010年第5期，第99~103页。

4. 员工参与和员工激励

动机理论与员工参与和激励之间存在紧密的联系。动机是员工内在的需求和愿望，是激励的起点和基础。激励则是通过满足员工的需求和愿望来激发其积极性和创造力的过程。员工参与正是基于这样的动机理论，通过满足员工的不同需求（如自我实现需求、尊重需求、社交需求等），来激发其工作动机和积极性。

员工参与决策和管理过程，能够激发其内在的工作动机，因为员工会感到自己的观点和贡献被重视，从而更加积极地投入工作，进而提升工作满意度和绩效。员工参与意味着员工有更多的机会参与组织的事务，这可以提高员工的工作满意度，因为员工有机会表达自己的意见和看法。员工参与可以调动员工的积极性和创造性，从而提高他们的工作绩效，推动组织目标的实现。

不同的激励手段会对员工动机产生不同的影响，例如物质激励可以满足员工的生存和安全需求，而精神激励则可以满足员工的社交、尊重和自我实现需求。员工参与管理和决策的过程，既可能带来物质上的回报，也可能带来精神上的满足和尊重，从而全面激发员工的工作动机。

四 利用奖励激励员工

物质上的回报对员工的激励作用不容忽视。它不仅是员工付出努力后应得的回报，更是激发员工工作积极性和创造力的重要动力源泉。

薪酬结构包括货币薪酬和非货币薪酬两部分。货币薪酬包括基本薪酬、浮动薪酬、福利等部分。浮动薪酬与员工的业绩、贡献以及公司的经营成果密切相关。浮动薪酬的引入使得员工的薪酬不再完全固定，而是可以根据其实际表现进行动态调整。这种薪酬形式更能体现员工之间的劳动差别，从而激发员工的工作积极性和创造力。灵活的福利计划使员工可以选择不同的福利项目，也可以根据自身的情况和需求随时申请和办理，能够更好地满足员工的需求，提高员工的工作满意度和忠诚度。

本部分将分析浮动薪酬和灵活福利的不同形式，并分析其对员工的激励作用。

（一）通过浮动工资方案（Variable-pay Program ）奖励员工

1. 计件工资（Piece-rate Pay Plan ）

计件工资是一种根据员工完成的合格产品或工作数量来计算薪酬的工资形式。在这种工资制度下，员工每完成一个单位的工作（如组装一个部件、包装一个产品等），都会得到固定的报酬。这种报酬方式通常适用于那些可以明确计算产出数量和质量的工作岗位。

计件工资的激励作用主要体现在以下几个方面。首先，计件工资直接与工作成果挂钩，这可以极大地激发员工的工作动力。员工完成的工作数量越多，获得的报酬也就越高。这种直接的经济激励使得员工更加专注于提高工作效率，努力增加产出，从而增加自己的收入。其次，计件工资有助于员工自我管理和自我驱动。在这种工资制度下，员工可以根据自己的能力和工作进度来安排工作，不需要过多的外部监督和指导。这有助于培养员工的自主性和责任感，使员工更加主动地参与到工作中来。此外，计件工资还有助于提高生产质量和减少浪费。由于员工的收入与产出数量直接相关，员工会更加注重工作的质量和效率，避免不必要的浪费和错误。这有助于提升企业的整体运营效率和产品质量。

然而，计件工资也存在一些潜在的问题。例如，它可能导致员工只关注数量而忽视质量，或者为了追求更高的产出而过度劳累。此外，对于某些难以准确计算产出数量的工作岗位，计件工资可能并不适用。

因此，企业在采用计件工资制度时，需要综合考虑员工的技能水平、工作性质以及企业的战略目标等因素。同时，还需要制定合理的考核标准和质量监督机制，确保员工在追求产量的同时不牺牲质量。同时，企业也需要关注员工的身心健康，避免过度追求产量而给员工带来过大的压力。

2. 绩效工资（Merit-based Pay Plan ）

绩效工资是一种基于员工的工作表现、业绩和贡献的薪酬制度。它主要依据员工在工作中所展现的能力、工作态度、完成的任务质量以及达成的目标等来评定和发放工资。绩效工资的核心在于“以绩取酬”，即员工的薪酬与其工作绩效直接挂钩。

绩效工资的激励作用主要体现在以下几个方面。首先，绩效工资制度能够激发员工的工作动力。由于薪酬与绩效直接相关，员工会更有动力去提升自己的工作表现，努力达成更高的工作目标，从而获得更高的薪酬回报。这种制度有助于激发员工的主动性和积极性，使他们更加专注于工作，并愿意为达成目标付出更多努力。其次，绩效工资制度能够促进员工的个人发展和职业成长。在绩效工资的评定过程中，员工可以了解到自己在工作中的不足之处，并有针对性地进行改进和提升。通过不断努力和学习，员工可以提升自己的能力和技能，从而达到更高的绩效评级和薪酬水平。这种正向反馈循环有助于员工实现个人成长和职业进步。此外，绩效工资制度还有助于增强员工的自我管理能力。在绩效工资的激励下，员工会更加注重自我约束和自我规划，合理安排工作时间和任务，提高工作效率和质量。员工会更加主动地制定工作计划和目标，并努力去实现它们，以获得更好的绩效评价和薪酬回报。

然而，绩效工资制度也存在一些潜在的问题。例如，如果绩效评价标准不公正或不合理，可能会引发员工的不满和抵触情绪。此外，如果绩效工资在总薪酬中的占比过高，可能会使员工过于关注短期绩效而忽视长期发展和团队合作。

因此，在实施绩效工资制度时，企业需要确保评价标准的公正性和合理性，并充分考虑员工的意见和反馈。同时，企业还需要平衡绩效工资与其他薪酬形式的关系，确保薪酬体系的整体性和协调性。

3. 奖金（Bonus）

奖金是组织为了鼓励员工提高工作效率和工作质量而支付的额外货币奖励。它通常是在员工完成特定任务、达到预定目标或取得卓越业绩时给予的额外报酬，是对员工优秀表现的认可和激励。

奖金的激励作用主要体现在以下几个方面。首先，奖金能够直接激发员工的工作动力。由于奖金是与员工的业绩直接挂钩的，员工会更有动力去努力工作，追求更好的业绩。这种直接的经济激励能够促使员工更加积极地投入工作中，提高工作效率和工作质量。其次，奖金有助于提升员工的工作满意度和忠诚度。当员工因为优秀的表现而获得奖金时，他们会感到自己的努力得到了认可和回报，从而提升工作满意度。同时，奖金也体现了组织对员工的重视和关怀，有助于增强员工对组织的忠诚度和归属感。此外，奖金还可以促进员工之间的竞争与合作。在奖金制度的激励下，员工之间会形成一定的竞争氛围，大家争相努力提高自己的业绩。同时，为了共同达成组织目标，员工之间也会加强合作与沟通，形成良好的团队氛围。

然而，需要注意的是，奖金制度也存在一些潜在问题。例如，如果奖金设置不合理或过于频繁，可能会使员工对奖金产生依赖心理，失去工作的内在动力。此外，如果奖金分配不公或存在主观偏见，还可能引发员工的不满和抵触情绪。

因此，企业在实施奖金制度时，需要综合考虑员工的实际需求、工作性质以及企业的战略目标等因素，制定合理的奖金标准和分配机制，确保奖金的公正性和有效性。同时，还需要注意平衡奖金与其他薪酬形式的关系，避免员工对奖金产生过度依赖。

4. 技能工资（Skill-based Pay）

技能工资是一种依据员工所掌握的知识、技术和所具备的能力来支付工资报酬的薪酬制度。这种工资制度不仅考虑员工的职位或级别，更侧重于员工个人的技能水平和实际工作能力。技能工资的核心在于“以能定薪”，即根据员工的技能和能力来确定其薪酬水平。这种制度鼓励员工不断提升自己的技能水平，因为更高的技能意味着更高的薪酬。同时，技能工资也为企业提供了一种更加公平、透明的薪酬分配方式，有助于激发员工的工作积极性和创造力。

技能工资对员工的激励作用主要体现在以下几个方面。首先，技能工资能够激发员工提升技能的积极性。由于薪酬与技能水平直接挂钩，员工会更有动力去学习和掌握新的技能，提升自己的工作能力。这种正向激励有助于员工个人成长和职业发展，同时也为企业提供了更多具备高素质和高技能的员工。其次，技能工资有助于增强员工的归属感和忠诚度。当员工的技能得到认可并获得相应的薪酬回报时，他们会感到自己的价值得到了体现，从而更加愿意为企业付出努力。这种归属感和忠诚度有助于降低员工流失率，保持企业人才队伍的稳定性。此外，技能工资还可以促进企业内部的知识共享和团队合作。在技能工资的激励下，员工会更加愿意分享自己的知识和经验，相互学习和帮助，共同提升技能水平。这种良好的团队氛围有助于提升企业的整体绩效和竞争力。

然而，需要注意的是，技能工资制度在实施过程中也可能面临一些挑战。例如，如何准确评估员工的技能水平、如何确保技能工资的公平性和透明度、如何平衡技能工资与其他薪酬形式的关系等。因此，企业在实施技能工资制度时，需要充分考虑这些因素，制定合理的实施方案和管理机制。

5. 利润分享（Profit sharing）与收益分享（Gain sharing）

利润分享是一种根据公司盈利能力的特定标准，在公司范围内分配薪酬的方式。这种薪酬可以以现金形式直接支付，也可以采用股票期权的形式，特别是针对高层管理者。例如，甲骨文公司的 CEO 拉里 · 埃里森（Larry Ellison）和脸书的马克 · 扎克伯格（Mark Zuckerberg），他们的收入大部分来自基于公司业绩的股票期权兑现。尽管许多利润分享方案的规模并不如此巨大，但它们对员工态度有着积极的影响，使得员工更有主人翁意识。利润分享不仅可以直接提升员工的收入水平，还能够增强员工对公司的归属感和忠诚度，从而激发员工更加积极地参与工作，为企业创造更大的价值。同时，利润分享也有助于形成稳定的员工队伍，降低人才流失率，提升企业的竞争力。

收益分享是一种基于公式计算的群体激励计划，它根据群体生产率的提升来决定员工可分配的总金额。与利润分享不同，收益分享主要关注生产率收益而非利润，即使公司未盈利，员工仍有可能获得奖励。这种方案在大型制造公司和医疗卫生组织中被广泛应用，因为高绩效员工会激励低绩效员工更努力地工作，从而提升整个团队的绩效。收益分享方案可以激励员工努力提高工作效率和工作质量，从而促进企业整体生产率的提升。这种方案不仅有助于降低成本、提升盈利能力，还能够促进员工之间的合作与沟通，形成更加积极向上的工作氛围。在实施收益分享方案时，企业需要制定详细的计算公式和评估标准，确保奖励的公正性和合理性。同时，企业还需要对员工进行必要的培训和指导，帮助他们了解方案的具体要求和操作流程，以充分发挥方案的激励作用。

6. 员工持股计划（Employee Stock Ownership Plan, ESOP）

员工持股计划是一种特殊的企业报酬计划，旨在通过让员工持有公司股份，成为公司股东，进而获得共享公司收益以及参与公司经营决策的权益。ESOP 实质上是一种长期激励手段，其对象通常为能推动公司长期发展的高管人员以及核心员工。员工持股计划的核心理念在于将企业的股权或股票授予员工，使员工成为公司的所有者之一。通过这种方式，员工能够更深入地了解公司的发展状况，更直接地参与公司决策，从而增强其对公司的责任感和归属感。此外，员工还能通过持有股份分享公司的利润和成长，从公司的发展中获得更多的回报。

员工持股计划对员工的激励作用主要体现在以下几个方面。一是激发工作热情。员工成为公司股东后，公司的收益与其个人收入直接挂钩，这将使员工更加积极地思考公司的长期发展政策，更加投入地工作，以期获得更高的收益。二是增强归属感。员工持股计划使员工与公司之间的关系更加紧密，员工会更有归属感，更愿意为公司的发展贡献自己的力量。三是提高稳定性。员工因持有公司股份而更加关注公司的长期利益，从而降低了离职率，确保了公司的稳定性。

然而，员工持股计划也存在一定的风险和挑战。例如，股票市场的波动可能会影响员工的收益，甚至可能引发员工的不满和担忧。因此，企业在实施员工持股计划时，需要综合考虑多种因素，制定合理的方案，并加强与员工的沟通，确保计划的顺利实施。

案例链接 6-5

德国高校对不同阶段教授激励策略的价值导向探究
——基于德国 W 体系薪酬分配制度的分析

德国高校实施的 W 体系薪酬分配制度已经成功地从原先“人人有份”的模式转变为现今“保障与激励并重”的体制。目前，该体系已经形成了稳定的结构，主要以基本工资为核心，辅以多元化的附加浮动工资作为补充，有效地实现了对不同专业发展阶段教授的差异化激励。基本工资的设定坚持“依据资质，保障公平”的原则，确保每位教授都能得到与其资质相符的待遇；而浮动工资则遵循“优绩优酬，强化激励”的价值导向，以绩效为依据，为表现优秀的教授提供更高的薪酬回报。

具体来说，对于初级教授（W1 阶段），由于他们正面临适应新环境和满足基本生存需求的挑战，因此薪酬制度更侧重于提升他们的职位胜任力；而对于终身教授中的普通教授（W2 阶段），他们通常有着向上晋升的需求，因此薪酬制度在保障其基本工资的同时，也注重激励他们在教学和科研方面的并重发展；至于专家教授（W3 阶段），由于他们承担着高级职位的使命，薪酬制度则更侧重于激励他们在行政管理、对外合作等方面的贡献。

当前，我国正处于高等学校薪酬制度的改革关键时期，德国 W 体系薪酬分配制度经过 20 多年的实践积累，其成功经验对我国来说具有重要的借鉴意义。

资料来源：彭贤杰、阮文洁、樊秀娣《德国高校对不同阶段教授激励策略的价值导向探究——基于德国 W 体系薪酬分配制度的分析》,《外国教育研究》2024 年第 2 期，第 79~93 页。

（二）利用福利激励员工

与期望理论相符，组织的报酬应该紧密地与每个员工的目标相连。灵活福利（flexible benefit）作为一种新型报酬方式，允许员工根据个人当前的需求或状况自行选择报酬组合，从而满足员工的个性化需求。这种方式正在逐渐取代已沿用多年的“单一福利计划”，后者是为 20 世纪 50 年代典型的员工家庭结构设计的。然而，随着时代变迁，如今的员工队伍呈现更加多元化的特点，如单身员工和双职工家庭等，传统福利方案已难以满足其需求。相比之下，灵活福利可以根据员工的年龄、婚姻状况、配偶福利、孩子数量等因素进行定制，更加符合现代员工的实际需求。目前，三种最受欢迎的灵活福利计划包括模块计划、核心加选项计划和弹性费用账户。

模块计划是预先设计好的福利模块或福利包，旨在满足不同特定员工群体的需要。每个福利模块都是根据特定的员工特征和需求定制的。例如，针对无子女的单身员工，模块可能只包括核心福利项目，如医疗保险和退休金计划。而对于作为单身家长的员工，模块可能包括额外的人寿保险、伤残险以及涵盖家庭成员的医疗保险计划。这种计划的好处在于它允许组织为员工提供有针对性的福利，确保福利与员工的实际需求相匹配。

核心加选项计划由一组核心福利项目以及一系列额外福利项目组成，员工可以根据个人需求从中自行挑选。核心福利通常包括所有员工都需要的基础保障，如医疗保险和退休金。而额外福利项目则更加多样化，可能包括健身俱乐部会员资格、旅游折扣、专业培训等。每个员工通常会获得相应的“福利额度”，用于“购买”那些能满足他们个人需求的额外福利项目。这种计划灵活性较高，既保证了员工的基本福利需求，又允许他们根据个人喜好和需要选择额外的福利。

弹性费用账户允许员工将一部分税前收入存入该计划提供的账户中，用于支付特定的福利项目。这些特定的福利项目通常包括医疗保险、牙科费用等与个人健康相关的支出。由于这些费用是从税前收入中扣除的，因此员工可以享受到税收减免的优惠，从而增加其税后的实际收入。这种计划的好处在于它提供了更大的财务灵活性，使员工能够更好地管理自己的健康和福利支出。

这三种福利计划各具特色，但都体现了灵活福利的核心思想，即根据员工的个性化需求来设计和提供福利，以满足员工的多样化需求。组织可以根据自身情况和员工特点选择合适的福利计划，以提升员工的满意度和忠诚度。

案例链接 6-6

苹果公司的多元福利

考虑到每个人的需求和日程安排各有不同，苹果公司提供不同且灵活的医疗保险计划，为员工的身心健康保驾护航。此外，员工还可以获得免费且保密的在线或面对面心理咨询服务。对于主要在 Apple 园区工作的员工，健康中心的现场医务人员与营养师和针灸师共同保障员工健康，健身中心则提供从高强度锻炼到放松冥想的各种训练项目。工作地离园区较远的员工可能有资格报销与健身相关的费用。

资料来源：《Apple 职业机会》，https://www.apple.com/careers/cn/benefits.html，最后访问时间：2024 年 5 月 1 日。

案例链接 6-7

网飞（Netflix）的“没有休假制度”

在拥有一支高绩效团队和坦诚的企业文化后，小威尔蒙特·里德·哈斯廷斯（Wilmot Reed Hastings，Jr.）指出，企业可以放松对员工的管控，给予他们更多的自由。网飞的取消管控中有一条非常独特的规定——没有休假制度，员工可以自己选择什么时候休假以及休多长时间的假。哈斯廷斯发现，公司历史上很多重大的创新都是员工在非上班时间创造出来的。如果一名员工把全部时间都花在工作上而没有休息的话，他/她是没有时间用一种全新的视角来审视自己的工作的，创新也就无从谈起。不过，在取消固定休假制度之初，也有一些人觉得自己完全自由了，他们选择在不适宜的时间休假，给其他同事和整体团队带来了很多麻烦。所以，网飞自发形成了三条休假准则：第一，始终为公司最大利益行事；第二，绝不做任何妨碍他人实现其目标的事；第三，努力实现自己的目标。

资料来源:《从不 996，没有绩效制度，网飞是如何创造市值万亿的？》，2021 年 2 月 13 日，https://www.jiemian.com/article/5669905.html，最后访问时间：2024 年 5 月 1 日。

复习思考题

1. 动机理论的发展可以分为几个时期？每个时期分别有哪些代表性理论？

2. 马斯洛需求层次理论和 ERG 理论有哪些区别？

3. 强化理论的核心观点是什么？

4. 简要说明正强化、负强化、连续强化和部分强化的概念。

5. 阐述期望理论公式的逻辑。

6. 工作再设计的方式包括哪些？请简要说明。

7. 如何通过浮动工资和福利激励员工？

案例分析题

自我决定理论视角下零工工作者自我领导对情绪劳动的作用机制研究

2022年中国共享经济发展报告显示，在线外卖与网约车在各自领域均占据了显著的市场份额，其中在线外卖收入占餐饮业收入的近五分之一，网约车客运量则占据了出租车总客运量超过三成的比重。这表明，诸如外卖配送员和网约车司机等零工工作者在推动服务业的转型升级中发挥着重要作用。同时，随着消费者越来越注重服务质量，对平台服务人员的要求也在不断提高。研究表明，对于零工工作者而言，情绪劳动是提升顾客服务体验的关键因素。但不同的情绪劳动策略，如表层扮演和深层扮演，给顾客带来的体验大不相同。表层扮演往往是一种不真诚的情绪表达，容易导致零工工作者情绪失调，并可能受到顾客的负面评价。而深层扮演则是零工工作者真实情感的流露，能够给顾客带来积极体验，从而提高服务质量。因此，如何优化零工工作者的情绪劳动策略，成为当前学术界和实践界亟待研究的重要课题。

基于自我决定理论，毛孟雨等研究发现，零工工作者通过实施自我领导的行为和认知策略，可以有效促进基本心理需求的满足。首先，自主需求，即个体追求按自身意愿行动和发挥主观能动性的需求，在零工工作者的工作中得到了体现。他们通过自我领导，明确工作的行动目标和时机，摆脱无效行为的束缚，从而获得了行为的自主性。同时，他们也能自主决定工作时长和休息时间，甚至通过自我奖励来庆祝工作目标的完成，这些都体现了他们工作激励的自主性。

其次，胜任需求的满足来自个体对环境的掌控和对挑战的应对能力。零工工作者经常面临临时和紧迫的任务，但他们通过自我领导的策略，如自我观察，可以监控自己的工作表现，提升对环境的掌控感。同时，面对来自平台、顾客等多方面的压力，他们通过预演策略和任务前的准备以及自我对话来鼓励自己，从而提高了应对复杂任务的能力。

最后，归属需求的满足则在于与他人建立深厚的关系。尽管零工工作者可能缺乏传统组织氛围的支持，但他们通过与顾客的互动来满足这一需求。通过自我领导策略，他们努力与顾客建立亲密和关爱的关系，例如通过提供优质服务来赢得顾客的认可和赞美。同时，他们也会通过提供个性化的服务来与顾客建立更加紧密的联系，满足其人际互动的需求。

综上所述，自我领导在促进零工工作者基本心理需求的满足方面发挥了重要作用，有助于提升他们的工作满意度和绩效。

心理需求的满足对零工工作者选择实施深层扮演而非表层扮演起到了关键作用。这是因为“内化”是实现个人目标与绩效目标相一致的关键过程，它指的是个体将外部动机完全转化为内部动机。根据自我决定理论，个体具有内化的自然倾向，而能否实现这种内化，关键在于其三种基本心理需求是否得到满足。这些心理需求的满足就像内化的“养分”，有助于个体将外部的价值观、信仰或行为规范内化为自我认知，并按自己的意愿投入到工作中。因此，当零工工作者的基本心理需求得到满足时，他们更可能将工作中的情绪表达要求融入自我目标，并付诸实践。在这种情况下，通过深层扮演来调节情绪以符合工作要求，会更符合零工工作者的内心期望，甚至成为他们工作的一部分。所以，心理需求的满足会促使零工工作者更倾向于选择深层扮演，而不是表层扮演。

资料来源：毛孟雨、张兰霞、李佳敏《自我决定理论视角下零工工作者自我领导对情绪劳动的作用机制研究》,《管理学报》2023 年第 9 期，第 1325~1334 页。

思考题

1. 如何基于自我决定理论解释自我领导对情绪劳动的影响?

2. 心理需求满足发挥中介效应的逻辑机理是什么?

第七章　群　体

第一节　群体定义与分类

群体（group），是指一定数量的个体在某种共同特征或相互关系的基础上形成的集合体。这一概念广泛存在于社会学、心理学、生物学等多个学科领域。在社会学中，群体通常指的是具有共享的社会身份、共同的目标、一定的组织结构以及相互交往的人群集合，如家庭、社区、社团、阶级、民族等。这些群体通过规范、价值观、角色期待等方式对个体行为产生影响，并在社会生活中发挥着重要的功能。在心理学中，群体特指两个或两个以上个体在一定时间内彼此互动、相互影响而形成的心理共同体。群体心理研究关注的是群体成员如何形成共同的认知、情感和行为模式，以及群体氛围如何影响个体的心理和行为决策。在生物学中，群体则主要指同一物种内聚集在一起生活的一群个体，如动物种群、菌落等，它们之间可能存在互助协作、竞争或者繁殖关系。

组织行为学中的群体是指两个或更多的人在工作环境或组织结构中为了实现共同目标而结合在一起，并形成相互依赖、互动关系的集合体。这与其他学科如社会学、心理学等的群体概念有所交叉但也有特定的侧重点。社会学中的群体研究更侧重于宏观层面的社会结构、身份认同和社会互动模式；心理学中的群体研究则关注个体如何受到群体压力的影响以及群体决策过程中的心理机制。然而，在组织行为学领域中，群体是组织的基本组成部分，被专门用来理解并改进工作环境中的团队协作、沟通效率和组织绩效。

具体来说，组织行为学中群体的类型如下。

正式群体（formal group）。例如，公司的市场部门是一个正式群体，每个成员都有明确的角色（如营销经理、产品经理）和职责，共同致力于实现公司设定的销售和市场推广目标。

非正式群体（informal group）。比如在午餐时间经常一起用餐的同事形成了一个非正式群体，他们可能基于共同兴趣或情感支持而自然聚集，尽管这个群体没有官方指定的任务，但它可以在一定程度上影响员工的情绪状态和工作积极性。

此时的群体不仅仅是一个集合名词，它更是探讨组织效能、团队动力、领导力以及人力资源管理等多个重要议题的核心载体。首先，作为实现组织目标的核心单元，群体通过成员间的协同合作能够有效地分解和应对复杂任务，从而提高整体的工作效率。其次，在资源分配与管理方面，群体内部的分工协作机制使各类资源得以充分利用，成员间互补技能、分享知识，共同解决面临的问题。再次，群体还充当了满足员工心理需求的重要载体，它提供了一个平台来满足员工在社交、尊重以及自我价值实现方面的诉求，这种环境有助于提升员工的工作满意度，并进一步强化他们对组织的忠诚度。最后，非正式群体在塑造和传播组织文化上扮演着关键角色，它们影响并形成了独特的亚文化，对整个组织的行为规范和风气起着潜移默化的塑造作用。

正式群体与非正式群体在结构化程度、目标设定、权力分配、责任与义务以及稳定性等方面存在显著区别。其中，正式群体强调规范化、制度化的管理，而非正式群体则更注重人际关系、情感纽带及自发性合作（见表 7-1）。

表 7-1　正式群体和非正式群体的概念辨析

比较项	正式群体	非正式群体
结构化程度	清晰的结构、规章制度、层级划分和角色定位，规则由上至下制定，具有高度制度化和标准化的特点	非正式群体形成自然，结构相对松散，规则基于成员共识和情感联系，缺乏严格规定
目标设定	预先设定并明文规定的长期战略目标与短期执行计划，目标来源于高层决策及组织整体规划	目标可能来自组织赋予的任务或自发形成的共同追求，非正式群体中目标更多依赖成员间的情感共鸣和临时需求
权力分配	权力层次分明，决策权、指挥权有明确的规定，权力中心固定且易于识别	动态和灵活的权力分配，影响力中心可能因情境变化而变化，非正式群体中的领导地位多基于个人魅力或社会影响力
责任与义务	成员对其职位和职责有明确的责任和义务，受组织规章制度约束，责任归属清晰	个体的责任和义务可能并不具体明确，在非正式群体中，依赖于成员间的默契和信任，而非书面规定
稳定性	具有较强的稳定性，组织的存在和运行受到法律、合同等多重机制保障，不易受个别成员变动影响	稳定性取决于成员间的关系、兴趣点及外部环境变化，非正式群体可能更具临时性和变动性

（一）社会认定

当我们谈论“社会认定”时，可以先从一个直观的例子开始。想象一下，你加入了一个社团或工作团队，当你成为其中一员时，你的行为、态度甚至价值观都可能会受到这个群体的影响，同时你也会影响这个群体的氛围和发展。这就是社会认定在实际生活中的体现：我们通过所属的社会群体来界定自我身份，并据此指导我们的行动。具体来说，社会认定（Social Identity）是指个人对自己所属的某一群体成员身份，如国籍、种族、职业、性别或者兴趣团体等的认知和情感上的接受程度。

在心理学和社会科学中，“社会认定”这一概念有更深层的含义，它主要由社会认定理论（Social Identity Theory，SIT）所阐述。社会认定理论是由亨利·塔菲尔（Henri Tajfel）和约翰·特纳（John Turner）等在20世纪70年代提出的[①]，该理论主要关注个体如何通过所属的社会群体身份来构建自我认同感和自尊心，并解释了群体间的互动与行为。因此，无论是作为普通社交互动的一部分，还是在社会运动、组织行为乃至群体冲突等研究领域，社会认定及其相关理论都为理解人类群体间的行为差异、凝聚力以及社会冲突等问题提供了理论框架。

社会认定理论的主要观点如下。

第一，社会分类。人们倾向于将自己和其他人划分为不同的群体，并基于这些类别（如性别、种族、国籍、职业等）形成自己的社会身份。

第二，社会比较。个体不仅确定自身的群体归属，还会通过与其他群体进行比较来评价自身所在群体的地位和价值。这种比较过程有助于提升或贬低特定群体的社会地位。

第三，内群偏爱/外群歧视。基于社会比较的结果，个体通常会对自己的内群体（ingroup）产生积极的偏好和情感连接，同时可能对其他外群体（outgroup）持有消极态度或歧视倾向，以维持和增强内群体的优越感和自尊心。

---

① H. Tajfel, M. G. Billig, R. P. Bundy, & C. Flament, “Social Categorization and Intergroup Behavior,” *European Journal of Social Psychology* 2（1971）：149-178. H. Tajfel & J. C. Turner, “An Integrative Theory of Intergroup Conflict,” *The Social Psychology of Intergroup Relations* 47（1979）.

第四，社会认同的动力作用。社会认同可以成为激发个体行为的重要动力源泉，比如为了维护或提高群体地位而努力工作、参与竞争甚至冲突。

第五，自我类别化。在特定情境下，个体会选择性地突出某些社会身份，使它们更显著地影响自己的认知、情感和行为。

（二）内群体和外群体

在人类社会中，内群体和外群体的概念是我们理解和解释人们行为、态度以及社会互动的重要框架。内群体，简单来说，就像是我们心中的“家”，它是一个人所属或强烈认同的集体，比如我们的家庭、朋友圈、工作团队、民族、国籍等。例如，当你身处一支足球队时，你的队友们就是你的内群体，你们共享目标、价值观，并为团队荣誉而共同努力。对内群体的归属感会带来积极的情感联系与身份认同，促使成员间相互支持、合作并共同维护群体利益。

相反，外群体则是那些我们并不属于或不完全认同的群体。以上文提到的足球队为例，其他球队即构成了你的外群体。尽管可能尊重甚至欣赏某些外群体的特点或成就，但作为本队队员，你通常会对自己的队伍持有更高的忠诚度和优先级，这种心理倾向可能导致对外群体成员产生竞争意识，甚至是某种程度的偏见或刻板印象。例如，在比赛中，你会竭尽全力击败对手，也就是所谓的外群体，以此来提升自己所在内群体的地位。

（三）中国的群体本位文化

在中国社会文化脉络中，群体的概念具有深远且独特的内涵，形成了深深植根于社会各个层面的群体本位文化。群体本位文化反映了中国悠久的历史积淀和民众集体心理结构的特征。与西方的人本主义哲学思想聚焦于个体的内在价值与自由不同，群体本位文化强调集体利益高于个人利益，社会和谐与秩序优先于个体自由和权利，体现出一种“群体至上”的价值观取向。

在中国的社会哲学体系中，个人并非孤立存在或首要考虑的对象，而是被视为嵌入在更为广阔的家庭和社会集体之中，家庭和群体的和谐与统一被赋予了超越个体利益的重要性。在具体的家庭结构比较中，西方社会的亲子关系往往体现为基于平等个人地位的互动模式，而中国传统家庭观念则深深扎根于尊老爱幼的伦理秩序之中，家庭成员间的关系不仅仅是个人间的联系，更构成了一个经济生活与社会功能相互交融的整体单元。在这种文化语境下，个体的责任、义务以及对群体福祉的贡献通常优先于追求个人自由和权利表达。因此，中国的群体本位观念要求每个作为社会基本构成单位的个体必须严格遵循既定的群体规范，并且自觉地将群体的利益与反应纳入自身的考量范畴。

在中国传统社会的深层结构中，血缘关系构成了群体组织与人际关系的基础框架。这一核心架构起始于个体，通过家庭、宗族等层级递进地联结起来，形成了中国社会群体构造的根本内核。在此基础上衍生出了多种形态的社会关联体系，包括但不限于依据地域亲缘形成的地缘群体、由职业划分所界定的行业群体，以及由政治隶属关系构建的政治群体等多元集合体。尽管这些群体各有其特定的标准和属性，但它们均可追溯至血缘宗法这一根本基础，在不同层次上和社会领域内得以扩展和深化。

因此，血缘群体内部所展现的人际互动特征，如亲情纽带的深厚、集体主义精神的弘扬、人际关系和谐的追求以及家国同构意识的强化，不仅在其自身范围内表现突出，而且在其他非血缘性质的社会群体关系中也以各种变形和变体得以体现。这些特征是中国传统文化和民族精神的重要组成部分，诸如爱国主义情怀、家族主义伦理观以及崇尚人伦和谐的价值取向等，均深深植根于群体本位的文化土壤之中。这些优良传统的存在，对于中华民族生生不息的发展壮大起到了至关重要的支撑作用。同时，在现代社会物质文明高度发展而人际情感趋于疏离的背景下，它们所蕴含的精神价值愈发显现出矫正时弊、维系人文关怀的重要意义，从而为当代社会提供了一种宝贵的平衡力量和文化滋养。

然而，从辩证的角度分析，群体本位文化在孕育和塑造中华优秀传统文化的过程中，也催生了诸如过度牵制、依赖、索取等消极现象。宗派主义、小团体意识、内部消耗性竞争风气，以及平均主义观念、表面化、面子心理等问题，均与群体本位文化的阴暗面密切相关。面对中国社会的持续进步与发展，应当深入考量地理、历史、政治、经济等多个维度的现实状况，以全球文化交融与创新的大趋势为指引，对群体本位文化进行深刻认识与适时变革。例如，在某些社会组织结构中，亟须有意识地弱化以血缘、地缘为基础的传统群体关系模式，转而构建以共同目标和价值观为导向的新型群体联系。同时，在珍视人情纽带的基础上，应借鉴西方个体本位文化中关于制度保障个人权益的有效做法，通过法律制度等手段确保个体的基本权利得到尊重与保护。

随着中国现代化进程的推进和社会变迁，群体本位文化也在不断接受挑战和变革。现代法律制度与公民权益保障体系逐步完善，旨在平衡群体利益和个人权利的关系，在鼓励个体创新与自我发展的同时，也强调构建基于共同目标和价值观的社会群体联系。这种动态的文化转型过程正是对中国群体本位文化既有传统的继承与发展，也是对全球文化交流互鉴中如何保持文化自信与包容性的深刻思考。唯有秉持文化自信的精神，并兼收并蓄地吸取其他文化的有益元素，群体本位文化方能在时代变迁中与时俱进，最大限度地增进对他者的理解和接纳，进而赢得广泛的认可与尊重。

表 7-2　中国传统文化群体本位与西方文化个人本位价值观比较

对比项	中国传统文化（群体本位）	西方文化（个人本位）
价值主体	社会群体	个体
价值观念	群体利益优先，个体价值依托于群体实现	个人本身就是中心和目的，具有最高价值
道德伦理观	强调道德至上，如孝道、忠道；重视宗法血缘关系在社会秩序中的地位	强调自我独立性、自由意志和个人权利的重要性
社会结构与关系	家国同构，人际关系基于血缘	基于法律规定的公民身份形成人际关系
个体定位	个人价值融入家庭、国家乃至天下的整体和谐稳定中	个体追求目标通过自主努力实现，鼓励个性发展和创新精神
历史影响（优缺点）	促进民族团结和社会凝聚力，但压抑个体意识，限制创造力，易滋生权威主义	激发个体创造性与独立人格塑造，推动市场经济，但可能导致道德危机、人际孤立、享乐主义和拜金主义泛滥
当代趋势	中西方文化相互借鉴融合，需平衡群体与个体利益诉求，创造适应新时代要求的新文化价值观	

第二节　群体发展的五个阶段

心理学教授布鲁斯·塔克曼（Bruce Tuckman）在 1965 年提出了团队发展阶段模型，将团队的发展分为组建期（Forming）、激荡期（Storming）、规范期（Norming）、执行期（Performing）四个阶段[①]。1977 年，他与玛丽·安·詹森（Mary Ann Jensen）在原模型的基础上加入了第五个阶段——休整期（Adjourning），将之改称为五阶段群体发展模型（five-stage group-development model）[②]。虽然并非所有的群体都按照这种模式发展，但它也不失为一种用来理解群体发展的有效框架。

第一阶段，形成期。

在群体形成的初期阶段，成员们初次集结，他们通过积极的交流、探讨和协商过程确定群体的核心发展方向和具体的工作计划。这个阶段的特点是群体的宗旨尚未完全明确，组织结构和领导方式都处于探索阶段。成员们试探着适应环境，寻找被群体接纳的行为模式。一旦成员建立起自我认同感，即视为该阶段顺利完成。此阶段的主要任务包括确立群体的行为规范、构建基本的工作框架及明确人际交往和任务执行的界限。领导者在此时扮演的角色是促进群体成员对发展阶段的认知共享，推动达成共识。

第二阶段，激荡期。

随着群体发展至激荡期，成员间互动增强，彼此试探，冲突与矛盾随之而来。尽管成员已承认群体的存在，但对群体规则与约束有所抵触，导致竞争激烈、意见碰撞。此阶段可能产生小团体，出现拖延等消极现象，部分群体甚至长期停滞于此。第二阶段的主要工作集中在培养群体成员的任务执行能力和解决团队内部冲突的能力上。领导者在这一阶段采取教练式的领导方式，将整体目标拆分成可行的小步骤，并倡导包容不同意见，以助群体顺利度过激荡期。

第三阶段，规范期。

当群体进入规范期时，成员间的联系显著加强，群体展现出团结一致的精神风貌。群体内形成了强烈的身份认同和深厚的同志情谊。在这一阶段，问题的解决变得更加有序，涉及权威和权力的问题能够通过理性讨论而非情绪化的手段解决。第三阶段的主要工作转为调整个体行为以优化成员协作，促进组织

① B. W. Tuckman, "Developmental Sequence in Small Groups," *Psychological Bulletin* 6（1965）：384-399.

② B. W. Tuckman & M. A. C. Jensen, "Stages of Small-group Development Revisited," *Group and Organization Studies* 2（1977）：419-427.

和谐，提高积极性。领导者在此时采用参与式领导风格，给予群体更多自主权。

第四阶段，执行期。

执行期标志着群体结构稳定且已被成员广泛接受，群体焦点从内部磨合转向实际任务的高效执行。群体内部已存在开放沟通、深度合作以及有效的冲突解决机制，高度的凝聚力和对群体目标的坚定承诺促使群体能够完成单个成员无法单独胜任的任务。尽管如此，持续发展和关注成果产出仍是此阶段的关键。领导者在这个阶段倾向于委派决策，赋予群体更多的自我管理能力。

第五阶段，休整期。

对于某些临时性群体而言，在经历了前几个阶段后，最终会迎来休整期，成员开始面对解散的现实。这一阶段伴随着成员对群体终结的失落感和悲伤情绪，表现为动机水平降低和对未来不确定性的增长。此时群体的主要任务转变为总结经验、反思成果、表彰贡献，并帮助成员规划职业道路，以及为可能的重组或新项目做准备。领导者这时则作为导师和顾问，帮助群体成员处理离别情感，确保平稳过渡，并通过庆祝共同成就来提振群体精神，为其成员今后的生活和工作注入持久的动力。当群体成功完成预定任务后，便步入解散或转型的最后过渡时期，成员们开始正视分离的情感挑战，回顾以往历程，并评估自身的成长与群体的整体进步。

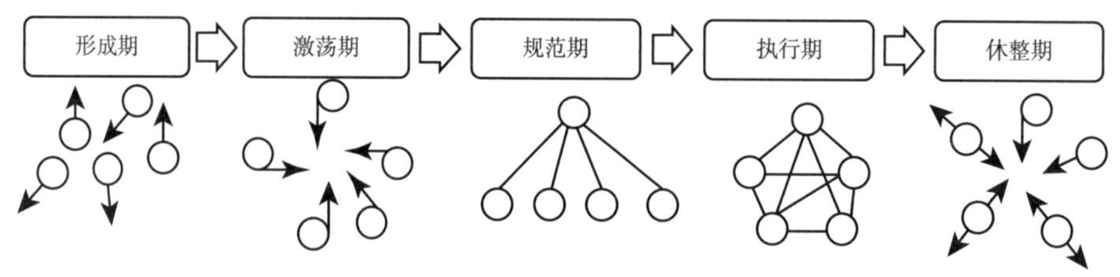

图 7-1　五阶段群体发展模型

资料来源：A. R. Cohen & S. L. Fink，“Effective Behavior in Organizations，” *Nursing Administration Quarterly* 1（1984）：112。

五阶段模型作为群体发展理论的一种，被广泛用于解释团队从形成到解散的动态过程。学者们通常假设模型的前四个阶段会递进式地提高群体工作效率，然而实际情况复杂多变。冲突在某些条件下可以转化为高绩效，这意味着在第二阶段群体可能展现出比预期更高的效率，甚至超越后续阶段。此外，群体的发展并非严格按照线性顺序进行，不同阶段可能存在并行、交错或倒退现象，即群体可能同时体现激荡与执行阶段的特征，抑或退回先前阶段。即便是该模型的支持者也认识到，并非所有群体都会严格遵循五阶段路径，且最佳效能并不一定出现在第四阶段。

五阶段模型也存在一些局限性。首先，该模型主要适用于小型团队场景。其次，它忽略了组织背景对团队发展的影响。再次，团队发展的轨迹不一定是线性发展，有可能呈现循环特性。又次，模型所描述的阶段特征在实际应用中具有模糊性，因为团队成员行为变化并不总是明显可辨的，各阶段特征常相互渗透。最后，该模型未能充分考虑团队成员个人角色特质，在阶段过渡过程中缺乏具体的时间框架指导。总之，五阶段模型是一个结合主观与客观因素、具有一定普适性的理论，但也存在对复杂现实情况解释力不足的问题。

但五阶段模型确为企业提供了实用的团队管理方法论基础。在团队组建初期，领导者应扮演创始人的角色，不仅需要明确传达团队的整体目标与愿景，还应在条件允许的情况下，逐一告知每个成员他们在团队中的具体角色定位、职责划分以及绩效考核标准和奖励机制。当团队进入激荡期时，领导者的核心角色转变为调解人，首要任务是妥善处理团队内部成员间的矛盾与冲突。鉴于团队成员间尚缺乏深入了解、信任度不足以及工作风格的磨合问题，冲突在这一阶段较为普遍。领导者此时应当努力加速团队过渡，通过策划非正式的社交活动，如集体用餐、娱乐或团建活动，增进团队成员间的相互理解和友情，从而提升团队的凝聚力。经过这样的调整，团队会较快过渡到规范期。在规范期，企业领导者的核心角色转为催化者，主要工作在于积极推动团队规范的形成与落实，并确保这些规范与团队总体目标保持一致。进入执行期，领导者依然承担着催化者的责任，重点在于鼓励团队成员克服挑战，并在人际关系方面给予支持和指导。在这个阶段，针对各类问题的不同观点与建议将不断涌现，导致人际关系上的微小波动。当团队圆满完成任务之际，即进入休整期，领导者则担当起收尾人的角色，主要任务是负责团队的有序解散以及任务完成情况的全面评估。此时，领导者宣告团队使命结束，通过言辞表达和举办告别活动等方式向全体成员表达感谢之意。他们会对团队及个人表现进行公正评价，并依据绩效结果给予相应的奖酬。

第三节　角色

角色（role）是指人们对在某个群体中占有一个位置的人所期望的一系列的行为模式。角色这个概念在社会互动和组织行为中具有重要意义，它是指个体在特定情境下被赋予的、与社会位置相关的身份标签以及与之相伴的一系列行为规范、权利和义务。角色知觉（Role Perception）指的是个体对自我所承担的社会角色属性、要求及其在社会环境中的地位和作用的理解和认识。

角色期望（Role Expectation）则是社会成员和组织对处于某一特定角色的个体的行为标准和期待。在工作场所中，可以从心理契约（psychological contract）视角来解释角色期望。这是一种在个体与组织之间形成的无形的、非正式的心理约定，这种约定包含了双方对彼此责任、义务和权利的预期，以及对于工作表现和回报的主观设想。当个体面临来自不同角色或者同一角色内部存在不一致或互相排斥的期望时，会引发心理上的矛盾与紧张状态，即角色冲突（Role Conflict）。

角色扮演（Role Performance）是指个体在实际行为中努力按照社会对特定角色设定的规范和期待行事，以满足角色定义的要求。角色同化（Role Assimilation）则是一个渐进的过程，指个体逐渐接受并内化了某种角色的要求，使该角色成为自己身份认同的一部分。

案例链接 7-1

《亮剑》“攻打平安县城，杨秀芹壮烈牺牲”片段

《亮剑》中有一个经典且悲壮的情节：李云龙的妻子杨秀芹被日本山本特工队抓获并作为人质，关押在平安县城内。面对这一情况，李云龙决定集结部队攻打平安县以解救自己的妻子。当战斗进入关键时刻，敌人将杨秀芹押到城墙上，企图以此阻止李云龙的进攻。尽管面临巨大的个人情感挣扎，但为了整体战局和更多士兵的生命安全，李云龙在极度痛苦的情况下下令向平安县城开炮，最终导致杨秀芹牺牲。这一情节展现了李云龙作为一名铁血军人在民族大义和个人感情之间的抉择与牺牲，极具戏剧冲突和感染力。在这一场景中，我们可以结合李云龙这一角色的行为及其面临的复杂情境来具体阐述角色知觉、角色期望、角色冲突、角色扮演及角色同化等概念。

李云龙的角色知觉体现在他对自己身为八路军高级指挥官的身份认同和职责认知上。他知道自己的使命是带领部队抗击侵略者，保护人民，维护国家利益。当他意识到自己妻子被日本人绑架时，他的角色知觉让他明白，即使面临个人家庭的巨大危机，也必须首先考虑整体战局和军队纪律。军队和社会对李云龙的角色期望是他要服从命令，理性决策，不能因私情影响战斗部署。然而，作为一个丈夫，他的个人角色期望则是不惜一切代价拯救妻子。这两种角色期望在他身上产生了强烈的冲突，即角色冲突。李云龙面临着忠诚于军队职责与保护亲人的情感需求之间的矛盾。一方面，他需要遵守上级命令和军事纪律，不得擅自行动；另一方面，他对妻子的深厚感情促使他不顾一切去营救她。

李云龙最终选择了基于军人角色的行为路径，即在极端情况下仍旧下达了开炮命令，这一角色扮演体现了他对于军人职责的坚持和对大局的清醒把握。角色同化在这里可以理解为李云龙在面临巨大压力和道德困境时，将自己的个人情感与军人角色的价值观相融合的过程。他最终选择了遵循军人的原则——为了抗日战争的胜利和民族大义，愿意忍受甚至牺牲个人的感情和利益。这种选择反映了他与所在集体（八路军）的价值观念同化过程。总的来说，在这个情节里，李云龙的角色转变和成长是角色知觉、角色期望、角色冲突、角色扮演以及角色同化等概念在现实情境下的深度应用与诠释。

资料来源：黄战《缺失？回归？——评都梁〈亮剑〉的人物形象》,《牡丹江大学学报》2007 年第 5 期，第 4~15 页。

第四节　规范

群体规范（norm）是指在一个群体或社会中，被普遍认可和遵守的行为准则、价值观和期望。这些规范如同无形的契约，指导着个体在特定情境中如何表现、互动及解决各种问题，它们不仅界定了适宜与不适宜的行为边界，而且通过社会化过程和社会学习机制代代相传。苏 · 克劳福德（Sue Crawford）和埃莉诺 · 奥斯特罗姆（Elinor Ostrom）等学者强调，群体规范本质上是一种社会制度的表现形式，源自群体内部个体对“适当”和“不当”行为的共识性理解，并在不断的互动与沟通中逐渐固化为一种集体智慧的结晶。这些规范不仅仅是书面规则，更多时候体现在日常交往中无言的默契和行为习惯上。[①] 诺斯（North）将群体规范划分为正式规范和非正式规范两个层次[②]。正式规范是指那些由国家法律体系明确制定并强制执行的规则，如宪法条款、法律法规以及产权规定等；而非正式规范则相对灵活，是群体在长期的社会实践中自发形成、未经官方明文记载但被广泛认可的传统习俗、道德准则、禁忌事项、行为惯例等软性约束。

群体规范通常随着群体的历史演进、结构变化和功能需求转变而动态生成并发展，新成员通过观察、模仿和教育融入其中，确保了规范的一致性和传承性。群体规范的维持与强化依赖于群体内部的认同感、一致性压力以及对违规行为的惩罚或矫正机制。故而群体规范对于群体的稳定、团结及其有效运作至关重要，它们塑造了群体的文化特色、价值观取向和社会秩序，成为维系社会稳定、促进合作互助、调节人际冲突以及引导个人行为的重要工具。

（一）规范与情绪

情绪是个体对内外部刺激的一种主观体验，通常伴随着生理唤醒和特定的行为反应。在社会互动中，情绪不仅影响个体自身的感受和行为，还会

① S. E. Crawford & E. Ostrom, “A Grammar of Institutions,” *American Political Science Review* 89（1995）：582-600.

② D. C. North, *Institutions, Institutional Change and Economic Performance*（Cambridge：Cambridge University Press, 1990）, p.101.

影响其与他人之间的关系和互动模式。例如，在群体环境中，个体可能会根据他人的表情、言语及行为来感知某种情绪氛围，从而调整自己的情绪表达以适应群体的情绪规范，如在喜庆场合表现出喜悦，在悲伤场合则抑制欢乐情绪。

情绪作为个体心理活动的重要部分，既受制于规范的影响，也反过来作用于规范的形成和执行过程。比如在某些文化背景下，公开表达愤怒或不满可能是违反规范的，因此个体可能会压抑这些负面情绪以维持社会和谐。情绪状态反过来也可能影响个体对规范的遵守程度，当个体处于积极情绪状态时，他们可能更愿意合作，更容易遵从集体规范；反之，消极情绪可能导致个体抗拒规则，产生偏离群体行为的趋势。在群体决策和行动中，群体情绪共识（如恐惧、愤怒或兴奋）可以成为推动集体行动的强大动力，并进一步强化群体内的规范。

（二）规范与从众

规范与从众是指个体受到社会规范的影响，因而倾向于遵循或模仿群体中其他成员的行为、观点或价值观。即使个体最初的答案与其他人的不同，他们仍可能放弃自己的独立判断，转而倾向于与群体保持一致。

穆扎费尔 · 谢里夫（Muzafer Sherif）在 1936 年的开创性实验中首次系统地探索了这一主题[①]。通过光点游动实验，谢里夫揭示了当个体面临不确定情境且缺乏客观参照时，其判断和行为会受到群体规范或多数人意见的重大影响。谢里夫根据游动错觉特点，告诉被试者 A 有光点在黑暗环境中移动，然后让被试者 A 判断光点移动的距离，在此种情况下没有参考依据，答案也多种多样；随后，他让多人（含被试者 A）同时进行相同实验，并安排其他人都说出一个相同但和被试者 A 不同的答案，结果发现被试者 A 不再坚持之前给出的答案，转而趋向于多数人的回答。

个体会遵从参照群体（reference group）是指在面对不确定情境或缺乏个人经验的情况下，个体倾向于依赖其他人的行为或意见来指导自己的行为。这种参照群体的行为可以是实际行为，也可以是个人对群体成员的看法或期望。个体可能会感到压力，认为自己应该与大多数人一致，或者认为群体中

① M. Sherif, “An Experimental Approach to the Study of Attitudes,” *Sociometry* 1（1937）：90.

的某些成员具有更多的知识或经验，因此选择模仿他们的行为。在社会心理学中，从众行为通常被视为一种适应性策略，个体通过与社会规范一致来获得社会认同感和接受度。

随着时间的推移，从众行为的研究范围不断扩大，不仅在心理学领域，还在社会学、营销学、经济学等多个学科中得到深入探讨。尤其是在 21 世纪，随着互联网和社交媒体平台的普及与发展，从众行为表现得更为普遍和显著。网络环境中的“羊群效应”使得用户更易受他人行为的影响，从而跟随大众的意见或行动。在网络空间里，学者们对从众行为的关注重点集中在几个方面：从众购物行为[①]，如消费者在购买决策中参考他人的评价和购买记录；从众娱乐行为[②]，如观看流行影视作品、参与热门话题讨论等；从众投资行为[③]，体现在金融市场中投资者跟随市场趋势或热点进行投资选择；从众信息系统采纳行为[④]，即用户在接受和使用新的信息技术产品或服务时受到其他用户的使用行为和反馈的影响。

（三）规范与行为

理解规范与行为之间的紧密联系，可以从人类合作行为演化的社会规范视角深入剖析。在生物界的进化历程中，人类的合作行为展示出独特的复杂性，它涵盖了互惠利他（reciprocal altruism）[⑤]、基于名声的利他（reputation-based altruism）[⑥]以及基于惩罚的利他（punishment-based altruism）等行为。这些现象挑战了传统的经济人假设，即个体单纯追求自身利益最大化，而忽视了现实中普遍存在的利他主义行为。实际上，社会规范在塑造和维持人类利他行为中起着关键作用。规范通过社会化过程传递给个体，文化传承和群

① J. Huang & Y. Chen, “Herding in Online Product Choice,” *Psychology and Marketing* 23（2006）：413-428.

② S. Dewan & J. Ramaprasad, “Research Note-Music Blogging, Online Sampling, and the Long Tail,” *Information Systems Research* 23（2012）：1056-1067.

③ M. Caglayan, O. Talavera，& W. Zhang, “Herding Behaviour in P2P Lending Markets,” *Journal of Empirical Finance* 63（2021）：27-41.

④ W. A. Hanson & D. S. Putler, “Hits and Misses：Herd Behavior and Online Product Popularity,” *Marketing Letters* 7（1996）：297-305.

⑤ J. Haidt, “The New Synthesis in Moral Psychology,” *Science* 316（2007）：998-1002.

⑥ Nobuhiro Mifune, H. Hashimoto，& T. Yamagishi, “Altruism Toward In-group Members as a Reputation Mechanism,” *Evolution & Human Behavior* 31（2010）：109-117.

体认同进一步强化了这些规范，并将其内化为个体的价值观和行为准则。因此，个体在面临决策时往往不只是考虑个人收益，还会受到社会规范的影响，倾向于采取符合规范并促进合作的行为方式。①

霍桑实验作为工业心理学领域的经典案例，生动揭示了规范对工作场所行为的实际影响。20 世纪 20 年代至 30 年代，在西方电气公司的霍桑工厂进行的一系列实验中，研究者尝试通过调整物理环境因素，如改善照明条件、变更工作时间等，考察它们对员工生产力和态度的影响。然而，“霍桑效应”的发现表明，无论实际工作环境如何变化，员工的工作效率反而因为感觉到被关注和重视而提高。这一现象深刻地证明了相对于物质条件，群体规范及群体压力对个体行为的影响更为显著。员工在意识到他们的行为受他人观察和评价时，会主动调整自己的表现以满足组织和社会的期望，从而表现出更高的工作积极性和绩效。

总结上述两个实例，我们可以明确规范在指导和塑造行为中的核心地位。规范不仅规定了个体在不同情境下的适宜行为选择，还在更大层面上维护了社会秩序和群体合作的稳定性。

（四）正面规范、负面规范与群体结果

正面规范（Positive Norms）是指被群体成员普遍接受和遵循的、认为有益于群体目标达成或社会秩序维持的行为准则。这些规范通常鼓励合作、尊重、公正、诚实、责任等积极的社会互动方式，对群体有建设性和积极的推动作用。负面规范（Negative Norms）则是指那些被认为是不受欢迎、有害于群体利益或者违反社会公德的行为标准，往往会引发反生产行为或工作场所偏差行为，亦称反社会行为或职场不文明行为。有效的管理应着重培育正面规范，同时警惕并纠正负面规范，以优化群体运作和实现最佳群体结果。

---

① 陈思静、马剑虹:《第三方惩罚与社会规范激活——社会责任感与情绪的作用》,《心理科学》2011 年第 3 期，第 670~675 页。

表 7-3　正面规范、负面规范对群体结果的影响

规范类型	影响表现	对群体结果的具体影响
正面规范（Positive Norms）	凝聚力增强	通过鼓励合作、尊重和公正，提高成员间的归属感与忠诚度，形成团结一致的团队氛围
	高效率与高质量成果	推动团队协作和高效工作习惯，提升决策质量和工作效率，有利于任务目标的成功达成
	良好的道德风气	建立公平正义、诚实守信的社会环境，减少冲突，维护和谐稳定的社会关系
	个体发展与激励	激发个人潜能，鼓励学习新技能和追求卓越，促进个体成长和自我实现
负面规范（Negative Norms）	低效与矛盾	引发拖延、推诿责任等消极行为，降低群体工作效率和决策质量，增加内部矛盾与冲突
	破坏凝聚力	导致信任缺失，损害群体凝聚力，削弱成员间合作关系的稳定性
	道德滑坡与组织文化恶化	助长贪污腐败、欺凌弱小等不良风气，侵蚀良好的道德风尚，恶化组织文化
	抑制创新与变革	过分强调服从和保守观念，阻碍新思想和方法的引入，不利于适应变化的环境和进行必要的创新改革

第五节　地位、规模和动态

（一）地位

在深入剖析群体行为及其动态变化时，一个不可或缺的维度是群体内的地位体系。地位（Status），作为群体属性的重要组成部分，是指每个个体在群体内部基于特定标准或规则所获得的相对位置。这种位置并不是固定不变的，而是受到诸如个人能力、贡献、权力、资历、角色等因素的影响，并通过社会比较和认同过程得到确立。理解群体内部的地位分布和变迁，对于揭示群体凝聚力、冲突解决机制以及决策效率等关键问题至关重要。

地位特征理论（Status Characteristics Theory）是社会心理学中用来解释群体内个体地位分配及其影响的一种理论框架。它旨在解析群体内部个体地位的形成机制及其在行为和互动中的作用，从三个方面详细阐述了地位的来源。

第一，驾驭他人的权力。个体如果拥有控制他人行动、分配资源或决定结果的能力，通常会获得较高的地位。

第二，对群体目标的贡献。对群体成功有显著贡献的成员，其地位也会相应提高，因为他们直接或间接地增加了群体的整体价值或群体达成目标的可能性。

第三，个人特征的价值。群体可能根据其价值观赋予某些个人特征以地位价值，比如聪明才智、财富、良好的社交技巧等，这些特点可能会被群体视为具有较高地位的标志。

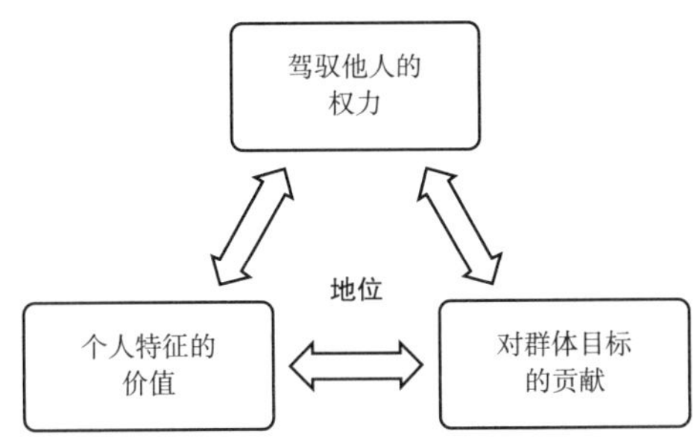

图 7-2 地位特征理论框架

资料来源：J. French, R. P. John, & B. H. Raven, "The Bases of Social Power," *Studies in Social Power*（1959）: 150-167。

幽默作为一种社交信号，不仅映射了社会地位等级，还被证实为领导者缓和上下级界限的有效工具。乔尔·卡内瓦莱（Joel Carnevale）等的研究进一步发现，领导者所使用的幽默风格，还可以增强或抑制其下属在职场中的地位和影响力①。具体而言，领导者的幽默风格可分为两大类——攻击性幽默与亲和性幽默，两者对追随者的情绪状态、工作满意度、团队凝聚力以及创造力等产生不同的影响。攻击性幽默，涵盖戏谑与讽刺等元素，倾向于建立一种基于权威的距离感，而亲和性幽默则通过幽默与人际关系的融合，促进了更为紧密的团队联系。攻击性幽默的应用，会在员工中引发压抑情绪，从而激活其回避系统，产生地位抑制效应，降低员工的参与角色深度和倡议变革意愿。相反，亲和性幽默促使领导者周围形成一种正向激励氛围，下属因此感受到更高的自我效能与积极性，这直接促进了其在工作中的地位上升，

① J. B. Carnevale et al., "Laughing with Me or Laughing at Me? The Differential Effects of Leader Humor Expressions on Follower Status and Influence at Work," *Journal of Organizational Behavior* 43（2022）: 1153-1171.

激发了他们更为主动地履行职责及推动组织创新的意愿。组织应当重视向管理者普及亲和性幽默的价值，特别是在增强个人及团队影响力方面，同时明确指出攻击性幽默的潜在负面影响。

1. 地位与规范

在特定的社会环境中，人们根据个体所处的地位层级对其行为方式、举止谈吐等方面存在一定的期待。这些期待是基于社会文化、角色定位以及地位差异而形成的不成文规则。具体来说，在一个群体中，如果某人处于较高的社会地位，例如领导者或权威人士，那么其他成员通常会预期他（她）展现出自信、决断力、领导才能及某种程度的公正无私等品质，并且他们的话语权、决策能力以及影响力应当与他们的地位相匹配。相反，地位较低的成员则可能被期望服从命令、尊重上级、努力工作以证明自己的价值。这种地位预期不仅影响着个体如何自我表现，还决定着他人对其行为的解读和反应。比如，如果一个领导者表现出犹豫不决或者言行不一，可能会遭到下属或其他群体成员的质疑；同样，一个地位较低的员工若展现出过高的主动性或挑战权威的行为，也可能遭受来自更高地位者的压力。

此外，地位高的个体在群体中享有一定的特权和自主性，这使得他们在面对规范时有更多的自由度去选择遵循或背离既定的社会规则和期望。例如体育明星、名人、优秀销售人员和著名学者等处在高位的人士之所以有时会无视某些社会规范，是因为他们的成功和公众形象赋予了他们一定的“豁免权”，只要他们的行为不严重损害所在群体的根本利益，社会往往会对他们的非典型行为持相对宽松的态度。然而，这也要求他们必须在某种程度上保持与群体目标的一致性，以免丧失公众支持和社会认可。地位较高的人对于从众压力也表现出较强的抵抗力，他们可能基于自我认同、独立思考或者个人价值观，选择不盲目遵从大众的行为模式和社会规范，特别是当这些规范与他们的核心价值观或利益相悖时。

2. 地位的不平等

地位不平等是指在社会群体或组织内部，个体所处的地位存在显著差异，并且这种差异并非基于公平、合理或者贡献度的公正评价。地位不公感知则是个体或群体对这种地位分配过程和结果感到不公平的心理感受。具体来说，在一个群体中，如果成员之间的地位差距过大，或者某些成员认为自己应得的地位没有得到体现，而另一些人却凭借非正当手段获得了较高的地位，那么就会产生地位不公感知。

3. 地位和污名化

污名（Stigma）一词源自古希腊，它最初是用来标识个体身份地位的身体标记，如奴隶、罪犯或叛徒会被烙印或刀刻记号于身体上。在公共生活中，人们基于这些记号对持有者进行回避与排斥，以凸显社会中不同身份与地位的差异。美国社会学家欧文·戈夫曼（Erving Goffman）在其1963年的著作《污名：受损身份管理札记》中将污名定义为个体所拥有的不被信任和不受待见的特质，这种特质会降低他们在社会中的地位，使原本被视为完整且有价值的人转变为带有缺陷并部分丧失价值的人，污名即为社会对某些个体或群体施加的贬低性、侮辱性的标签①。

地位与污名化之间存在深刻的互动关系：社会地位较低的群体更容易受到偏见和刻板印象的影响，从而形成污名；而污名反过来又强化了这些群体在社会结构中的低下地位。为了更具体地阐述这一关系，我们可以从教育背景角度探讨。在我国，个人的学业成就和行为规范一直被视为衡量其社会身份和地位的重要标准之一，例如古代崇尚“万般皆下品，唯有读书高”，通过科举制度“金榜题名”成为提升社会地位的主要途径。而在现代教育体系下，学生的学业成绩与品行同样与其在学校乃至社会中的地位紧密相连。

具体来说，一些面临学习困难的学生可能由于成绩不佳而被贴上诸如“差生”“愚笨”的污名标签，这些标签难以抹去，导致他们在学校社群中处于劣势地位。从多元社会身份的角度看，一个人可以同时拥有多种社会身份，其中有些身份是主要身份（master status），对个体的社会定位具有决定性作用。当某个个体或群体的主要身份遭受污名化，变为受损的身份时，很可能会遮蔽他们生命中的其他重要方面。即使这些学生在体育或其他领域表现出色，也可能因为学业污名的负面影响而被忽视或低估，这无疑限制了他们的全面发展和自我实现的可能性。②

---

① 张宝山、俞国良：《污名现象及其心理效应》，《心理科学进展》2007年第6期，第993~1001页。

② 陈福侠：《问题学生污名研究》，华东师范大学博士学位论文，2010，第10~15页。

4. 群体地位

群体地位是社会结构和社会分层中群体所占据的相对层级，作为群体特性中的核心元素之一，群体地位的高低直接关系到它在社会中被尊重和羡慕的程度[①]。这一地位属性充当了社会比较过程的关键参照维度，而这种比较过程深刻地塑造了群体成员的自尊感，并引导他们采取相应的行动策略。不同地位群体之间的社会比较会产生两种主要效应。在特定情况下，群体成员会进行向上的社会比较，即参照并模仿那些地位较高的群体的行为模式，如他们的消费习惯和生活方式[②]。反之，在另一些时候，人们会选择向下比较，即将自己与地位较低的群体进行对照。这种向下比较可能导致一种“审美距离”以及“象征性排他”，表现为对低地位群体特征的排斥或疏远[③]。实际上，对于高地位群体的模仿行为体现了个体渴望融入乃至成为更高地位群体的愿望。因此，高地位群体往往更易于成为个体向往并努力效仿的对象。

（二）规模和动态

群体规模，这一看似简单的数字指标，实则是对群体功能与效率的深刻反映。群体规模不仅指一个群体内成员的数量，它如同一把“双刃剑”，巧妙地平衡着群体活力与潜在的挑战。不同数量的成员配置，能够塑造出迥异的群体风貌——从紧密协作的小团队到协同作战的大集体，每一种规模都携带了独特的群体生态。正是这些差异，直接作用于群体的内部结构，影响成员间的互动模式，左右决策过程的顺畅与否，以及群体凝聚力的强弱、沟通效率的高低，乃至群体最终能否有力地朝着共同目标迈进。

---

① S. A. Grier & R. Deshpand, “Social Dimensions of Consumer Distinctiveness: The Influence of Social Status on Group Identity and Advertising Persuasion,” *Journal of Marketing Research* 38 (2001): 216-224.

② D. M. Marx, S. J. Ko, & R. A. Friedman, “The ‘Obama Effect’: How a Salient Role Model Reduces Race-based Performance Differences,” *Journal of Experimental Social Psychology* 45 (2009): 953-956.

③ J. Berger & C. Heath, “Who Drives Divergence, Identity Signaling, Out Group Dissimilarity, and the Abandonment of Cultural Tastes,” *Journal of Personality and Social Psychology* 95 (2008): 593-607.

表 7-4　大规模群体与小规模群体的各维度比较

比较维度	小规模群体（5~10 人）	大规模群体（数十人至上百人）
群体凝聚力	较强，成员间关系紧密，互动频繁	较弱，个体间联系相对松散，互动机会较少
沟通效率	高，信息传递直接快速，沟通成本低	低，信息可能失真或滞后，协调成本高
决策质量	可能较快且灵活，考虑因素全面	可能较慢但更为慎重，需经过更多讨论和投票
任务完成效率	在需要高度协作的任务中表现优秀	对于简单、重复性任务能够实现规模化生产
社会影响力与从众行为	影响力较小，从众压力相对较小	影响力较大，易出现集体行动和更强的从众效应
领导风格与管理难度	更注重个性化管理和参与式领导	需要制度化、层级化管理，管理复杂度增加
资源分配与冲突解决	分配相对公平，冲突少且易于处理	资源竞争激烈，冲突多，解决过程更为复杂
规范形成与维持	规范形成快，执行严格	规范形成较慢，执行力度可能因规模而减弱
人际关系与归属感	强烈的个人关系和归属感	匿名性强，个体归属感可能降低

在群体协作环境中，我们普遍期望实现整体效能大于个体贡献之和的理想状态（即 1+1>2），但在实际工作中，特别是在那些不具备创新性的工作任务上，却往往会观察到群体工作效率低于预期的现象。这一现象可以从社会惰化（social loafing）的视角得到解释。在群体内工作时，个体可能会减少其个人的努力程度，不充分调动自身潜能以达到最大工作效率。相较于独自承担任务时全力以赴的表现，个体在群体中可能倾向于隐藏或减少个人努力，因为他们在心理上感知到责任分散于团队成员之间，而这会使个体对任务的投入度下降。此外，群体内部不同个体的能力差异与贡献不均等也是影响效率的重要因素。当某些成员未能积极履行职责，或者表现得不够努力时，这种消极行为容易形成示范效应，对其他成员产生负面影响，导致原本高效能的成员逐渐降低其工作效率，进一步削弱了团队的整体效能。

与此同时，评估体系也对群体效率产生作用。通常情况下，个体绩效评价是以群体目标的达成情况为依据的，而不是针对每个人的具体贡献进行细致区分的。这使得部分成员有机会“搭便车”，即在较少付出的情况下共享团队成果，从而加剧了社会惰化的发生。

第六节　凝聚力与多样性

想象一个篮球队，每位队员各有特长：有的擅长快攻，有的是三分神射手，有的是防守悍将。尽管他们的角色和技能不同，但都朝着同一目标——赢得比赛努力。这里，“凝聚力”就像队员们之间的默契配合，让他们像一台精密机器般运转；而“多样性”则是队伍中不同技能和优势的集合，让球队能够灵活应对对手的各种战术。在组织管理与策略规划中，凝聚力确保了群体的内聚与效率，而多样性则为组织注入了适应变化、破解复杂问题的新鲜血液。有效地平衡与利用凝聚力与多样性，不仅是提升团队绩效与适应力的关键，也是驱动组织创新与持续发展的动力源泉。

（一）凝聚力

凝聚力（Cohesion 或 Cohesiveness）的概念源于 20 世纪 50 年代群体动力学的先驱科特 · 勒温（Kurt Lewin），他开创性地指出，凝聚力本质上关乎个体如何看待自己与特定群体的联结，强调个体与群体间存在各种各样的关系和互动模式，其为个体实现个人目标提供了助力。勒温的见解为后续众多学者的研究奠定了基础，他们大多沿袭了从个体感知角度定义凝聚力的路径。然而，这些初步理论框架聚焦于个体心理感受，相对忽视了凝聚力的多元面向，尤其是群体特性和结构的作用。随着研究逐步深化，学者们开始意识到凝聚力虽根植于个体意愿，却显著受到群体的任务性质、成员地位、可用资源、领导风格和集体声誉等群体特性的影响。而这些群体特性往往受制于更广泛的组织环境，包括组织结构设计、组织声望、任务委派策略及企业战略导向等。这一认识转变促使研究视角从单一的个体层面扩展到了群体和组织层面。贾尼斯（Janis）的工作便是这一转向的例证，他提出的观点着重强调了群体特性的重要性，即成员对于群体身份的重视程度及维持该身份的愿望。这一理论推进不仅凸显了群体特性的中心地位，也为理解凝聚力如何在更复杂的组织生态系统中发挥作用提供了新的视角。①

群体凝聚力已成为社会心理学、群体研究中非常重要的研究对象，被广

① 刘敬孝、杨晓莹、连铃丽：《国外群体凝聚力研究评介》，《外国经济与管理》2006 年第 3 期，第 45~51 页。

泛视为一种关键的预测变量，它反映了团队成员之间相互吸引和团结一致的程度。这种吸引力来源于多元化的个人、社会及情境因素，这些力量既可能强化团队内部联系，使成员更愿意留在团队中并积极参与团队活动，也可能产生分裂效应，削弱团队的吸引力，导致成员对团队归属感的降低。在一个具有高度凝聚力的团队中，成员彼此间通常表现出更强的情感连接、更高的信任度以及满意度，同时会对整个团队有强烈的情感依附[①]。迈克尔·恩斯利（Michael Ensley）、埃莉森·皮尔森（Allison Pearson）和阿伦·阿马森（Allen Amason）通过对70个创业企业管理团队的研究发现，凝聚力强的团队拥有稳固的人际关系结构、良好的协作精神，并且能够减少维持团队稳定所需的额外精力和资源投入，从而保持较低的离职率[②]。王国锋等以国内企业高层管理团队为研究主体，发现凝聚力中的士气有利于决策质量的提高，凝聚力中的归属感有利于情绪冲突的减少，从而间接提高了决策质量[③]。

（二）多样性

恩科莫（Nkomo）、小柯克斯（Cox Jr.）[④]和哈里森（Harrison）、西恩（Sin）[⑤]在其研究中为群体层面的多样性提供了严谨的定义，他们将多样性理解为一个社会团体由具备多元特征属性的个体组成，这些属性包括但不限于性别、年龄、教育背景、职业地位、文化差异、价值观体系、专业技能、观点见解以及个人经验等。

有关多样性的研究，目前主要有以下几种理论框架。

第一，社会认同理论。该理论立足于个体基于显著的人口统计学特征（如种族和性别）对自我与团队其他成员进行区分的认知过程。这一理论强调

① K. A. Bollen & R. H. Hoyle, "Perceived Cohesion: A Conceptual and Empirical Examination," *Social Forces* 69 (1990): 479-504.

② M. D. Ensley, A. W. Pearson, & A. C. Amason, "Understanding the Dynamics of New Venture Top Management Teams: Cohesion, Conflict, and New Venture Performance," *Journal of Business Venturing* 17 (2002): 365-386.

③ 王国锋、李懋、井润田:《高管团队冲突、凝聚力与决策质量的实证研究》,《南开管理评论》2007年第5期，第89~93页。

④ S. M. Nkomo & T. Cox Jr., *Diverse Identities in Organizations,* In S. R. Clegg, C. Hardy, & W. R. Nord (Eds.), *Handbook of Organization Studies*, 1996, pp. 338-356.

⑤ D. Harrison & H. Sin, *What is Diversity and How Should It be Measured*, In *Handbook of Workplace Diversity*, 2006, pp. 192-217.

了身份属性在形成归属感和群体间关系时的作用。

第二，吸引—选择—磨合模型（Attraction-Selection-Attrition Model）。本杰明·施奈德（Benjamin Schneider）提出的这一理论模型已成为指导实证分析团队多样性的主流理论之一①。根据此理论，组织存在一种自然倾向于同质化的动态过程②，其原因在于个体通常偏好与相似背景的人建立联系和互动。

第三，信息决策理论。该理论主张组织内部的多样性能够带来更多元化的技能集、信息资源及知识储备，这些附加的信息要素独立于组织常规发展进程之外，因此具有积极促进作用，能有效提升组织决策的质量和创新能力。换言之，在多样化团队环境中，不同的视角和知识背景有助于提供更全面的信息基础，从而优化组织的决策制定和执行效果。

群体多样性作为一项关键的群体属性，对群体的凝聚力、组织支持感知、创新能力提升、决策效能优化以及长期发展轨迹产生了深远而复杂的影响。学术界在研究群体多样性时，通常将其划分为四大维度：人口统计学多样性（如性别、年龄、教育背景等）、认知多样性（思维方式和知识结构差异）、价值观多样性（信念与道德观异同）以及功能多样性（角色和能力互补）。研究表明，群体多样性的存在既具有挑战性的一面，例如可能导致团队凝聚力降低、成员离职率升高，同时也具备积极效应，能够激发创新思维和增强对外部环境变化的适应性。

"多样性"往往仅关注团队成员某一特定特征分布的离散程度，忽视了团队成员个体特征的多元性和相互作用产生的属性组合格局，并未描绘出团队内部成员间的相互关系和结构特征。相较于单一维度的异质性/多样性指标，"断裂带"（Faultlines）在解释团队学习能力、心理安全感、满意度以及预期绩效的差异化方面具有更强的作用③。"断裂带"这一概念最初源于地理学研究，用以探讨地质断层对地震活动的影响。随后，该术语被引入组织行为学领域，学者们探究了"断裂带"在个体及组织层面的效应。群体断裂带特指多样化团队内部形成的无形且深刻的隔阂或边界，这些隔阂基于团队成

① B. Schneider, "The People Make the Place," *Personnel Psychology* 40（1987）：437-453.

② D. Byrne, *The Attraction Paradigm*（New York：Academic Press, 1971）, p.78.

③ D. C. Lau & J. K. Murnighan, "Interactions within Groups and Subgroups：The Effects of Demographic Faultlines," *Academy of Management Journal* 48（2005）：645-659.

员的一个或多个属性差异，如文化背景、价值观、技能层次和经验等而形成，并由此将团队分割为多个较为同质化的子群体[①]。

刘芷申（D. C. Lau）等在引入断裂带概念时指出，此类断裂带容易导致团队内部分化加剧，增加团队内部子群体间的冲突，从而对团队运作过程及其绩效产生一系列消极影响。具体表现为，分裂形成的群体中的内部成员易于脱离正式制度约束，表现出一致性行为，同时群体之间的对立会使群际冲突恶化，削弱正式组织决策的有效执行力度[②]。此外，群体断裂带的存在还会削弱团队整体效能的发挥[③]。后续学者在此基础上开展了大量的实证检验与理论拓展，多数研究支持了刘芷申等的观点。例如，在高管团队中，断裂带的存在会减少战略执行过程中的合作互动，降低公司产出绩效，抑制团队创新能力，减少信息资源共享，以及降低决策效率。然而，也有研究揭示了断裂带对企业的正面影响。这种差异性观点的出现主要是由于断裂带对子群体内外部的不同作用：它在子群体内部通常起到积极促进作用，而在子群体之间则体现为消极阻碍作用。换言之，高管团队断裂带对企业行为的具体影响取决于其积极作用和消极作用哪个更为显著。

案例链接 7-2

高管团队结构特征对企业内部控制质量的影响：基于子群体视角

历经十余载的努力，我国上市公司在内部控制规范化的道路上已取得明显进步，但财政部 2019 年 12 月发布的《我国上市公司 2018 年执行企业内部控制规范体系情况分析报告》显示，部分企业仍存在内控缺陷。内部控制本质上是围绕“人”这一核心进行的制度建构，其中，高管团队在构建及维护内控体系有效性方面扮演关

① D. C. Lau & J. K. Murnighan, “Demographic Diversity and Faultlines: The Compositional Dynamics of Organizational Groups,” *Academy of Management Review* 23（1998）: 325-340.

② K. Bezrukova, C. S. Spell, D. Caldwell, et al., “A Multilevel Perspective on Faultlines: Differentiating the Effects Between Group and Organizational Level Faultlines,” *Journal of Applied Psychology* 101（2016）: 86-107.

③ F. Kunze & H. Bruch, “Age-based Faultlines and Perceived Productive Energy: The Moderation of Transformational Leadership,” *Small Group Research* 41（2010）: 593-620.

键角色，其组成结构直接影响着企业的内控质量。针对这一问题，众多研究聚焦于高管团队内部的“断裂带”概念，从团队成员因多元个性和聚合效应所形成的子群体关系网络出发，深入剖析团队内部结构特征。

断裂带的鲜明程度与团队内部子群体间的相似性和差异性紧密相关，差异越大，断裂带越明显。孙玥璠等的一项实证研究集中探讨了高管团队断裂带对企业内控质量的具体影响，并发现断裂带的存在确实对内控质量产生了显著的负面效应。基于断裂带的研究视角，高管团队不再被视为单一实体，而是由具有不同目标、利益诉求和行为导向的子群体构成。在那些断裂带明显的高管团队中，各子群体间的认知基础和价值观差异显著，这些差异直接渗透到了企业的实际运营决策中。此外，由于断裂带造成了子群体间互信缺失、认同度低以及信息分享和主动沟通不足等问题，更加剧了对企业内部控制质量的不良影响。

那么如何缓解高管团队断裂带对企业内部控制质量的负向影响呢?

作为内部治理要素，高管持股能够显著缓解高管团队断裂带对企业内部控制质量的负向影响。通过实行高管持股制度，企业所有者得以调整管理层与所有者目标之间的差距，减少管理层可能因追求个人利益而偏离所有者利益的现象，即利用高管持股来缓解代理问题。同时，高管持股在协调不同子群体目标的过程中，实际上起到一种调节作用，它有利于统一高管团队内部各个子群体的目标方向，建立以企业长远发展为核心的行为规范，并由此增强超乎子群体的团队整体认同感。当高管团队达到高水平的团队认同时，可以有效缓释子群体间的固有分歧，为团队内部高效沟通和协作创造必要条件，提高团队凝聚力和行动一致性，从而提升企业内部控制的质量。

另外，外部治理因素如分析师关注度和媒体关注度亦能有效缓解高管团队断裂带对内控质量的负面效应。当企业受到证券分析师的密切追踪和监督时，高管团队面临共同的压力，会加强内部协作，减少信息壁垒，改善信息环境，进而提升内控质量。同样，高媒体关注度使得企业在公众监督下更加谨慎行事，团队整体利益优先，容易促使高管团队搁置内部矛盾，共同致力于提升内控水平，形成健全合理的内控制度，确保企业内部控制的有效实施和运行。

资料来源：孙玥璠、张琦、陈爽《高管团队结构特征对企业内部控制质量的影响：基于子群体视角》,《南开管理评论》2022 年第 6 期，第 64~76 页。

第七节 群体决策

群体决策研究的核心是对团队如何共同进行一项联合行动的选择过程进行探讨。这种联合行动既可以是所有参与者为了共享的利益而共同致力于同一目标，例如公司董事会在众多投资项目中通过集体讨论和投票来确定最终的投资方向；也可以是各方为了各自的特定利益而在同一过程中互动协商，如厂商与客户之间的商务谈判。

群体决策这一领域的学术研究有着悠久的历史，其理论根基可以追溯至 18 世纪末到 19 世纪初的数学家工作，例如法国数学家简 - 查理斯（Jean-Charles de Borda）于 1784 年提出的选举制度理论，以及孔多塞侯爵（Marquis de Condorcet）于 1785 年发表的“陪审团定理”，该定理揭示了在一定条件下多数人的判断优于单个人的判断的概率。不过，“群体决策”作为一个明确的概念，则是在 1948 年由美国社会科学家赫伯特（Herbert）提出的。而对群体决策的广泛深入研究则主要兴起于 20 世纪 80 年代以后。这一领域涵盖了丰富的研究内容，包括但不限于群体决策的理论基础（公共利益、资源分配等）、决策方法论（选择策略、偏好整合机制）、规则制定及技术支持［如群体决策支持系统（Group Decision Support System，GDSS）］等多个层面。

（一）群体决策与个体决策

群体决策与个体决策是两种截然不同的决策模式，它们在实际应用中各自展现出独特的优势和局限性。群体决策的优势主要体现在信息的丰富性和全面性上，通过汇集不同个体的知识、经验和视角，能够产生更多元化的备选方案，并且由于集体智慧的整合，所做出的决策往往更具科学性和合理性，同时也更容易被群体成员接受和执行。然而，群体决策并非完美无缺，其过程中的分歧协调、少数人主导局面的现象以及遵从压力等问题可能导致决策速度减慢，责任分配模糊不清。

相比之下，个体决策通常由单一决策者根据自身的知识、能力和经验快速做出判断和选择，具有决策速度快、时间成本低的特点，同时，由于责任明确，一旦出现问题便于追究和处理。但与此同时，个体决策受限于个人认知范围和信息获取能力，可能在决策的科学性和合理性方面有所欠缺，且在执行过程中可能因他人未充分理解和认同而遭遇阻力，影响效率和效果。因此，在实际工作中，应根据具体情况权衡群体决策与个体决策的优势和不足，灵活运用这两种决策方式，以期达到最优的决策质量和执行效率。

表 7-5　群体决策和个体决策的优缺点比较

类型	优点	缺点
群体决策	提供更完整的信息（汇集多元经验和意见）	决策速度慢，花费时间多（协调、沟通耗时）
	产生更多的预备方案（多样性观点与方法）	少数人控制局面（影响力不均衡导致负面影响）
	增强方案合理性（综合智慧和充分论证）	遵从压力（个体调整观点以顺应群体）
	增加方案可接受性和执行速度（成员积极参与和支持）	责任不清（难以界定具体责任）
个体决策	决策速度快，花费时间少（无须协商和沟通）	科学性、合理性差（受限于个人知识、能力）
	责任明确（易于界定和追责）	执行困难、速度慢（需解释说明，难调动积极性）
	—	思路不够开阔，占有信息少，提供备选方案不足

（二）群体思维（Groupthink）和群体偏移（Groupshift）

群体思维和群体偏移（又称群体极化）是社会心理学描述的集体决策过程中的两种现象，它们都反映了群体决策可能带来的非理性后果。群体思维侧重于探讨群体如何为了维护内部和谐与一致性而牺牲批判性和客观性，往往导致错误决策；而群体偏移关注的是群体讨论过程中，个体原有观点如何在互动中趋向极端化，这可能导致决策更具冒险性或更为保守，而不一定是最优选择。两者均揭示了群体决策过程中可能出现的非理性倾向。

群体思维由美国心理学家欧文·贾尼斯（Irving Janis）提出，是指在一个具有高度凝聚力的群体中，过度追求和谐与一致性的压力导致个体放弃独立思考，对群体决策产生盲目遵从的现象。在群体思维的影响下，成员可能会忽视或压制不利于群体共识的信息、意见或质疑，从而做出错误或极端的决策。群体思维的主要特征包括对现实不切实际的乐观估计、对外部批评的无理排斥、对群体内意见的一致性过分追求以及对决策合理性的自我欺骗等。

比如，群体在针对某一议题进行意见征询的过程中，时常会出现一个显著的沉默阶段，在此期间无人愿意率先发表观点。然而，一旦有人打破沉默并提出建议，该提议往往会迅速得到群体的一致认可与通过。值得注意的是，在讨论之初发声的人往往在群体中享有较高的权威地位或是具有较强的表达倾向。在这种情况下，他们的主张通常会在决策过程中起到主导作用。即便在群体内部存在众多见解独到且能力出众的个体，他们对于首倡者的某些主张可能持有保留甚至反对意见，但在这种特定的群体氛围下，这些优秀的成员却倾向于保持缄默，不愿公开表达自己的不同看法。这一现象揭示了群体思维的一种典型表现，即群体压力、对一致性的追求以及潜在的权威影响导致即使有异议，也可能被压制或忽视，从而影响最终决策的质量和有效性，甚至可能导致决策走向失败。

群体偏移或群体极化是指当个体集合在一起形成一个群体讨论问题时，他们最初的观点往往会朝着更极端的方向发展。具体来说，如果群体成员原本持有较为温和或保守的看法，在讨论后可能会变得更加激进；而原本持有激进观点的群体则可能变得更加极端。这种现象通常源于群体内的信息交流和相互影响，即群体成员在表达个人观点时会受到其他成员态度的影响，进而强化自己的立场，而不是寻找折中方案或中立观点。

所以群体决策比个人决策更加冒险，这一现象的成因可以从多个角度进行解析。首先是责任分散与道德解脱感，在群体决策环境中，每个成员分摊的责任相对较小，这种责任分散效应使得个体在做决策时感受到的压力减轻，对于潜在风险的认知和承担意愿降低。当群体中的每个人都认为自己的行为仅是整体决策的一部分时，可能会产生一种“我不需对此全权负责”的心理感受，即所谓的道德解脱感，这会减弱他们对极端选择的抑制力，从而增加了群体走向冒险决策的可能性。其次可能是权威或意见领袖的影响，群体中有时存在一些虽然专业水平较低但拥有较大影响力的人，他们的观点和主张可能因为权力地位、说服技巧或其他社会影响力而被群体内其他成员接纳和遵循。这使得群体倾向于采纳其较为激进或冒险的决策方案，从而导致整个团队的集体智慧未能得到充分利用，最终使群体决策偏离最优路径，甚至失败。此外，人们在对比他人观点时，可能倾向于将自己的立场调整得比初始更加极端，以求符合群体内的主流趋势或者为了凸显自身的独特性。

（三）群体决策技术

群体决策最常见的形式之一是组成互动群体（Interactive Group），在这个过程中，团队成员聚集在一起，通过面对面的交流、讨论、分析和协商来解决问题或制定决策。传统的互动群体决策存在一些挑战，例如“从众压力”可能导致少数派意见被压制，或者决策过程受到某些个体的过度影响。因此在实际应用中，往往需要结合其他群体决策方法，如头脑风暴法（Brainstorming）和名义小组技术（Nominal Group Technique，NGT）等，以确保决策的有效性和公正性。

头脑风暴法是一种创新问题解决与决策制定的集体创造技术，是由美国创造学和创造工程之父亚历克斯·奥斯本（Alex Osborn）于 1939 年首次提出的。头脑风暴法通过会议形式进行，让所有参加者在自由愉快、畅所欲言的气氛中，通过相互之间的信息交流，每个人毫无顾忌地提出自己的各种想法，让各种思想火花自由碰撞，好像掀起一场头脑风暴，引起思维共振，产生组合效应。这种方法旨在鼓励团队成员在一个无压力、开放和自由表达想法的环境中，通过快速产生大量且多元的想法来寻找新的解决方案或创新点子。它是对传统的专家会议预测与决策方法的修正，在各种定性决策方法中占有重要地位。

实施头脑风暴时应遵循以下原则。

延迟评判。所有参与者在初期阶段都应暂时搁置对他人想法的批评和评价，以避免抑制创新思维和想象力。

数量重于质量。鼓励尽可能多地提出想法，即使有些想法看似离奇或不切实际，因为这些“疯狂”的想法有时可以激发更有效的解决方案。

欢迎各种观点。鼓励参与者不论地位高低，都要积极参与，每个人的观点都应该得到尊重和平等对待。

结合与改进。在大量想法生成后，团队可以通过讨论、融合和改进现有想法，形成更为成熟和全面的解决方案。

名义小组技术是一种结构化的决策制定方法，旨在通过系统性的步骤收集和整合团队成员的想法，尤其是在需要平衡不同声音、避免群体压力影响的情况下，可作为一种头脑风暴的替代方案。

该技术的详细流程如下。

第一，问题提出。引导员向每个小组成员清晰阐述要讨论和解决的问题或议题。

第二，独立思考与记录。每位小组成员在无任何交流干扰的情况下，单独并默默地写下对问题的所有想法或解决方案。

第三，匿名呈现想法。所有成员依次展示他们的想法，但在此阶段不进行讨论或评价。为了确保公平性，可以由引导员收集并匿名呈现实质性的观点，必要时允许其他成员提问以获取进一步的澄清。

第四，集体讨论与整理。随后进入讨论环节，小组成员共同审议提出的各种想法，并基于共识将相似或重复的观点归类合并，形成一个全面且有序的想法清单。

第五，投票决定优先级。每位小组成员根据个人判断，私下对清单中的各个想法进行排序或打分，然后汇总投票结果，确定想法或解决方案的优先顺序。

名义小组技术具有显著的优势。首先，它构建了一个更为平衡的环境，确保每个成员在面对权力不均衡或个别成员影响力过大的情况时都能有平等的机会表达意见。对于新加入团队的成员或是讨论争议性话题时，这种方法能够有效激发他们的积极参与，并鼓励他们贡献更多的原创性和多样化的想法。研究表明，相比传统的头脑风暴，名义小组技术可能产生更多的创新思维成果，并且由于减少了个体对群体压力的适应需求，有助于提高决策质量与效率，能够在相对较短的时间内达成共识。

然而，该技术也存在局限性。缺乏即时互动的特点可能导致创新思维的碰撞减少，潜在的灵感火花难以得到有效激发。此外，在整理过程中，相同的想法可能会以多种不同的方式被提出，这不仅增加了识别和整合相似观点的难度，还可能导致复杂性的提升。尽管如此，鉴于其在促进公平参与和高效决策方面的优点，名义小组技术依然是一种值得考虑和应用的重要群体决策工具。

复习思考题

1. 社会认定理论的主要观点都有哪些？

2. 简述一下群体发展的五阶段模型。

3. 尝试自己举一个例子来描述角色知觉、角色期望、角色扮演、角色冲突和角色同化这几个概念。

4. 群体规范是怎么影响群体中的个体行为的？

5. 群体地位和群体规模差异将会如何影响群体绩效？

6. 群体凝聚力和群体多样性如何助力群体有效性的提升？

7. 群体决策技术有哪些？你更倾向于哪种群体决策形式？

案例分析题

同侪影响视角下创新社区中用户群体创新行为研究

尼尔·安德森（Neil Anderson）等研究者揭示了一个重要的创新现象：超过九成的创新活动实质上是由群体互动完成的，而非孤立的个人努力[①]。面对日益激烈的市场竞争，众多企业正在逐步摆脱封闭的创新路径，转向建立开放的创新社区，以吸引广大用户积极参与创新活动。像星巴克的“My Starbucks Idea”社区和宝洁公司的“Connect & Develop”社区，就是成功构建创新社区并从中获益的典范。这些社区通过集合用户智慧，实现了大量创新思路的涌

① N. Anderson, K. Potočnik, & J. Zhou, “Innovation and Creativity in Organizations：A State-of-the-science Review, Prospective Commentary, and Guiding Framework,” *Journal of Management* 40（2014）：1297-1333.

现，并有效降低了研发成本。然而，创新社区的建设并非总能取得成功。例如，我国首个专注于3D打印技术的社区“点客之家”由于会员活跃度下滑、创新源泉逐渐干涸，最终不得不终止运营。

创新社区的核心价值在于拓宽了创新参与者的范围，由早期的少数领先用户扩展至普通用户群体，并促进了用户间的自由沟通、交流与合作，进而实现了创新信息的共享、技术研讨以及联合开发新的构思。在这种模式下，用户自然而然地形成了以共同创新目标为导向的“用户群体”，在互动中推动群体创新行为的发生。而创新社区内的用户基于对某一企业及其产品的共同热爱汇聚在一起，成员间具有一定的相似性，能够在平等的基础上参与讨论、项目或任务，而且这些用户可能彼此陌生，也可能在现实生活中存在关联。这些特征构建起了网络环境中独特的人际关系形态，即一个具有相同兴趣、平等关系，无论是否相识的个体构成的同侪（peer）群体，同侪群体间的相互作用会深刻影响个体的看法、态度以及行为，这就是所谓的同侪影响。

焦媛媛等研究者以小米MIUI社区等六个创新社区为案例，从同侪影响角度深入剖析了独立用户如何凝聚成群体并激发群体创新行为。研究指出，线下的同侪影响主要包括信息影响和规范影响，而在在线网络环境中，同侪影响还涵盖了比较影响和情绪传染两个维度。

资料来源：焦媛媛、高雪、付轼辉《同侪影响视角下创新社区中用户群体创新行为的形成机理研究》，《南开管理评论》2022年第1期，第165~178页。

思考题

1. 结合上述内容，说明应该如何应对创新社区的用户流失问题，并进一步激活用户群体的创新潜能。

2. 在成功运营的创新社区中，如何更高效地利用用户创新行为？

第八章　工作团队

团队（Team）作为一种先进的组织形式和管理模式，是指由多个具备互补技能和共同目标、相互依赖且为了完成特定任务而紧密协作的个体所组成的集合体。团队中的每一个成员不仅贡献自身的专业知识和才能，同时也通过共享责任、交流思想、互相支持和协同工作来创造远超单个个体所能企及的集体效能。团队精神的核心是协同合作，强调的是集体智慧和力量的凝聚，旨在实现组织的战略目标，提升组织在激烈竞争中的应变能力和综合战斗力，同时也是组织文化和价值观的重要载体。在现代社会中，无论是在企业运营、科研创新领域，还是在体育竞技、社区服务领域，高效的团队建设与运作都是组织成功的关键因素之一。

第一节　群体与团队的差异

（一）工作群体与工作团队的比较

工作群体（work group）与工作团队（work team）都是由若干个体组成的集合体，这些个体都在某种程度上围绕共同的工作环境或目标展开活动。无论是在工作群体中还是在工作团队中，成员们都处在相同或相关的组织背景下，共享一定的组织资源和信息。成员们都需要进行一定程度的沟通和互动，以完成各自的工作任务或协作处理某些问题。在不太严谨的场合或非学术性的讨论中，人们有时可能不会严格区分"工作群体"和"工作团队"的概念，会将二者互换使用。然而，在管理和组织行为学的专业范畴中，区分这两个概念非常重要，因为它们代表了不同的组织形式和协作程度。工作团队更强调共同目标、协同工作、互补技能、共享责任和集体绩效，而工作群体则可能只是简单的人员集合，其成员可能仅是在地理位置或职能上有一定关联，但并不具备上述团队的特征。从表 8-1 中可以看到工作群体和工作团队的区别。

表 8-1　工作群体和工作团队的比较

对比项	工作群体	工作团队
目标	共享工作环境，个体目标与组织目标保持一致，但缺乏具体的集体目标	有明确、具体的共同目标，集体致力于完成特定任务，可自主设定团队内部目标
协同效应	协同效应可能中性或消极，不一定产生正面叠加效果	积极协同，能产生显著的叠加效应，总体绩效超越个体绩效之和
工作责任	侧重于个体责任，对群体整体绩效的责任相对较轻	既有个体责任，也有共同责任，每个成员对团队成果负有实质性责任
技能配置	技能分布可能随机，不一定有互补性	成员技能互补性强，形成协同工作优势，共同提升团队效能
领导方式	通常有明确的领导人主导，决策较为集中	领导角色可能共享，决策过程更开放和包容，团队成员参与度高
边界界定	边界较为模糊，成员身份、职责和关系相对固定	边界明确，成员角色灵活多变，随着任务需求调整，团队内部角色分工和关系更为动态和灵活
目标方向	必须遵循组织目标，缺乏灵活性	在遵从组织战略的同时，可灵活制定和调整战术目标以适应市场变化
绩效计算	总体绩效是各成员个人绩效的累加，缺乏明显的团队绩效概念	总体绩效衡量的是团队整体成果，体现的是集体智慧和共同努力的结果
沟通与互动	信息共享和沟通水平有限，协作性较低	高效沟通与互动，团队内部信息透明，合作密切，有较强的团队凝聚力

（二）团队的五要素

团队的五要素通常指的是目标、人员、定位、权限和计划，这些要素共同构成了团队的基础框架，只有当这些要素得到有效整合和管理时，团队才能够顺畅运作并实现高效的团队协作。

目标。团队需要有一个明确、共享的目标，这个目标为团队提供了方向和凝聚力，是团队存在的根本原因，也是团队成员共同努力的方向。

人员。团队由两个或更多的人组成，团队的效能很大程度上取决于团队成员的能力、性格、技能、经验以及人际关系等因素。合理的人员配置和团队成员之间的良好互动关系对于团队的成功至关重要。

定位。团队在组织结构中的定位决定了它的角色、任务和责任范围，包括团队与其他团队的关系、团队在组织战略中的地位，以及团队内部的分工和角色定位。

权限。团队应有适当的决策权限和操作空间，团队领导和成员需要有相应的职权来完成任务，同时也需要明确责任界限，以确保团队行动的有效性和合法性。

计划。团队需要有详细的行动计划和策略，这包括短期和长期目标的规划，以及实现这些目标所需要的步骤、资源配置、时间表等。良好的计划有助于团队成员了解工作流程和预期成果，有利于提高团队效率和执行力。

案例链接 8-1

刘邦的团队智慧

在秦朝末年烽火连天的时代背景下，刘邦与项羽两位英雄人物分别率领各自的势力，展开了激烈角逐，争夺天下霸权。起初，项羽以其出众的军事才能和无畏的勇气，在战场上所向披靡，每当他亲自挂帅出征，几乎无人能挡，可谓每战必克。相比之下，刘邦在早期的征战中，临阵交锋时鲜有胜绩，常处于下风。然而，随着时间的推移，令人意外的是，刘邦的势力逐渐壮大，声威日隆，而原本势如破竹的项羽，其势力却日渐衰弱，直至最后被刘邦的联军围困于垓下，终至悲壮地自刎于乌江之畔。项羽至死都无法完全理解自己为何会在占有绝对优势的情况下转胜为败，他感叹道："此天亡我也，非战之罪。"

事实上，刘邦之所以能够从最初的弱势逐渐逆袭，直至坐拥江山，关键在于他深谙团队协作与用人之道。在建国后的某次庆功宴上，刘邦向群臣坦露心迹，他说："夫运筹策帷帐之中，决胜于千里之外，吾不如子房。镇国家，抚百姓，给饷馈，不绝粮道，吾不如萧何。连百万之军，战必胜，攻必取，吾不如韩信。此三者，皆人杰也，吾能用之，此吾所以取天下者也。项羽有一范增而不能用，此其所以为吾擒也。"（这段话的意思是，运筹帷幄之中，决胜于千里之外，这方面我不如张良那般机敏果断；至于安定国家、抚恤百姓、保障军饷供应和粮道畅通无阻，我自愧不如萧何那般内政娴熟；而说到能够集结百万雄师，战则必胜，攻则必取，我在军事指挥上又不及韩信那般英勇善战。张良、萧何、韩信，这三位都是人中龙凤，但我能将他们汇聚在一起，使他们各尽其才、各展所长，这就是我能够夺取天下的主要原因。反观项羽，虽然身边有一位智谋出众的范增，但他却未能充分利用，这是他最终被我击败的关键原因之一。）

刘邦提及的这三人，在后世被称为"汉初三杰"。他们三人各怀绝技，互助互补，和谐高效，实现了"刘邦集团"高管团队的良性发展，为大汉帝国的建立立下了汗马功劳。刘邦的这段肺腑之言生动揭示了团队力量的重要性。他深知个人能力有限，唯有凝聚团队的力量，充分发挥每个人的特长，才能在风云变幻的历史洪流中立于不败之地。而项羽虽然个人武勇盖世，却在整合团队资源、知人善任方面有所欠缺，这恰恰成了他的致命弱点。因此，刘邦的成功与其说是个人能力的彰显，不如说是对团队力量深刻理解和有效运用的结果。

资料来源：王国伟、曹硕、牛宏光《优化团队性向 实现良性发展——"刘邦集团"对高管团队建设的启示》,《赤峰学院学报》（汉文哲学社会科学版）2009 年第 4 期，第 48~50 页。

第二节　团队的类型

团队的构建与优化是推动项目成功与组织发展的关键一环，不同的团队类型映射出多样化的功能与目标，它们如同组织内的精锐部队，针对特定任务各展所长。

（一）问题解决团队

问题解决团队（Problem-solving Team）是为了攻克特定问题或挑战而临时组建的小组，通常由 5~12 位具有不同专业背景和技能的成员组成。团队存在的核心目的是快速分析问题、挖掘深层次原因并提出切实可行的解决方案。这类团队强调成员之间的沟通交流和意见分享，通过头脑风暴等方式激发创新思维，为上级管理层提供决策参考。

这类团队的成功，通常依赖于能快速找到具有合适技能的团队成员并有效地汇聚在一起，锚定目标，攻坚克难。问题解决团队的任务往往十分明确且时间紧迫，适合短期内有针对性地一起解决问题，难以提供长久的激励措施以保持成员的持续热情和积极性。

（二）自我管理团队

自我管理团队（Self-management Team）是一种高度自主的组织形式，团队成员通常具备多元化的专业背景和技能，他们在团队中担任多重角色，既是决策者又是执行者，通过共享领导权和责任来共同推动工作进程。这类团队在很大程度上摒弃了传统的自上而下的严密管控，代之以扁平化和自主管理的组织结构。

自我管理团队内部往往高度尊重个体意见和创造性，成员间形成较高的信任和默契值，积极参与决策，共同商定工作计划、分配任务、管理资源，从而创建出高效协同的工作流程，以实现高质量的产品或服务输出。在面对外部环境变化时，自我管理团队具有高度的灵活性和适应性，能够快速识别并应对挑战，通过自我调整和优化工作方式以确保产品质量和服务水平。

成功运营自我管理团队需要解决诸如团队成员经验与文化背景差异、成员对原有管理控制模式的抵触情绪、对新技能和工作方式的适应性等问题。故而这种团队模式的成功运行要求成员具备较高的自律性、责任心、沟通能力和协作精神，同时，团队需要建立起一套完善的信息交流系统、决策机制和冲突解决程序，以保证团队在缺少传统意义上的领导层干预的情况下，依然能够保持高效运作。此外，组织还需要给予他们足够的信任和支持，包括提供必要的培训和发展机会，确保团队成员不断提升自身能力，适应并胜任自我管理的角色。

（三）跨职能团队

跨职能团队（Cross-functional Team）是由不同部门或职能领域的专家组成的，他们的专业知识和技能相互补充，共同完成涉及多方面任务的工作。这类团队能够充分利用成员的多样性催生创新思维，提高决策质量和执行效率。然而，由于团队成员具有不同背景，建立共识和信任关系的过程可能较长，且在团队协作初期可能会遇到沟通障碍和优先级排序等问题。

跨职能团队成功的要点包括设立明确且具有吸引力的团队目标，确保团队成员具备实现目标所需的专业知识和技能、对团队运作方式有深入了解并予以认同。团队运作中需要确立端到端的权责分配、畅通的沟通渠道和汇报机制，以及公正透明的绩效评估与奖励机制。这些因素共同作用，有力推动团队高效协作，完成由相互依赖的子任务构成的整体工作。

跨职能团队在实践中需警惕潜在的不利影响，如不合理的工作优先级安排、资源分配不公、混乱的指挥体系、信息传递滞后和失真、不必要的冗余会议，以及面对挫折时成员间的相互指责或过度关注自身利益。此外，团队成员的专业知识或技能不足也是阻碍团队高效运作的重要因素。因此，优化团队管理、强化团队沟通与协作，以及适时填补成员技能短板，是确保跨职能团队成功的关键。

（四）虚拟团队

虚拟团队（Virtual Teams）是一种借助现代通信技术和网络平台，跨越地域限制，实现远程协作的团队形式。随着信息技术的快速发展，虚拟团队已经成为一个越来越普遍的工作模式。团队成员可能分布在不同城市、时区甚至国家，通过电子邮件、电话、视频会议等方式进行交流和工作。

虚拟团队的优点在于能集结全球范围内的优秀人才，不受物理空间限制，尤其适用于知识密集型行业。但它并非适用于所有类型的项目和任务。对于那些高度依赖实物接触、实时协作或需要精细同步作业的项目（如硬件研发与集成），虚拟团队的远程工作模式可能会遭遇挑战。此类任务可能因为无法实时实地交流而沟通效率下降、信息不对称和沟通成本上升。

虚拟团队的成功运作也需要面对诸多挑战，如确保稳定的通信技术保障、简化和清晰化沟通渠道、控制团队规模和复杂度、强化早期的社交化接触以增进团队凝聚力、设计合适的在线协作工具和工作流程，以及妥善处理文化差异可能导致的沟通误解和冲突。在虚拟环境中建立深厚的情感纽带和维持高水平的团队积极性与参与度，需要团队领导和成员共同努力，采取有针对性的策略和工具，如定期开展团队建设活动、培养共享价值观和愿景，以及优化沟通机制和反馈系统等。

（五）多团队系统

多团队系统（Multi-Team System，MTS）是指由两个或多个相互关联、相互依存的团队组成的组织结构。在这种系统中，各个团队拥有不同的职能、任务和目标，但他们共同致力于完成一个或多个大型项目、产品开发或服务交付，且这些团队之间存在明显的交互和协作需求。多团队系统的特点在于其复杂性和动态性，团队之间的交互和合作不仅有信息交流，还包括资源分配、决策制定、责任分担等多个层面。

在实践中，多团队系统常见于大型工程建设项目、产品研发流程、高新技术企业的创新项目、医疗机构的多学科诊疗团队（MDT）等多种场景。有效的多团队系统需要有清晰的沟通机制、协调机制以及适当的支持结构，以确保各个团队能够协同运作、避免冲突、最大化整体效能，并共同实现组织的战略目标。在研究多团队系统时，学者们关注其结构、流程、互动方式、领导模式以及如何提高整体绩效和团队适应性等问题。

案例链接 8-2

中国石油创新管理团队的设计、研发、试验、推广一体化管理

中国石油天然气集团有限公司（简称“中国石油”）是由中央直接管理的国有特大型企业，业务涵盖油气勘探、开发、炼油化工、销售以及相关技术服务等多个领域，是中国境内最大的原油、天然气生产供应商。确保国家能源供应的安全与稳定是中国石油永恒的责任与使命。针对“高含水、高采出程度”老油田及低品位油气资源的有效开发难题，中国石油的创新管理团队积极应对挑战，开创性地推出了“持续融合”的创新管理模式。这一模式聚焦于设计、研发、试验到推广的一体化整合，以下是对其一体化管理实践的介绍。

传统四级垂直管理模式（公司—厂—矿—队）虽适用于油田生产和日常管理，但在推动新技术应用上显得力不从心。为此，团队将传统四级垂直管理模式与科研活动的关键环节——设计、研发、试验和推广进行深度融合，构建了一体化的技术管理体系。这样做既解决了研发与实际应用脱节的问题，也显著提高了科技成果向生产力转化的效率。同时建立重大工程项目管理体系，在技术支撑、项目管理以及现场实施这三个关键层次上，设计了一套高效的协同工作机制。这套机制可以概括为“三分三合”原则：职责分，思想合；任务分，目标合；专业分，行动合。通过这样的机制，团队不仅确保了专业技能的有效利用，而且在遇到项目执行中的任何挑战或机遇时，都能够迅速响应，协同作战，从而大幅压缩了从技术研发到实际应用的时间周期。

通过一体化技术管理体系和重大工程项目管理体系的构建，中国石油的创新管理团队有针对性地克服了“双高”老油田的开发难题，为低品位油气资源的高效开发探索出一条新路径，有力保障了国家能源安全。

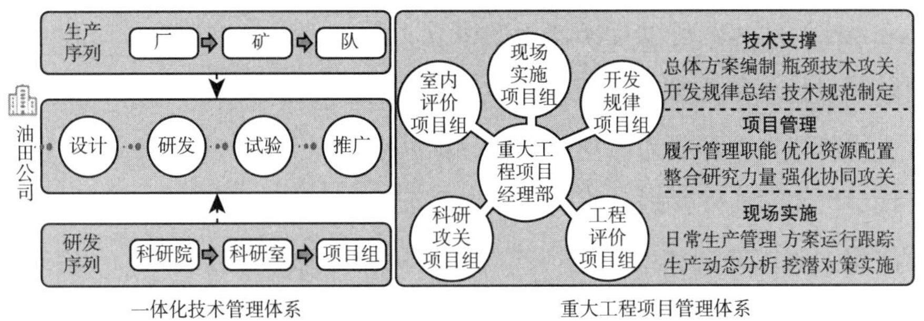

图 8-1　中国石油创新管理团队的创新管理模式

资料来源：刘合等《“持续融合”创新管理模式与应用实践》，载张晓东主编《中国管理发展报告（2023）》，社会科学文献出版社，2023，第143~144页。

第三节　打造有效团队

团队有效性（Team Effectiveness）是用于描述团队表现的概念。学界对团队有效性的定义有多种，格兰兹坦（Gladstein）[①]和哈克曼（Hackman）[②]较早将团队有效性归为三个方面的内容，即团队绩效、团队成员满意度和团队持续性，强调团队不仅要有出色的工作成果，还要保证成员在团队中的满意度和团队自身的持久性。科恩（Cohen）和贝利（Bailey）后来的分类则更加细化，他们将团队有效性分为团队绩效、团队成员态度和团队成员行为三大

① D. L. Gladstein, “Groups in Context: A Model of Task Group Effectiveness,” *Administrative Science Quarterly* 29（1984）: 499-518.

② J. R. Hackman（ed.）, *Groups That Work*（*and Those That Don't*）（San Francisco: Jossey-Bass Publishers, 1990）, pp.28-57.

类[①]。团队绩效着眼于团队的生产力、效率、产品质量、客户服务满意度和创新能力等硬性指标；团队成员态度关注的是成员对团队的满意程度、对团队的承诺以及对管理层的信任等软性指标；团队成员行为则考察成员的实际参与度，如出勤率、离职率和在团队中的安全感等。

尽管学界并未就团队有效性的定义达成绝对统一，但大部分研究都认为团队有效性是多维的、相互交织的概念，不同层面的有效性相互影响，共同构成了团队整体效能。尽管在有的文献中，团队有效性和团队绩效（team performance）是两个可以互换使用的概念，且具体落实到研究测量时，通常将团队绩效作为最重要的结果指标之一，但从严格意义上来说，团队有效性相对于团队绩效而言更为宏观和抽象，团队绩效只是团队有效性的一个方面。在实践中，团队有效性提升需要兼顾多方面，既要关注团队任务的完成情况，也要注重团队内部的和谐与稳定，以及团队成员的职业发展和心理需求，从而确保团队能够持续高效运作，并为组织带来长期价值。

近年来，研究者们一直在探索并提炼影响团队有效性的关键因素，力图构建一个精练且聚焦的理论框架。依据现有的研究成果，我们可以将团队有效性的核心驱动因素归纳为三大关键成分：首先是外界条件，包括外部环境与资源条件，这部分涵盖了团队运作所需的各类外部支持，为团队的成功奠定了基础；其次是团队构成，包括团队组成与结构特征，它深入分析了团队成员的个体特征、技能组合、角色分配、成员多样性以及团队规模等因素如何影响团队的有效性；最后是团队过程，通过对反映团队过程的相关变量进行研究，考察这些过程变量直接影响团队在任务执行、成员满意度以及团队持续性等方面的表现。以下将逐一展开对这三大关键成分的细致剖析，以期为理解和提升团队有效性提供深入洞察与实用策略。

（一）外界条件

有四种外界条件与团队有效性密切相关，即充足的资源、强有力的领导和完善的结构、信任的氛围以及可以反映团队成员贡献的绩效评估和奖励体系。

---

① S. G. Cohen & D. R. Bailey, “What Makes Teams Work: Group Effectiveness Research from the Shop Floor to the Executive Suite,” *Journal of Management* 23（1997）: 239-290.

充足的资源。团队能否取得成功，资源的充沛与否无疑是至关重要的决定因素之一。这里的资源首先指物质层面，诸如先进的设施设备、必要的工具配备以及充足的项目预算等，这些都是确保团队能够顺利开展工作的物质基础。没有了这些硬件支持，团队可能面临操作受限、进度滞后甚至项目搁浅的风险。与此同时，人力资源同样是团队运作不可或缺的一部分，拥有具备合适技能组合、丰富经验和积极态度的团队成员，是团队得以高效运作并达成目标的关键。恰当的人力资源配置能够让团队在面对挑战时迅速找到解决方案，通过团队成员间的优势互补与协同合作，实现专业技能和经验的最大化利用，从而提升团队的整体效能。

强有力的领导和完善的结构。领导力和团队结构是决定团队成功的核心外界条件。强有力的领导层不仅能为团队制定清晰且可实现的战略目标，还能通过有效的沟通和指导为团队指引方向，确保所有成员都明白团队愿景及其在实现目标中的位置。领导者的激励能力尤其重要，他们能通过鼓舞人心的愿景、适当的挑战以及及时的认可来激发团队成员的潜能，增强团队的执行力和创造力。健全的团队结构是支撑高效团队运作的基础。理想的团队结构应当具有明确的角色分工，每一个团队成员都清楚自己的职责所在，避免任务重叠或真空地带。责任界限的明确定义有助于提升工作效率，减少冲突，并增强团队成员的承诺感和责任感。斯科特（Scott）和布鲁斯（Bruce）的研究进一步揭示了团队结构对于创新氛围的重要性[①]。一个健康的团队结构，可以促进团队成员间的深度交流和频繁互动，鼓励信息和知识的快速流动。而创新则往往源自跨领域知识的碰撞与整合，以及团队成员之间的深度合作。

信任的氛围。在构建高效团队的过程中，营造一个充满信任的内部环境至关重要。团队成员间的高度信任能够催生开放的意见交流、自由的信息共享以及勇于承担风险的精神，这些因素有力地驱动了团队协作与创新能力的提升，最终反映在整体优异的工作绩效上。与此同时，我们需要关注团队差序氛围这一中国社会和组织特有的现象，其本质在于团队内部因“圈子文化”或“关系网络”的影响，出现了成员间地位、资源分配、信息沟通以及机遇

---

① S. G. Scott & R. A. Bruce, “Determinants of Innovative Behavior: A Path Model of Individual Innovation in the Workplace,” *Academy of Management Journal* 37（1994）：580–607.

获取等方面的不均衡与区别对待。在团队差序氛围下，团队成员可能会依据与领导或其他核心成员关系的亲疏远近而非能力或贡献来获得认可和晋升机会，从而破坏团队内部公平性和凝聚力。研究表明，团队差序氛围对团队成员的工作表现具有负面影响，团队信任可以对这种影响起到调节作用[①]。具体而言，当团队中存在明显的差序氛围时，成员可能会感知到上下级之间的价值观匹配程度较低，即他们认为自身的价值观与上级领导者的价值观并不一致，这将间接削弱他们的工作投入度和积极性，进而影响他们的工作绩效和组织公民行为（如自愿超出职责范围的行为、帮助同事、积极参与团队建设等）。但在团队信任水平较高的情况下，即便存在差序氛围，团队信任也可以缓解这种氛围对价值观匹配感知及工作表现的消极影响；反之，在团队信任匮乏的情况下，差序氛围的负面效应可能会被进一步放大。

可以反映团队成员贡献的绩效评估和奖励体系。个体绩效评估与奖励制度在某些情况下可能会与构建和维护高绩效团队的目标相冲突。在团队工作中，成功的达成往往依托于成员的紧密协作和互相依存，而在过度关注个体绩效的评估体系下，团队成员可能过于追求个人成就而淡化团队合作意识，导致合作精神受挫。此外，个体绩效主导的评估方式还容易引发责任模糊、内部竞争加剧等问题，部分成员可能选择“搭便车”，只关注自己的成果产出，而不愿为团队的整体进步贡献力量。同时，一些在团队中起着协调、辅导等重要作用的隐形贡献也可能在单纯的个体绩效考核中被忽视，使得此类团队成员的积极性和贡献度得不到应有的评价。

为解决上述矛盾，首先，现代组织通常采取综合性策略，比如引入包含团队绩效和个人绩效双重考量的混合评估系统，鼓励团队间的协作与共赢。同时设立专门针对团队整体表现的奖励机制，强化团队内部的互助合作与凝聚力。其次，实施多元化的激励措施，不仅包括物质奖励，还包括职业发展、培训和公开表彰等多种形式，以适应不同岗位和角色的需求。最后，明确团队成员的角色定位和个体目标与团队目标的一致性，确保每个人在追求个人成长的同时，也能积极推动团队共同前进。通过这些方法，组织能够在尊重

① 沈伊默、诸彦含、周婉茹、张昱城、刘军：《团队差序氛围如何影响团队成员的工作表现？——一个有调节的中介作用模型的构建与检验》，《管理世界》2019 年第 12 期，第 104~115 页。

和激发个体积极性的同时，有效促进团队的整体效能和持续发展。

（二）团队构成

团队构成在很大程度上决定了团队有效性的高低，下面从多个维度解析团队构成如何影响团队有效性。

团队成员的能力。指组成团队的个体所具有的各项专业技能、知识水平、工作经验、沟通能力、决策能力、情绪智力等个人素质。它是构成团队能力的基础单元。但团队能力不是团队成员能力的简单加总，因为在团队成员能力的整合和互动过程中会产生新的团队属性和效能。团队能力是一个综合概念，它体现了团队作为一个整体，在运用和整合各种资源以实现战略目标方面的综合实力。团队能力不是团队成员个体能力的简单叠加，它包含了团队内部的协调与沟通能力、资源调配与管理能力，以及团队文化的塑造和团队精神的凝聚等多个层次。

成员的人格特质。团队成员的性格特点、价值观、动机、态度等个性特质会对团队氛围、决策风格和冲突解决方式产生深远影响。成员的人格特质作为团队构成的主要变量受到研究者的广泛关注，而大五人格模型便是人格特质理论的典型代表。巴里（Barry）和斯图尔特（Stewart）的研究着重探讨了责任感和外倾性这两个大五人格特质对团队绩效的影响[①]。他们发现，团队中适度比例的外向成员与团队任务的受关注度和整体效能有着显著关联，呈倒U型曲线分布，这意味着团队中存在适量的外向成员时，团队的绩效最优，而外向成员过多或过少都会对团队绩效产生负面影响。纽曼（Neuman）和赖特（Wright）进一步验证了大五人格特质在个体和团队层面对工作绩效的预测作用[②]。他们对由79个4人工作小组组成的样本进行了深入研究，使用主观评价（如工作成绩和人际技巧）和客观数据（如小组任务完成的准确性与数量）作为绩效指标。结果显示，在控制了工作技能和一般认知能力等因素后，团队整体的随和性与人际技能呈现正相关，而责任感和随和性都能够有效预测团队的整体绩效。

① B. Barry & G. L. Stewart, “Composition, Process, and Performance in Self-managed Groups,” *The Role of Personality Journal of Applied Psychology* 82（1997）：62-78.

② G. A. Neuman & J. Wright, “Team Effectiveness：Beyond Skills and Cognitive Ability,” *Journal of Applied Psychology* 84（1999）：376-389.

角色分配。合理的角色分配有助于团队成员明确各自的责任和期望，确保每个成员能在最合适的位置上发挥最大价值。有效的角色分配能够减少工作重叠，提高团队协作效率，同时也能够通过角色轮换和拓展，促进成员的全面发展。

贝尔宾团队角色理论（Belbin Team Roles）是英国知名组织行为学者贝尔宾（Belbin）提出的一个分析团队角色和团队合作的理论模型。贝尔宾是团队工作理论的早期倡导者，为了研究团队取得成功的原因，他进行了两个为期 9 年的重要研究。1981 年，贝尔宾首次在《团队管理：他们为什么成功或失败》一书中提出了贝尔宾团队角色模型，经过 12 年的推广应用和修正，他于 1993 年再次提出了修正的研究成果，由八种角色修订为九种角色。

贝尔宾团队角色理论的核心观念在于强调团队整体功能的优化，而不是单个成员能力的绝对优劣。理论中所定义的“团队角色”是对个体在团队情境中展现的行为模式、贡献方式以及人际互动特性的概括。通过识别并合理配置每个成员的团队角色，打造出一种协作上的完美状态，可极大地提升团队和个人绩效。这一理论为团队建设和管理提供了一套独特的语言和解读框架，并成为指导团队建设、促进团队协作、优化团队效能的重要工具。当团队领导者知晓并理解团队成员各自对应的角色特性后，就可以在组建项目团队、分配工作任务时更加精准地匹配人力资源，确保团队内部角色的互补性，最大限度地发挥每位成员的优势，从而有效提升整个团队的工作效率和项目成功率。

成员多样性。团队成员的多样性是把“双刃剑”，它既能为团队带来丰富的知识储备、多样的视角和创新思维，也可能引发沟通难题、冲突和身份认知差距等问题。萨科（Sacco）和施密特（Schmitt）的研究就揭示了团队性别多样性与成员离职倾向之间的关联，指出多样性管理不当可能导致团队稳定性受损[①]。刘智强等在国内的研究中进一步证实，雇佣身份多样性可能削弱组织支持对员工创新行为的促进作用，并影响员工对组织支持的感受和内部地位认知，原因是身份多样性的存在可能导致员工感觉到不公平对待，破坏

① J. M. Sacco & N. Schmitt, “A Dynamic Multilevel Model of Demographic Diversity and Misfit effects,” *Journal of Applied Psychology* 90（2005）：203-231.

团队内部的合作气氛①。

表面上的多样性特征，如性别、年龄、教育背景等，在团队组建初期可能会引起较多关注和潜在摩擦，但随着时间的推移，深层的认知多样性——成员在思维方式、价值观、解决问题的方法等方面的差异，对团队绩效的影响尤为显著。然而，若团队沟通机制健全且有效，这种认知多样性的负面影响便可以得到缓解，因为良好的沟通有助于消弭误解、化解矛盾，并最终转化为团队创造力的有效源泉。因此，管理者在构建和管理多样化团队时，除了要考虑成员的多样性特性，还要注重培养包容性文化，建立公平的沟通机制，以及通过恰当的组织支持策略来最大限度地发挥多样性带来的创新优势，同时有效规避和解决多样性带来的潜在问题。

文化差异。文化差异在跨文化团队中扮演着至关重要的角色，它既可能成为促进团队活力和创新的源泉，也可能成为沟通协作的障碍，持续影响团队的决策和信任建设。潘越等的研究验证了文化多样性与企业创新之间的积极联系，他们使用城市方言的数量和方言分化指数作为地域文化多样性的代理变量，发现文化多样性与企业创新产出之间存在显著的正相关性，并进一步指出，在方言差异较大、人口流动性高、包容性强及知识产权保护良好的地区，方言多样性对企业创新的促进作用更为显著②。

故而在文化差异较大的环境中，只要能够妥善处理和利用这些差异，例如通过开展文化敏感性培训，教会团队成员理解和接纳不同文化背景下的沟通习惯和价值观，实施有效的跨文化交流策略，就能够有效地缓和文化冲突，增强团队内部的互信与凝聚力。特别是在那些人口流动性较高、对外来文化的包容性较强以及知识产权保护机制健全的地区，文化多样性更能有效地激发企业的创新活力，推动团队取得更好的成果。因此，团队管理者应积极倡导文化包容性，培育多元文化融合的良好氛围，以充分释放跨文化团队的创新潜力。

团队规模。团队规模的大小影响着团队的沟通效率、决策速度以及资源

① 刘智强、邓传军、廖建桥、龙立荣:《组织支持、地位认知与员工创新：雇佣多样性视角》,《管理科学学报》2015 年第 10 期，第 80~94 页。

② 潘越、肖金利、戴亦一:《文化多样性与企业创新：基于方言视角的研究》,《金融研究》2017 年第 10 期，第 146~161 页。

分配。合适的团队规模应根据任务性质和组织目标进行选择和调整，确保所有成员能够充分沟通并保持高效率。研究表明，较小的团队规模通常更有利于成员间的有效沟通和深度互动，因为在较大的团队中，沟通路径复杂、信息传递效率低，可能导致成员难以充分表达意见和见解，从而影响团队决策的及时性和质量。此外，在大规模团队中，可能会出现“社会惰化”现象，且成员间的凝聚力、忠诚感和信任关系更加难以形成。

因此，管理者在组建团队时，应考虑将团队规模控制在一个适合的范围内，通常推荐不超过 12 人，这个数字被认为是可以维持有效沟通和较高团队效能的理想阈值。对于较大规模的组织或项目，可以采用分层或矩阵式的组织结构，将大的工作群体划分为多个小型的工作团队，这些小团队之间既可以保持独立运作，又可以通过明确的协作机制联合起来，共同为实现大目标贡献力量。这样一来，既能发挥小团队高效沟通和协作的优势，又能确保大团队的资源整合和协同效应。

成员偏好。了解并尊重团队成员的个人偏好，如工作方式、沟通习惯等，有助于营造良好的工作环境，提高团队成员的满意度和忠诚度。团队领导者应灵活运用各种管理策略，尽量满足成员的合理需求，从而激发成员的工作积极性，提升团队的整体效能。

（三）团队过程

团队过程变量是影响团队有效性的关键要素，它在团队内部动态运作，对团队表现和成果产生重要影响。以下是团队过程变量如何影响团队有效性的详细阐述。

共同的计划和目标。有效的团队具有明确且共同的计划和目标，它们犹如指南针，引领团队成员朝着同一方向共同努力。在高效团队中，每个成员都清楚认识到他们的工作价值，明白自己的每一步行动如何与团队的大局相结合，怎样为实现团队的整体愿景添砖加瓦。这种理解和共识，不仅可以增强团队内部的凝聚力，还能够激励成员超越个人利益，投身于团队的长远发展之中。团队的反思性（reflexivity）也是实现高效运行的重要特质。通过定期回顾和审视已完成的工作，团队成员能够从过去的经历中提炼出宝贵的经验教训，适时调整战略规划和工作方式，确保团队目标始终保持与组织战略目标以及市场动态需求紧密贴合。

此外，鉴于团队成员在需求层次、动机激发、价值观取向、职位权力结构及问题解决视角等方面的多元性，构建并传达一个能够跨越个体差异、全体成员公认的共同愿景和目标显得极为必要。这一过程旨在确保全体员工明确把握团队即将达成的具体成果及其背后的意义，同时清晰预见团队实现目标后将会带来的组织及个人层面的收益。这样一个深入人心的共同愿景不仅是员工内在期望在组织情境下的具体表达，更是构建团队精神内核和持久动力的核心要素。

具体目标。具体而明确的目标对于团队成员集中精力、全情投入到工作中具有显著的导向作用。遵循 SMART 原则设定目标，即目标应具有明确性（Specific）、可衡量性（Measurable）、可实现性（Achievable）、相关性（Relevant）以及时限性（Time-bound），这样的目标设置方式能确保团队成员明确知晓期待的结果是什么、如何去衡量进展、是否在团队能力范围内、与团队和组织的总体战略目标有何关联，以及何时应达成目标。此种科学严谨的目标管理体系有助于激发团队成员的积极性，增强他们的信心和动力，从而显著提升团队的整体绩效水平。

团队效能（Team Efficacy）。团队效能是一种心理建构，它反映了团队成员之间共享的一种信念，即团队相信自己具备成功完成指定任务或达到预设成就水平的能力。这一理念植根于美国著名心理学家阿尔伯特·班杜拉的自我效能理论①，并将其扩展至团队层级，意味着团队效能不是团队成员个体效能的简单叠加，而是团队作为一个整体对自身效能的信念。团队效能对团队动态和成果具有深远的影响。它指导团队设定具有挑战性但可实现的目标、合理配置和利用资源、制定和执行战略计划。团队效能高的团队成员更愿意全力以赴投入任务，在面对困难时表现出更高的韧性与更低的沮丧倾向。

实证研究进一步证实了团队效能与团队绩效之间的正相关联系。例如，在埃德蒙森（Edmondson）的研究中，她通过对家具制造业工作团队的实地考察，证实了团队效能能够预测团队的绩效表现，并与团队的学习行为呈现

① A. Bandura, "Self-Efficacy: Toward a Unifying Theory of Behavioral Change," *Psychological Review* 2（1977）：191-215.

积极的相互作用[①]。另外，何建华等以 2011 年中国高校知识型团队为研究样本，运用回归分析探究了团队沟通与团队效能、团队绩效之间的相互影响关系，揭示了团队效能对团队绩效具有显著的正向促进作用[②]。

团队认同（team identity）。在第七章中，我们深入探讨了社会认定对人们在群体环境中的行为和情感投入产生的重大影响。当个体与所属群体建立了强烈的情感纽带，他们就更愿意在情感和行为上对这个群体进行投资，团队也是如此。团队认同这一概念是从社会身份理论的视角出发的。组织身份和团队身份在多大程度上能够影响甚至指导员工的行为，取决于员工在多大程度上"认同"相关身份。团队认同指的是团队成员对自己所属团队的归属感和忠诚度的认知，它对于增强团队内部的凝聚力、促进成员间的相互支持和信任关系具有显著作用。高团队认同度有助于减少团队内部冲突，提振团队士气，并由此提高团队整体的效能表现。大量研究证据表明，相较于个体层面的组织认同，团队层面的认同更具有一种聚合效应，它作为一种积极的心理黏合剂和强大的集体激励因子，对团队的工作过程和绩效结果产生了独特的正面影响[③]。

进一步的研究还指出，在员工拥有多重社会身份的情境下，相对于对组织整体的认同，他们往往更容易对其直接参与的工作团队产生强烈认同感[④]。这一现象使得团队认同在预测员工日常行为方面展现出更强的解释力。随着团队工作模式在现代社会中的广泛应用，对团队认同的研究在理论和实践层面都显得尤为重要。研究趋势显示，学者们的注意力正逐渐从单一的组织认同研究转向更加细致入微的团队认同研究，以解释日趋复杂的团队动态和团队绩效问题。

团队凝聚力（team cohesion）。团队凝聚力是指团队成员之间团结互助的

---

① A. C. Edmondson, "The Local and Variegated Nature of Learning in Organizations: A Group-level Perspective," *Organization Science* 13（2002）: 128-46.

② 何建华、姜小暖、于桂兰:《团队集体效能感与团队绩效：团队沟通的调节作用》,《科技管理研究》2014 年第 4 期，第 169~173 页。

③ 栾琨、谢小云:《国外团队认同研究进展与展望》,《外国经济与管理》2014 年第 4 期，第 57~64 页。

④ D. Van Knippenberg, "Work Motivation and Performance: A Social Identity Perspective," *Applied Psychology: An International Review* 49（2000）: 357-371.

程度，高凝聚力的团队成员乐于为共同目标付出额外努力，能够更好地协同工作，更快地解决问题，减轻社会惰化现象，促进团队的长期有效性。一些研究文献已经揭示了团队凝聚力与团队绩效之间的紧密关联。玛伦（Mullen）和库伯（Copper）发现，团队凝聚力与团队绩效存在显著的正相关关系[①]。而凯勒（Keller）在对大型研发组织中的 32 个项目团队进行实证研究时也证实了这一点，他发现团队凝聚力不仅能够预测当前的团队绩效，包括技术质量、公司价值观遵循情况、绩效计划执行情况以及预算控制等，而且还能有效预测一年后的团队表现[②]。

共享心智模型（shared mental model）。劳斯（Rouse）和莫里斯（Morris）将心智模型定义为一个内在的心理机制，通过这一机制，个体能够理解和描绘系统的本质、目标、结构以及功能，同时也能够根据现有信息解释系统的现状并预测其未来走向[③]。在团队认知层面，康弗斯（Converse）、坎农-鲍尔斯（Cannon-Bowers）和萨拉斯（Salas）提出了共享心智模型的概念，它也被称为团队心智模型，在高效运作的团队中起到了至关重要的作用[④]。在复杂多变、不确定性高的环境中，团队之所以能够顺畅运作，一个重要原因是团队成员对如何有效应对这类情境持有共同的理解和认识。这种共享的理解有助于团队成员解读团队内部发生的现象，准确预测需求，妥善解决冲突，减少执行过程中的摩擦和损耗，进而提升团队整体的工作效率。

克利莫斯基（Klimoski）和穆罕默德（Mohammed）进一步阐述了共享心智模型，他们认为这是一种团队成员共同拥有的、经过组织和结构化的关于团队任务环境关键元素（如任务内容、设备操作、人际关系以及工作情境等）

---

① B. Mullen & C. Copper, “The Relation between Group Cohesiveness and Performance: An Integration,” *Psychological Bulletin* 115（1994）: 210-227.

② R. T. Keller, “Predictors of the Performance of Project Groups in R&D Organizations,” *Academy of Management Journal* 29（1986）: 715-726.

③ W. B. Rouse & N. M. Morris, “On Looking into the Black Box: Prospects and Limits in the Search of Mental Models,” *Psychological Bulletin* 100（1986）: 349-363.

④ S. Converse, J. A. Cannon-Bowers, & E. Salas, “Shared Mental Models in Expert Team Decision Making in Dividual and Group Decision Making,” *Current Issues*（1993）: 221-246.

的心理表征[①]。团队共享心智模型构成了团队成员间共享的知识结构，它促进了团队成员在面对问题时的界定方式、对情景做出的反应以及对未来预期的一致性，从而使团队工作过程更为协调和高效。

冲突水平。冲突是团队过程中不可避免的现象，理论界将冲突分为两类：任务冲突（Task Conflict，TC）和关系冲突（Relationship Conflict，RC）。任务冲突是指团队成员围绕工作任务的具体内容、优先级、实施方法、策略选择等方面存在的分歧和争执。当团队成员对工作目标的理解不同，或者对达成目标的最佳路径有不同的想法时，就可能出现任务冲突。尽管适度的任务冲突可能刺激创新思考和改进方案，但过度或处理不当的任务冲突可能会阻碍决策进程，降低工作效率和团队凝聚力。关系冲突又称情感冲突或人际冲突，主要集中在团队成员间的个人关系层面，涉及对他人的态度、价值观、个性特点等方面的不满或抵触。关系冲突表现为团队成员之间的情感紧张，比如互相反感、敌意、侮辱、不尊重等负面情绪和行为。

相较于任务冲突，关系冲突通常更难以解决，因为它触及了人际关系的深层结构，如果不及时化解，会严重损害团队氛围，影响成员间的信任与合作，甚至可能导致团队整体绩效下降和人才流失。还有理论认为，团队任务冲突与关系冲突之间存在潜在的转化关系。如果群体成员把认知上的分歧误认为是对个人人身的攻击，就会导致任务冲突转化为关系冲突；相反地，当个人对他人反感或心存敌意时，往往会倾向于去发现他人观点上的错误，导致关系冲突向任务冲突转化[②]。

中国社会文化传统强调“以和为贵”，因此人们倾向于通过避免认知上的分歧来维护人际关系的和谐稳定。这意味着团队在面对工作内容或方法上的争议时，可能会选择压抑任务冲突，而不是通过讨论和解决冲突来挖掘潜在的创新和改进点。郎淳刚等的研究正印证了这一点[③]。在中国文化背景下的团队环境中，任务冲突的积极作用并未得到充分显现。但任务冲突过少并非理想状况，

---

① R. Klimoski & S. Mohammed, “Team Mental Model: Construct of Metaphor? ” *Journal of Management* 20（1994）: 403-437.

② 陈晓红、赵可:《团队冲突、冲突管理与绩效关系的实证研究》,《南开管理评论》2010 年第 5 期，第 31~35 页。

③ 郎淳刚、席酉民、郭士伊:《团队内冲突对团队决策质量和满意度影响的实证研究》,《管理评论》2007 年第 7 期，第 10~15 页。

反而可能对团队效能产生不利影响。这是因为适度的任务冲突能够激发团队成员提出新的见解和创意，防止群体陷入“群体思维”（Groupthink）的困境，即团队成员为了避免冲突而趋于一致，不再进行批判性思考，从而无法充分发掘和解决问题，最终导致群体决策质量和整体绩效下滑。

社会惰化。在上文的讨论中，我们也提到了社会惰化，这是一个术语，用来描述团队成员在集体工作环境中，由于感觉到个人努力与成果之间的直接关联减弱，而不如单独工作时那样全力以赴的现象，也就是所谓的“搭团队便车”。为克服社会惰化对团队效率和绩效的消极影响，团队应该着力构建公正的责任分配体系，确保每个团队成员的努力都能被明确看到和公正评价。同时，设立明确、公正的绩效评估标准和激励机制，能够有效激发团队成员的积极性和责任心，从而促使他们全身心投入到团队工作中，减少社会惰化现象的发生。

案例链接 8-3

江苏省农科院的创新联合体

在当今科技创新的浪潮中，单一技术点的突破正逐步让位于链条式和场景驱动的全面创新，标志着创新模式由“点”向“面”的深刻转变。团队作为创新实践的核心力量，其结构与功能的优化升级对于促进科研成果的高效产出至关重要。尤其是在科研活动日益交叉融合的背景下，构建异质性主体深度协同的科研团队，形成“真团队”与“大团队”，成为提升科技创新效能的关键路径。

江苏省农科院正是这一理念的先行者，该院聚焦于农业全产业链的技术革新需求，建立起跨单位、跨学科、跨团队的创新集群。通过系统的组织管理和团队间的“集团作战”，加速综合性技术解决方案的成型，旨在快速响应并解决农业生产中的实际问题。2021 年，江苏省农科院精选 52 个科研团队与企业携手，针对“稻麦‘种、药、肥’一体化、设施果蔬智能生产”等领域，成立了 6 个创新联合体，并通过创新的运行机制，形成“政府引导、企业出题、多方出资、科企共研、企业验收、成果共享”的模式。模式的成功运作得益于以下几个核心机制。

协同创新机制。联合体调研、梳理产业“卡脖子”技术问题，根据产业链技术问题清单，体系化布局创新链，并按照任务衔接、方向互补、成果集成的要求，明确各团队重点攻关方向，形成协同创新布局。

项目形成机制。根据发展目标和定位，联合体整体设计“项目包”，制订年度项目申报计划，明确项目争取渠道、目标和责任团队。

经费保障机制。通过项目经费争取、运行补助、股权合作、资本投入等方式，联合体建立项目经费池和绩效奖励资金池，提供充足且稳定的资金保障。

利益分配机制。根据实际贡献，联合体科学分配成果转化效益，充分激发成员的创新积极性。

知识产权共享机制。根据具体成果明确知识产权归属和权责利益，联合体成员拥有技术成果的优先使用权，但使用时必须在联合体的统筹协调下签订具体协议。

江苏省农科院的这一实践，不仅是对新型科研组织形式的有效探索，也为其他科研单位提供了可借鉴的范例，展示了如何通过构建高效协同的创新生态系统，推动科研成果转化为现实生产力，助力产业升级与社会进步。

资料来源：易中懿《基于“场景＋链式”技术创新范式的科研组织方式及管理》，载张晓东主编《中国管理发展报告（2023）》，社会科学文献出版社，2023，第77~96页。

第四节　使个体转变成团队型选手

当今企业愈发重视团队合作的力量，视之为释放团队整体效能的关键。然而，并非所有人都天然具备卓越的团队协作能力。因此，我们提出一系列策略来提升团队协作效果。首先是精细甄选团队成员，在招聘阶段，企业应着重考察应聘者的团队协作精神、沟通能力和适应团队文化的能力，力求选拔出易于融入团队、能够与他人良好合作的候选人。其次要有针对性地展开团队培训，企业应设计并实施专门的团队培训计划，向员工传授团队合作所需的技能、知识和态度，如沟通技巧、决策制定、冲突解决、角色适应等，从而将普通员工培养成为出色的团队型选手。最后是建立完善的绩效激励体系，企业应当创建公平且具有激励作用的绩效考核与奖励机制，将团队协作作为绩效考核的重要指标，对在团队工作中表现突出、贡献显著的员工给予相应的荣誉和物质奖励，激励员工积极参与团队协作，共同提升团队整体效能。

（一）甄选：雇佣团队型选手（team worker）

在甄选和聘用团队型选手的过程中，首先需清晰定义岗位需求，明确团队协作能力的重要性，并在招聘广告中明确提出对团队精神、沟通能力和协作技巧的要求。在面试阶段，可以通过行为面试法深入了解候选人在以往团队项目中的实际表现，运用团队角色评估工具或团队协作模拟练习，直接观察他们在团队环境中的行为和互动。同时，务必核查候选人的工作经历，确认他们是否有丰富的团队工作经验以及突出的团队成果，并通过背景调查收集前雇主或推荐人的反馈，以判断其在团队中的实际表现和贡献度。

此外，还需关注候选人的价值观与企业文化是否契合，确保其能够在团队中快速融入并发挥积极作用。通过多样化的心理测评工具和团队建设活动，进一步评估候选人在不同情境下的团队合作能力和应对压力的协作态度。在招聘全程，要向候选人传递公司对团队合作的高度重视，并展示相应的激励机制，以吸引和留住真正的团队型选手。总的来说，甄选团队型选手需要全面、深入地评估其团队协作能力和实践经验，以及与团队价值观的匹配度，以构建高效、和谐的团队组织。

（二）培训：打造团队型选手

培训是指一种系统的、有计划的干预，旨在促进与工作相关的知识、信息、技能的发展。史蒂文斯（Stevens）和坎皮恩（Campion）在 1994 年的研究中指出，团队合作所需的知识（Knowledge）、技能（Skills）和态度（Attitudes），简称KSA，是可以被学习和掌握的[①]。就如同针对个人能力发展的培训管理策略一样，团队培训也需要遵循严格的流程，包括培训需求的精

① M. J. Stevens & M. A. Campion, "The Knowledge, Skill, and Ability Requirements for Teamwork: Implications for Human Resource Management," *Journal of Management* 20 (1994): 503-530.

确分析、培训方法的科学实施以及培训效果的严格评价。团队培训方法的选择应紧密结合培训目标、培训具体内容（如团队合作所需的知识技能和态度）、适用的培训工具以及组织的整体战略需求等因素。诸多学者针对团队合作能力的培训展开了多元化研究，但迄今为止，学界还未形成一个相对统一的团队合作能力培训方法分类体系。有学者将团队合作能力培训方法归纳为四大类别：团队协作式培训（Teamwork Training）、交叉培训（Cross-Training）、基于仿真系统的培训（Simulation-Based Training，SBT）以及基于元认知的培训（Metacognitive Training）（见表 8-2）[①]。这些培训方式各有特色，旨在通过不同的途径和手段，系统地提升团队成员间的沟通、协调、决策和解决问题等团队合作能力，从而提高整个团队的工作效率与绩效。

表 8-2 团队合作能力培训方法

培训方法	应用领域	优势	缺陷
团队协作式培训	团队建设、新团队磨合、沟通协作能力提升	增强团队凝聚力、锻炼沟通决策能力、提高成员间互信与互动性	效果受团队规模和复杂性制约、需高度依赖成员参与积极性、可能忽视个别成员专业技能提升
交叉培训	多职能团队建设、关键岗位储备、提升组织灵活性	减少对单一人才的依赖性、扩展员工技能覆盖面、促进内部知识共享与协作	需要投入更多时间与资源、知识传授可能存在不完整现象、个别成员可能对角色转换产生抵触
基于仿真系统的培训	高风险行业培训（航空、医疗、军事）、复杂任务模拟、危机应急处置训练	在安全环境中模拟真实情境、减少实际操作风险、提供逼真学习体验	开发与维护成本较高、未必能完全复制真实环境、学习转化效果可能受限
基于元认知的培训	领导力培养、问题解决与决策技能培训、自我学习与改进	提高自我评估与自我调整技巧、增强问题解决的策略思考能力、促进终身学习与持续成长	需要学员具备一定的认知成熟度、成效显现周期相对较长、实施难度相对较大、需专业指导

团队协作式培训是一种组织培训活动的方法，强调通过将受训者分成相对固定的团队，围绕共同的目标进行互动合作，以达到提升团队整体绩效的

① 丁奕、严云鸿：《团队合作能力培训方法研究》，《中国人力资源开发》2009 年第 7 期，第 10~13 页。

目的。团队成员在培训过程中共同参与、相互协作，通过交流、讨论和实践来提高各自的技能和团队协作能力。

交叉培训是一种强调团队内部知识和技能共享的培训方式，通过团队成员之间相互传授各自的工作任务和职责内容，使每个成员都能了解并掌握团队内其他成员的角色、任务以及信息需求。这种培训方式有助于建立团队成员间共同的理解框架，即共享心智模型，从而使团队在面对复杂任务时能够更高效地协同工作。

基于仿真系统的培训则利用高度仿真的设备或模拟环境，模拟真实的团队协作场景，让团队成员在模拟的高度紧张和压力环境下完成需要紧密协作的任务。这种方式能模拟现实生活中的突发状况，锻炼团队成员在极端条件下的沟通、决策和协作能力。

基于元认知的培训则是关注提升受训者对自己认知过程的理解、管理和调控能力的培训方式。元认知是指个体对自己认知活动的认识、监控和调整，通过团队培训来引导成员反思自己的思考过程、决策方式和行为策略，这有助于提高团队成员乃至整个团队的自我认知和调整能力，使其在面对团队任务时能更有效地规划、监控和调整自己的思维策略，从而提升团队效能。

（三）奖励：激励员工成为优秀的团队型选手

纳尔班蒂安（Nalbantian）和肖特（Schotter）与拉泽尔（Lazear）均指出，在团队合作模式下，由于工作成果的复合性与交织性，团队成员个体的绩效往往难以精确衡量和独立评估，这导致了管理者与团队成员之间存在信息不对称的问题[①]。这种不对称性容易滋生团队成员的偷懒心理和“搭便车”行为。为了抑制这类消极现象，管理者必须设计严密的管理制度和激励机制，比如设定清晰的工作流程和责任划分、实行内部监督机制，或者利用团队内部的同伴压力来约束和激励团队成员，减少偷懒和“搭便车”的行为。

在组织激励机制中，基于员工绩效表现的金钱奖励是一种常见的激励手段，其中个体薪酬和团队薪酬是最主要的两种形式。个体薪酬主要是根据员工个人的工作成果和绩效对其进行的金钱奖励，强调个体责任和独立贡献。

---

① H. Nalbantian & A. Schotter, “Productivity under Group Incentives: An Experimental Study” *American Economic Review*, 87（1997）: 314-341. E. P. Lazear, *Personnel Economics for Managers*（New York: John Wiley & Sons, Inc., 1998）, p.100.

而团队薪酬则是以整个团队的总体绩效为基础，然后将奖金或报酬在整个团队成员之间进行分配，这种分配不仅牵涉团队与团队之间的比较，更关乎团队内部成员之间的奖励分配规则。在实践中，团队薪酬的分配主要有两种模式：一是平等型分配（equality），即团队奖励在成员之间平均分配；二是公正型分配（equity），即根据每个团队成员的具体绩效进行差异化分配。近年来，许多企业纷纷实行团队薪酬计划，即根据整个团队的整体绩效来确定并支付团队成员的薪酬，目的在于增强团队内部的协作精神，激发成员们更加积极地投入到工作中，共同实现甚至超越公司为团队设定的绩效目标。然而，多项研究发现，团队薪酬制度在实际操作中并不总是能达到理想的效果，可能会遇到公平性、激励兼容性以及绩效衡量难易度等问题，导致该制度在激励员工时未达预期①。

研究结果显示，团队薪酬与个体薪酬对团队绩效的影响有所不同。团队薪酬更倾向于促进团队内部的沟通合作，对团队的质量绩效、关系绩效等软性指标具有积极的推动作用，但对于提高团队完成任务的速度可能产生负面影响。高绩效或高能力的团队成员往往更倾向于通过个体薪酬来得到对自己出色表现的认可，但如果能够提升他们对团队整体效能的感知，那么他们对团队薪酬的态度也会变得更加积极。此外，任务间的相互依赖性对团队薪酬的作用具有显著影响。在高度相互依赖的任务中，团队薪酬的激励效果更为明显；而在相互依赖性较低的任务中，个体薪酬的激励作用则更为突出②。因此，企业在设计薪酬制度时，需要根据任务性质和团队特性灵活选用个体薪酬或团队薪酬，以最大限度地发挥激励作用，促进团队整体绩效的提升。

第五节　团队不是所有问题的答案

团队协作在组织管理和项目执行中具有显著的优势，如通过汇集多方智慧、分担任务风险以及促进创新等，但它并非解决所有工作问题的万能良药。

① 张正堂：《团队薪酬计划的激励效应研究》，《科学学与科学技术管理》2010年第11期，第176~181页。

② 刘颖、张正堂、段光：《团队薪酬激励效应的影响因素、作用机制与研究框架》，《管理评论》2015年第12期，第151~163页。

一方面，不同性质的任务对团队协作的需求各异，对于那些高度依赖个性化创新、独立思考或专业技艺精深的工作，个体独立工作或许能产生更好的效果。另一方面，团队协作本身也存在一定的成本和风险，包括沟通协调的成本、责任分散可能导致的“社会惰化”现象、团队决策过程中的群体思维风险以及激励机制在团队环境中的复杂性和公平性问题。此外，构建和维持一个高效团队并非易事，合适的人员配置、明确的角色分工、良好的团队氛围和有效的领导力都是必要条件，而团队成员的流动性也可能影响团队的稳定性。因此，在实际管理决策中，应结合具体问题、任务特性以及团队实际状况，审慎权衡是否采用团队协作方式，以及如何优化团队结构和运作机制以达到最佳效果。

复习思考题

1. 工作群体和工作团队的差异是什么？
2. 团队的五种类型是什么？
3. 如何打造一个有效的团队？
4. 组织应如何培养一个具有团队精神和良好协作能力的员工？
5. 在什么情况下个体比团队更适合完成一项工作？

案例分析题

创业团队多样性对惯例更新的影响：知识共享的中介和共享领导的调节作用

一、问题提出

大量实践经验表明，新创企业通常由团队而非个体创立和领导，并且团队创业比个体创业表现出更优的绩效。近年来，创业团队已经取代个体创业者，成为创业活动中的焦点。随着中国创业活动的蓬勃发展和创业团队的不断涌现，创业团队如何影响新创企业的生存和发展，成为创业研究中的热点话题。现有研究表明，创业团队的构成是影响新创企业生存与发展的基本要素。因为创业团队的构成情况既决定了团队内知识和观点的丰富性，也会影响成员之间的交流频率、沟通效果及伙伴关系，从而影响创业团队的决策有效性。近年来，鉴于多样化构成特征的创业团队拥有更加广泛的知识、能力和认知，能够产生更多对新创企业绩效有重要影响的创新想法，创业团队多样性对新创企业的影响受到了越来越多的关注。

创业团队是对新创企业的战略决策和持续经营承担主要责任的一群人。团队多样性表示团队成员在人口统计学特征（年龄、性别等）及价值观、经验等方面呈现差异化。具体到创业情境，学者们认为创业团队多样性包括创业团队成员在年龄、性别、种族、受教育水平、创业经验等易于观察的方面，以及认知、价值观、偏好等不易观察的方面体现出的差异化。近年来不同类别的创业团队多样性对新创企业的影响备受关注。通过归纳团队多样性的分类和综合创业情境的研究焦点，学者们对创业团队多样性进行了分类。为了突出领导者这一社会角色的价值，以及团队成员行业经验、职能经验等对技术创业企业的发展具有重要影响的因素，现有对创业团队多样性的类别划分具有较大交叉性，并且实证研究大多关注客观指标（如年龄、受教育水平）对新创企业绩效的影响，没有直接指出成员主观层面（如价值观）多样性的作用。然而，创业团队成员的主观差异性对团队的长期发展可能更为重要。遵循上述分类思路，本文将创业团队多样性分为社会类别多样性（性别、年龄）、信息多样性（受教育水平、职能经验）和价值观多样性。其中，社会类别多样性反映创业团队成员的人口统计学特征，信息多样性反映成员带入团队的知识和观点的差异，价值观多样性反映成员在创业任务、目标和使命上的总体观念差异。

组织惯例是由组织内多个主体执行的相互依赖、重复、可识别的行为模式，是协调成员执行组织内部任务的集体行为范式。已有研究指出，组织惯例并非一成不变，而是随着组织外部环境和内部运营情况的契合情况发生变化。惯例更新指当组织的外部环境发生明显变化时，组织惯例能够通过“变异”、“选择”和“保存”使组织内部执行环境与外部环境相匹配，从而增强其对组织的积极作用。

惯例更新与企业生存发展密切相关，有助于组织的能力开发和变革创新，是企业绩效的先导因素。并且，惯例更新不仅发生在成熟企业中，新创企业惯例参与者发挥主观能动性也能更新惯例。组织成员的集体反思与具体实践行为的相互作用能促进新创企业惯例更新。根据信息决策理论，多样化的信息要想更好地作用于惯例更新，需经历信息细化的过程，交换和整合团队成员的知识。创业团队知识共享是创业者相互交换个体知识，经交流与合作过程整合为组织知识的过程。本文从知识共享的角度探究创业团队多样性对新创企业惯例更新的影响机制。

此外，有关何种领导风格更适合创业团队发挥多样性优势的研究，受到的关注有限。个体层面多样化知识和观点需匹配合适的领导风格才能更好地整合到组织层面。但在创业团队研究中，学者们多关注正式领导者的领导风格对成员认知和行为的影响，较少讨论非正式的、水平的领导力对团队的影响。近期研究发现，团队集体施加领导力影响的共享领导风格可能更适合创业团队成员沟通协作。在共享领导情境下，成员互相领导、相互影响以实现创业目标，这便于成员发挥各自的优势，广泛互动，处理具有较高互赖性、复杂性和创造性的工作任务。因此，本文以共享领导作为调节变量。

综上所述，本文旨在系统探究不同类型创业团队多样性与新创企业惯例更新的关系，参考信息决策理论的逻辑框架，检验知识共享在两者关系之间的中介作用，以期打开创业团队多样性与惯例更新之间的作用“黑箱”，拓展信息决策理论在管理学中的应用，并完善对新创企业惯例更新的团队层面的前因研究。此外，通过检验共享领导在创业团队多样性和知识共享之间的调节作用，本文也丰富了共享领导作为调节变量的研究。

二、研究设计

（一）数据与样本

本文的数据在2019年11月至2020年1月收集，调研对象为山东省、吉林省、北京市、上海市、广东省、浙江省等多个区域的新创企业创业团队。为确保数据质量，问卷由创业团队成员填写。按照扎赫拉（Zahra）等提出的标准，将成立时间不超过8年且未上市的企业视为新创企业。考虑到创业团队退出，本文将创业团队限定在新创企业而不包括企业步入成熟期后的阶段。结合克劳斯（Klotz）等的观点，创业团队成员的判定根据以下两项标准：一是自企业成立之日起8年内加入创始人团队；二是对企业的战略决策和经营管理承担主要责任，一般为企业CEO和其他高层管理人员。在正式调研阶段，通过专业调研公司和企业重要联络人两个主要渠道，将调查问卷以网上链接、电子邮件形式通过企业微信群、企业邮箱、企业App及一些个人联系方式予以发放。在问卷填写之前，我们将学术目的告知了被访者，也向被访者保证问卷填写情况将被保密，以确保被访者能够按照真实情况填写问卷。本次调研共发放问卷300份，最终回收问卷226份，回收率为75.3%；剔除不符合调研条件和存在明显填写问题（明显的规律性、中立选项过多）的问卷，剩余148份问卷，问卷有效率为65.5%。

（二）变量测度

惯例更新。采用王永伟等开发的8个题项量表，测量的是创业团队成员对所处新创企业惯例更新的评价。

知识共享。遵循张振刚等开发的10个题项知识共享量表，测量的是创业团队成员在团队内部共享知识、技能、经验等方面的意愿和能力。

共享领导。采用穆特尔（Muethel）等开发的6个题项量表，测量创业团队共享领导的整体水平。根据“双向回译法”，首先将原始量表进行直译，之后咨询本领域的研究专家，对翻译后的题项的表达和措辞进行修改，再请本领域精通英文的博士生将修改后的题项翻译成中文，通过多次比对和修改，最终确定了测量题项。

创业团队多样性的度量，本文分为社会类别多样性、信息多样性和价值观多样性三类。其中，社会类别多样性选取性别、年龄两个具有较高代表性的指标，信息多样性则选择受教育水平、职能经验两个指标，价值观多样性采用四题项量表。在具体测度方面，年龄多样性采用标准差系数测算，即用变量的标准差除以均值来反映团队年龄的差异水平；性别、受教育水平和职能经验都是分类变量，因此采用 Blau 系数来测量，计算公式是：$H=1-\sum_{i=1}^{n}P_i^n$。其中，P_i 表示某类年龄（或受教育水平、职能经验）成员占创业团队总数的比例，n 为类别数量。计算得到的数值越大，表明创业团队的多样性越强。借鉴以往研究，本研究将职能经验划分为财务、营销、生产、研发和其他这 5 个类型。在通常情况下，创业团队在创建早期由于人员较少，有时同一个成员需要承担不同的职能。本文要求问卷调研对象填写的是在 5 个职能方面有主要贡献的成员。价值观多样性的度量借鉴耶恩（Jehn）等开发的 4 个题项量表，题项进行了反向编码，高分表示成员之间差异性更大。

控制变量。借鉴以往相关研究，选取创业团队成员人数、企业成立年限、企业员工人数和企业所属行业共 4 个变量作为控制变量。企业成立年限、企业员工人数和企业所属行业可能影响组织的惯例，而创业团队成员人数会影响成员之间的互动频率进而影响惯例更新。

三、数据分析与假设检验（略）

四、结论和讨论

本文表明，社会类别多样性中的年龄多样性维度、信息多样性中的受教育水平多样性和职能经验多样性两个维度及价值观多样性对惯例更新具有显著正向影响；创业团队中知识共享分别在社会类别多样性中的年龄多样性维度、信息多样性中的受教育水平多样性和职能经验多样性两个维度及价值观多样性与惯例更新的关系中发挥中介作用；进一步，信息多样性中的受教育水平多样性和职能经验多样性两个维度及价值观多样性与知识共享之间的正向影响在高共享领导情境下更加显著。

本文主要具有以下四点理论贡献。第一，本文丰富了创业团队多样性的影响效应研究，从知识共享角度深入挖掘了创业团队多样性对惯例更新的影响路径。有关创业团队多样性的研究，学者们多讨论其对新创企业绩效的影响。近年来，虽然创业团队性别多样性和企业创新之间的关系开始受到关注，但创业团队多样性对惯例更新的影响尚未得到明确解释和检验。本文基于信息决策理论，重视团队内知识交流的价值，探究了不同类型创业团队多样性对惯例更新的直接影响，以及知识共享在两者之间的中介作用，揭开了创业团队多样性对惯例更新作用的“黑箱”。

第二，本文对促进信息决策理论在管理学中的应用具有一定价值。在有关信息决策理论的研究中，虽然研究者表示多样性通过信息细化过程会有利于团队创造性解决问题和创新，但本研究通过对创业团队多样性进行分类，实证检验三类创业团队多样性对惯例更新这一种微观层面创新的影响和作用机制，促进了对创业团队多样性和组织创新关系的系统认识，在一定程度上拓展了信息决策理论的应用价值。

第三，本文从内生动态观的视角探讨新创企业惯例更新的驱动因素。惯例的定义突出了组织成员能动性对惯例变化的影响，体现了组织惯例变化从本质上是内生的。以往多数学者认为惯例更新是外部环境刺激的结果，如外部技术引进、国家政策等。并且，现有研究侧重于关注成熟企业的惯例更新现象，对新创企业惯例更新驱动因素的讨论不充分。因此，本文基于对惯例更新内涵机制的理解，从内生动态观对新创企业惯例更新的动因进行分析，提出创业团队多样性能够对惯例更新产生影响，并通过实证方式检验，拓展了新创企业惯例更新的团队层面的前因研究。

第四，本文将共享领导作为调节变量纳入“创业团队多样性—知识共享”的研究框架中，完善了知识共享影响因素的边界条件研究，丰富了共享领导作为调节变量的实证研究。共享领导是近十年来逐渐兴起的研究议题，但已有研究较少将共享领导作为调节变量探讨其对潜在相关变量的作用。本文证实了共享领导在创业团队“受教育水平多样性—知识共享”“职能经验多样性—知识共享”“价值观多样性—知识共享”关系中的调节效应，表明共享领导可以提供一个情境条件，在此情境下创业团队成员能更积极地跨越隔阂进行知识共享，实现优势互补。

在实践意义方面，第一，新创企业应充分发挥创业团队年龄多样性、信息多样性（受教育水平、职能经验多样性）、价值观多样性对知识共享的积极作用，增强创业团队的知识共享能力、意愿和机会，以创造出更多与创业任务相关的新知识，为企业的惯例更新提供有效的知识资源基础。第二，合理采纳共享领导风格。共享领导能够在信息多样性（受教育水平、职能经验多样性）和价值观多样性水平高的创业团队中更好地促进团队的知识共享，起到正向调节作用，但在社会类别多样性（性别、年龄多样性）水平高的创业团队中不能起到明显的调节作用。因此，创业团队应当根据自身的多样性特征合理选择是否采用共享领导风格，以充分发挥团队多样性的优势。

资料来源：马鸿佳、唐思思、郑莉莉《创业团队多样性对惯例更新的影响：知识共享的中介和共享领导的调节作用》,《南开管理评论》2022年第5期，第75~86页。为使研究案例行文更加流畅和更具可读性，本文没有呈现相关的文献注释，并对原文进行了节选，读者可参考原文。

思考题

1. 请描画出本研究的机制图，并解释知识共享在其中发挥的中介作用，以及共享领导是怎样发挥调节作用的。

2. 结合以上信息说明新创企业团队在实践中应采取什么样的策略来利用团队多样性，从而推动企业的惯例更新。

第九章 沟 通

第一节 沟通的功能

沟通，在人类社会交往的脉络中扮演着至关重要的角色，是每个个体、团体乃至整个社会运行与发展的基石。正如乔尔克（Johlke）等学者的界定，沟通实质上是个体间传递信息与影响力的动态过程，在组织环境中，这一过程旨在构建共享的认知框架，加深各方的联系，从而助力各项任务的高效执行、决策的有效制定以及问题的妥善解决，确保组织活动的有序开展与持续进步①。在群体或组织内部，沟通承担着五种核心职能：一是控制，通过信息流实现对行动方向和进度的把握；二是反馈，形成一种循环机制，促使成员对自身行为及结果进行反思和改进；三是情绪表达，通过非语言和语言途径传达情感状态，促进人际关系的和谐；四是说服，利用论据和逻辑来说服他人接受某一观点或方案；五是信息交换，确保知识、经验和见解得以在成员间自由流动。这五大职能相辅相成，共同维系着组织日常运转的顺畅，并为其长远发展奠定坚实基础。

控制（Control）。通过沟通，组织可以传达规则、政策、程序和期望，以便规范员工的行为。例如，上级传达给下属明确的工作指令、规章制度和工作流程，确保组织运作有序，员工遵循规定行事。

反馈（Feedback）。沟通提供了一个双向的信息通道，使得个体能够相互获取对方对其行动、决策或产出的意见和反应。例如，管理者接收员工的工作进度报告，给予指导和改进建议，员工也可以得到关于自己工作表现的及时反馈。

情绪表达（Emotion Expression）。沟通帮助个体在组织中表达自己的感受

① M. C. Johlke, D. F. Duhan, & R. D. Howell, “An Integrated Model of Sales Managers’ Communication Practices,” *Academy of Marketing Science* 28（2000）：263–277.

和情绪状态，这对于建立信任、维护良好人际关系和解决冲突至关重要。例如，员工通过沟通表达对工作环境或工作任务的情感反应，有助于营造一个支持性和理解性的团队氛围。

说服（Persuasion）。通过有效的沟通技巧，领导者、管理者或同事可以影响他人接受观点、采纳建议或改变行为。例如，在团队讨论中，项目经理通过有力的论据和清晰的沟通说服团队接受某一实施方案。

信息交换（Information Exchange）。沟通促进了信息在组织内部的流通，确保每个人都能够获得完成任务所需的数据和知识。例如，内部会议、公告、电子邮件等都是信息交换的渠道，员工通过这些渠道了解公司战略、市场动态、项目进展等情况。

沟通的目的是在发送者和接收者之间传递信息。而沟通过程是一个涉及多个环节的复杂交互行为，其主要包含八个关键部分，分别是发送者、编码、信息、渠道、解码、接收者、噪声、反馈，这个过程可以用“沟通过程模型”进行更好的解释（见图 9-1）。首先，沟通过程始于“信息发送者”，即信息的源头，信息发送者将欲传达的思想、情感或观点进行“编码”，将其转化为语言、文字、声音或其他可传播的符号形式。随后，“信息”通过选定的“渠道”，如口头对话、邮件、社交媒体等途径进行传递。在接收端，“信息接收者”对接收到的符号性信息进行“解码”，理解并还原其真实含义。然而，在信息传递过程中，可能出现诸如环境噪音、文化差异、个人理解偏差等因素构成的“噪声”，影响信息的准确传达。最后，沟通过程中的“反馈”机制至关重要，信息接收者将自己的理解和反应回馈给信息发送者，以确认信息是否有效传达并做出相应调整，从而保障整个沟通过程的完整性和有效性。

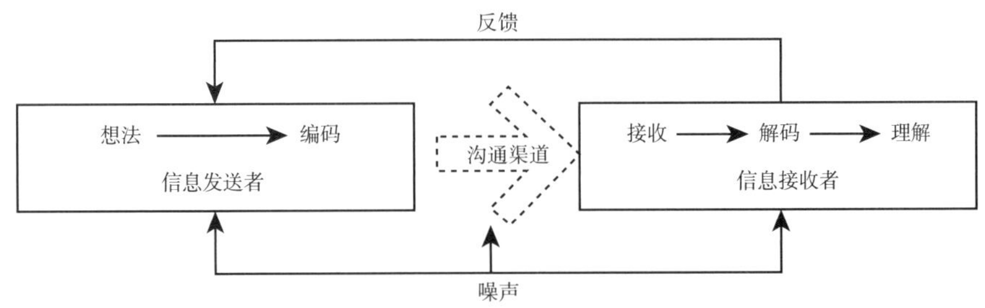

图 9-1 沟通过程模型

资料来源：C. E. Shannon, “A Mathematical Theory of Communication,” *The Bell System Technical Journal* 27（1948）: 379-423。

渠道是传递信息的媒介，一般由信息发送者确定是使用正式渠道（formal channel）还是非正式渠道（informal channel），前者指结构化正规渠道，后者则是比较随意的方式。普雷斯顿（Preston）等的研究指出，首席信息官（CIO）与高层管理团队之间的非正式互动，在实现企业的信息化战略目标、促进业务与技术的深度融合中发挥着重要作用[①]。他们认为，非正式沟通渠道能够增进 CIO 与高层团队成员之间的相互了解与信任，进而有助于 CIO 业务知识的深化、高管团队的 IT 知识提升，以及双方共享语言和共识的形成。表 9-1 简明扼要地展现了正式渠道与非正式渠道在沟通过程中的主要特征及其具体表现形式。在实际工作中，两者结合运用往往能更有效地推动信息在组织内部的流通与处理。

表 9-1　正式渠道和非正式渠道辨析

特征	正式渠道	非正式渠道
定义	按照组织结构和规定程序进行的信息传递方式	在正式结构和规定程序之外自发形成的信息传递方式
结构化程度	高，遵循预设路径，如上下级汇报、固定流程制度	低，灵活多变，不依赖固定结构和程序
规范性	明确，有严格的规定和格式要求	不太明确，没有严格的规则和格式约束
目的	服务于组织目标实现、政策传达、任务指令等	主要用于情感交流、意见分享、建议提出及传闻传递等
控制性	强，受组织监控，确保信息真实可靠	弱，难以管理和控制，信息真实性需自行判断
示例	会议、报告、公告、电子邮件、内部信息系统等	私下聊天、社交活动、午餐讨论、口碑传播等

第二节　沟通的方向

沟通在组织内部呈现多元化的形态，包括垂直方向和水平方向的沟通。

① D. S. Preston, E. Karahanna, & F. Rowe, "Development of Shared Understanding between the Chief Information Officer and Top Management Team in U.S. and French Organizations: A Cross-cultural Comparison." *IEEE Transactions on Engineering Management* 53 (2006): 191-206.

垂直方向沟通是指沿着组织层级结构进行的信息传递，分为下行沟通和上行沟通。水平方向沟通也被称为横向沟通。

（一）下行沟通

下行沟通是指一个层级向另一个更低层级进行的沟通。在传统的组织沟通模式中，下行沟通十分常见，因为上级与下级之间的沟通往往存在明显的权力差距，这可能导致沟通倾向于单向性，即上级向下级传达指示、决策和期望。此时上级往往处于强势沟通地位，具有主动性、操纵性；下级则多半处于弱势沟通地位，具有被动性、从属性。如何破解下行沟通障碍、掌握下行沟通技巧是组织良好运转的关键。

在下行沟通，尤其是多层级的沟通情境中，沟通漏斗效应尤为显著。沟通漏斗效应是一种形象地描述信息在传播过程中逐渐衰减现象的概念。设想初始信息为 100%，在实际表达阶段，由于信息筛选和表达能力限制，信息仅能传递约 80%。而信息接收者由于个体认知差异、注意力集中度、知识背景差异等因素，可能仅能接收到并理解其中的 60%。随着信息逐层向下传递，每一层级都有大约 20% 的信息流失，像漏斗一样。最终，原本全面且关键的信息在层层递进的沟通链中被稀释，实际被执行和理解的信息量大大减少。除了沟通漏斗效应所带来的信息衰减问题，下行沟通还面临着其他挑战，如领导者的情绪波动和个人偏见。

为了克服上述沟通障碍，在进行下行沟通时，上级应当秉持一系列原则和策略。首先，坚持平等尊重的原则，视下级为独立思考的个体，确保其观点和建议都得到公正对待。其次，推崇诚信互惠的理念，既向上级提供诚实、透明的信息，也期待下级真诚反馈，通过双方的信息交流达成共赢。在实际操作层面，上级需要学会集思广益，积极接纳和妥善处理下级的异议，鼓励多元化的声音，避免“一言堂”的局面。同时，双方应坦诚相见，及时消除误解，避免信息在传播过程中变形走样。此外，情感因素在沟通中同样不可忽视，上级应学会站在下级角度思考问题，用同理心和真情实感去说服和动员下级，并通过设计和引导适当的沟通场景，潜移默化地影响和启发下级。

案例链接 9-1

烽火戏诸侯——失败的下行沟通

《史记·周本纪》记载了一个关于西周末代君主周幽王的故事。周幽王沉迷于新得的宠妃褒姒的美貌，然而褒姒性格清冷，入宫以来从未展露笑容。周幽王为了博取褒姒一笑，可谓绞尽脑汁，不惜悬赏重金寻求能让美人开心的办法。此时，佞臣虢石父献上了一个荒唐的计策，即利用烽火台上演一场“假戏”，点燃烽火取悦褒姒。烽火台在古代中国是重要的军事防御设施，一旦点燃烽火，就意味着边境告急，需要诸侯们紧急集结援军前往支援。然而，周幽王听从虢石父的计策，擅自点燃烽火，制造了虚假的紧急情况。诸侯们闻讯后，按照约定俗成的规矩，纷纷率领军队急速赶到镐京。然而抵达现场后才发现，所谓紧急状况竟然是周幽王为了取悦褒姒的一场闹剧。周幽王在初次尝试成功后，越发得意忘形，反复玩弄诸侯，多次无故点燃烽火，导致诸侯们逐渐对烽火信号失去信任，不再急于响应。直至数年后，西北方的犬戎部落真的攻打镐京，周幽王再次点燃烽火求援，但诸侯们误以为又是戏谑之举，无人前来救援。结果，镐京被犬戎攻破，周幽王丧命，褒姒被俘，西周王朝也因此走向覆灭。

周幽王的行为生动诠释了下行沟通失序与误导的灾难性后果。作为国家最高统治者，周幽王的决策和行动是对诸侯们的下行沟通。他滥用烽火预警系统，将其作为私人游戏的工具，导致原本严谨、庄重的信息传递体系崩溃，信息的真实性、权威性和紧急性荡然无存。诸侯们因周幽王反复的误导性沟通，对原本至关重要的烽火信号产生了深深的怀疑，以至于在真实危机发生时，无法分辨信号的真实性，未能及时采取行动，错过了挽救国家命运的关键时机。这场悲剧充分说明了在组织管理和决策过程中，下行沟通的准确、及时和严肃性至关重要，一旦失序或误导，将可能带来无法挽回的损失和灾难。

资料来源：（明）冯梦龙《东周列国志》，岳麓书社，2016，第 1~7 页。

综合来看，相较于单向的指令式沟通，双向沟通能够增进上下级之间的互相理解和情感联系，让下级获得尊重和参与感，从而增强他们对上级乃至整个组织的信任。因此我们需要介绍另一种沟通方式——上行沟通。

（二）上行沟通

群体或组织中信息流向更高层级的沟通被称作上行沟通。上行沟通在组织内部扮演着至关重要的角色，它是下级员工向上级领导反映工作体验、意见、建议、创意、诉求，实现个人职业发展的关键途径。这一过程不仅促进了员工参与决策和管理活动，而且有助于上级领导及时洞察和把握团队动态，获得一线员工的视角和第一手信息，了解组织运行的真实状况、员工满意度和工作绩效，进而做出更加明智的决策和管理举措。在实际工作中，无论员工资历深浅，都需要熟练掌握上行沟通技巧，因为它直接影响到个人在组织内的认可度、工作满意度以及职业发展潜能。上行沟通的有效性，不仅体现在下级对上级的直接信息传递上，更体现在沟通中所展现的思考深度、解决问题的能力以及对未来趋势的敏锐洞察上。优秀的上行沟通能力能够让上级领导更容易接纳并重视员工的贡献，从而为员工赢得更多的支持和成长机会。

随着管理理论与实践的发展，越来越多的研究开始强调双向沟通在组织成功和信任建设中的核心价值。吉尔伯特（Gilbert）等指出，开放性沟通是构建信任的基础要素，这意味着组织内应当鼓励信息的自由流动，不仅是上级对下级的指导，还包括下级对上级的反馈、建议甚至质疑，这种互动式的沟通环境有助于培育真正的信任[①]。怀特纳（Whitener）等进一步提出，决策的合理性解释和开放透明的沟通方式是沟通有效增加信任感的关键因素[②]。也就是说，当上级愿意倾听下级的意见，并在做决策时充分考虑和接受这些意见时，信任将会得到显著增强。

---

① J. A. Gilbert & T. L. Tang, "An Examination of Organizational Trust Antecedents." *Public Personnel Management* 27（1998）：318-321.

② E. M. Whitener, B. Brodtsse, M. A. Korsgaard, et al., "Managers as Initiators of Trust：An Exchange Relationship Framework for Understanding Managerial Trustworthy Behaviour," *Academy of Management Review* 23（1998）：513-530.

案例链接 9-2

邹忌讽齐王纳谏

《战国策·齐策一》中有记载，邹忌，齐国之士，形貌昳丽，一日晨起，览镜自照，遂问其妻、妾、客：“我孰与城北徐公美？”妻、妾、客皆赞其美胜于徐公。然邹忌亲见徐公后，自知不如。此事令邹忌深思，悟得人易被亲近之人的赞美之言蒙蔽，进而联想到治国之道亦然。于是，邹忌便向齐威王进谏，曰：臣诚知不如徐公美。臣之妻私臣，臣之妾畏臣，臣之客欲有求于臣，皆以美于徐公。今齐地方千里，百二十城，宫妇左右莫不私王，朝廷之臣莫不畏王，四境之内莫不有求于王。由此观之，王之蔽甚矣。邹忌通过自我经历的一则故事，巧妙地将日常生活中的观察上升到国家治理层面，劝诫齐威王应警惕身边亲近之人可能造成的蒙蔽，应广开言路，采纳群臣与百姓的忠言。

齐威王深以为然，于是下令：“群臣吏民能面刺寡人之过者，受上赏；上书谏寡人者，受中赏；能谤讥于市朝，闻寡人之耳者，受下赏。”这一政策甫一颁布，齐国的臣民纷纷涌向朝廷进谏，一时之间，朝廷门前热闹非凡，如同市场一样熙熙攘攘。随着时间的推移，几个月后，人们的进谏逐渐变得有序且有间隔，而在一年之后，由于大部分问题已经得到解决，即便有人想提建议，也鲜有新的议题可以进谏了。这个改变不仅影响了齐国内部的治理，其他国家如燕、赵、韩、魏也都纷纷来到齐国朝见。这就是所谓的战胜于朝廷，即通过内部改革和开明的施政，无须对外征战，就能赢得他国的敬服与归附，从而提高了齐国在列国中的威望和影响力。

邹忌讽齐王纳谏的故事揭示了上行沟通中两个重要的原则和效果。其一是上行沟通需要策略和智慧。邹忌并没有直接指出齐威王可能存在的问题，而是通过亲身经历，以委婉、易于接受的方式展开话题，这种自然而然切入话题而又寓意深远的沟通方式，使得齐威王更容易接受并反思自己的决策和行为。其二是开启良性循环的上行沟通对于国家治理至关重要。邹忌成功说服齐威王认识到接受多方意见的重要性，齐威王采纳了他的建议，发布了奖励进谏的政令，使得齐国上下形成了积极建言、广纳贤言的良好风气，极大地增强了国家治理效能。

资料来源:（西汉）刘向集录《战国策》，上海古籍出版社，1978。

（三）横向沟通

横向沟通，又称水平沟通或同级沟通，指的是同一工作群体的成员之间、不同工作群体但同一层级的员工之间、同一层级的管理者之间或任何等级相同的人员之间的沟通。例如，同一工作团队内部的成员或者销售部门的经理与市场部门的经理之间的沟通。横向沟通在组织中扮演着协调各个部门、促进团队协作的重要角色，特别是在应对复杂任务或突发情况时，通过横向沟通能够迅速调动资源，加快问题解决的速度。同时，这种沟通方向还有助于打破部门壁垒，促进跨领域协作，提高决策质量，并能增强员工之间的团队精神和凝聚力。在正式的组织结构中，常常会建立一些固定的横向沟通机制，如跨部门团队、委员会或者定期的横向协调会议等。

然而，非正式的横向沟通有时会出于加速工作进度或应对特殊情况的需要，跨越原有的垂直层级结构。在这种情况下，如果管理层对这种横向交流持开放和支持态度，可以大大提高组织的灵活性和应变能力。然而，如果不加以适当管理和监督，它也可能带来一些问题。比如正式垂直层级的权威可能遭到削弱，因为员工可能会越过直接上级，直接与其他部门或层级的人员一起决策和行动，导致管理层对整个组织运行的控制力度下降。此外，绕过直接领导的横向沟通可能导致决策过程的混乱和责任归属不明晰，因为未经正式授权的决策可能不符合组织的整体战略方向，或者没有得到应有的审查和风险评估。而当上司发现自己被排除在决策过程之外时，也会对团队的信任和稳定性产生负面影响。因此，健康的横向沟通应当在尊重和维护垂直层级结构的基础上开展，与正式的决策渠道相辅相成，确保信息的透明度和决策的合法性。

第三节　沟通网络

群体成员彼此之间的沟通渠道组合起来就形成了沟通网络。按具体结构可划分为正式沟通网络和非正式沟通网络。

（一）正式沟通网络

在组织的正式沟通过程中，信息往往经过多个环节的传递，才最终到达信息接收者。不同的研究者和学者从不同的角度研究和总结了组织正式沟通网络的形态，通常公认的五种形态是链式、轮式、环式、全通道式和 Y 式。

链式沟通（Chain or Serial Communication）。链式是信息在沟通成员间进行单向、顺次传递，形如链条状的沟通网络形态。在链式沟通中，信息按照组织层级从一个成员逐级向下或向上传递。例如，总经理将信息传递给部门经理，部门经理传递给主管，主管再传递给员工。这种形式的沟通特点是信息控制严格，但传递速度慢，信息经层层传递、筛选，容易失真，且成员之间的联系面很窄，平均满意度较低。

轮式沟通（Wheel or Yoke Communication）。在轮式沟通网络中，群体中的一个中心成员（通常是领导者或管理者）充当枢纽，是所有信息流入的终点和流出的起点，形成类似于车轮辐条一样的结构。中心成员控制力强，但其他成员满意度低，不适合完成复杂的任务。轮式沟通使得中心人物对信息的控制力很强，集中化程度高，解决问题的速度快、精确度高，但其余成员之间的直接沟通较少，组织成员心理压力大且满意度低，影响组织的工作效率。将这种沟通网络引入组织机构中，容易滋长专制型交流网络。

环式沟通（Circle or Circular Communication）。环式沟通也称圆周式沟通，类似链式沟通，但信息链首尾相连形成封闭的信息沟通环。环式沟通中，所有成员两两相连，形成一个闭环，每个成员既是信息的接收者也是传递者。每个成员将信息依次传递给周边成员，最终信息回到起点。环式沟通网络使得中心性不复存在，成员之间地位平等，具有较高满意度。但由于沟通渠道窄、环节多，信息沟通的速度和准确性都难以保证，且容易因为“八卦效应”而信息失真。

全通道式沟通（All-Channel or All-Participatory Communication）。在全通

道式沟通中，组织内的每一个成员都可以与任何其他成员直接沟通，这是一种非等级式沟通，信息流动不受限制。这种形式下，信息传播速度最快，成员满意度高、信息失真度低，利于激发创新和团队协作，但沟通渠道太多会限制信息的接收和传出的能力，易于造成混乱，影响工作效率，对规模较大的组织不适用。

Y 式沟通（Y-Shape Communication）。在 Y 式沟通中，信息来源于一个中心节点（如上级管理者），然后分别向下传递到两个或多个分支，形成类似字母“Y”的结构。Y 式沟通是指链式沟通途中变换为环式沟通，它是链式沟通与环式沟通的结合，故其速度、满意度、失真度等也介于链式沟通与环式沟通之间。Y 式沟通网络中也有一个成员位于沟通网络的中心，其中心性仅次于轮式，在这种模式下，上级可以同时向下级的多个部门或层级传递信息，有利于快速部署任务和管理多个团队，但也增加了中间的过滤和中转环节，容易导致信息曲解或失真，使不同分支之间的沟通协调面临挑战。

表 9-2　正式沟通网络的五种形态

沟通模式	含义	优点	缺点	适用场景
链式沟通	信息逐级传递，形成沟通链条	结构清晰，适合等级结构	速度慢，失真度高，满意度低，缺乏横向沟通	需要分层授权管理的大中型企业，或流水线工作
轮式沟通	以核心人物为中心，信息同步辐射传递	集中化程度高，决策迅速，核心人物全面掌握信息	沟通渠道少，成员满意度低，易滋生专制氛围	时间紧、任务重，需要严格控制的生产机构
环式沟通	成员依次联络沟通，形成信息闭环	民主气氛浓，满意度较高，利于协作	集中化程度低，速度慢，难以形成中心	强调团队协作、创新氛围的小型组织
全通道式沟通	所有成员之间全方位、无限制沟通	平等沟通，满意度高，信息透明度高	信息渠道多，易混乱，不适合大型组织，效率较低	强调开放沟通、平等参与的创新型、小型组织
Y 式沟通	链式与环式相结合，信息通过中心节点传递	集中化程度高，速度快，利于控制	中间环节操控可能失真，满意度介于链式沟通和环式沟通之间，组织气氛不和谐	上层事务繁重、需要筛选信息的中大型企业

（二）非正式沟通网络

正式组织严谨的架构与规章制度，决定了其内部信息的流转必须遵循一套标准化、正规化的流程，通常借助于诸如通知、公告、批复、请示、会议纪要等官方文档形式来记录和传递信息，确保指令或情报在严格的等级序列中不失准确性和权威性。与此相反，非正式组织源于个体间自发的社会交往，其内部信息交流的核心并非信息本身的精确性和完整性，而是通过信息传递来增进成员间的情感联结、促进相互理解和共识的达成。这种非正式沟通主要通过灵活多变的方式，如口耳相传的小道消息（grapevine）来完成[①]。《现代汉语词典》对小道消息的解释是道听途说或非正式途径传播的消息。管理学认为，小道消息是建立在社会关系上的，而不是一种无社会组织的、非正式的沟通网络。

小道消息作为一种非正式沟通模式，在非正式组织中发挥着独特的作用，它不仅承载着组织的价值观、信念、规则、政策、流程等内容，还生动演绎和传播了组织内的传奇故事和礼仪习俗。小道消息跨越了组织内部的地位和职务界限，在传播信息的同时，深入联结了信息背后隐藏的深层次意义和社会价值[②]。戴维斯（Davis）认为，小道消息的传播主要有四种形态[③]。

单链式（Single Chain）。信息沿着像链条一样的路径从一个人直接传递给另一个人，形成一条直线式的传播路径，每个接收者通常只将信息传给下一个特定的人。

环形链式（Loop Chain）。在这种模式下，信息在一组人之间形成一个闭合的循环，每个人都会将信息传递给下一个成员，最终信息会回传给最初的发出者。

网络链式（Network Chain）。类似于社交网络，信息在网络状的结构中扩散，每个成员都可能与多个其他成员进行交流，形成多方向、多线路的信息传递网络。

集群链式（Cluster Chain）。信息从一个中心点或几个人群的核心人物出发，向周围的多个群体或个体辐射传播，形成围绕中心的集群式分布，信息在不同的集群间可能通过几个关键的联系人进行传递。

---

① 李国梁:《非正式组织的运行对人力资源管理的启示》,《学术界》2016 年第 6 期，第 180~187 页。

② 阿伦 · 肯尼迪、特伦斯 · 迪尔:《西方企业文化》，孙耀君等译，中国对外翻译出版公司，1989。

③ Keith Davis, "Management Communication and the Grapevine," *Harvard Business Review* 31（1953）: 43–49.

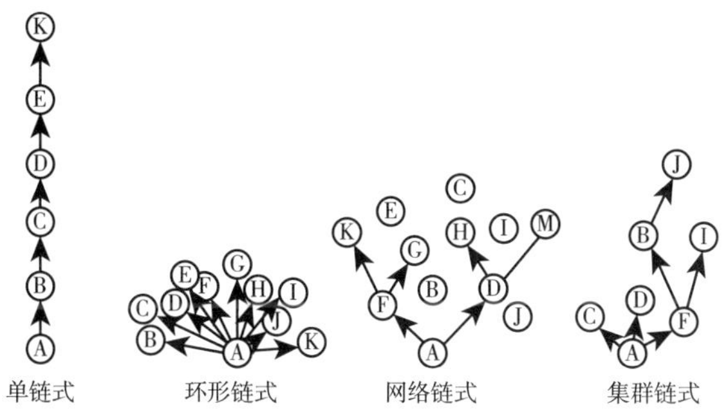

图 9-2　非正式沟通的四种模式

资料来源：Keith Davis, "Management Communication and the Grapevine," *Harvard Business Review* 31（1953）：43-49。

其中，集群链式是主导的传播模式。具体表现为：当个体 A 获取某项信息后，倾向于将其告知与自己较为亲近的2~3位关联者，如C、D和F。然而，在这批接收者中，通常仅有一位（如 F）会继续将此小道消息传递给其另外的 2~3 位密友（如 B 和 I），而其他接收者（C 和 D）则不倾向于将已获取的信息进一步扩散①。据此可知，在非正式组织中，小道消息的传递不仅仅是一种信息的流通，更是情感和态度的表达。信息在群体中的传递过程旨在满足个体的社会情感需求，所以在选择传播对象时体现出较强的针对性，通过灵活地分享小道消息，个体试图赢得他人的情感共鸣与支持，从而加固彼此间的情感联系②。

针对小道消息的应对策略如下③。

1. 认识到位

组织和管理者应清醒地认识到小道消息的客观存在和不可避免，放弃试图根除小道消息的做法，而是应理性分析其利弊。对于不违反法律和原则的小道消息，不宜过度追责和严惩，以免加剧对立和矛盾，而应积极探寻如何转化其负面影响。

2. 快速响应

组织应建立灵敏的信息监测和快速反应机制，一旦发现小道消息，立即

① Keith Davis, "Management Communication and the Grapevine," *Harvard Business Review* 31（1953）：43-49.

② D. C. Miller & W. H. Form，*Industrial Sociology: Work in Organizational Life(3th)*（New York：Harper & Row, 1980）.

③ 张隆栋主编《大众传播学总论》，中国人民大学出版社，1993。

判断其性质和可能造成的影响，并采取相应的应对策略。对于严重危害组织利益和违反法规的小道消息，应及时依法依规处理；对于一般的传言，应迅速通过正确引导和信息公开予以澄清，消除疑虑，将危机转化为沟通和改进的机会。

3. 建立信息发布体系

组织应当健全内部信息发布的制度和体系，确保信息透明度，通过权威渠道及时、准确发布组织的重大决策、敏感事项等相关信息，降低小道消息的吸引力和传播价值。同时，要打造值得信赖的信息发布机构和发言人制度，确保员工能从官方渠道获取所需信息。

4. 疏导为主

面对小道消息，组织不应采取简单的封堵措施，而应加强文化建设，改善内部沟通环境，营造开放、和谐的工作氛围。鼓励员工通过正常渠道表达意见和建议，充分利用党团工青妇等组织，拓宽信息反馈途径，保障信息传递的畅通无阻。对于组织的重大决策，应广泛征求各方意见，确保决策的科学性和民主性。同时，应通过沟通技能培训，提升全员的沟通能力和问题解决能力，理性对待各类问题，有效疏导小道消息，使其服务于组织的发展和管理需要。

第四节　沟通模式

有效的沟通涵盖了多个层面，既包括语言层面的词汇、语法、修辞等，也涵盖非语言层面的身体动作、面部表情、眼神交流、声音语调等。在实际生活和工作中，无论是口头沟通（如面对面交谈、电话会议）还是书面沟通（如电子邮件、报告撰写），或是新兴的数字媒体沟通（如使用即时通信或会议软件交流、在线聊天），都需要我们不断学习和掌握恰当的沟通技巧，以便在不同的情境下准确无误地传递信息，同时也能敏锐地解读他人的意图和情绪。

（一）口头沟通

口头沟通是人际沟通中最常见且直接的一种形式，它以声音作为信息传递的主要媒介。口头沟通因其即时性和互动性强的特点，在组织内外的各种情境中发挥着关键作用，是组织内部信息流通、决策制定、情感交流以及文化塑造的重要途径。常见的口头沟通场景包括：公开场合下的演讲、报告或者讲座；正式一对一讨论，如管理者与下属的面谈、导师与学生的指导会话、商务谈判等；群体讨论，如小组讨论、团队会议、研讨会等；非正式的小道消息，如办公室内的闲聊、走廊里的短暂交谈、茶水间交流等。

口头沟通作为一种重要的沟通方式，具备以下鲜明特点。①即时性显著，能够实时完成信息的发送和接收，无须经历书写、阅读或回复的延时环节，尤其适用于紧急、简洁的信息传递，有利于快速达成共识和解决问题。②口头沟通具有强烈的双向性特质，支持参与者间的即时反馈和互动，使得对话与问答成为可能，这样可以根据对方的实时反应灵活调整沟通策略和内容，通过迅速补充说明或纠正误解来优化信息的传递过程。③口头沟通拥有强大的情绪感染力，通过说话者的语气、音调、节奏以及身体语言等多种方式，能够更有效地传达情感和情绪，有助于增进人际关系，因为在面对面交流的过程中，更容易建立信任和增进理解。

然而，口头沟通亦存在不容忽视的局限性。①信息的持久性较弱，不同于书面记录可长期保存，口头信息往往容易被遗忘或忽略。②口头沟通过程中信息失真的风险较高，尤其是在经过多人转述时，信息内容可能出现误解或遗漏。③口头沟通缺乏明确的证据性，除非有录音备份，否则难以提供确切的记录凭证，这对于事后追忆或法律效力的保证构成了挑战。④长时间的口头交流可能导致听众注意力分散，从而影响信息接收的质量。⑤对于复杂、详尽的信息，口头表述可能不及书面描述那般系统和全面，难以承载大量细节和深度内容。接下来我们将详细介绍一些口头沟通的常见方式。

会议。会议分为正式会议和非正式会议，正式会议往往有特定议程、记录和决策流程，例如公司内部的定期例会、董事会会议、战略规划会议等。而非正式会议相对放松、灵活，如临时性的团队碰头会、头脑风暴会议、午餐会议等。

其中，董事会会议作为监督企业经理层、抑制代理成本的关键机制，其运作效率与企业绩效之间的关联备受学界关注，但现有研究并未就董事会会议次数与企业业绩之间的关系达成一致结论。一方面，一些研究者认为两者之间存在着正相关性。利普顿（Lipton）和洛尔施（Lorsch）强调了董事会会议有足够的时间进行交流和决策的重要性，认为频繁的董事会会议有助于董事更充分地履行其监督职责，保障股东权益[①]。另一方面，也有研究者提出董事会会议次数与公司业绩之间不存在必然关联。詹森（Jensen）指出，频繁的董事会会议并不能预防或解决公司治理问题，它们往往是在遇到困难时才变得活跃，会议的频率更多反映了公司对治理问题的反应而非主动的治理行为[②]。另外，过度关注会议的形式和礼节可能会削弱决策效率，导致问题得不到实质性解决。

面对会议效率的重要性日益凸显的社会诉求，国内学者也开始对我国国有企业董事会的运行效率展开深入探讨。例如，伊志宏等基于我国董事会会议频率参差不齐的现象，通过实证分析揭示了董事会会议频率与企业未来经营业绩呈显著正相关关系，其积极作用主要体现在更换不合格的 CEO 以及对管理层形成有效压力等方面[③]。而周泽将则以2001~2011年国有上市公司为样本，研究发现董事会会议频率与过度投资行为的概率存在显著正相关性，即会议越频繁，企业过度投资的可能性越大[④]。同时，进一步研究表明，过高的董事会会议频率实际上对国有上市公司的经营绩效产生了负面效应，降低了其整体业绩。

视频会议和电话通信。现代办公环境中视频会议和电话通信已成为口头沟通的重要组成部分。通过先进的通信技术，人们实现了即便身处异地也能如同面对面般的实时交流。这种方式不仅大大拓宽了沟通的地理边界，还有效地节省了时间和资源，方便快捷地满足了各类工作和社交需求。近年来，视频会议系统在我国被不断普及和应用，代表性平台如腾讯会议、钉钉、企业微信、飞书等在各行各业的渗透率不断提升，系统性能在延迟优化和画质提升等方面取得了显著进步。尤其是在新冠疫情的催化下，视频会议从专业

① M. Lipton & J. W. Lorsch, “A Modest Proposal for Improved Corporate Governance,” *Business Lawyer* 48（1992）：59–77.

② Michael C. Jensen, “The Modern Industrial Revolution, Exit, and the Failure of Internal Control Systems,” *Journal of Finance* 48（1993）：831–880.

③ 伊志宏、于上尧、姜付秀：《忙碌的董事会：敬业还是低效？》，《财贸经济》2011年第12期，第46~54页。

④ 周泽将：《董事会会议、过度投资与企业绩效——基于国有上市公司2001~2011年的经验证据》，《经济管理》2014年第1期，第88~100页。

领域走向大众，成为远程办公时代内外沟通的关键载体。而电话作为一种即时通信工具，在现代组织中依然发挥着重要作用，尤其是在远程协作、客户服务、应急管理和传统通信无法替代的情境下。同时，随着数字化技术的发展，电话通信已经与电子邮件、即时消息、视频会议等多种通信方式结合，共同构建起多元化的组织沟通体系。

（二）书面沟通

书面沟通作为一种久经考验的传统沟通手段，一直备受推崇并被广泛应用，每一位管理者在日常工作过程中，几乎离不开借助文字来进行信息交流。在现今商业领域的运营中，诸如商务信函、合同协议、交易凭证、项目申请等各种文档，均需以书面形式记录确认，从而成为规范各方行为、确立权益的基础。“空口无凭，立字为据”这一说法生动诠释了书面沟通在现实生活中的决定性作用。同时，文字表达因具有严谨性和逻辑性，成为人们梳理思绪、构建严密信息框架的理想工具。

书面沟通的作用主要体现在以下几个核心方面。①信息持久记录与保存：书面沟通的内容可以长久留存，方便随时查阅回顾，确保信息不会随时间流逝而消失。②信息真实性保障：书面记录具有不易篡改的特点，即便沟通双方未同时在场，接收者也能获取原始、真实的信息内容。③阅读速度快，信息详细：相较于口头交流，阅读书面材料往往更快，且书面沟通注重细节阐述，便于读者深入理解并获得更多细致信息。④语言表达精确严谨：书面沟通在用词上更为精确，有利于清晰表达复杂的观点和思路，避免歧义。⑤分类多样，适应不同媒介：书面沟通涵盖多种形式，包括纸质文档（如正式报告、信函、商务函件、备忘录等）以及电子媒介（如传真、电子邮件、电子会议系统等）。

案例链接 9-3

丰田公司精益管理的改善提案活动——卓越的书面沟通案例

丰田公司的改善提案活动这一核心的精益管理实践，深深植根于公司文化中，它不仅是提升效率、降低成本、提高质量和优化流程的关键手段，而且是促进员工参与感、创新思维和持续发展的强大引擎。丰田将这一活动称为“创意功夫”，它是通过一套完善的制度化奖励机制来推动的，旨在充分调动全体员工的积极性和创造性，让他们能够随时发现工作中的问题，提出针对性的解决策略，并亲自实施这些改善措施。

在丰田内部，每一位员工都被鼓励成为问题的解决者和改进的发起者，无论是身处生产一线的技工，还是在管理部门工作的职员，都可以在诸如生产流程、工程技术、产品质量、物料管理、财务管理乃至整个企业的行政管理等各个领域，针对日常工作中遇到的问题或者潜在的优化空间，运用自己的专业知识和实践经验撰写改善提案。这些提案形式严谨，内容翔实，不仅阐述了现有状况的问题所在，还提出了具体可行的改进方案，并预估了改进后的效益。

改善提案活动在第二次世界大战后得到了全面的推广与发展，特别是在面对如石油危机等重大经济环境变化，资源紧张、市场压力剧增的情况下，丰田意识到只有广泛借助员工智慧，推行全员参与的经营管理模式，才能在困境中求生存、谋发展。因此，改善提案不仅仅是一项管理工具，更成为丰田企业文化的核心组成部分，不断推动着公司适应市场变化，保持竞争优势，以及实现可持续发展。这项活动的成功实践，也为全球其他企业树立了一个有效利用内部人力资源、培养创新型组织文化的典范。

资料来源：白光林、潘鹏飞、彭剑锋《丰田的“持续改善”之道》,《中国人力资源开发》2014 年第 22 期，67~76 页。

不同类型的书面沟通渠道往往特点各异，接下来我们将介绍组织管理中常见的几种书面沟通方式。

纸张、传真沟通。此类沟通方式参与度相对较低，反馈滞后，对信息接收情况难以掌控，保密性相对较弱，对逻辑和语法规范要求较高，耗时较长，较少覆盖组织各层级，缺乏非语言元素，传递速度较慢。

PPT。PPT 作为一种多媒体书面沟通工具，具有高度可视化和结构性的特点。它能够整合文字、图表、图片、音频、视频等多种媒体元素，使得复杂信息得以清晰、有条理地展示，并通过动画和过渡效果增加表现力。PPT 适用于报告、演讲、教学、培训等多种场合，在组织内部及外部沟通中承担着重要角色。通过 PPT，信息传递者可以精心设计信息结构和呈现节奏，引导观众注意力，提高信息吸收效率。但是 PPT 的沟通方式并不具备实时交互性，反馈主要依赖于后期讨论或现场问答环节。

电子邮件、电子会议系统。此类沟通方式具有较高的参与度和即时性，接收者可以自主控制信息接收，一定程度上可以匿名，更富创造性，但也可能带来不确定性。相比传统书面沟通，其准备时间更短，可以便捷地与组织各级别成员沟通，可通过表情符号等传达非语言信息，虽然在机密性和规范性上可能稍逊，但传递速度快，效率较高。

即时通信。即时通信工具如 QQ、微信、企业微信等，特点是实时性强，几乎无延迟，支持文字、音频、视频多种形式的混合沟通，既可以一对一私聊，也可创建群组进行多方交流。这种沟通方式极其灵活，反馈迅速，保密性可通过设置权限增强，非语言元素丰富，如表情包、GIF 动画等。但信息传递的即时性可能造成信息碎片化，不利于长久存储和检索，同时也对用户的专注力有一定要求。

社交网站。如微博、企业社区等。这类渠道在组织内外沟通中具有较强的开放性和传播力，可以快速覆盖大量人群，促进信息的广泛传播与互动。社交网站沟通方式多元，不仅限于文字，还包括图片、视频、链接等多种形式，可用来塑造品牌形象、推广企业文化或进行员工培训等。然而，社交网站的信息安全性较低，隐私保护较弱，信息的真实性与权威性有时难以保证，而且由于信息更新迅速，如果不加以有效管理，可能会导致信息过载和沟通效率下降。同时，社交网站沟通在呈现正式和规范性书面信息时，效果可能不如传统的邮件或正式文档。

第五节 非语言沟通

美国语言学家艾伯特 · 梅瑞宾（Albert Mehrabian）曾提出一个沟通公式，也被称作 55387 法则，指出在人际沟通中，信息的总体效果并非单纯依赖于语言文字的传递，而是由三部分组成：语言文字约占沟通效果的 7%；语气（包括音调、语速、音量等）约占沟通效果的 38%；肢体语言（包括面部表情、姿态、手势等非语言信号）约占沟通效果的 55%。这个比例最初是在研究特定情绪信息传递时得出的，并不意味着所有类型的沟通都严格遵循这个比例分配，但它确实强调了非语言沟通在人际交流中的重要作用。尤其是在传递情感和态度时，非语言线索可能是决定沟通效果的关键因素。

非语言沟通（Non-verbal Communication）无所不在，渗透于人类日常沟通行为的方方面面。早在 1872 年，查尔斯·达尔文（Charles Darwin）在其著作《人和动物的情感表达》中开启了对非语言沟通的科学研究。他从观察狮子、老虎、狗等动物间的互动出发，意识到它们同样通过姿态和表情进行沟通交流。在人们面对面的交流过程中，为了达到全面沟通的效果，所有非语言渠道以及时间和环境因素都扮演着不可或缺的角色。霍洛维茨（Horowitz）等指出人们经常通过身体动作、面部表情、空间距离、触摸行为、穿着装饰、图像等来传达信息和情感[①]。

金特里（Gentry）和杜克（Duke）将非语言沟通归纳为六项内容：对话的节奏与时间、空间利用、个人外观、身体动作、触觉行为、副语言[②]。语音中的非语言成分，也就是所谓的副语言（Paralanguage），包含了诸如语音质量、语速、声调、音量以及说话风格等多种元素，这些都在无形中丰富了沟通内容，赋予信息额外的意义和细腻区别。即便是书面交流，也可通过电子邮件、网络聊天、社交媒体等方式，通过改变字体颜色、选用特殊文具、添加表情符号、运用大小写和插入图片等方式，将非语言提示融入语言媒介之中。

非语言行为具备多元化的功能，并能在沟通过程中通过多个非语言渠道同步发挥作用，使得信息能够在同一时间被传递和理解。诸如微笑、哭泣、指示动作（例如指向）、触摸以及眼神交流等非语言行为，已经成为全球广泛接纳并理解的通用符号，不受国籍或文化差异的影响，即使在语言障碍阻碍了口头交流的情况下，非语言信号也能提供实现基本交流的可能性。非语言沟通更具有真实性特征，因为它主要在人的潜意识状态下发生，更能如实反映个体的真实情感和态度。此外，非语言沟通还具有显著的情境性特点，

---

① L. M. Horowitz, S. Strack, & R. Gifford, *The Role of Nonverbal Communication in Interpersonal Relations*（Handbook of Interpersonal Psychology, 2012）, pp.171-190.

② W. A. Gentry & M. P. Duke, "A Historical Perspective on Nonverbal Communication in Debates: Implications for Elections and Leadership," *Journal of Leadership Studies* 2（2009）: 36-47.

它紧密依赖于当下所处的具体情境，同时必须与语言沟通相互协调配合，缺一不可。在沟通过程中，非语言沟通起着辅助、强化和补充语言沟通的作用。恰当地运用非语言符号，能够增进沟通双方的情感联系，有力推动沟通进程的有效性和深入性。

非语言沟通的独特性使其在预判人才流失风险方面展现出独特的优势。管理者可通过观察员工的非语言表达，来敏锐捕捉到可能预示人才流失的信号。这些信号往往比语言表达更为直观且真实，能为管理者提供及时而准确的洞察。杨从杰、董晓晨的研究成果证实了这一点，他们发现企业员工对人才流失的非语言沟通表现具有一定的认同度①。根据均值得分，认同度由高到低依次为工作规划、个人态度、时间安排、工作表现、工作关系。其中工龄越长、职级越高的员工，非语言沟通表现越明显，而管理类员工对非语言沟通表现的认同度高于技术类员工。管理者可以从工作规划、工作表现、时间安排等几个方面构建预警指标，识别人才流失的信号，并根据这些非语言警示信号，迅速启动预警管理机制，缓解人才流失危机带来的不利影响。

第六节　沟通渠道的选择

管理者能否全面、准确地获取信息，以及员工能否有效表达自身想法，受到多种因素制约。首先是信息本身的质量，包括其清晰度、相关性和准确性，会直接影响沟通效果。其次，沟通发生的背景环境、情境因素以及采用的沟通方式，也会极大地影响信息传递的质量和效率。尤为关键的一点在于沟通的广度和深度，也就是沟通的范围。沟通的范围取决于企业的沟通渠道是否丰富多元、畅通无阻。在许多中国企业，特别是部分国有企业中，这方面存在明显短板，主要表现为：间接渠道多，直接渠道少；传统渠道多，创新性渠道少；正式渠道多，非正式渠道少②。而上述问题的普遍存在，损害了

① 杨从杰、董晓晨：《企业人才流失危机预警管理研究——基于非语言沟通视角》，《经济问题》2016 年第 8 期，第 83~86 页。

② 董玉芳、何大伟：《中国企业管理沟通问题及对策研究》，《经济问题》2005 年第 3 期，第 33~35 页。

组织内部的沟通质量和稳定性，导致企业中高层管理者难以深入了解基层实情，员工对企业的满意度下降。

不同的沟通渠道在传递信息的能力上也存在差异，渠道丰富度（channel richness）这一概念描述的就是渠道在传递信息的容量、维度、互动性和个性化方面的综合能力。丰富度高的沟通渠道具备以下三个核心特征。①多信号处理能力：这类渠道可以同时传输大量的非语言信息，如面部表情、肢体语言、语调变化等，使得沟通更为立体、全面，不仅包含文字或语音信息，还能传达情感和态度。②实时反馈机制：丰富的沟通渠道往往支持即时的反馈和回应，能够促进双方互动，提高沟通效率，确保信息被迅速确认和调整。③高度个人化：面对面交流或电话交谈等渠道具有很强的个人色彩，能够针对不同对象的个性和需求进行调整，增强互信感和理解度。

相比之下，丰富度不高的渠道可能只包含单一的信息形式，如纯文本的邮件、公告或报告，这些渠道往往没有即时反馈的功能，也不支持非语言信号的传输，更多的是单向或有限双向的沟通。基于此，在选择沟通渠道时，对于常规、例行公事、结构化较强的信息，可以采用电子邮件、公告等较为正式、结构清晰且成本效益较高的渠道传递。而对于复杂、敏感、需要详细解释或情感共鸣的非常规信息，应当优先考虑使用面对面交谈、电话交谈或视频会议等丰富度更高的沟通方式，以便更好地理解彼此意图、解答疑问并确保信息传达的准确性和有效性。

表 9-3　不同沟通渠道的渠道丰富度

沟通渠道	渠道丰富度特征	丰富度等级（1~5，5 最高）
面对面交谈	同时包含语言、肢体语言、面部表情、眼神交流等多元线索，能实现即时反馈	5
视频会议	包含语言、部分肢体语言、面部表情，可实时互动	4.5
社交平台	包含文字、图片、视频，多向沟通但可能存在延迟和信息碎片化	4
内部公告板 / 论坛	文字 + 可能的附件，多向交流但不是即时的，允许长期存档和查阅	3
电话交谈	只包含语音信息，有一定的即时反馈能力	3.5
广播 / 电视	视听信息，单向传播，无个性化反馈	3

续表

沟通渠道	渠道丰富度特征	丰富度等级（1~5，5 最高）
电子邮件	文字为主，可附带文件、图片等静态信息，异步沟通	3
博客 / 网站文章	长篇文字、图片、链接等混合信息，单向传播，以用户评论作为反馈机制	3
书面信函	文字 + 可能的附件，正式且持久记录，异步且反馈较慢	2
文本聊天	仅限文字交流，可快速响应但缺乏非语言线索	2.5

第七节　说服性沟通

说服性沟通的目的在于影响、改变或巩固他人的信念、态度或行为，在接收和评估说服性信息时，大脑开发出了两种截然不同的信息处理模式——自动处理（automatic processing）与受控处理（controlled processing）。

自动处理是一种相对较浅层的信息处理方法，通常是迅速和直观的反应。在这种情况下，人们不会深入思考或仔细考虑信息的真实性和有效性。就如同大脑的内在自动化程序，它主导着我们日常生活中的大部分常规行为，这些行为通常是无意识且自发进行的。例如，在进行洗脸、刷牙、吃饭、行走、呼吸等活动时，我们无须特意去思考每一个步骤。自动处理的一大优点在于其高效快捷，不需要太多的时间和精力，且允许多个自动处理任务同时进行，如边听音乐边跑步或边看电视边进餐。然而，这也意味着自动处理的信息加工深度相对有限，很容易受到感性因素，例如广告、娱乐或情感激励的影响。人们可能会受到一些小伎俩，例如引人注目的图片、悦耳的音乐或吸引人的设计的影响。

受控处理则是一种更深入的信息处理方式，是我们在处理新颖、复杂或者需要深思熟虑的问题时启用的一种有意识、刻意进行的认知过程。受控处理依赖于事实、数据和逻辑，人们会更加仔细地考虑信息的来源、真实性和适用性。举例来说，当我们解一道复杂的数学题时，就需要启动受控处理来进行逻辑推理和问题求解。与自动处理相比，受控处理更耗费时间、注意力和精力，可能导致身心疲劳和注意力分散。在经历一场高强度的考试之后，人们往往会感到疲惫不堪，这是因为在答题过程中大量运用了受控处理。并且，受控处理不适宜同时处理多项任务，比如在步行时听有声书学习新知识往往收效甚微，原因在于没有充分调动受控处理资源来深入理解和记忆这些新信息。

说服性信息的自动处理与受控处理有明显的差异，主要表现在信息处理的深度、精力投入和对信息的处理方式上。自动处理更容易受到情感和感性因素的影响，而受控处理更加依赖事实和逻辑，更为深入和仔细。受控处理需要更多的认知努力和时间投入，但通常能够更好地识别和评估信息的可信度和说服性。人们在处理信息时选择自动处理还是受控处理，会受到以下一系列因素的影响。

兴趣水平。当个体对某项任务或信息内容充满兴趣时，他们可能会更倾向于调动受控处理，投入更多的注意力和精力进行深度理解和分析。反之，对于缺乏兴趣的内容，人们可能倾向于采用自动处理，进行浅层扫描或机械性记忆。

先验知识。对于熟悉的、已经掌握了大量背景知识的领域，人们往往能够自动处理相关信息，因为这些信息已经在他们的认知结构中建立了稳固的连接。而在面对陌生、缺乏经验的新领域时，则需要依赖受控处理进行学习和理解。

人格。个体的认知需求也会影响信息处理方式的选择。具有高认知需求的人更容易被证据和事实说服，倾向于用受控处理来分析信息。反之，认知需求较低的个体在面对同样的说服性信息时，可能更多地依赖于自动处理策略，他们的决策和评价往往基于直觉感受、情绪反应以及对信息的第一印象。

信息特点。信息本身的复杂度、新颖性以及结构化程度也会影响处理方式。结构清晰、重复性高的信息容易引发自动处理；复杂、模糊、需要创造性的信息则要求受控处理的介入。

信息选择。在信息过剩的环境中，人们会选择性地关注某些信息，这一选择过程也会受到上述因素的影响。对于有趣、有价值的信息，人们可能会主动选择深入思考（受控处理）；对于冗余或次要信息，人们则会选择快速扫读、自动处理。

第八节　有效沟通的常见障碍

在追求高效协作与理解的沟通之旅中，难免会遇到一些绊脚石，这些障碍仿佛迷雾，让信息的传递与接收变得模糊不清。以下是一些我们在沟通中经常会遇到的障碍。

信息过滤（information filtering），是指在沟通过程中，信息发送者基于某种目的，有策略地筛选信息，只向接收者传递他们认为合适或有利的部分。举个生活中的例子，诸如报喜不报忧、过分渲染成功而掩饰问题的做法，就生动展示了信息过滤的现象。在上行沟通中，下级出于自身利益考虑，或是对某种可能结果的忧虑，有时会选择性隐藏或曲解部分关键信息，上级接收到的往往是经过筛选的下级希望其知道的内容，这会导致上级无法及时准确地掌握全面和真实的信息，尤其是在处理危机事件时，信息过滤可能会带来严重影响。

选择性知觉（selective perception），是指个体在面对众多信息时，并不会平均分配注意力，而是倾向于重点关注与自身经验、背景、兴趣、态度等相关联的那部分信息。这种现象在上行沟通中同样普遍。比如，由于下级的能力局限、经验不足或视野狭窄，他们对问题的认知和汇报往往不够全面。此外，下级也可能根据个人的动机、需求、价值观等因素，有选择性地向上级领导反映相关信息，而对于其他关键信息则可能忽略不计。

沉默（silence）作为一种沟通现象，表现为个体因担心后果、害怕误解或缺乏自信而不愿透露信息，从而导致信息无法有效传达，这也被称作沟通冷漠。例如，下级不愿意主动向上级汇报工作进展或遇到的问题，即使面对上级询问也保持沉默。沉默所带来的沟通障碍对组织影响深远。它的产生可能源于下级的性格特点，如内向或有沟通焦虑倾向；也可能是因为下级认为决策是上级的专属权利，故对组织事务持冷漠态度；还可能是下级先前提出的建议或意见未被足够尊重和采纳，致使其以消极抵抗的方式对待组织沟通，加剧了上下级关系的封闭与僵化。

沟通恐惧（communication apprehension），又称沟通焦虑或社交焦虑，是指个体在与他人或群体进行现实或设想的沟通时，产生不同程度的恐惧和不安情绪。在上行沟通中，下级与上级沟通时可能出现的沟通焦虑尤为突出。除了个人性格特质，上级与下级之间的权力差异也易使下级因敬畏上级而避免主动沟通，即面对上级时缺少沟通的勇气。沟通焦虑的存在，导致下级与上级间的信息传递受阻。此外，研究表明，一旦形成某种沟通焦虑模式，个体在未来的工作和生活中可能会越发感到紧张和不适，使得这种焦虑状况持续甚至加剧。

信息超载（information overload），是指现代社会中，信息过量且快速涌入个体的生活，以至于人们在处理和理解这些信息时遭遇困难。这种情况在社交媒体环境中尤为明显，用户每天都沉浸在浩如烟海的帖子、新闻推送、即时通信消息和其他形式的通知之中，如此庞大的信息流让人眼花缭乱，难以抉择。由于精力和注意力有限，个体在筛选和鉴别真伪信息的过程中疲于奔命，反而可能错失真正有价值的信息内容。

情绪因素，即在人际沟通中，情绪状态的起伏变化会对有效沟通造成显著影响。举例来说，当情侣间发生争执时，高涨的情绪犹如一面高墙，阻挡了双方理智而深入的对话。愤怒、悲伤或其他强烈的情绪体验可能暂时削弱人们的倾听能力和表达逻辑，使得原本理性的交流变得混乱不堪，进而导致语言上的伤害和误解加深，妨碍了正常沟通的达成。

语言差异，即沟通的障碍来源于语言使用的多样性，包括不同的正式语言、地方方言、流行俚语以及网络新兴用语等。例如，在当今网络社交平台上广泛流行的诸多网络热词和“梗”，其特有的文化和时代背景，使不少中老年群体感到陌生和不解，这些词语对他们而言如同密码般难以破解，进而增加了跨代或跨文化沟通的理解成本。

撒谎也是沟通互动中一种常见的沟通障碍。比如，在求职面试的情境下，应聘者为了增加被录用的可能性，可能会夸大自己的工作经验和专业技能，这种不诚实的信息传递虽然短期内可能带来表面优势，但从长远来看，一旦被雇主发现真相，将严重损害其职业信誉，破坏双方的信任关系，导致沟通失效，甚至引发法律纠纷或职场伦理问题。

案例链接 9-4

组织沟通与员工创新行为

研究表明，组织沟通质量的高低直接影响着员工的行为表现，尤其是创新行为。以我国中小企业为例，一项由唐贵瑶等开展的研究揭示了组织沟通质量与人力资源管理强度对员工创新行为的显著影响。一个拥有开放信息交流和高质量沟通的组织环境，能够培养成员间的信任与尊重，促进知识与信息资源的共享，进而激发员工的创新积极性。同时，良好的组织沟通也有利于员工更好地理解并接受企业的人力资源管理政策和实践，这对于实现高强度的人力资源管理至关重要，因为高强度的人力资源管理意味着企业能够有效地传递并确保员工认同人力资源管理信息和措施，从而有力地促进员工创新行为的发生。

在唐贵瑶等的研究模型中，组织沟通质量与员工创新行为之间存在着显著的正向关系，而人力资源管理强度则起到了中介作用。此外，授权管理和竞争强度作为企业内外部情境因素，在人力资源管理强度与员工创新行为的关系中扮演了调节角色。

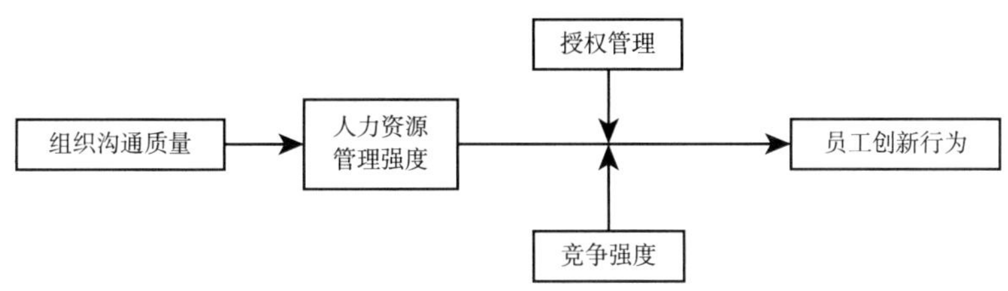

图 9-3 组织沟通与员工创新行为机制

授权管理是包括授权给员工、与员工一起工作、鼓励沟通等行为的一种管理模式。授权管理可以使员工获得更多的工作自主权，提高员工的组织承诺感和工作满意度。当管理者实施授权管理时，组织将更易于营造出鼓励和促进创新的氛围，使得高强度的人力资源管理能够更有效地激发员工的创新潜能。竞争强度是指企业在市场中面临的竞争压力的强烈程度。众多研究表明，当行业竞争强度较高时，企业面临的环境的不确定性也会提高。在高度不确定的环境中，企业以往的规则和程序往往会失去效力，使得企业的人力资源管理措施不能有效地改善员工的工作行为，高强度的人力资源管理不能有效地激发员工创新行为。

对于中小企业来说，可以从组织沟通的三个方面着手来提高人力资源管理强度：一是确保人力资源管理目标与员工个人目标相结合，突出人力资源管理的独特性；二是通过充分沟通，确保员工接收到一致的人力资源管理信息，增强管理的一致性；三是强化人力资源管理决策者之间的共识，保证人力资源管理决策与管理方式的一致性，提升管理的共识性。面对行业竞争强度的升高，企业应当在构建高强度人力资源管理系统的同时，根据市场需求灵活调整人力资源管理实践，以保持其适应性和弹性。在授权管理方面，要给予下属更多的工作自主权和决策发言权，积极与下属共享知识、信息等资源。此外，中小企业还应通过严格的招聘和相应的培训，壮大授权管理者的队伍，促进授权管理常态化。

资料来源：唐贵瑶、于冰洁、陈梦媛等《基于人力资源管理强度中介作用的组织沟通与员工创新行为研究》,《管理学报》2016 年第 1 期，第 76~84 页。

第九节　文化要素

在不同文化背景下，各种文化特定因素会影响人们沟通的方式、内容、风格及理解。这些要素深深植根于社会习俗、价值观、信仰体系、语言习惯、非语言行为、权力距离观念、时间观念以及对个人与集体主义重视程度的不同之中。

（一）文化障碍

在跨文化沟通的实践中，不可避免地会遭遇多种多样的障碍，这些障碍源自语言、非语言交际、风俗习惯以及价值观念等方面的差异[①]。首先，语言障碍是最直观也最常见的挑战。每一种文化都有其独特的语言系统，对于相同的词语赋予了特定的文化含义和情感色彩。例如，德国文化以其严谨和直接著称，德国人在交际中追求准确严密，表达明确，这与中文环境下的交际习惯存在较大差异。在与中国人交流时，德国人可能会觉得中国人的表达方

① 赵芳、吴玮、韩晓燕:《国际商务谈判中的跨文化障碍及应对策略》,《河北经贸大学学报》2013 年第 4 期，第 96~99 页。

式过于婉转和含蓄，不容易直接理解其真实意图。同样，美国人在与日本人交流时，由于日本文化注重含蓄和暗示，美国人在理解其言下之意时面临的挑战更大。

其次，非语言交际在跨文化交流中也扮演了举足轻重的角色。任何一种看似细微的手势、体态、脸色甚至是沉默，都可能在某种文化背景下代表着特殊的交际内容。例如，在全球范围内，点头和摇头通常被用来表示赞同和反对，但在南亚的一些国家，点头却表示否定的意思。这种非语言信号的误解往往会导致严重的沟通障碍。

再次，风俗习惯的差异也是跨文化沟通的一大难题。世界各地不同的国家、民族和文化背景孕育了迥异的生活习俗和社交规范。比如在穆斯林文化中，喝咖啡不仅是日常生活的一部分，更是一项严肃的社交礼仪，如果客人拒绝喝咖啡，可能会被视为不礼貌。又如芬兰文化中，蒸汽浴是一种重要的社交活动和待客之道，拒绝蒸汽浴可能会冒犯主人。对于这些习俗的不同，如果没有提前了解和适应，很可能在无意间触碰到他人的文化底线，阻碍有效沟通的进行。

最后，价值观念的差异无疑是跨文化沟通障碍中最深层也最难调和的部分。不同文化背景下的价值观念和道德标准在很大程度上决定了人们如何看待和处理问题。中国社会深受儒家伦理文化影响，重视道义情感，人情关系错综复杂，有时候人情是否到位，会直接影响商业合作的成功与否。与此相对，欧美国家则更强调法制精神和个人权利，倡导公私分明，基于法律条款和合作协议来处理问题。此外，群体观念的差异也是一个重要方面。在中国，集体主义深入人心，这在谈判过程中可能表现为过于谦让和追求内部和谐统一。而在西方社会，个人主义理念根深蒂固，人们更注重个人价值的实现和个性的彰显，决策过程相对独立，不受过多外界干预。

案例链接 9-5

HX 公司在新加坡的跨文化发展之路

在全球经济一体化进程中，海外华人企业的足迹已遍及全球，而新加坡作为华人企业最为集中的国家之一，吸引了大量企业家投资兴业。这些企业雇员构成多元，涵盖了中国、新加坡、马来西亚、印度、孟加拉国等多国人士，由此产生的不同文化背景和价值观在职场中的交汇，使得跨文化管理成为这些企业必须直面并妥善解决的关键议题。

HX公司是一家由两位中国新移民在新加坡创立的私人企业。创业伊始，两位公司创始人亲自带领几十个中国工人从建筑分包商做起，使HX公司逐步成为当地小有名气的建筑承包商。随着HX公司的转型发展，公司日常工作日趋复杂，客户也由原先的大型承包商转变为开发公司、建筑分包商和政府部门等多种机构，这对公司的人力资源管理提出了新的要求和挑战。为此，两位创始人结合自身经验，参照当地的大型建筑公司对HX公司的组织结构进行了积极调整，并通过各种途径为公司吸收了大量“新鲜血液”，其中许多新员工都是业界的精英。但是HX公司采取的一系列措施并没能为公司注入新的增长活力，这次转型也没能取得预期的效果。公司规模的扩张和员工队伍的国际化，带来了文化多样性和沟通难题，导致内部摩擦频繁，部门协作受阻，企业陷入管理困境。

从语言方面来说，仅公司内部就存在普通话、闽南话、各种地方英语、马来语等多种语言，员工之间的日常沟通存在一定的难度，许多新加坡人喜欢使用新加坡英语，这使得沟通难度进一步加大。从员工态度来看，许多新加坡、印度员工一直对公司的会议和效率问题颇有微词，甚至认为中国人本就缺乏效率，这让许多中国员工难以忍受。而中国员工与新加坡华人员工之间的相处问题也逐渐显现，中国员工有较强的“大中华”意识，认为华人都是一家人，会主动亲近新加坡华人，但是许多新加坡华人员工对此并不买账。福建籍的员工小黄，发现自己的许多新加坡同事的祖籍都是福建，有了这种“老乡”的情分后，小黄对他们格外亲近，但这些新加坡同事对此却并不“领情”，他们强调自己只是华人，是地道的新加坡人，而不是中国人，而且他们非常不喜欢工作期间讨论私人关系。小黄对他们的冷淡感到愤怒。这种矛盾逐步积累，致使HX公司员工之间形成了明显的国别“派系”，各国员工之间大多存在一定的隔阂，公司的日常经营管理也陷入了半瘫痪状态。为了能够尽快使公司走出困境，公司向专业人士寻求帮助，并制定了文化糅合策略。

一是充分授权、大胆提拔和使用具有多元文化背景的管理人员，尤其是新加坡当地具有新加坡和中国文化背景的华人精英，并让董事和部分新加坡当地具有跨文化背景的高级经理组成跨文化管理团队，专门应对公司当前的跨文化管理困境。

二是经常组织不同国籍的员工进行项目交流、考察，增加企业内部技术学习的机会。

三是通过董事和新加坡本地具有跨文化背景的高级经理，对各部门进行协调，逐步调整每个员工的步伐和节奏，使其逐渐统一协调。

在公司采取这一系列措施的同时，跨文化管理团队会对实际经营中文化糅合策略无法解决的经营性问题进行深入分析，从公司的组织结构和职权等其他方面着手进行适当调整。历时近一年，HX公司的文化糅合策略逐渐取得成效，员工之间的摩擦慢慢减少，离职率也降了下来，日常经营管理工作开始逐渐稳定，部门间协同基本实现。

资料来源:《HX 公司在新加坡的跨文化发展之路》，2020 年 11 月 17 日，https://cases.sem.tsinghua.edu.cn/tsh/caseb/tsh_caseb_main/tshCasebMain.do?method=view_new&fdId=18904c43c6e1b540c4db61a4e129805a，最后访问时间：2024 年 5 月 19 日。

（二）文化情境

在组织研究中，情境（Context）是一个核心概念，它指的是围绕特定现象并对其产生重大影响的各种环境条件和背景因素[①]，这些因素往往超出了单一研究单元的边界，涵盖了宏观、中观以及微观的多重维度。跨文化沟通研究领域的学者高度重视情境因素的作用，认为在跨国、跨文化的商务沟通情

① P. Cappelli & P. D. Sherer, "The Missing Role of Context in OB: The Need for a Meso-level Approach," *Research in Organizational Behavior*（1991）：55-110.

境中，情境的多样性与复杂性尤其显著[①]。

对于成员个体而言，组织特性本身就是一种情境，它由一系列行为规则、即时的环境刺激以及组织内部成员间的相似性和差异性等元素复合而成，这些元素共同塑造了个体在组织中的行为模式和决策环境[②]。对于整个组织来说，外部环境构成了其特有的情境，包括经济、政治、法律、社会文化等各种外部力量，这些力量不仅决定了组织的生存状态和经营活动的意义，而且还深深地影响了组织内部变量之间的互动关系以及组织对外部环境的适应策略[③]。

基于"情境"维度可以将文化分为高情境文化（High-Context Culture）和低情境文化（Low-Context Culture）两大类。在高情境文化中，沟通的信息很大程度上依赖于沟通的情境背景、人际关系和非语言信号。在这种文化环境中，人们倾向于相信大部分信息是通过共享的经验、历史、惯例和默契来传达的，语言只是沟通的一部分，往往较为含蓄和隐晦。在交流过程中，讲话者的身份、地位、肢体动作、面部表情、语境等非语言信息起到了至关重要的作用，帮助理解语言背后的真实含义。

相反，在低情境文化中，信息的传递主要依靠明确、直接和精确的语言表达。人们认为，有效的沟通应该将所有必要的信息明确地包含在语言之中，避免依赖于共享的情境背景或非语言暗示。在这种文化中，讲话者必须清楚、明白地陈述自己的观点和意图，以免产生误解。低情境文化中的沟通方式更为直截了当，强调语言内容的准确性，即使在书面沟通或使用电子邮件、手机短信沟通时也能较好地传达信息，因为其假设听众和讲话者共享的背景知识相对较少，需要通过清晰、详尽的语言来填补这一空白。

表 9-4 展示了一些一般被认为是高情境文化和低情境文化的国家或地区的典型例子。但这些分类并不是绝对的，同一国家内部也可能存在不同的文化层次，且文化会随着时间和社会变迁发生演变。此外，个体之间的差异也同样重要，即便是生活在低情境文化中的人也可能表现出高情境文化的沟通

---

① 田志龙、熊琪、蒋倩:《跨国公司中中国员工面临的跨文化沟通挑战与应对策略》,《管理学报》2013 年第 7 期，第 1000~1015 页。

② R. T. Mowday & R. I. Sutton, "Organizational Behavior: Linking Individuals and Groups to Organizational Contexts," *Annual Review of Psychology* 44（1993）: 195-229.

③ G. Johns, "The Essential Impact of Context on Organizational Behavior," *Academy of Management Journal* 31（2006）: 385-408.

风格，反之亦然。在实际的跨文化沟通中，了解并适应具体情境的文化特点更为关键。

表 9-4　典型的高情境文化和低情境文化国家或地区

文化类型	国家或地区举例
高情境文化	亚洲：中国、日本、韩国、印度 阿拉伯国家：沙特阿拉伯、阿联酋、埃及等 非洲：摩洛哥、南非、尼日利亚等 拉丁美洲：巴西、阿根廷、墨西哥等 南欧：意大利、西班牙、希腊等
低情境文化	北美：美国、加拿大 北欧：瑞典、挪威、芬兰、丹麦 西欧：德国、瑞士、荷兰、英国 英联邦国家（部分）：澳大利亚、新西兰

复习思考题

1. 沟通的功能有哪些？简述一下沟通的过程。

2. 在上行沟通、下行沟通和横向沟通中分别需要注意什么？

3. 口头沟通、书面沟通和非语言沟通的方法都有哪些？

4. 丰富度高的沟通渠道都有哪些？这些渠道具备什么样的核心特征？

5. 说服性信息的自动处理和受控处理有什么差异？怎么去说服一个反感你或是你反感的人？

6. 有效沟通的常见障碍有哪些？进一步举例说明这些沟通障碍。

7. 如何克服在跨文化沟通中遇到的障碍？

案例分析题

领导感激表达对员工离职意愿的影响研究

顾客对一线员工的服务表示感谢，员工对同事的帮助表达感激，领导对下属的贡献表现出感恩，个体仅耗费几分钟甚至几秒钟时间就可以通过口头或书面（邮件、卡片等）形式表达出内心的感激，而感激表达却能渗透于人际互动的方方面面，并对组织内的人际关系产生深刻影响。它对于接受感激表达的个体来说，主要有两方面影响：一方面可以促进接受者对双方关系产生积极认知，即增加接受者的亲社会行为和关系维护行为；另一方面可以提升接受者的幸福感，如提高接受者的工作满意度和工作投入度，同时也表现为对消极人际关系的抑制作用，即抑制人际关系的中断。

离职意愿和离职行为是描述员工离职的两个不同阶段，前者描述了员工离开组织的意愿和倾向，后者强调了员工离开组织的实际行为。离职意愿被视为员工实际离职行为的近端影响因素，理解员工离职意愿的产生是解决员工离职问题的关键。社会信息加工理论认为，个体会根据情境线索决定自身的态度和行为。领导感激表达是领导向员工释放的情感信号，对员工的态度和行为具有重要影响。研究表明，感激表达一方面可以提升接受者对自身能力和社会价值的判断和评估，另一方面可以改变接受者对双方关系的认知和情感。故而感激表达可以改善员工离职的心理倾向，对消极的组织—员工关系具有一定抑制作用。

朱征等的研究从“自我”和“关系”两个视角探讨了领导感激表达如何通过影响员工基于组织的自尊和对领导的情感承诺进而降低员工的离职意愿。研究发现，领导感激表达会影响员工对“自我”和“关系”概念的认知，进而降低员工的离职意愿。从“自我”角度出发，领导感激表达传递的尊重和认可等积极情感信息可以帮助员工形成积极的自我认知，员工会感到自己是有能力的，同时在组织中是不可或缺的，即领导感激表达可以提升员工基于组织的自尊；员工基于组织的自尊满足了其能力和归属的基本需求，能有效降低离职意愿。从“关系”角度来看，领导感激表达可以帮助员工形成对领导的积极评价，增加员工对领导的认可和接纳，即领导感激表达提升员工对领导的情感承诺；员工对领导的情感承诺会激励员工继续留在组织中为领导付出，进而降低其离职意愿。

权力距离是文化价值观的四个维度之一，是指社会对不平等的地位和权力分配的接受程度。研究进一步发现，员工的权力距离对上述关系有重要的调节作用：相较于权力距离高的员工，权力距离较低的员工更愿意与领导沟通和交流，从而增加了获得领导感激表达的机会；同时他们对领导的关系导向行为更敏感，能更有效提取领导感激表达所蕴含的情感信息，因此会产生更强的基于组织的自尊和对领导的情感承诺，最终表现出更低水平的离职意愿。

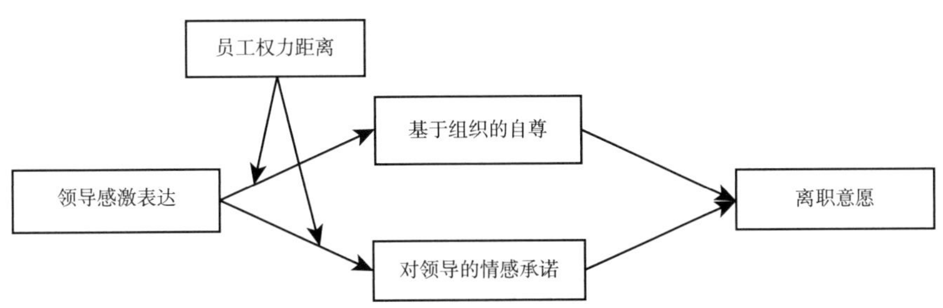

图 9-4 领导感激表达对员工离职意愿的影响机制

资料来源：朱征、陈星汶、刘军等《领导感激表达对员工离职意愿的影响研究——基于“自我”和“关系”的视角》,《南开管理评论》2022 年第 2 期，第 80~89 页。

思考题

1. 员工离职可能对企业造成重大损失（如增加培训成本、重新招聘成本等），结合以上案例回答管理者应当如何降低员工的离职意愿。

2. 员工权力距离是领导感激表达发挥作用的重要调节变量。在中国的文化情境下，组织应该如何促进领导感激表达发挥作用和产生效果呢？

第十章　领　导

领导（leadership）是具备引导并影响一个群体实现既定愿景或目标的能力。然而，我们必须认识到，领导与管理并不是等同的概念。尽管在某些情境下，二者可能有所重叠，但并非所有的领导者都具备管理者的身份，反之亦然。

管理是一个多维度的活动，它涵盖了计划、组织、领导与控制等多个职能。在这些职能中，领导扮演着至关重要的角色，它涉及战略制定、决策、激励以及约束与容错等关键方面。领导者的存在，使得管理活动不仅是机械地执行流程，还充满了策略性、创新性和激励性。值得注意的是，管理者通常更加关注组织的未来与长期发展，他们致力于提高效率，确保事情可以正确地完成。相对而言，领导者则更侧重于当前的业务，他们更加看重结果，倾向于引导团队去做正确的事。这种分工与协作，使得管理与领导能够相得益彰，共同推动组织的进步与发展。

基于这样的管理与领导理念，我们接下来将深入探讨领导理论。领导理论不仅涵盖了领导者的角色与行为，还探讨了领导风格、领导力发展等多个方面。通过深入剖析这些理论，我们可以更好地理解领导者的行为模式，为培养优秀的领导者提供有力的理论支持。

第一节　领导特质理论

领导特质理论，作为一种深入探讨领导现象的理论框架，不仅为我们揭示了领导力的多元面貌，还为我们提供了理解领导行为背后深层次原因的重要视角。其核心强调的是个人品质和特征在领导过程中的关键作用[①]。在早期

① D. Derue，J. Nahrgang，N. Wellman，et al.，“Trait and Behavioral Theories of Leadership：An Integration and Meta-Analytic Test of Their Relative Validity，” *Personnel Psychology* 64（2011）：7-52.

的领导理论研究中，学者们普遍认为领导的特质是天赋所赐，那些天生就具备领导特质的人，才有可能脱颖而出。这一观点的核心在于强调领导者所拥有的一系列独特且与众不同的品质和特质，它们对领导效果起着决定性的作用。这些特质被认为是领导者与普通人之间的显著区别，是领导者能够有效引领团队、达成目标的关键所在。

随着大五人格模型的出现，关于领导者个人特质的研究也出现了新的突破。例如，研究表明，外倾性特质在有效领导者的众多品质中占据着举足轻重的地位，堪称其最为关键的特质之一①。外倾性与领导能力的展现方式密切相关。那些擅长交际、充满支配欲的人，在群体情境中往往更能坚定地表达自我观点，并因此脱颖而出，这增加了他们被视作领导者的可能性。虽然外倾性特质在一定程度上能够预测领导的有效性，但这种关联可能源于特质与特定情境之间的独特相互作用。因此，在探讨领导能力与外倾性之间的关系时，我们需要综合考虑多种因素，包括个体差异和情境特点。

随和性和情绪稳定性对领导力的影响并不显著，但责任心和经验开放性却与领导力之间存在着紧密的关联，尤其是在领导有效性方面，这两种特质的作用尤为突出。责任心强的领导者，他们对待工作总是充满热情与专注，无论是为达成目标而奋斗，还是始终坚守职责，都能展现出强烈的责任感。这种责任心不仅能让团队成员信任他们，还能激励团队成员更加努力地工作。经验开放性则体现了领导者对于新事物、新观念的接纳程度以及对于创新的追求。拥有高度经验开放性的领导者，他们往往能够敏锐地捕捉市场变化，敢于尝试新的管理方法和领导策略，从而带领团队应对各种挑战。来自《财富》500 强企业的多源调研数据也进一步支持了这一观点，数据表明，责任心方面的特质，如为成就而奋斗、尽职尽责等，都与一个人成为优秀的领导者密切相关②。这些特质不仅能够帮助领导者在职业生涯中取得更好的成绩，

① T. Judge, J. Bono, R. Ilies, et al., "Personality and Leadership: A Qualitative and Quantitative Review," *Journal of Applied Psychology* 87 (2002): 325-330.

② S. Marinova, H. Moon, & D. Kamdar, "Getting Ahead or Getting Along? The Two-Facet Conceptualization of Conscientiousness and Leadership Emergence," *Organization Science* 24 (2013): 1257-1276.

还能够提升整个团队的凝聚力和执行力。总体而言，那些展现出外倾性特质（喜欢与他人相处，且能坚持己见）和责任心特质（坚守原则，恪守承诺）的领导者，在领导岗位上显然拥有显著的优势。他们不仅能够有效地与团队成员沟通交流，建立深厚的合作关系，还能够在关键时刻展现出坚定的决策力和责任感，为团队的成功提供有力保障。表 10-1 对中国古典名著中的一些领导者的个人特质进行了分析。

表 10-1　中国古典名著中的一些领导者及其个人特质

	责任心	情绪稳定性	外倾性	经验开放性
唐僧	强（求取真经）	中（实为高）	中	中 - 高
刘备	强（匡扶汉室）	高（貌似低）	高	中 - 高
宋江	强（替天行道）	高	高	中 - 高

尽管黑暗三特质，即马基雅维利主义、自恋和精神病态，在常规意义上可能被视为负面或具有破坏性的，但与领导力相关时，它们却可能展现出独特而有效的力量。有研究表明，黑暗三特质在适中水平时，对领导效能的促进作用最为显著。当这些特质得分过高或过低时，往往与无效领导相关。在领导过程中，若领导者过于强调黑暗三特质，可能会引发团队成员的抵触和不满，导致团队氛围紧张，合作受阻。相反，若这些特质得分过低，代表领导者可能缺乏必要的决断力和影响力，难以有效推动团队前行。此外，研究还发现，高情绪稳定性在某些情况下可能会加剧领导者的无效行为①。情绪过于稳定的领导者可能在面对挑战和变化时显得过于僵硬和保守，缺乏必要的灵活性和适应性。这样的领导风格可能会阻碍团队的创新和发展，导致领导效能的下降。然而，值得注意的是，在某些情境下，黑暗三特质及情绪稳定性方面得分较高的个体可能更容易成为领导者。他们可能更自信且更具决断力和影响力，能够在关键时刻发挥关键作用，引领团队应对挑战。幸运的是，研究同时指出，通过培养自我意识和自我调节技能，领导者可以有效地控制

① R. B. Kaiser, J. M. Lebreton, & J. Hogan, "The Dark Side of Personality and Extreme Leader Behavior," *Applied Psychology* 64（2015）：55-92.

黑暗三特质所带来的潜在负面影响①。综上所述，黑暗三特质在领导过程中并非一无是处，关键在于如何恰当地运用和调节这些特质。通过培养自我意识和自我调节技能，领导者可以更好地控制黑暗三特质所带来的影响，从而提升领导效能和团队绩效。

特质虽然可以作为预测领导潜力的一种依据，但并非决定性的因素。即便某人展现出了明显的领导特质，并得到了他人的认可，也不能确保他必然能够成为一位真正有效的领导者。特质理论在预测领导潜力方面固然有其作用，但它并不能全面解释领导力的复杂性。因此，接下来将讨论行为理论，以期能够更精确地界定领导力的内涵和参数。

第二节　领导行为理论

与领导特质理论所强调的领导者天生具备某些特殊品质不同的是，领导行为理论不仅揭示了领导者所展现出的各种行为模式，而且深入探讨了这些行为如何影响团队和组织的效能。该理论的核心观点之一便是，领导力并不是一成不变的，人们可以通过系统的学习和训练，逐步发展成为优秀的领导者。这意味着，领导力并不是与生俱来的特质，而是可以通过学习、实践和反思逐步获得的能力。

俄亥俄州立大学的系列研究发现了两个与领导行为最相关的维度，即结构维度和关怀维度②。结构维度主要关注的是领导者为了实现组织目标而对自己与下属的角色进行界定和建构的程度。这包括对工作、工作关系和目标进行组织。在结构维度得分高的领导者，通常会为团队成员安排特定的任务，设定明确的绩效标准，并强调按时完成任务的重要性。这样的领导风格有助于确保团队成员明确自己的职责，提高工作效率，从而推动组织目标的实现。关怀维度则侧重于领导者与其下属的工作关系，强调相互信任、尊重下属意

---

① B. H. Gaddis & J. L. Foster, "Meta-Analysis of Dark Side Personality Characteristics and Critical Work Behaviors among Leaders across the Globe: Findings and Implications for Leadership Development and Executive Coaching," *Applied Psychology* 64 (2015): 25-54.

② T. Judge, R. Piccolo, & R. Ilies, "The Forgotten Ones? The Validity of Consideration and Initiating Structure in Leadership Research," *Journal of Applied Psychology* 89 (2004): 36-51.

见和重视下属情感。在关怀维度得分高的领导者会关心下属的个人问题，表现出友善和平易近人的态度，对所有下属一视同仁，并欣赏和支持他们的工作。这种领导风格有助于建立良好的工作氛围，增强团队成员的归属感和忠诚度，提高工作满意度和积极性。

研究表明，结构维度和关怀维度与领导效能和团队绩效之间存在着密切的关系。高结构和高关怀的领导风格通常能够带来更高的工作效率和更积极的员工态度。然而，需要注意的是，不同情境下可能需要不同的领导风格，因此优秀的领导者需要具备灵活调整自己领导行为的能力，以适应不断变化的环境和需求。

第三节　领导权变理论

随着领导行为理论研究的不断深化，研究人员逐渐认识到，并不存在一种普遍适用的领导方式。实际上，相同的领导行为在不同环境下往往会产生截然不同的领导效果。有效的领导行为需要紧密契合被领导者的个性特点和所处环境的变化。因此，领导权变理论应运而生，它强调在不同环境条件下灵活采用不同的领导行为模式，以适应并优化领导效果。

一　费德勒权变模型

费德勒权变模型指出，有效的群体绩效取决于两个方面的恰当匹配：一是与下属发生相互作用的领导者风格；二是领导者能够控制和影响情境的程度。只有当领导者的行为方式与所处环境相得益彰时，群体才能发挥出最佳效能，实现共同目标。

案例链接 10-1

曹操的权变领导风格

以历史上著名的官渡之战为例，曹操与袁绍之间的较量，不仅仅是一场军事对抗，更是一场领导风格的较量。在这场战役中，曹操展现出了他独特的领导风格和对情境的高超控制力。面对投降的敌人，曹操表现出了果断却残忍的一面。他深知在战争中，对敌人的仁慈就是对自己的残忍。因此，他毫不留情地处理投降者，以儆效尤，震慑敌军，确保自己的军队在战场上保持高昂的斗志和严明的纪律。这种处理方式虽然残酷，但在当时的战争背景下，却是极为有效的领导手段。然而，在处理内部矛盾时，曹操又展现出了截然不同的风格。对于企图背叛的人，他并没有采取极端的手段进行惩罚，而是选择了宽容和理解。他明白，在战争中，人心易变，每个人都有可能受到各种因素的影响而动摇信念。因此，他通过沟通与理解，努力化解内部矛盾，保持团队的凝聚力和战斗力。这种处理方式不仅避免了内部矛盾的激化，还赢得了将士们的忠诚和信任。曹操在官渡之战中的领导风格与对情境的控制实现了较好的匹配。他根据不同的情况采取不同的处理方式，既保证了战争的胜利，又维护了团队的稳定和团结。这正是有效群体绩效所需的关键因素：领导者的风格必须与情境相适应，才能实现最佳的领导效果。

资料来源：官渡之战，https://baike.baidu.com/item/%E5%AE%98%E6%B8%A1%E4%B9%8B%E6%88%98/410272，最后访问时间：2024 年 5 月 3 日。

费德勒权变模型基于这样的前提假设：在不同类型的情境中，总有某种领导风格最为有效。为了更准确地识别领导者的风格倾向，该模型引入了最难共事者问卷（least-preferred coworker questionnaire, LPC 问卷）这一评估工具。该问卷旨在通过描述和分析领导者认为最难共事的同事或下属，来揭示领导者的主导性领导行为是关系导向型还是任务导向型。关系导向型（LPC 得分高）的领导者会以相对积极的词语来描述最难共事者，而任务导向型（LPC 得分低）的领导者则会以相对消极的词语来描述最难共事者。

费德勒权变模型可具体化为三个方面：职位权力、任务结构和领导 – 成员关系。职位权力指的是领导者所处职位具有的权威和权力的大小，或者说领导的法定权、惩罚权、奖励权的大小。任务结构涉及任务的明确程度和部下对这些任务的负责程度。领导 – 成员关系则关注下属对领导的信任、喜爱、忠诚和愿意追随的程度。依据费德勒权变模型的理论框架，当任务的结构化程度愈加精细，附加的程序趋于完善与丰富时，领导者所拥有的职位权力也会相应得到强化。在这样的情境下，领导者所能拥有的控制力自然更为强大，他们能够更好地驾驭团队，确保任务的高效执行与目标的顺利达成，即在非常有利的情境下，任务导向型领导更有效。在情境非常不利（任务结构化程度低，职位权力弱）时，任务导向型领导也会将任务的完成放在首位，因此在非常不利的情境下，任务导向型领导同样更有效。而在中等有利的情境中，关系导向型领导则既能敏锐洞察并维护人际关系，又能确保工作任务的顺利完成，因此展现出了更高的领导效能。

二　其他领导权变理论

（一）情境领导理论

情境领导理论（Situational Leadership Theory，SLT）是一种实用的领导技能，它强调领导者应根据不同情境调整自己的领导风格，以达到最佳的影响效果。这种理论将关注点放在下属身上，重视下属的成熟度，认为领导者的领导方式应与下属员工的成熟度相适应。下属的成熟度包括知识和技能（能力）以及做某件事的意愿和动机。成熟度高的个体不需要太多的外部鼓励，他们更多依赖内部动机来激励自己。情境领导理论提出了四种基本的领导风格和模式：指令型领导、支持型领导、参与型领导和委托型领导。这些领导风格适用于不同情境和下属的不同成熟度水平。例如，当下属能力较弱、任务复杂度较高时，指令型领导风格更为有效；而在下属能力较强、任务复杂度也较高的情境下，参与型领导风格可能更为适宜。

然而，尽管情境领导理论在领导学领域备受瞩目，但众多研究在试图验证与支持其有效性时，却往往得到令人沮丧的结果[①]。这种情况可能源于该模型内部存在的某些模糊性和不一致之处，或是因为研究者在检验过程中采用了有缺陷的研究方法。因此，当前我们在应用情境领导理论时，应当持审慎的态度，并在实践中不断探索和调整，以期找到更加适合特定情境的领导方式。

---

① G. Thompson & R. P. Vecchio, "Situational Leadership Theory: A Test of Three Versions," *The Leadership Quarterly* 20（2009）: 837-848. R. P. Vecchio, R. C. Bullis, & D. M. Brazil, "The Utility of Situational Leadership Theory: A Replication in a Military Setting," *Small Group Research* 37（2006）: 407-424.

（二）路径 - 目标理论

路径 - 目标理论（Path-goal Theory）是由多伦多大学组织行为学教授罗伯特 · 豪斯（Robert House）提出的一种领导权变理论。该理论的核心思想是，有效的领导者通过明确指出实现工作目标的途径来帮助下属，并为下属清理前进途中的各种障碍，从而使下属的工作更为顺利。领导者的主要工作是帮助下属达到他们的目标，并提供必要的指导和支持，以确保其目标与群体或组织的总体目标相一致。这一理论确定了四种领导风格，包括指示型领导、支持型领导、参与型领导以及成就取向型领导。拥有不同领导风格的领导者可以根据不同的情境和下属的特点进行灵活调整，以适应不同的领导需求。此外，路径 - 目标理论还强调领导者和下属之间的相互作用，以及环境因素对领导效果的影响。领导者需要根据下属的个人特点、需求和工作环境，灵活调整自己的领导风格，以实现最佳的领导效果。

（三）领导者 - 参与模型

领导者 - 参与模型（Leader-participation Model）的核心思想是将领导行为与参与决策紧密联系在一起，强调领导者应根据不同的情境和任务要求，灵活调整自己的领导风格，并鼓励下属参与决策过程[①]。领导者 - 参与模型强调情境的重要性，认为领导者必须根据任务的结构化程度、下属的成熟度和意愿、信息的充分性等因素，选择最合适的领导风格。通过让下属参与决策过程，领导者可以激发下属的积极性和创造力，增强团队凝聚力和合作精神，从而提高决策的质量和有效性。

（四）领导 - 成员交换理论

领导 - 成员交换理论（Leader-member Exchange Theory）主要阐述领导者区别对待下属的现象，并深入探讨了领导者与成员之间交换关系的本质及其对组织绩效的影响。该理论认为，领导者与成员之间的交换关系呈现明显的质量差异。领导者由于下属的贡献、时间压力和个人喜好等因素，会将下属区别对待，形成不同质量的领导者 - 下属交换关系[②]。在高质量的交换关系

---

① V. Vroom & A. Jago, "The Role of the Situation in Leadership," *The American Psychologist* 62（2007）：17-24, 43.

② S. Wayne, L. Shore, W. Bommer，et al., "The Role of Fair Treatment and Rewards in Perceptions of Organizational Support and Leader-Member Exchange," *Journal of Applied Psychology* 87（2002）：590-598.

中，领导者与成员之间建立了深厚的信任和感情联系，成员被视为“圈内成员”，在工作中受到更多的关照和信任，还能获得更多的资源和机会，能够更积极、主动地完成任务，并发挥最大的才智。相比之下，低质量的交换关系中的成员被视为“圈外成员”，他们与领导之间的关系更多基于权力系统，缺乏深入的情感联系和额外奖励。

这一理论强调了领导者与成员间交换关系的多维性。这种关系不仅涉及经济利益的交换，还包括社会支持和情感交流等多个层面。领导者通过提供必要的资源、支持和机会，与成员建立起紧密的交换关系，从而有效地激发成员的潜能，提升组织的整体绩效。有研究表明，高质量的领导与成员间交换关系可能使成员在组织中获得更多的信息和资源，从而提高其在咨询网络中的中心性（成员在组织中被咨询的频率），当领导者的咨询中心性较高时，成员与领导间形成的共享信任关系会提高成员的影响力①。此外，该理论还关注到团队成员之间的异质性。不同的成员可能与领导者建立起不同质量的交换关系，这种差异可能会对团队成员的工作态度和行为产生重要影响。因此，领导者需要敏锐地察觉并妥善管理这些差异，以促进团队成员之间的合作和协同。

第四节　当代领导理论

一　魅力型领导

罗伯特·豪斯于 1977 年首先提出了魅力型领导理论。这一理论的核心观点在于揭示了一种特殊的领导现象：当下属观察到领导者展现出某些特定的行为时，会倾向于把它们归因于英雄主义的或者超乎寻常的领导能力。

魅力型领导的主要特征，无疑为领导者赋予了独特的魅力与影响力，使他们能够在团队中脱颖而出，引领并激励团队成员共同前进。首先，魅力型领导者具备一个鲜明的特质，那就是他们拥有明确的愿景，并且能够清晰地表述这一愿景。魅力型领导者通过生动的语言和富有感染力的表达，将愿景

---

① S. R. C. Liden, “Two Routes to Influence: Integrating Leader-Member Exchange and Social Network Perspectives,” *Administrative Science Quarterly* 50（2005）：505-535.

深深地植入团队成员的心中，使大家为之奋斗。这种对愿景的清晰表述，不仅激发了团队成员的积极性和热情，还使得整个团队更加团结和高效。其次，魅力型领导者敢于冒险，勇于面对挑战。他们不满足于现状，总是寻求突破和创新。在面临困难和挑战时，他们敢于做出决策，勇于承担责任。这种冒险精神不仅为团队带来了更多的机遇和可能性，还使得团队成员在跟随领导者的过程中，不断突破自我，实现个人和团队的共同成长。再次，魅力型领导者对下属的需求有着高度的敏感性。他们关注团队成员的成长和发展，了解他们的需求和期望。在领导过程中，他们注重与团队成员的沟通和交流，倾听他们的意见和建议，尽可能地满足他们的合理需求。这种对下属需求的敏感性，使得魅力型领导与团队成员之间能够建立深厚信任和情感联系，从而更加有效地激发团队成员的积极性和创造力。最后，魅力型领导者常常打破常规的行为，以非传统的方式解决问题和推动变革。他们不拘泥于传统的思维模式和行为方式，而是敢于尝试新的方法和途径，以更加高效和灵活的方式应对复杂多变的外部环境。这种打破常规的行为不仅为组织带来了新的活力和创造力，也为团队成员树立了勇于探索和创新的榜样。

二 交易型领导

交易型领导是由荷兰学者贺兰德（Hollander）于 1978 年提出的，该模式的核心在于领导者和被领导者之间通过特定的情境形成了一种相互满足的交易过程。在这一过程中，领导者通过明确的任务和角色需求来引导与激励部属完成组织目标。交易型领导的第一个特征是权变奖励。这种领导方式强调对下属的绩效给予明确的奖励或惩罚。领导者会设定明确的目标和期望，并根据下属完成任务的情况给予相应的奖励。其次，例外管理也是交易型领导的一个重要特征。这种领导方式要求领导者密切关注下属的工作进展，并在出现问题或异常情况时及时介入。领导者通常不会主动介入下属的日常工作，而是等待问题出现后再进行干预。这种方式可以确保下属在大多数情况下能够自主完成工作，同时领导者也能在必要时提供支持和指导。然而，交易型领导在某些情况下可能会表现出放弃责任和避免制定决策的倾向。这种倾向可能源于领导者对下属能力的过度信任，或是为了避免承担决策可能带来的风险。虽然这种方式可能在短期内减少了领导者的负担，但从长期来看，它可能导致组织缺乏明确的战略方向，下属也可能因为缺乏明确的指导而感到迷茫和不安。

在实际操作中，交易型领导常常采用奖赏、诱惑、处罚、威胁等手段来促进员工达成工作目标。这种领导方式对于崇尚绩效导向的组织文化来说，管理效率较高，能够根据员工的工作价值和绩效完成额度来论功行赏。对于新晋管理者来说，交易型领导方式相对容易上手，能够快速见效，有利于他们快速掌握领导能力。然而，交易型领导也存在一些潜在的局限性。例如，它可能过于强调短期的绩效和目标达成，而忽视了长期的组织发展和员工成长。此外，如果过度使用处罚和威胁等手段，可能会对员工的积极性和团队氛围造成负面影响。

三　变革型领导

变革型领导是一种能够通过更高的理想和组织价值观来激发员工潜力、推动组织变革并实现更高绩效的领导方式。变革型领导者鼓励下属将个人利益升华为组织利益。首先，领导魅力是变革型领导的核心特征之一。这种魅力不仅体现在外在的吸引力上，更在于领导者能够为团队提供清晰而富有远见的愿景，使每个成员都能深刻感受到工作的使命感和价值所在。通过灌输荣誉感，变革型领导者能够激发团队成员的自豪感和归属感，使他们更加珍视自己的角色和贡献。同时，领导者通过自身的言行和举止赢得团队成员的尊重和信任，为组织营造了一种积极向上、互相支持的氛围。其次，感召力是变革型领导的另一个重要特征。变革型领导者擅长传递高期望，他们相信团队成员的潜力，并通过鼓励和激励的方式激发团队成员的积极性和创造力。他们能够以简单而直接的方式传递重要的目的和价值观，使团队成员能够迅速理解并付诸行动。此外，变革型领导者还注重激发智力，他们鼓励团队成员不断学习和成长，培养团队成员解决问题的能力，从而推动组织的持续创新和进步。最后，个性化关怀是变革型领导不可或缺的一环。变革型领导者深知每个员工都是独一无二的个体，他们关注员工的个人需求和成长，为员工提供个性化的指导和建议。他们不仅关心员工的工作表现，更关心员工的内心世界和职业发展，努力为员工创造一个良好的工作环境和发展空间。通过个性化关怀，变革型领导能够增强员工的归属感和忠诚度，激发他们的工作热情和创造力。

四 比较魅力型领导、交易型领导与变革型领导

交易型领导和变革型领导并非孤立存在的两种领导风格，而是相辅相成、互为补充的[①]。最好的领导者既是交易型领导者，又是变革型领导者。变革型领导是在交易型领导的基础上逐步发展和形成的。有研究表明，变革型领导和交易型领导的重要性并不是一成不变的，而是会根据不同的目标和情境而产生相应的变化。对于团队绩效和领导者满意度而言，变革型领导的重要性更高，而对于领导者有效性和下属工作满意度而言，交易型领导则显得更为重要[②]。因此，领导者需要根据不同的目标和情境，灵活运用变革型领导和交易型领导这两种不同的领导方式。

魅力型领导和变革型领导存在一定的相似之处和不同之处。首先，无论是魅力型领导者还是变革型领导者，他们都非常重视为团队或组织设定清晰、远大的愿景和目标。他们相信，明确的愿景和目标可以激发团队成员的积极性和潜能，推动团队或组织朝着更高的方向前进。其次，魅力型领导者和变革型领导者都强调领导者的个人特质和能力，认为领导者自身的独特品质、行为和态度能够影响并激励团队成员。此外，两种领导风格都关注团队成员的成长和发展。领导者通过提供指导、支持和机会，帮助团队成员提升能力、拓宽视野，实现个人和团队的共同成长。但从影响机制上来看，魅力型领导更多地依赖于领导者的个人特质和魅力来影响追随者，而变革型领导则更注重通过激发下属的内在动力和创新精神来推动组织的变革。魅力型领导的影响往往是直接的、个人化的，而变革型领导的影响则更加广泛和深远，能够触及组织的各个层面。在实际应用中，领导者可以根据团队的特点和需求，灵活选择或结合这两种领导风格，以实现最佳的领导效果。

---

① M. A. Robinson & K. Boies, "Different Ways to Get the Job Done: Comparing the Effects of Intellectual Stimulation and Contingent Reward Leadership on Task-related Outcomes," *Journal of Applied Social Psychology* 46 (2016): 336-353.

② D. Derue, J. Nahrgang, N. Wellman, et al., "Trait and Behavioral Theories of Leadership: An integration and Meta-Analytic Test of Their Relative Validity," *Personnel Psychology* 64 (2011): 7-52.

第五节 责任型领导

责任型领导是指领导者在履行职责时，不仅关注自身行为和决策，还积极承担对组织内外利益相关者的责任。这种领导风格强调诚信、能力、远见、激情和胸怀宽广等特质。此外，责任型领导还涉及组织间情境，包括对组织中负责任行为的规范和协调。

一 公仆型领导（servant leadership）

公仆型领导的概念，最早可以追溯到1970年，它由麻省理工学院的格林利夫（Greenleaf）教授首次提出，为领导理论的发展注入了新的活力，增加了新的视角①。这种领导风格强调尊重追随者个体的尊严和价值，并将服务他人置于首位，致力于满足追随者在生理、心理和情感上的需求。这种以人为本的领导方式，不仅体现了领导者的高尚品质，也促进了组织的和谐与发展。公仆型领导的主要特征包括倾听、移情、说服、有管家精神和责任感、积极开发下属的潜力。

已有研究对公仆型领导的实施效果展开了深入的研究。研究结果显示，公仆型领导对员工工作态度、工作行为及绩效均有积极的影响。首先，在工作态度方面，公仆型领导有助于提升员工的工作满意度②、组织投入与组织忠诚③，并且在提高员工组织承诺的同时，能够显著降低员工的离职意愿④。其次，在工作行为方面，现有的研究已经深入揭示了领导者的公仆型行为与下属行为之间的紧密联系。当领导者展现出更为显著的公仆型行为时，下属们

① R. K. Greenleaf, *The Servant as Leader*（Robert K. Greenleaf Publishing Center，1970），pp.1-37.

② J. E. Barbuto & D. W. Wheeler, "Scale Development and Construct Clarification of Servant Leadership," *Group & Organization Management* 31（2006）：300-326.

③ Y. Cerit, "The Effects of Servant Leadership Behaviours of School Principals on Teachers' Job Satisfaction," *Educational Management Administration & Leadership* 37（2009）：600-623.

④ F. Jaramillo, D. B. Grisaffe，& L. B. Chonko，et al., "Examining the Impact of Servant Leadership on Salesperson's Turnover Intention," *Journal of Personal Selling & Sales Management* 29（2009）：351-365.

往往会以更加积极的姿态回应，展现出更多的组织公民行为①、帮助行为②和创新行为③。最后，在工作绩效方面，公仆型领导对员工个人的工作绩效④、团队效能（团队工作绩效）⑤以及组织绩效均起到了有效的促进作用⑥。

公仆型领导在不同文化中实施效果不同，这一观点凸显了领导风格与文化背景之间的紧密关系。不同的文化环境孕育出不同的价值观、社会规范和行为模式，这些因素共同影响着公仆型领导的实施效果。在一些强调集体主义和团队精神的文化中，公仆型领导往往能够得到更好的实施效果。在这些文化中，领导者通常被视为团队的引领者和协调者，他们的行为受到团队成员的高度关注。公仆型领导者的无私服务、倾听与移情能力，以及对团队整体利益的关注，能够很好地契合这些文化的核心价值观。因此，在这样的文化背景下，公仆型领导更能够激发团队成员的积极性和合作意愿，推动团队取得更好的绩效。然而，在一些强调个人主义和竞争的文化中，公仆型领导的实施效果可能会受到一定的限制。这些文化往往更加注重个人的成就和利益，对于领导者的期望也更多地倾向于决策果断、权威性强等方面。在这样的文化背景下，公仆型领导者的服务精神和团队合作理念可能会被视为过于软弱或缺乏决断力，从而影响其在团队中的影响力和公仆型领导的实施效果。为了充分发挥公仆型领导的潜力，领导者需要深入了解所在文化的特点和价值观，根据具体情况调整自己的领导风格和行为方式。

---

① F. Walumbwa, C. Hartnell, & A. Oke, "Servant Leadership, Procedural Justice Climate, Service Climate, Employee Attitudes, and Organizational Citizenship Behavior: A Cross-Level Investigation," *Journal of Applied Psychology* 95 (2010): 517-529.

② M. Neubert, K. Kacmar, D. Carlson, et al., "Regulatory Focus as a Mediator of the Influence of Initiating Structure and Servant Leadership on Employee Behavior," *Journal of Applied Psychology* 93 (2008): 1220-1233.

③ 尹润锋:《仆从领导与员工创新行为关系研究》,《领导科学》2013 年第 11 期，第 48~50 页。

④ 孙健敏、王碧英:《公仆型领导：概念的界定与量表的修订》,《商业经济与管理》2010 年第 5 期，第 24~30 页。凌茜、汪纯孝:《管理人员的公仆型领导风格对员工工作绩效的持久影响》,《旅游科学》2010 年第 3 期，第 39~48 页。

⑤ 赵红丹、彭正龙:《服务型领导与团队绩效：基于社会交换视角的解释》,《系统工程理论与实践》2013 年第 10 期，第 2524~2532 页。

⑥ S. Peterson, B. Galvin, & D. Lange, "CEO Servant Leadership: Exploring Executive Characteristics and Firm Performance," *Personnel Psychology* 65 (2012): 565-596.

二 辱虐管理（abusive supervision）

尽管辱虐管理并不总是表现为一种常见的领导形式，但它确实在某些情况下存在，并被定义为管理者在语言或非语言行为中怀有敌意①。这种管理方式不仅违反了基本的职业道德和劳动法规，还严重损害了员工的权益和尊严。

辱虐管理的主要特征可以概括为四个方面：主观性、持续性、敌意性和非身体接触。这些特征共同构成了辱虐管理行为的核心要素，使其与其他管理风格显著区分开来。首先，主观性是辱虐管理的一个重要特征。这指的是辱虐管理行为往往源自管理者的个人情绪和主观认知。由于管理者受到工作压力、个人情绪或其他因素的影响，他们可能会对员工进行不公正的批评、指责或贬低。这种主观性的存在使得辱虐管理行为更加难以预测和防范，因为每个人的情绪和认知都可能不同，从而导致不同管理者表现出不同程度的辱虐行为。其次，持续性是辱虐管理的另一个显著特征。辱虐管理行为并不是偶然发生的，而是经常性地、频繁地出现在工作场所中。这种持续性的存在使得员工长期处于被辱虐的状态，难以摆脱其负面影响。长时间的辱虐管理会导致员工产生心理疲惫、工作压力增大，甚至可能引发工作场所的冲突和矛盾。再次，敌意性也是辱虐管理的核心特征之一。这指的是管理者在对待员工时表现出明显的敌意和不满。他们可能通过贬低员工的价值、嘲笑他们的努力或无视他们的需求来展示自己的敌意。这种敌意性的行为会让员工感到被排斥和不被重视，导致他们的工作积极性和自信心受到严重打击。最后，非身体接触是辱虐管理与其他形式的暴力或欺凌行为的重要区别。尽管辱虐管理可能对员工造成心理和情感上的伤害，但它并不涉及身体上的接触或伤害。这并不意味着辱虐管理的伤害程度较轻，相反，心理上的伤害往往更加难以治愈，对员工的影响也更加深远。

有研究者对辱虐管理进行了深入的探讨，从中发现了多个与之紧密相关的因素②。在这些因素中，公平性的概念显得尤为重要，尤其是其中的人际公

---

① B. Tepper, "Consequences of Abusive Supervision," *Academy of Management Journal* 43（2000）：178-190.

② J. D. Mackey, R. E. Frieder, J. R. Brees, et al., "Abusive Supervision：A Meta-Analysis and Empirical Review," *Journal of Management* 43（2017）：1940-1965.

平与辱虐管理之间存在着显著的负相关关系。人际公平作为公平性的一个重要维度，主要关注个体在人际交往中是否受到公正对待。它涉及个体与他人之间的互动、沟通以及相互尊重等方面。当人际公平得到充分体现时，个体往往能够感受到来自他人的尊重、理解和支持，从而建立起积极的人际关系。然而，在辱虐管理的环境中，人际公平往往被严重破坏。管理者可能通过语言或非语言的方式对员工进行贬低、嘲笑或忽视，这种行为不仅违反了基本的职业道德和劳动法规，也严重损害了员工的人际公平感。员工在这种环境中往往感到被排斥、被忽视，他们的自尊和自信受到严重打击，进而影响他们的工作态度和绩效。这种人际公平与辱虐管理之间的负相关关系揭示了不公平在辱虐管理中的核心地位。当管理者忽视或破坏人际公平时，辱虐管理行为往往随之而生。这种不公平的环境不仅对员工造成了巨大的心理压力和伤害，也破坏了组织的和谐氛围和凝聚力。此外，还有学者研究表明，领导的性别等个体因素会对辱虐管理产生影响，女性领导更少表现出辱虐管理行为[①]。同时，领导的其他人格特征，如独裁领导风格、马基雅维利主义人格等也会对辱虐管理有一定的预测效应。

研究表明，辱虐管理不仅仅是一种不恰当的管理手段，更是一种极具破坏性的行为，其带来的后果往往十分严重。首先，辱虐管理对员工的身心健康造成了严重的威胁。长期处于辱虐管理的环境中，员工可能会遭受心理压力、焦虑和抑郁等心理问题的困扰，甚至可能引发身体上的疾病。这种健康上的问题不仅会影响员工的个人生活，也会对其工作效率和职业发展产生负面影响。其次，辱虐管理还导致了组织承诺、工作满意度和组织支持感的显著下降。员工在遭受辱虐管理时，往往会对组织产生不信任感，对工作的热情和投入也会大打折扣。他们可能会感到自己的努力得不到认可，自己的价值被忽视，从而逐渐失去对组织的忠诚和归属感。这种心态的转变不仅会影响员工的工作态度，也会对整个组织的稳定性和凝聚力造成威胁。最后，辱虐管理还会对员工绩效产生直接的负面影响。在辱虐管理的环境中，员工可能会因为心理压力过大而无法集中精力工作，或者因为对组织的不满而缺乏

---

① S. Aryee, Z. X. Chen, L. Y. Sun, et al., "Antecedents and Outcomes of Abusive Supervision: Test of a Trickle-Down Model," *Journal of Applied Psychology* 92（2007）：191-201.

工作动力。这些因素都会导致员工的工作效率下降，工作质量受到影响，从而对整个组织的业绩产生不利影响。更为严重的是，辱虐管理往往会陷入一种恶性循环。一旦组织中出现了辱虐管理的行为，它往往会引发更多的负面行为和情绪，员工可能会因为受到辱虐而采取报复行为①，或者因为感到无助而选择离职。这些行为又会进一步加剧组织的紧张氛围和不稳定性，使得辱虐管理的问题更加难以解决。

辱虐管理是一个复杂而敏感的问题，需要员工和组织共同努力，采取一系列有效的措施应对和解决。企业应积极从制度、文化等多个维度出发，构建一套行之有效的干预机制，以应对辱虐管理问题。例如，企业可以致力于塑造一种以员工为核心的组织文化，即员工导向型文化，使员工的价值和需求得到充分的尊重和满足。同时，应建立健全的员工意见申诉机制，确保员工的声音能够被听到，员工的权益能够得到保障。作为辱虐管理的受害者，员工的人格特质以及他们采取的应对策略在应对虐待的过程中同样起着至关重要的作用。具有责任心的员工，他们通常展现出更强的自我控制能力和更高的心理韧性。因此，当遭受辱虐管理时，他们会选择积极应对，寻找解决问题的方法，而不是被情绪左右，陷入消极的情绪中。同时，一些员工选择通过避免问题来应对辱虐管理，虽然短期内可能能够避免直接冲突，但长期来看，也需要找到更合适的应对方式，确保自己的权益不受侵害②。

第六节　积极领导

信任（Trust），是个体基于对未来事态发展的乐观预判，从而愿意敞开心扉、接纳他人影响的一种内在心理状态。在这种状态下，个体倾向于相信他人的善意与诚意，愿意与之建立深厚的联系，并接受其可能带来的各种影响。这种心理状态的形成，往往源于个体对他人行为的正面解读和对未来结果的积极预期。作为一种与领导行为紧密相连的核心属性，信任的重要性不

① L. Simon, C. Hurst, K. Kelley, et al., "Understanding Cycles of Abuse: A Multimotive Approach," *Journal of Applied Psychology* 2015, 100 (6) :1798-1810.

② A. Nandkeolyar, J. Shaffer, A. Li, et al., "Surviving an Abusive Supervisor: The Joint Roles of Conscientiousness and Coping Strategies," *Journal of Applied Psychology* 99 (2014): 138-150.

言而喻。在团队或组织中，信任是维系成员间关系、推动合作与协调的基石。当信任遭受破坏时，其后果往往十分严重，会对群体绩效产生深远的影响①。首先，信任是领导者有效行使职权、引领团队前行的关键。当团队成员对领导者充满信任时，他们更可能积极响应领导者的号召，齐心协力完成既定目标。然而，一旦信任受损，团队成员对领导者的决策和指示可能产生怀疑，导致执行力下降，团队协作出现裂痕。其次，信任破坏会导致团队成员间的沟通障碍。在信任的基础上，成员们愿意敞开心扉，分享想法和意见，共同解决问题。然而，当信任不再存在时，成员们可能变得保守和封闭，担心自己的想法被误解或利用，从而影响团队的创新力和决策效率。最后，信任破坏还会对团队成员的士气和积极性产生负面影响。一个充满信任的团队氛围能够激发成员的积极性和创造力，使他们愿意为团队的成功付出更多努力。然而，当信任被破坏时，成员们可能感到沮丧和失望，对团队的前景失去信心，导致工作效率下降，甚至可能引发人才流失。

研究表明，领导者值得信任的特征主要包括正直、仁慈和能力这三个方面。正直是领导者建立信任的基础。正直的领导者始终保持诚实、公正和道德的行为，他们的言行一致，对待团队成员公平公正，不偏袒任何一方。他们勇于承认错误，勇于承担责任，不会为了个人利益而违背原则。这种正直的品质让团队成员感到安心，相信领导者的决策和指示是出于公心和善意，从而建立起对领导者的信任。仁慈是领导者赢得团队成员尊重和信任的重要品质。仁慈的领导者关心团队成员的需求和感受，注重维护团队的和谐氛围。他们善于倾听和理解团队成员的想法和意见，尊重每个人的差异和个性。在团队面临困难和挑战时，他们总是能够给予团队成员支持和鼓励，帮助他们攻克难关。这种仁慈的态度让团队成员感到被关心和重视，从而增强了对领导者的信任感。能力则是领导者展现信任价值的关键。一个优秀的领导者应该具备出色的领导能力和专业技能，能够带领团队朝着既定目标前进。他们需要具备决策能力、协调能力、沟通能力等多种能力，以应对复杂多变的团队环境。同时，他们还应该具备学习能力和创新精神，不断提升自己的能力和素质，以更好地引领团队发展。这种能力的展现让团队成员对领导者的能

① K. Dirks & D. Ferrin, "Trust in Leadership: Meta-Analytic Findings and Implications for Research and Practice," *Journal of Applied Psychology* 87 (2002): 611-628.

力和专业度产生信心，从而更加信任和依赖他们。

那些未能恪守与员工间隐形的心理契约，且表现出令人质疑的行为的管理者终将发现，他们的行为给员工带来了深远的影响。员工们的满意度显著下降，忠诚度逐渐消磨，离职的意愿日益强烈，参与组织公民行为的积极性大大降低，同时任务绩效也明显下滑。信任，一旦遭到侵蚀，即便是倾尽全力去修复，也往往难以恢复如初。它的重建不仅仅受限于特定的场合，更深受破坏原因的影响。若破坏信任的根源在于能力的不足，管理者应当坦诚地道歉，并承诺自己将努力提升，做得更好。这种态度往往能够获得员工的理解和接纳，为重建信任奠定基础。然而，当破坏信任的原因在于管理者的不正直，如撒谎、隐瞒或背信弃义，单纯的道歉便显得苍白无力。在这种情况下，无论管理者如何辩解或承诺，员工心中的疑虑和失望都难以轻易消除。面对信任被破坏的事实，任何形式的逃避和否认都是不明智的。沉默应对、拒绝承认错误或推诿责任，这些做法只会加剧员工的不信任和反感，使重建信任变得更加困难。相反，只有勇于面对问题，坦诚地承认错误，并采取积极的措施去改正，才有可能重获员工的信任。当然，重建信任并非易事，它需要时间和持续的努力。只有当管理者始终展现出值得信赖的行为方式，如诚实守信、公平公正、关心员工等，员工才会逐渐放下心中的戒备，重新建立起对管理者的信任。然而，如果管理者曾经采用过欺骗的手段，那么即使他们后来表现得再诚恳，员工也可能难以完全释怀。在这种情况下，即使管理者采取了道歉、承诺或始终可信的行为方式，信任也难以完全恢复[①]。因此，管理者必须时刻警惕自己的行为，避免任何可能破坏信任的行为发生。

此外，信任在不同文化背景下也会呈现较大的差异。这种差异不仅仅体现在日常生活的人际交往中，更在工作环境中得以凸显，尤其体现在雇佣关系的构建上。在集体主义文化中，经过深入的研究，我们发现，当领导者的风格体现出家长式的特质，且其行为表现出高度的随意性和道德感时，员工们的信任表现会呈现明显的增长趋势[②]。这种家长式领导风格，强调对下属的

① M. E. Schweitzer, J. C. Hershey, & E. T. Bradlow, “Promises and Lies: Restoring Violated Trust,” *Organizational Behavior and Human Decision Processes* 101 (2006): 1-19.

② X. Chen, M. B. Eberly, T. Chiang, et al., “Affective Trust in Chinese Leaders: Linking Paternalistic Leadership to Employee Performance,” *Journal of Management* 40 (2014): 796-819.

关心、指导和保护，与集体主义文化中的价值观相契合，因此能够得到员工的广泛认同和信任。然而，当我们将这种家长式领导风格转移到个人主义社会中时，情况却大不相同。个人主义文化强调个人的独立性、自主性和自我实现，而家长式领导风格中的过度干预和控制可能会激怒许多员工。在这种文化背景下，员工们更倾向于根据领导的支持程度和一致性来建立信任。他们希望领导能够给予他们足够的自主权和决策权，同时保持行为和承诺的一致性，以此来赢得他们的信任和尊重。随着全球化的推进和跨文化交流的增多，不同文化间的信任差异逐渐凸显出来。由于文化差异的存在，雇佣双方可能会在对信任的理解和期望上产生分歧。这种分歧可能导致信任关系的破裂或难以建立，进而影响工作环境的稳定性和效率。因此，在跨文化的工作环境中，理解和尊重文化差异对于建立和维护信任关系至关重要。双方需要积极沟通、增进理解，寻找共同点和契合点，从而建立起一种基于相互尊重和理解的信任关系。只有这样，才能确保工作环境的和谐稳定，推动企业的持续发展。

第七节 对领导力的理解面临的挑战

一 有效领导面临的挑战

（一）领导作为一种归因

领导归因理论是一种深入人心的观点，它主张领导并不是一种固有的特质或地位，而是人们对其他个体进行的一种归因。在组织的大环境下，我们往往有一种倾向，即不论结果的好坏，都倾向于将极端绩效——无论是卓越的成就还是糟糕的失败——归因于领导者。这种对领导者的期望和归因，其实是一种社会和心理的建构，它反映了我们对领导角色和责任的普遍看法。在这个理论框架下，下属对领导者的看法不仅是一种个人感受或观点，它实际上对领导者的效能和影响力产生了深远的影响。如果下属对领导者持有积极、正面的看法，那么这种看法本身就能提升领导者的权威和影响力，使其更易于实现组织目标。反之，如果下属对领导者持怀疑或否定的态度，那么即使领导者拥有再高的能力和智慧，也可能难以发挥出应有的效能。

领导归因理论进一步指出，面对组织中的质疑，关键在于展示出有效领导者的外在形象，而并不是仅仅关注实际成就。这意味着，领导者需要注重自己的形象塑造和沟通技巧，以便在员工心中建立起一个强大、可信、有魅力的领导形象。这种形象不仅能够帮助领导者赢得员工的尊重和信任，还能够增强组织的凝聚力和向心力，推动组织朝着更高的目标前进。

（二）领导者的替代因素和抵消因素

在许多实际情境中，领导者的行为可能并不像我们所想象的那样至关重要。事实上，经验和培训可以成为领导者的有效替代因素，从而在一定程度上弥补对领导者直接支持的依赖，以及对其创建和维护组织结构能力的需求。对于那些经验丰富、受过良好培训的个体来说，他们往往能够凭借自身的知识和技能，有效地完成工作任务，而无须过多地依赖于领导者的指导。这种自我驱动和自我管理的能力，使得经验和培训在某种程度上替代了领导者的角色。此外，某些组织特点也能够在一定程度上取代正式的领导。例如，当组织拥有具体、明确的目标时，员工能够清楚地了解自己的工作方向和期望结果，从而更加自主地开展工作。严格的规章制度则能够为员工提供明确的行为准则，确保他们能够在规定的框架内行事。而高凝聚力的工作群体则能够促进员工之间的合作与沟通，形成一种自我管理和自我激励的工作氛围。同时，也存在一些抵消因素，使得领导者的行为在某些情况下无法对下属的行为和绩效产生显著影响。这些因素可能包括员工对领导者的不信任、对组织文化的抵触，或是任务性质的特殊性等。在这些情境下，即使领导者付出了巨大的努力，可能也难以改变下属的行为或结果。值得注意的是，替代因素和抵消因素之间的差异有时并不明显。在某些情况下，一个因素可能同时具有替代和抵消的作用。例如，高自主性的员工可能在一定程度上替代了领导者的角色，但如果这种自主性导致了组织内部的混乱或冲突，那么它也可能成为一种抵消因素，削弱领导者的影响力。

二　选拔和培养领导者

（一）选拔领导者

组织在选拔人才以填补管理岗位时，实际上是在进行一项寻找有效领导者的精细任务。这个过程需要慎重考虑并仔细筛选，因为领导者的能力和素质对于组织的成功至关重要。在选拔过程中，组织通常会关注候选人是否具备完成这项工作所必需的知识、技能和其他能力。这些基础要素是确保候选人能够胜任岗位的基本要求，也是评估其是否具备成为领导者潜质的起点。人格测试是其中一个重要的手段。通过人格测试，组织可以了解候选人与领导相关的特质，如外倾性、责任心和经验开放性。这些特质在很大程度上决定了候选人的领导风格和行为方式，对于组织的长远发展具有深远的影响。同时，自我监控能力也是一个不可忽视的因素。高自我监控者通常更擅长阅读情境线索，并能根据情境变化灵活调整自己的行为。这种能力使他们在领导岗位上能够更好地适应不同情境，展现出更高的领导效能。情绪智力也是选拔领导者时需要考虑的关键因素。情绪智力高的候选人通常能够更好地处理人际关系，理解并应对员工的情绪需求。在需要变革型领导的情境中，他们更能激发员工的积极性和创造力，推动组织实现更高的目标。然而，需要注意的是，丰富的经验虽然在一定程度上反映了候选人的能力，但并非预测领导效果的绝对指标。相反，针对具体情境的经验更为重要。因为不同的组织、行业和岗位都有其独特的要求和挑战，只有具备相关经验的候选人才能更好地适应并发挥领导作用。

由于变化的普遍性，组织需要未雨绸缪的首要事项便是领导者的改变。领导者作为组织的核心力量，其思想、行为和决策方式直接影响着组织的命运。当外部环境发生变化时，领导者需要敏锐地捕捉到这些变化，并及时调整组织的战略和方向，确保组织能够紧跟时代的步伐。同时，领导者还需要激发组织内部的创新活力，鼓励员工积极探索新的方法和技术，以适应变化的需求。领导者的改变不仅仅是适应外部环境变化的需要，更是组织内部发展的必然要求。随着组织规模的扩大和业务的拓展，原有的领导模式和管理方式可能不再适用。此时，领导者需要勇于打破陈规，创新领导方式，以适应组织发展的新需求。这种改变可能涉及领导者的个人成长、团队建设、组织文化等多个方面，需要领导者具备前瞻性的思维和坚定的决心。

（二）培养领导者

组织在领导力培训上的投入，可谓相当可观。然而，巨额的投资如何转化为切实的效益，是每一位管理者都需要深入思考的问题。要想从领导力培训的预算中获得最大收益，管理者需要精心策划并有效执行一系列策略。

首先，组织必须认识到，高自我监控者在领导力培训中往往更具优势。

这类个体具备出色的行为灵活性，能够迅速适应不同的培训内容和方式，从而取得更好的培训效果。因此，在选拔培训对象时，组织应优先考虑那些具备高自我监控特质的潜在领导者。其次，组织应重视执行技能的培训。执行技能是领导者在日常工作中不可或缺的能力，它关系到组织目标的实现和任务的完成。通过教授有效的执行技能，可以帮助领导者更好地带领团队，提高工作效率。此外，组织还应关注领导者在人际关系和情境分析方面的技能提升。新人建设和导师辅导等技能对于建立良好的团队氛围和推动员工成长至关重要。同时，通过培训使领导者掌握情境分析技能，他们就能够更加准确地评估当前情境，灵活调整领导策略，以适应不断变化的环境。以诺基亚公司为例，通过雇佣专业教练来一对一地帮助高层管理者提升人际技能并减少专制行为。这种个性化的培训方式能够针对领导者的具体需求进行精准指导，从而增强培训效果。值得注意的是，领导力培训的有效性往往受到外部特征的影响。与计算机软件技能培训等更封闭或技术性的培训相比，领导力培训更注重实践应用和情景模拟。因此，在培训过程中，组织应更多地采用模拟练习等行为培训方法，让领导者在实际操作中提升领导魅力。此外，领导者在关键组织事件发生后进行回顾与反思也是提升领导力的有效途径。这种反思能够帮助领导者总结经验教训，识别自身在领导过程中的不足，并寻求改进方法。对于责任心强、经验开放性高且情绪稳定的领导者来说，这种反思尤其有助于他们的个人成长和领导力提升。最后，通过培训获得变革型领导技能也是领导者实现个人和组织发展的关键。变革型领导能够激发员工的积极性和创造力，推动组织实现更大的目标。因此，组织在培训过程中应着重培养领导者的变革意识、创新能力和团队合作精神，使他们能够在未来更好地应对各种挑战和机遇。

案例链接 10-2

宋志平的领导力——用人与培养人

宋志平，1956 年 10 月出生，1979 年毕业于河北大学化学系，同年被分配到北京新型建筑材料总厂（以下简称北新建材）工作，1993 年 1 月任该厂厂长。1995 年 9 月任中国新型建筑材料公司副总经理兼厂长。2002 年任中国新型建筑材料（集团）公司总经理。

2009~2014 年同时出任中国建筑材料集团有限公司与中国医药集团总公司两家央企董事长。2016 年原中国建材集团（以下简称中国建材）与原中国中材集团重组后，出任新集团董事长、党委书记。不管出现在何种场合、处于何种情势，宋志平总是表现得温文尔雅。那么，这样一位儒将，他是如何领导企业的，又是如何用人和培养人的呢？

一、人是最重要的

在中国建材，为发挥人的主观能动作用，宋志平进行“以厂为家”的主人翁思想教育。中国建材的人才队伍坚持以培养为主，引进为辅，基本上 70% 是自我培养，30% 依靠引进，这就保证了队伍的稳定性和文化的共同性。在中国建材有不成文的规定，即不接纳中国建材文化和思想的干部，即使再有才干也不用。

二、严抓职工纪律，改善职工生活

1993 年，宋志平出任北新建材厂长，上任后面临的第一个难题是职工纪律散漫，上班迟到。对此，宋志平制定了人劳处的管理政策，即从他自己做起，迟到罚工资。但要从根本上消除职工的抵触情绪，仅靠人劳处的管理制度是不够的，职工虽然每天都去上班，但对企业没有信心怎么办？宋志平一个工人一个工人地和大家座谈，希望树立大家的信心。有的职工问，我们现在没有房子住，收入很低，怎么办？宋志平告诉他们，房子的钥匙在大家手上，只要大家努力，一两栋宿舍楼算什么呢？宋志平提出“工资年年涨，房子年年盖”的梦想，并兑现了最初给职工的承诺，职工们也倍加热爱自己的企业。

三、从企业管理和经营的角度培养中层干部

在从计划经济向市场经济转型的过程中，国有企业的角色也由过去行政命令式的管理向市场主导型的现代企业管理转变。国有企业管理滑坡，有两个原因不可忽视，一是干部形成了思维定式；二是缺少对新的管理方式的学习和引进。

为了培养有管理素质的干部，北新建材每年选送 20 多名本科以上从事管理的年轻干部到清华大学和武汉工业大学读 MBA 课程，还选送2名干部到英国读MBA，这些年轻的干部在企业管理中起到了骨干作用。北新建材有一个口号是“像办学校一样办工厂”。宋志平将他的观念输送给中层干部，引导中层干部像学校的教师一样循循善诱。

宋志平提出，做企业应当效益优先，要把创造经济效益作为首要目标，引入企业绩效和价值观，要把“绩效”写进企业的核心价值观。

四、培养职业经理人，确立职业经理人制度

每当向国资委领导单独汇报工作时，宋志平都会提到在央企积极引入职业经理人制度的问题。宋志平认为，现代产权理论强调委托代理制，任何所有制企业做大，都不可能再由投资者直接经营，企业的经营工作都要委托给由职业经理人组成的经理层。国资委为国家管着很多企业，要想都管好，只能搞委托代理制。董事会是国资委的信托机构，经理层是董事会的信托机构。在公司制企业中，职业经理人制度与董事会制度同等重要。董事会的决策如果没有职业经理人去落实，再正确的决策也只能是空中楼阁。完善的董事会制度解决了决策组织和决策机制问题，但这只是国企规范治理问题的一半，另一半问题需要职业经理人制度去解决。

实行职业经理人制度，解决了管理人才从哪里来的问题，经理层是由董事会选聘的，而不是由政府部门任命的，经理层的薪酬也是由董事会确定的。这样就不存在所谓行政级别等被社会诟病的问题，政府部门也不用背负太多的责任和压力。

从企业内部管理看，职业经理人制度是公司经营方式的重大创新。实施职业经理人制度就是把市场机制引入经营管理人才队伍，帮助企业发现和重用一大批职业素养好、工作能力强的系统内骨干人才，吸引一大批市场化程度高、职业化程度高的系统外精英人才，通过运用市场化的管理理念和手段，帮助企业在竞争中保持优势。

如何选择职业经理人？宋志平的答案是，在接纳企业文化的前提下，有三个任职要求：一是职业操守；二是职业化能力；三是业绩。根据这三个方面的表现，按市场论价。职业经理人对应职业化待遇，业绩升则薪酬升，业绩降则薪酬降，做不好也有退出机制。

五、寻找企业“痴迷者”担任领导

谈及企业领导者，人们自然会想到那些高学历、高智商、高职称的人。而宋志平认为，创新型企业可能更需要这类聪明人，而更多的企业需要的是“木讷”的人。那些学历不高但对企业无比痴迷的人，往往更能创造奇迹。

中国建材下属中国巨石公司的总裁最初只是一个挑水工，后经过奋斗成为一家小玻纤工厂的厂长。从坩埚拉丝到池窑拉丝，池窑从年融化量 1 万吨到 10 万吨，并拥有全球最大融化量的池窑拉丝技术。在他的带领下，巨石这家名不见经传的地方企业一跃成为全球规模最大的玻纤上市公司。他是个“痴迷者”，每天早晨 6 点到工厂，晚上 12 点才回家，几十年如一日埋头在工作中。

资料来源:《宋志平的领导力——用人与培养人》，https://cases.sem.tsinghua.edu.cn/tsh/caseb/tsh_caseb_main/tshCasebMain.do?method=view_new&fdId=182ca02c5fbbeda4cc486944cdf876a6，最后访问时间：2024 年 5 月 19 日。

复习思考题

1. 领导特质理论得出了哪些主要的结论或观点？

2. 领导行为理论的核心原则是什么？

3. 领导权变理论有哪些核心概念和应用领域？

4. 当代领导理论与早期基础理论之间存在怎样的联系或差异？它们是如何相互影响或演进的？

5. 比较魅力型领导、交易型领导与变革型领导三者的异同。在实际应用中，如何选择或运用三种领导风格，以实现最佳领导效果？

6. 公仆型领导风格有何特点？谈谈在推进中国式现代化进程中，选择公仆型领导风格的重要性和必要性。

7. 在当前的社会和组织环境中，我们对领导力的理解面临着哪些主要的挑战？

案例分析题一

利用式领导

工作拖延现象在酒店行业中尤为普遍，它不仅仅阻碍了酒店员工的工作进展，更可能引发旅客的不满与投诉，进而对酒店的声誉和长期运营造成负面影响。因此，深入探究酒店员工工作拖延的成因机制，对于提升酒店服务质量和员工工作效率以及维护旅客满意度都具有重要的意义。其中，基于资源保存理论，有研究提出利用式领导是酒店员工工作拖延的一个重要诱发因素，并通过对270位酒店基层员工及其直属领导的三阶段配对问卷调查证实了这一点。利用式领导风格表现为领导者将员工视为为其谋取个人私利的工具，通过操控员工来实现自身目的。这种领导风格不仅给员工带来极大的心理压力，还可能导致员工对工作产生消极态度，进而选择拖延工作。同时，当员工感受到直属领导的利用式行为时，他们也更有可能采取拖延策略来应对工作，从而影响整体的工作效率和酒店的服务质量。

进一步地，研究揭示了酒店员工的情绪耗竭在利用式领导与工作拖延之间起到了中介作用。情绪耗竭是指员工长期承受工作压力和负面情绪而导致的心理资源枯竭。在利用式领导的氛围下，员工可能感到自己的努力不被认可，成果被侵占，从而产生强烈的负面情绪。这种情绪状态进一步加剧了员工的情绪耗竭，使他们缺乏动力去按时完成工作，从而加剧了工作拖延的现象。然而值得注意的是，酒店员工自我增强型幽默在其中起到了显著的负向调节作用。自我增强型幽默是员工在面对压力和困境时，能够运用幽默来缓解紧张情绪、提升自我效能感的能力。当员工具备较高的自我增强型幽默时，他们能够以更积极、乐观的态度面对利用式领导带来的负面影响，减轻情绪耗竭的程度。这种能力有助于员工缓解工作压力，保持良好的工作状态，进而减少工作拖延的行为。

资料来源：聂琦、彭坚、成雨聪《酒店员工工作拖延的成因机制：利用式领导的影响及其应对》,《南开管理评论》2023年第3期，第99~110页。

思考题

1. 什么是利用式领导？利用式领导如何影响员工的工作拖延行为？

2. 如何减轻利用式领导对员工工作拖延的影响？

案例分析题二

平台型领导

平台型领导是一种注重个人与团队共同成长的领导模式，其核心在于激发潜能、调动积极性、携手共进，共同推动事业平台的不断扩张。这种领导方式主要通过六大行为模式来实现其领导目标。第一，包容下属的成功与失败，为他们创造一个宽松而富有挑战性的工作环境。第二，充分展示个人的人格魅力，成为员工的楷模与引路人。第三，在动态环境中有效把控战略方向引领变革，鼓励他们积极拥抱变化，不断创新。第四，搭建一个让员工能够充分施展抱负的平台，为他们提供广阔的发展空间。第五，持续优化资源配置，确保团队能够高效运作。第六，带领全员和组织共同成长，实现个人与团队的双赢。通过这六大行为模式，平台型领导者成功地实现了个人与下属的共同事业发展，激发了彼此的潜能，调动了积极性，共同将事业平台推向了新的高度。

有研究构建了一个平台型领导赋能知识型员工适应性成长的过程模型，通过对236份中国知识型团队问卷的配对数据进行整理分析发现，平台型领导能够让员工感知到“挑战－技能平衡”和“目标和反馈清晰”，从而正向提升其工作沉浸感。研究结果显示，工作沉浸感不仅能够正向影响知识型员工的即兴能力和情感承诺，还能够通过提升这两种能力来分别提高员工的任务适应性绩效和人际适应性绩效。这一发现表明，工作沉浸感在员工适应性成长过程中起到了关键的作用。同时，研究还考察了员工自我领导在平台型领导影响过程中的调节作用，发现当员工自我领导水平较高时，平台型领导通过工作沉浸影响知识型员工适应性绩效的间接效应会更强；反之，当知识型员工自我领导水平较低时，这一间接效应则不显著。这一发现揭示了员工自我领导在平台型领导影响过程中的重要作用，也为我们提供了提升员工适应性绩效的新思路。

资料来源：熊立、柳波、占小军等《平台型领导如何赋能知识型员工“适时应务”？——基于沉浸理论的链式中介模型》,《管理世界》2023 年第 2 期，第 124~140 页；郝旭光、张嘉祺、雷卓群、刘文琦《平台型领导：多维度结构、测量与创新行为影响验证》,《管理世界》2021 年第 1 期，第 186~199 页。

思考题

1. 什么是平台型领导，它如何影响知识型员工的工作沉浸感?

2. 自我领导在平台型领导对员工适应性绩效的间接影响中扮演了什么角色?

第十一章　权力与政治

第一节　权力和领导

在组织行为学领域中，权力被赋予了丰富的内涵。它不仅仅是一种简单的支配或控制，更是一种微妙的互动关系。在这种关系中，主体 A 通过其特定的行为或影响力，对另一个主体 B 产生作用，进而使 B 在某种程度上按照 A 的意愿来行事①。值得注意的是，权力并不意味着必须被频繁使用或显露无遗，一个人可能拥有相当程度的权力，但在特定情境下选择不运用它。这种未加利用的权力作为一种潜在的资源或工具，随时可以被调用以推动组织目标的实现。权力的本质是一种基于依赖性的函数。个体 B 对个体 A 的依赖性越强，那么在这两者的关系中，A 所拥有的权力便越显著。这种依赖性的形成并非空穴来风，它往往源自 B 对于备选方案的考量，以及这些备选方案在其心中的重要性。具体来说，权力扎根于我们生活中的实际需求与渴望。只有当一个人掌握了你迫切希望得到的东西时，他才能在你面前展现出强大的权力。例如，可以想象一下，你依赖父母的资助来完成大学学业，那么你能深切地感受到他们对你所拥有的权力。然而，当你毕业后步入社会，拥有了自己的工作和稳定的收入，父母对你的那份权力便逐渐减弱，因为你不再像过去那样依赖他们。

金钱无疑是产生依赖性的一个不可忽视的变量。我们不难找到这样的例子：某些富有的家族成员只需通过明确的威胁或隐晦的暗示——“小心我把你从财产继承人名单中剔除”——就能牢牢地控制其他家族成员的行为。这

① B. Oc, M. R. Bashshur, & C. Moore, “Speaking Truth to Power: The Effect of Candid Feedback on How Individuals with Power Allocate Resources,” *Journal of Applied Psychology* 100（2015）：450-463. R. E. Sturm & J. Antonakis, “Interpersonal Power: A Review, Critique, and Research Agenda,” *Journal of Management* 41（2015）：136-163.

是因为金钱赋予了他们巨大的权力，让他们能够影响甚至决定其他人的生活和未来。在投资领域，这样的例子更是屡见不鲜。投资者通过向公司提供资金支持来获得股权或债权，从而在一定程度上使公司对其产生依赖性。投资者在公司的运营、发展和利润分配等方面均拥有一定的话语权，甚至可以通过董事会参与公司的决策过程。

当我们深入剖析前一章对领导的阐述和本章对权力的深刻阐述，并将二者进行细致比较时会发现，这两个概念是紧密交织的。领导者的核心任务，就是运用权力这一工具来实现群体的共同目标。然而，领导和权力这两个术语尽管紧密相连，却存在明显的差异。首先，权力在运作时，并不要求目标的完全一致性，它更看重的是依赖性的建立。只要有依赖关系的存在，权力就能发挥作用。而领导则不同，它要求领导者和被领导者之间在目标上必须存在某种程度的契合和一致性。这种一致性是领导能够发挥影响力的基础。其次，在有关领导的研究中，我们经常看到对领导风格的深入探讨，比如领导者应该给予下属多少支持，应该分享多少决策权等。而有关权力的研究，则更加关注人们如何运用各种权术来使他人服从。领导更多关注单一领导者的影响力，而权力则认为，无论是群体还是个体，都可以利用权力来控制其他个体或群体。

要使权力情境得以存在，一个人或一个群体必须对另一个人或另一个群体所珍视的资源拥有控制权。这种情境往往发生在已经存在的领导结构中。然而，权力关系并不局限于特定的领域或情境，它在生活中无处不在，其来源也多种多样。在接下来的探讨中，我们将深入挖掘权力的各种来源，以更全面地理解这一复杂而重要的概念。

第二节　权力的基础

权力基础是指支撑权力存在和行使的根本依据和支持体系。它是权力运行的基石，决定了权力的合法性、稳定性和可持续性。权力基础可以是法律、经济、文化、道德等多种因素的交织，它构成了权力存在和行使的社会秩序。

权力依据其来源，可分为正式权力和个人权力两大类。①

一　正式权力

正式权力是基于个体在组织中所担任的职位而确立的。这种权力可能源自对惩罚与奖赏的施加能力，或是源自职位本身所被赋予的正式职权。

（一）强制权力

强制权力（coercive power）又被称为斜坡权力，建立在目标对象对不服从命令可能带来的消极后果的恐惧之上。在身体的层面上，这种权力表现为使用或威胁使用体罚手段，如施加肉体上的痛苦，通过限制对方的行动来造成挫败感，或是剥夺其基本的生理需求与安全需求。而在组织环境中，这种权力的展现形式则更为微妙。例如，当 A 拥有对 B 进行解雇、停职或降级的权力，且 B 高度珍视自己的工作，那么 A 对 B 就拥有了显著的强制权力。如果 A 能够给 B 分配一些 B 不喜欢的工作，或是以让 B 感到尴尬的方式对待 B，这也足以体现 A 对 B 的强制权力。此外，对关键信息的控制也是强制权力的一种重要来源，那些掌握他人所需数据或知识的人，往往能使他人产生依赖，进而拥有对其的强制权力。在组织内部，当下属受到上司的欺凌时，强制权力往往是阻止他们进行反击的主要力量②。

（二）奖赏权力

与强制权力形成鲜明对比的是奖赏权力（reward power）。奖赏权力之所以能使人们服从，是因为它能赋予人们期待中的种种好处，从而激发其内心的积极性与服从意愿。当一个人具备了赋予他人所珍视的奖赏的能力时，他就拥有了奖赏权力。奖赏的形式多种多样，既可以是物质层面的金钱奖励，也可以是精神层面的非物质回馈。在金钱方面，工资、加薪和奖金等无疑是最为直接和明显的奖赏，它们能够给予人们物质上的满足感和安全感，从而激发其工作动力。而非金钱方面的奖赏则更为丰富多样，或许不像金钱那样直观，却能够深入人心，产生更为深远的影响。例如，认可是一种极具价值

① S. E. Landell & S. L. Albrecht, “Organizational Political Climate: Shared Perceptions about the Building and Use of Power Bases,” *Human Resource Management Review* 23（2013）: 357-365.

② H. Lian, D. J. Brown, D. L. Ferris, L. H. Liang, et al., “Abusive Supervision and Retaliation: A Self-Control Framework,” *Academy of Management Journal* 57（2014）: 116-139.

的非金钱奖赏，当一个人的工作成果得到他人的认可和赞赏时，他会感受到自己的价值被看见和肯定，从而激发更高的工作热情和创造力。晋升是对个人能力和努力的一种回报，不仅仅能够带来更高的职位和更大的权力，更是一种对个人价值的肯定和尊重。此外，有趣的工作任务、友善的同事、有利的工作轮换或销售区域等，也都是奖赏权力的表现形式。这些奖赏或许不如金钱和晋升那样明显，却能够在日常工作中给予人们无尽的愉悦和满足感，让人们更加热爱自己的工作，更愿意投入到工作中去。

（三）法定权力

在正式的群体和组织中，法定权力无疑是获取权力最常见且最核心的途径。它不仅仅是一种简单的授权或职责赋予，更是组织成员根据其在组织结构中的特定职位所享有的控制和调配组织资源的正式权威。这种权力源自职位本身，而非个人特质或能力，它确保了组织内的层级分明、权责清晰。法律作为社会规范的最高形式，为法定权力提供了坚实的制度保障。在组织的日常运作中，法定权力得到了法律的认可和支持，使得拥有这种权力的个体或群体能够依法行使职权，维护组织的稳定和发展。例如，在移动互联网时代，个人信息安全隐患日益增加，为进一步保护个人信息安全和隐私权益，国内外确立了相关法律法规、制定完善问责制、完善科技追踪系统、完善个人举报机制，以法定权力手段来促进移动互联网时代的个人数据保护①。

与强制权力和奖赏权力相比，法定权力具有更为广泛的涵盖面。它不仅仅关注对个体的奖惩或控制，更注重对整个组织结构和资源的合理配置与调控。法定权力涵盖了组织成员对某个层级职位所具备的职权的接受和认可，这种认可来自职位本身所被赋予的权威和合法性，而非个人意志或情感因素。正是因为法定权力与层级结构紧密相连，人们往往能够通过观察组织结构来推断出哪些领导者拥有较大的权力。例如，在学校中，校长作为最高领导者，在银行中，总裁作为决策核心，在军队中，军官作为指挥体系的关键环节，他们的法定权力都是不言而喻的。当这些拥有法定权力的领导者发话时，下属员工通常会遵照执行，因为他们深知这些领导者的权力来自职位本身，具有不可挑战的合法性。

---

① 陈万江、李鑫：《移动互联时代个人数据的保护》，载张晓东主编《中国管理发展报告（2014）》，社会科学文献出版社，2014，第341页。

案例链接 11-1

苛政猛于虎

“苛政猛于虎”是对政治统治的极端恶劣形式的形象描绘，它强调的是政治的严酷、残忍，给民众带来的深重苦难。这一概念可以归属于法定权力滥用或过度使用的范畴。法定权力被用于压制民众、剥削资源，导致民众生活困苦，社会动荡不安。因此，“苛政猛于虎”表达了对权力滥用和不当行使的警示和批判。

资料来源：苛政猛于虎，https://baike.baidu.com/item/%E8%8B%9B%E6%94%BF%E7%8C%9B%E4%BA%8E%E8%99%8E/2097，最后访问时间：2024年5月3日。

二　个人权力

在英特尔公司中，众多的芯片设计师不仅技术娴熟、效率高，还拥有一种特殊的权力。这种权力并非来自他们身为管理者或持有的正式职权，而是一种源自个人特质的个人权力①。这些设计师凭借自身的专业知识、深厚的技术背景和出色的工作能力，赢得了同事们的尊重和敬佩。个人权力建立在专业知识和他人的尊重与敬佩之上。值得注意的是，个人权力与正式权力并不矛盾，它们可以并行不悖地存在。在英特尔这样的高科技公司中，正式权力或许能够确保组织的有序运转，但个人权力却能在无形中推动创新和进步。

（一）专家权力

专家权力（expert power）源自个体在某一领域内的专长、特殊技能或深厚知识。随着现代社会的分工日益细化，我们越来越依赖于各领域的专家来实现目标。医生因其专业技能而拥有专家权力，大多数人都会遵循医生的建议。同样，计算机专家、税务会计师、经济学家、工业心理学家等行业内的精英，也因其专业技能而获得了相应的权力。

（二）参照权力

参照权力（referent power）则是一种基于他人认同和尊敬的权力。这种权力来自个体所拥有的令人羡慕的资源或特质。当我们喜欢、尊重并崇拜某

---

① M. Van Djike & M. Poppe, “Striving for Personal Power as a Basis for Social Power Dynamics,” *European Journal of Social Psychology* 27（2006）: 537-556.

个人时，这个人就对我们拥有了参照权力。参照权力源于对他人的钦佩和效仿的意愿，这也是有些品牌愿意花费巨额资金请名人代言产品的原因。尽管我们也可以学习一些推销技巧，但公众并不会轻易认同我们。有些人虽然没有正式的领导职位，却因其领袖魅力、受喜爱程度和情绪感染力而具有参照权力[①]，能够对他人施加深远的影响。

三　哪种权力最重要？

上述讨论的三种正式权力，即强制权力、奖赏权力和法定权力，以及两种个人权力，即专家权力和参照权力，哪一种更重要？众多深入细致的研究显示，个人权力在实际运作中往往展现出更为显著的效果。其中，拥有专家权力者因其深厚的专业知识与技能，往往能赢得他人的尊重与信赖；拥有参照权力者则通过其个人魅力与影响力，成为他人效仿的楷模。这两者都与员工的工作满意度、对组织的承诺以及工作绩效呈现明显的正相关关系。相对而言，奖赏权力和法定权力在影响员工行为及组织文化方面，似乎并未展现出如个人权力那般显著的效果。更值得关注的是，正式权力中的强制权力，如果使用不当，甚至可能会带来损害。

第三节　依赖性：权力的关键

权力并不是孤立存在的，而是深深植根于各种社会关系和互动之中，依赖性正是这些关系和互动的核心要素。依赖性是指一个实体或个人在特定情况下需要依靠另一个实体或个人来获取资源、信息、支持或保障，这种依赖关系的存在为权力的产生和运作提供了土壤。在本节中，我们将深入剖析依赖性如何影响我们对权力等级的理解。

一　依赖性的一般假设

让我们先做一个一般性的假设：在社会关系中，B 对 A 的依赖性越强，

① J. D. Kudisch, M. L. Poteet, G. H. Dobbins, et al., "Expert Power, Referent Power, and Charisma: Toward the Resolution of a Theoretical Debate," *Journal of Business and Psychology* 10 (1995): 177-195.

A 对 B 的权力越大。这是一个基于依赖性的权力模型，它揭示了权力与依赖性之间的内在联系。这种依赖性可能源于多种因素，如资源、信息、技能或地位等。当 A 拥有 B 所急需的某种资源或能力，并且 A 是这一资源或能力的唯一控制者时，B 就会对 A 产生依赖。这种依赖使得 A 在某种程度上能够影响甚至控制 B 的行为和决策，从而获得了对 B 的权力。然而，值得注意的是，依赖性并不是单向的。在一个复杂的社会网络中，权力往往是相互交织的。A 可能对 B 拥有权力，但同时 A 也受到其他实体的影响。因此，我们需要从多个角度审视权力关系，以更全面地理解其运作机制。

进一步地，依赖性的强弱与权力的大小成正比，当某种资源或能力大量存在时，拥有它并不会显著增加你的权力。因为在这种情况下，其他人也可以从其他途径获得相同的资源或能力，从而减少对你的依赖。相反，如果你能够扩展自己的选择余地，使得自己不再依赖于某个特定的实体或个人，那么别人对你的权力就会相应减小。这一原理可以解释许多社会现象。以组织为例，许多组织倾向于开发多个供应商而不是将所有业务都交给一家厂商。这样做的目的是降低对单一供应商的依赖，从而减少对潜在风险的暴露。通过分散采购渠道，组织能够确保在某个供应商出现问题时仍有其他选择，从而保持业务的连续性和稳定性。

此外，这种依赖性与权力的关系还可以解释为何很多人都渴望保持经济独立。经济独立意味着个人不再依赖于他人提供的生活资源或资金支持，从而减少了他人对自己获得机会和资源的限制。通过实现经济独立，个人能够增强自己的自主性和选择权，减少对他人的依赖，进而削弱他人对自己的权力。

二　什么造成了依赖性?

如果你手中的资源独具重要性、稀缺性和不可替代性，那么他人对你的依赖性将会显著提升[①]。

---

① M. C. J. Caniëls & A. Roeleveld, "Power and Dependence Perspectives on Outsourcing Decisions," *European Management Journal* 27 (2009): 402-417. R. B. Jean, D. Kim, & R. R. Sinkovics, "Drivers and Performance Outcomes of Supplier Innovation Generation in Customer-Supplier Relationships: The Role of Power-Dependence," *Decision Sciences* 43 (2012): 1003-1038.

（一）重要性

重要性并非凭空而来，而是源于资源本身的独特价值。试想，若你掌握的资源无人渴求，那么依赖性自然无从谈起。然而，资源的重要性却千差万别，有的关乎生存、必不可少，而有的则只是追求流行与便利的点缀。

（二）稀缺性

稀缺性，往往能赋予资源更高的价值。费鲁乔·兰博基尼（Ferrucio Lamborghini）便是一个深谙此道的典范。他制造的超级跑车以其独特的异国情调和卓越品质，成为稀缺的瑰宝。在第二次世界大战期间，兰博基尼被强行征召，加入意大利皇家空军，驻扎在地中海的罗德斯岛，在这里，他展示了其独一无二的机械才能，因修理他人无法修好的坦克和汽车而声名远扬。更令人惊奇的是，他声称自己是岛上首个获得机械维修手册的人，并凭借超凡记忆力记住了手册内容后将其销毁，从而确保了自己的稀缺性和不可替代性，成为军队中不可或缺的存在。

在就业市场中，稀缺性同样重要。当某个职业的劳动力供给远小于市场需求时，从业者往往能够在薪资和福利方面占据更有利的位置。反之，劳动力供给过剩的职业则难以享受到这样的待遇。例如，如今大学管理者在招聘英语教师时，往往能轻松找到合适的人选；而网络系统分析员却成为市场中的稀缺资源，供不应求。因此，那些掌握计算机工程技术的教师，便拥有了与大学管理者谈判更高薪资、更低教学负担和其他福利待遇的底气。

（三）不可替代性

不可替代性是权力的重要来源。当一种资源缺乏有效的替代物时，掌握这种资源的人便拥有了更大的话语权。以高校为例，那些发表论文多、学术影响力大的教师，往往更受高校的青睐。这是因为他们的学识和影响力难以被轻易替代，因此他们在学术界中的控制权也更大。这种不可替代性不仅让他们在高校中占据了重要的位置，也让他们成为其他高校争夺的宝贵资源。

案例链接 11-2

快手前 CEO 宿华：权力克制

作为快手前 CEO 的宿华时刻担心，当自己掌握了资源，又制定了资源的分配规则时，会成为一个非常有权力的人，会有人因为利益来找自己，请求资源倾斜，破坏机制。这是他内心非常恐慌的事情，为了防止这件事发生，他做了很多机制性的建设，建了很多“防火墙”。正因如此，在快手发展的前七年，宿华做商业化的事情很克制。而现在，快手面临各种各样的机会诱惑，但并不是所有的机会都要抓，他会思考哪些是属于快手的，坚持抓与快手更近的机会，特别是集中在跟快手用户、主播或生产者连接的机会上。

资料来源：《快手：在线视频社区的创新》，https://cases.sem.tsinghua.edu.cn/tsh/caseb/tsh_caseb_main/tshCasebMain.do?method=view_new&fdId=1864dcb21b4446f08f3f6984b62b6723，最后访问时间：2024 年 5 月 19 日。

第四节 权术

一 九种权术

人们究竟是如何巧妙地将权力基础转化为实际行动力的呢？在与老板、同事或员工互动的过程中，又可以通过哪些策略来施加影响，从而达成自己的目的？经过深入研究，学者们共总结出以下九种权术，它们都是实现这一目标的有效手段。

建立合法性。在职场中，合法性往往与职权紧密相连。职权是组织赋予个体的权力和责任，它代表了个体在组织中的正式地位和影响力。当我们依靠职权来行事时，实际上是在利用组织赋予我们的正式权力来推动某项工作或决策。此时，合法性便体现在我们是否按照组织的层级结构、决策流程以及权力分配来行使职权，确保我们的行为符合组织的规章制度和既定程序。

案例链接 11-3

陈胜的权术

陈胜、吴广大泽乡起义时，陈胜用朱砂在一块白绸子上写了“陈胜王”三个字，塞进别人用网捕来的鱼肚子里。戍卒买鱼回来煮着吃，发现了鱼肚中的帛书，对这事自然觉得很奇怪。陈胜又暗中派吴广在夜里到驻地附近一座草木丛生的古庙里点燃篝火，模仿狐狸的声音叫喊道:“大楚兴，陈胜王。”戍卒们在深更半夜听到这种鸣叫声，都惊恐起来。第二天早晨，戍卒议论纷纷，都指指点点地看着陈胜。这些举动在体现合法性这一权术上，具有深刻的意义。在当时的社会环境下，人们对于神秘现象和天意往往持有敬畏之心。陈胜通过在鱼肚中放“陈胜王”的帛书以及模仿狐狸叫声发出“大楚兴，陈胜王”的语言，实际上是借助神秘的力量来为自己的起义行动增添合法性和权威性，试图让人们相信他的起义是顺应天意、符合历史潮流的正义之举，为自己的起义行动披上了合法的外衣。通过这种方式，他成功地吸引了更多的人加入起义队伍，为推翻秦朝暴政打下了坚实的基础。

资料来源：大泽乡起义，https://baike.baidu.com/item/%E5%A4%A7%E6%B3%BD%E4%B9%A1%E8%B5%B7%E4%B9%89/660806，最后访问时间：2024 年 5 月 3 日。

案例链接 11-4

朱元璋《谕中原檄》

元朝末年，朱元璋在应天府（今江苏南京）出兵北伐时颁布《谕中原檄》，檄文痛陈元朝统治之黑暗与残暴，细述百姓流离失所、饱受苦难之状，坚决断定元朝已背弃天命，不再具备治理中华大地的资格。随后，檄文明确指出朱元璋乃是天命所选的新君主，必将力挫群雄、荡涤胡尘、一统江山。因此，在檄文中郑重提出“驱逐胡虏，恢复中华，立纲陈纪，救济斯民”的响亮口号，此即成为朱元璋北伐之纲领。朱元璋列出元朝统治者的种种罪状，揭示了元朝统治的黑暗面，并以此成功地塑造了自己作为一位有德君主的形象，进一步增强了其统治的合法性。这一策略不仅为其北伐和建立明朝提供了有力的支持，也为其后续的统治奠定了坚实的基础。

资料来源：谕中原檄，https://baike.baidu.com/item/%E8%B0%95%E4%B8%AD%E5%8E%9F%E6%AA%84/7786398，最后访问时间：2024 年 5 月 3 日。

理性说服。理性说服是一种极具智慧与策略性的权术，它要求我们在提出某个请求时，能够运用逻辑严谨的观点和确凿的事实依据来充分证明其合理性。这一权术不仅仅能彰显我们的专业素养，更能赢得他人的信任与尊重，进而推动请求的顺利实施。

鼓舞式诉求。鼓舞式诉求是一种充满感染力和魅力的权术，它旨在通过唤起人们的情感共鸣，激发他们对于某个目标的价值观、需求和渴望的认同与支持。这种权术不仅仅能够拉近人与人之间的距离，更能够在共同目标的驱动下，汇聚起强大的集体力量。

商议。商议作为一种高明的权术，其核心在于邀请目标对象共同参与决策过程，以此来增强他们对计划的认同和支持。通过商议，我们不仅能够充分尊重目标对象的意见和利益，还能够促进双方的沟通与理解，进而形成更加稳固的合作关系。

交换。交换作为一种普遍存在的社会现象，其实质在于通过给予他人一定的利益或好处，换取对方对某项要求的遵循。这种权术不仅体现了互惠互利的原则，也反映出了人类社会中的公平和正义。

个人式诉求。个人式诉求是一种巧妙的权术，它依赖于人与人之间的深厚情感纽带——友谊或忠诚，以此赢得他人的支持和同意，这种权术不仅体现了人际关系的微妙之处，也展现了人类情感的力量。在运用个人式诉求时，我们必须深入挖掘与目标对象之间的情感联系，以情感为纽带，赢得他人的支持和同意。这不仅能够促进个人目标的实现，也能够加强人与人之间的情感联系，推动关系的深化和发展。然而也要意识到，个人式诉求并不是万能的，它需要在真诚和尊重的基础上运用，避免滥用或误用导致关系的破裂。

逢迎。逢迎作为一种巧妙的权术，强调在正式提出请求之前，先通过一系列吹捧、赞扬或友善行为来拉近与目标对象之间的关系，为后续的请求铺平道路。这种策略不仅体现了对人际关系的深刻洞察，也展现了高超的沟通技巧和人际交往能力。但需要注意的是，逢迎并非无原则地讨好或奉承。在运用这一权术时应保持真诚和尊重的态度，同时也要明确自己的目的和底线，确保在逢迎的过程中不失去自我和原则。

施压。施压作为一种强势的权术，涉及使用警告、威胁以及反复要求等策略来迫使对方就范。这种策略通常在常规沟通方式无法奏效时采用，以达成自身的目的。然而，我们也需要认识到，施压并非一种理想的沟通方式。

它可能会导致双方关系紧张甚至破裂，且长期依赖施压手段会削弱我们的影响力和信誉。因此，在运用施压策略时，我们应审慎权衡利弊，并寻求更为温和与有效的沟通方式。

联盟。联盟作为一种策略性的权术，其核心在于通过积极寻求他人的帮助或支持，增强自身在说服目标对象时的力量与影响。这种策略不仅体现了团队协作的智慧，也展现了在复杂情境中巧妙运用资源的能力，不仅有助于我们达成个人或组织的目标，还能够促进不同群体之间的合作与共赢。

二　使用权术

不同的权术手段在实际运用中效果往往大相径庭。在众多的权术中，理性说服、鼓舞式诉求以及商议通常被认为是较为有效的。尤其是当听众对决策结果持有浓厚的兴趣时，这些手段往往能够产生显著的影响。它们之所以有效，是因为它们能够深入听众的内心，通过逻辑、情感和合作来达成共识。然而，施压策略却常常适得其反。在九种常见的权术中，它往往被认为是效果最差的[①]。施压可能会引发听众的反感，破坏沟通氛围，使得原本可以协商解决的问题变得难以解决。当然，在实际操作中，我们并不局限于使用单一的权术。为了提高成功的可能性，我们可以同时或相继使用多种权术，只要这些选择能够相互兼容、相辅相成。例如，逢迎和建立合法性这两种权术在适当的情况下使用，可以减少听众的消极反应。但它们通常适用于听众对决策结果不太关心，或者政策仅仅是例行公事的场景[②]。

以获取加薪为例，我们可以看到权术的运用是如何影响结果的。一个有效的策略是首先采取理性的方法，对自己的工资水平进行客观分析，与同事的工资进行比较，或者展示自己的绩效数据。这些数据可以通过收集各种信息，甚至利用专业的薪酬计算工具来获得。当我们将这些有说服力的数据分享给管理者时，他们很可能会被我们的专业性和努力所打动，从而给予更高的薪酬。

---

① G. Ferris, W. Hochwarter, C. Douglas, et al., “Social Influence Processes in Organizations and Human Resource Systems,” *Research in Personnel and Human Resources Management* 21 (2002): 65-127. C. Higgins, T. Judge, & G. Ferris, “Influence Tactics and Work Outcomes: A Meta-Analysis,” *Journal of Organizational Behavior* 24 (2003): 89-106.

② R. Petty & P. Briñol, “Persuasion: From Single to Multiple to Metacognitive Processes,” *Perspectives on Psychological Science* 3 (2008): 137, 143.

但值得注意的是，权术的效果不仅取决于其本身的性质，还受到多种因素的影响。例如，影响的方向就是一个重要的因素。如表 11-1 所示，理性说服是唯一在所有影响方向上都有效的权术。鼓舞式诉求在上级影响下级时最为有效。施压策略通常也只在上级对下级的影响中有效。此外，个人式诉求和联盟作为横向影响手段具有较高的有效性。

表 11-1　影响的方向与权术选择

上行影响	下行影响	横向影响
理性说服	理性说服	理性说服
	鼓舞式诉求	商议
	施压	逢迎
	商议	交换
	逢迎	建立合法性
	交换	个人式诉求
	合法性	联盟

除了影响的方向，使用权术的先后顺序、使用权术的能力以及组织文化等因素也会影响其效果。一般来说，如果我们首先采用依赖于个人权力的“更柔性的”权术，如个人式诉求、鼓舞式诉求、理性说服以及商议，往往更容易取得成功。如果这些手段不起作用，我们可以考虑采用“更强硬的”权术，如交换、联盟和施压。这些权术强调正式权力，但通常伴随着更高的成本和风险。研究发现，单一的柔性权术往往比单一的强硬权术更有效。而将两种柔性权术结合起来，或者将某种柔性权术与理性说服相结合，其效果更是优于任何单一的权术或各种强硬权术的结合[①]。

权术的效果还受到受众的影响[②]。那些更容易接受柔性权术的人，往往是深思熟虑、自我激励的，具有高自尊和高控制欲。而那些更可能接受强硬权

① O. Epitropaki & R. Martin, “Transformational-Transactional Leadership and upward Influence: The Role of Relative Leader-Member Exchanges（RLMX）and Perceived Organizational Support（POS）,” *The Leadership Quarterly* 24（2013）: 299-315.

② A. Kruglanski, A. Pierro, & E. Higgins, “Regulatory Mode and Preferred Leadership Styles: How Fit Increases Job Satisfaction,” *Basic and Applied Social Psychology* 29（2007）: 137-149. A. Pierro, L. Cicero, & B. Raven, “Motivated Compliance with Bases of Social Power,” *Journal of Applied Social Psychology* 38（2008）: 1921-1944.

术的人，则大多以行动为导向，属于外部激励型，更重视与他人保持良好的关系。因此，在选择权术时，我们需要充分考虑受众的特点和需求，以确保策略的有效性。

第五节　性骚扰与权力滥用之间的关联性

性骚扰（Sexual Harassment）是一种涉及性色彩的不当行为，它能够对个体的职场环境造成严重影响，甚至阻碍个体的就业发展。根据平等就业机会委员会（Equal Employment Opportunity Commission，EEOC）的阐释，性骚扰具体表现为在工作中遭受到的性侵犯、性请求以及其他与性相关的言语或身体行为。虽然各国对性骚扰的定义可能有所不同，但大多数国家都制定了旨在保护员工的政策和法律。然而，这些政策和法律是否得到了有效执行却成为一个值得深思的问题。

多数研究均指出，权力在理解性骚扰问题中扮演着至关重要的角色[①]。无论是来自上级、同级还是下级的性骚扰，这一点都显得尤为突出。特别是当权力差异显著时，性骚扰的发生概率会大幅上升。上司与下属之间的关系便是权力不平等的典型体现，上司因拥有正式权力而能够给予下属奖惩，而下属则依赖于上司来获取诸如良好绩效评估、加薪等重要的职业资源。在缺乏有效监控和防止性骚扰措施的情况下，骚扰者更有可能肆无忌惮地采取行动。瑞士的一项研究为我们提供了有力的证据：在公平程度较低的组织中，那些表现出严重性别歧视的男性受访者更有可能实施性骚扰。这充分说明了组织政策和程序的不公平性会增加性骚扰发生的可能性[②]。

---

① L. Cortina & S. Wasti, "Profiles in Coping: Responses to Sexual Harassment Across Persons, Organizations, and Cultures," *Journal of Applied Psychology* 90（2005）：182-192. K. Jiang, Y. Hong, P. Mckay, et al., "Retaining Employees through Anti-Sexual Harassment Practices: Exploring the Mediating Role of Psychological Distress and Employee Engagement," *Human Resource Management* 54（2015）：1-21. J. Kunstman & J. Maner, "Sexual Overperception: Power, Mating Motives, and Biases in Social Judgment," *Journal of Personality and Social Psychology* 100（2010）：282-294.

② F. Krings & S. Facchin, "Organizational Justice and Men's Likelihood to Sexually Harass: The Moderating Role of Sexism and Personality," *Journal of Applied Psychology* 94（2009）：501-510.

性骚扰不仅对个人造成身心伤害，还会对整个组织的氛围和效率产生负面影响。然而，值得欣慰的是，性骚扰并非无法避免。管理者在预防和应对性骚扰的过程中至关重要。为了有效预防性骚扰，管理者应采取以下关键措施。

首先，制定明确的政策，界定哪些行为构成性骚扰，并明确强调违反规定的员工将面临的后果，如解雇等。同时，建立便捷的申诉程序，确保受害者能够安全、无障碍地提出申诉。其次，确保提出申诉的员工不会受到任何形式的报复，这是维护组织内部公正和信任的关键。再次，对于每一份申诉，管理者都应进行深入调查，并邀请法律和人力资源部门的专业人士参与，以确保调查的公正性和准确性。对于已查实的冒犯者，必须给予相应的纪律处分，甚至解雇，以彰显组织对性骚扰问题的零容忍态度。最后，应定期开展内部培训，提高员工对性骚扰及其后果的认识，增强他们的防范意识和自我保护能力。

毫无疑问，管理者有责任创造一个安全、健康、公正的工作环境，保护员工免受任何形式的性骚扰。他们应当时刻保持警惕，密切关注员工的感受和需求，确保每一位员工都能在组织中充分发挥自己的潜力，实现自己的价值。

第六节　政治：权力的行使

在人类社会中，只要人们集结成群，权力的行使便应运而生。无论是企业、机构还是其他任何形式的组织，人们总是渴望找到一个恰当的位置，以便能够施加影响、获得应得的奖赏，并推动个人事业的蓬勃发展。当个体选择将他们的权力付诸实践，我们便称之为参与政治。政治技能的卓越者，能够巧妙地运用自己的权力基础，达成目标。政治并非我们可以避免的现象，它往往是组织生活中不可或缺的一部分。这一点在组织行为民意调查中得到了充分的体现。

当我们谈论组织政治时，各种定义层出不穷，但它们的本质都聚焦于运用权力来影响组织决策，有时也关注成员如何在组织允许的范围内追求个人利益[①]。基于我们的研究目的，我们将组织中的政治行为（Political Behavior）定义为那些能够影响或试图影响组织内部利益分配的活动，而这些活动并非组织成员正式角色所必须履行的[②]。这一定义广泛而深入，涵盖了人们在谈及组织政治时想要表达的大部分含义。政治行为并非某一特定职位的职责所在，它要求人们善于运用自己的权力基础，包括为影响目标、制定标准或改变决策程序而付出的种种努力。我们的定义足够宽泛，能够涵盖各种形式的政治行为，如隐瞒关键信息、建立联盟、告密、散布谣言、向媒体泄露机密、进行利益交换、游说他人等。尽管这些行为在很多时候被视为消极的，但并非总是如此。

通过对经验丰富的管理者进行访谈，我们发现绝大多数人认为政治行为是组织生活不可或缺的一部分[③]。许多管理者认为，只要政治行为不直接伤害他人，它就是符合道德的。他们将政治描述为组织生活必不可少的一部分，并认为那些从不运用政治手段的人，将难以在组织中完成他们的任务。令人惊讶的是，大多数受访者表示，他们从未接受过关于如何有效运用政治行为的培训。那么，政治行为为何在组织生活中如此重要，甚至可以说是必要的呢？一个组织是否有可能完全消除政治行为呢？实际上，这几乎是不可能的。因为只要有人的存在，就有利益的差异和冲突，而政治行为正是解决这些冲突、平衡各方利益的一种手段。所以，政治行为在组织中的存在是合理的，也是必然的。关键在于如何正确地运用它推动组织的健康发展。

组织是一个多元复杂的集合体，它包容了形形色色、持有不同价值观、追求不同目标、兴趣各异的个体和群体。这种多样性，如同一块色彩斑斓的调色板，虽然丰富了组织的层次和内涵，但也难免在有限资源的分配上产生摩擦和冲突。资源，无论是预算、工作空间、薪资还是奖金池，都是有限的，而每个成员都希望能在这些资源的分配上获得最大的利益。在资源充足的理想状态下，组织中的各个部门和成员或许可以各取所需，各自的目标都能得

① A. Pullen & C. Rhodes, "Corporeal Ethics and the Politics of Resistance in Organizations," *Organization* 21（2013）：782-796.

② S. Zedeck, "Maintaining, Expanding, and Contracting the Organization," *American Psychological Association* 3（2011）：435-459.

③ D. Buchanan, "You Stab My Back, I'll Stab Yours：Management Experience and Perceptions of Organization Political Behaviour," *British Journal of Management* 19（2008）: 49-64.

到满足。然而，现实往往并非如此，资源的稀缺性使得每个成员在争取自身利益的同时，不可避免地触及他人的利益。这种利益上的冲突，往往导致个体或群体之间的利益被看作是此消彼长的，即一方获得的利益，往往被认为是另一方所做出的牺牲。在这样的背景下，组织内部的政治行为应运而生。政治行为的产生，很大程度上源于对有限资源分配方式的多元解读。以薪酬分配为例，当组织决定根据绩效来分配薪酬时，问题便接踵而至：什么是优异的绩效？什么是适当的进步？什么因素导致了不合格的工作？这些问题看似简单，实则充满了主观性和模糊性。

以美国职业棒球大联盟为例，总经理们对于打击率为 0.400 的击球手与打击率为 0.125 的击球手的评价一目了然，前者无疑是优秀选手，后者则显得逊色许多。然而，当需要在打击成绩分别为 0.280 和 0.290 的两个选手中做出选择时，情况就变得复杂起来。此时，除了客观的击球成绩，更多的主观因素开始发挥作用，比如上场经验、工作态度、潜能的发挥、赢得关键比赛的能力、对球队的忠诚等。这些因素往往难以量化，因此也更容易引发争议和不同的解读。正是由于组织生活中存在这种广泛而模糊的中间地带，政治行为才得以滋生和蔓延。在这里，事实不再是那么黑白分明、不容辩驳，而是充满了灰色地带和解释空间。这种不确定性为组织成员提供了施展影响力的舞台，他们可以从对自己有利的角度来解读事实，支持自己的目标和利益。当然，这种政治行为并非总是负面的，它也有积极的一面。比如，在某些情况下，政治行为可以推动组织内部的协商和妥协，促进资源的合理分配和目标的共同实现。然而，我们也必须看到，政治行为往往伴随着权力斗争、利益争夺等负面影响，这些负面影响如果得不到有效的管理和控制，就可能破坏组织的稳定与和谐。

那么，一个组织是否有可能完全不存在政治行为呢？从理论上来说，如果组织的所有成员具有相同的目标和利益，如果组织的资源并不稀缺，如果绩效结果是非常明确和客观的，那么政治行为或许可以得到最大程度的抑制。然而，这种理想状态在现实中并不多见。大多数组织都面临着成员目标多样、资源有限、绩效难以量化等问题，这使得政治行为成为组织生活不可避免的一部分。因此，对于组织来说，更重要的是如何有效地管理和控制政治行为，使其发挥积极的作用而不是破坏组织的稳定和发展。这需要组织建立良好的沟通机制、决策机制和监督机制，确保资源的公平分配和目标的共同实现。同时，也需要加强组织成员之间的信任和合作，减少利益冲突和权力斗争的可能性。只有这样，组织才能在复杂多变的环境中保持稳定和发展。

第七节　政治行为的前因和后果

一　员工对组织政治的反应

对于绝大多数普通人来说，政治技能并非他们的强项，或者他们并不热衷投身于复杂的政治游戏之中。这种倾向并非偶然，背后隐藏着他们对于政治行为结果的深刻洞察。他们深知，政治行为所带来的结果往往是消极多于积极，这使得他们选择保持距离，避免涉入其中。在职场中，员工们经常面临组织政治的威胁。这种威胁并非微不足道，而是具有实质性的负面影响。一旦员工感知到组织内部政治氛围浓厚，他们的工作满意度往往会显著降低，焦虑和压力也会随之增加。更为严重的是，这种消极的工作氛围还可能导致员工离职率上升，以及整体绩效水平的下滑。这种消极影响并非空穴来风，而是有着大量实际数据和研究的支撑。有研究显示，组织政治感知与工作满意度之间存在着显著的负相关关系[①]。换言之，当员工感受到组织内部政治氛围浓厚时，他们的工作满意度会明显下降。这种负面情绪不仅影响了员工的心理状态，还可能转化为实际行动，如减少工作投入、寻求其他工作机会等。此外，组织政治对员工绩效的负面影响也不容忽视。员工们普遍认为，存在政治因素的工作环境是不公平的，这种不公平感会削弱他们的工作动力，降低工作效率和质量[②]。在充满政治活动的工作环境中，员工可能会感到无所适从，压力倍增，甚至产生离职的念头。因此，为了维护员工的心理健康和工

---

① W. Hochwarter, C. Kiewitz, S. Castro, et al., "Positive Affectivity and Collective Efficacy as Moderators of the Relationship Between Perceived Politics and Job Satisfaction," *Journal of Applied Social Psychology* 33（2003）：1009-1035. C. Rosen, P. Levy, & R. Hall, "Placing Perceptions of Politics in the Context of the Feedback Environment, Employee Attitudes, and Job Performance," *Journal of Applied Psychology* 91（2006）：211-220.

② S. Aryee, Z. Chen, & P. Budhwar, "Exchange Fairness and Employee Performance：An Examination of the Relationship Between Organizational Politics and Procedural Justice," *Organizational Behavior and Human Decision Processes* 94（2004）：1-14.

作效率，组织应当努力营造一个公正、透明的工作环境，减少政治行为对员工的负面影响。事实上，当员工感知到他们所处的工作环境充满了政治行为时，他们往往会选择离开，去寻找一个更为公正、透明的工作环境①。这不仅意味着组织需要承担更高的员工流失成本，还可能影响到组织的稳定性和长期发展。因此，对于组织而言，减少内部政治行为，营造一个公正、透明的工作环境是至关重要的。只有这样，才能激发员工的工作热情，提升工作效率，推动组织的持续发展。

这里有几个情境条件。首先，个体成员对组织政治的运作方式和深层原因的理解程度，对于组织政治与工作绩效之间的关系起到了至关重要的作用。研究显示，当一个组织成员对组织内部的决策机制有着清晰的认识，包括了解谁负责决策以及他们为何被赋予这样的权力，那么他 / 她就能更深入地洞察事物的本质和背后的逻辑。与那些对决策过程知之甚少或完全不了解的成员相比，这样的员工更能够把握组织政治的动态，理解其中的游戏规则②。因此，当他们的政治技能和理解能力都达到较高的水平时，他们更有可能将组织政治视为一种可以利用的资源或机会，而不仅仅是障碍或威胁。这种积极的态度使他们能够更好地适应组织环境，提升工作绩效，甚至可能借此推动组织的发展。这样的观点与我们对那些具备高超政治技能的个体的认知是一致的。这些个体通常能够敏锐地捕捉到组织政治中的微妙变化，善于利用政治资源为自己和组织创造价值。然而，并非所有员工都能达到这样的境界。当员工对组织政治的领悟能力相对较弱时，他们更容易将组织政治视为一种潜在的威胁，担心被卷入复杂的政治纷争中。这种担忧和不安可能会对他们的工作绩效产生负面影响，使他们难以专注于工作本身，甚至可能产生离职

---

① C. Kiewitz, W. Hochwarter, G. Ferris et al., “The Role of Psychological Climate in Neutralizing the Effects of Organizational Politics on Work Outcomes,” *Journal of Applied Social Psychology* 32（2002）：1189-1207. M. Andrews, L. A. Witt, & K. Kacmar, “The Interactive Effects of Organizational Politics and Exchange Ideology on Manager Ratings of Retention,” *Journal of Vocational Behavior* 62（2003）：357-369. W. Yen, “Relationships among Perceptions of Organizational Politics（POPs）, Work Motivation and Salesperson Performance,” *Journal of Management & Organization* 21（2015）：203-216..

② K. M. Kacmar, M. C. Andrews, K. J. Harris, et al., “Ethical Leadership and Subordinate Outcomes：The Mediating Role of Organizational Politics and the Moderating Role of Political Skill,” *Journal of Business Ethics* 115（2013）：33-44.

的念头。因此，组织在推进内部政治建设时，需要注重提升员工的政治领悟能力和技能水平。通过培训、教育等方式，帮助员工更好地理解组织政治的运作方式和规则，提升他们的政治素养和应对能力。同时，也需要营造一个公平、透明的工作环境，减少政治因素对员工的负面影响，激发他们的工作热情和创造力。

其次，工作中的政治行为实际上扮演着调节道德型领导影响力的角色[①]。深入探究这一关系，我们会发现不同性别的员工对于政治和道德型领导的反应存在显著差异。一项引人瞩目的研究揭示了这样一个现象：男性员工在面对道德型领导时，往往会表现出更为积极的响应。特别是在一个政治氛围浓厚且道德型领导水平较高的组织环境中，男性员工更倾向于展现更多的组织公民行为。他们积极参与团队活动，乐于分享知识与经验，为组织的发展贡献自己的力量。这种积极的行为不仅有助于提升组织的整体绩效，还能营造出一种积极、向上的工作氛围。然而，对于女性员工而言，情况则有所不同。研究发现，女性员工在有道德但政治氛围较弱的环境中更有可能展现组织公民行为。她们在这样的环境中感到更加自在和舒适，能够更好地发挥自己的潜力。在这样的工作环境中，女性员工更可能主动参与团队讨论，提出建设性的意见，为组织的进步贡献智慧。因此，组织在确立领导风格和营造工作环境时，需要充分考虑到不同性别员工的需求和偏好，为他们提供最适合的发展空间。

此外，当人们将组织政治视作一种潜在的威胁时，他们往往会采取防卫行为（defensive behavior）来应对这种不安定的环境。这种防卫行为，实际上是一种保护性的应对策略，目的在于避免可能引发的行动、指责或变化的局面[②]。在短期内，员工可能会觉得这种策略有效地保护了他们的个人利益，使他们能够暂时规避风险，保持现状。然而，长期依赖防卫行为并非明智之举。随着时间的推移，员工可能会逐渐感到厌烦和疲惫，因为他们发现自己陷入这

① K. Kacmar, D. Bachrach, K. Harris, et al., “Fostering Good Citizenship through Ethical Leadership: Exploring the Moderating Role of Gender and Organizational Politics,” *Journal of Applied Psychology* 96（2011）: 633-642.

② C. Homburg & A. Fürst, “See No Evil, Hear No Evil, Speak No Evil: A Study of Defensive Organizational Behavior towards Customer Complaints,” *Journal of the Academy of Marketing Science* 35（2007）: 523-536.

种单一的行为模式中难以自拔。过度依赖防卫行为不仅限制了他们的个人成长和发展，还可能导致他们与同事、上司和客户之间的关系逐渐疏远。当员工总是采取防卫姿态时，他们很可能失去他人的信任和支持，这对个人和组织的长期发展都是极为不利的。

防卫行为具体表现为三种类型：避免行动、避免指责和避免变化。在避免行动方面，员工可能会过度遵从他人的意愿，推诿责任，装聋作哑，故意耽搁时间或搪塞问题。这些行为虽然短期内看似能够保护自己，但长期来看却会损害他们的声望和信誉。在避免指责方面，员工可能会采取缓冲策略，明哲保身，为自己辩护，甚至将责任推给他人（如替罪羊）或提供虚假信息。这些行为虽然能够暂时减轻压力，但长期来看却会破坏组织的信任和合作关系。在避免变化方面，员工可能会抵制任何形式的变革，坚持固有的工作模式，甚至为了维护自己的利益而阻碍组织的进步。

二　政治行为的影响因素

并非所有的群体或组织在政治行为上都采取一成不变的模式。实际上，政治行为在不同组织间的表现形式和影响力大相径庭。举例来说，有些组织的政治活动是公开透明的，且普遍存在于日常运营之中，它们被视为推动组织发展的重要力量。而在另一些组织中，政治行为可能相对隐蔽，对最终结果的影响也相对有限，甚至被边缘化。那么，这种差异究竟是如何产生的呢？通过深入研究和细致观察，我们发现了一些关键因素，它们似乎在不同程度上鼓励或抑制了政治行为的出现。这些因素可以大致分为两类：个人因素和组织因素。通过积极参与政治活动，个体可能会获得更高的报酬、更好的晋升机会或避免不必要的惩罚。而群体则可能通过政治行为来争取更多的资源、提升团队地位或实现共同目标。综上所述，政治行为在不同组织中的表现形式和影响力之所以存在差异，主要是由于个人特质和组织文化或环境等多种因素的综合作用。因此，在理解和应对组织中的政治行为时，我们需要综合考虑这些因素，以便更准确地把握其本质和影响。

（一）个人因素

在个体层面上，研究者们已经深入探讨了与政治行为紧密相关的一系列个人因素。这些因素涵盖了人格特质、个体需求以及其他与个人特质紧密相关的方面。

就人格特质而言，高自我监控的个体通常对社交线索极为敏感，他们善于观察并适应不同的社交环境，这使得他们在政治行为中表现得尤为出色。相比之下，低自我监控者可能在这方面稍显逊色。内控型个体则倾向于相信自己有能力掌控周围环境，他们更可能积极主动地参与政治活动，并努力按照自己的意愿来影响局势。此外，具有马基雅维利主义人格特质的个体，通常具有强烈的操纵欲和权力欲，这种特质使他们更倾向于将政治行为作为获取个人利益的一种手段。

除了人格特质，个体对组织的投资以及他们感知到的其他选择也会影响其采取政治行为的程度[①]。一个对组织投入较多、期望从中获得更多利益的个体，在面临离开组织的可能时，由于损失较大，采取不当政治行为的可能性相对较低。相反，当个体拥有更多的工作选择，如处于有利的就业市场、拥有稀缺的技能或知识、享有高声望或在组织外部拥有重要关系时，更可能采取政治行为来追求自己的利益。

此外，个体对使用政治行为成功可能性的预期也会影响他们的行为。那些经验丰富、政治技能娴熟且拥有权力的人，往往对使用不当手段获得成功有较高的期望。而一些缺乏经验的人，由于错误地判断了自己成功的可能性，也可能采取冒险的政治行为。值得一提的是，有些人之所以在政治行为中表现出色，是因为他们天生具备这方面的优势。这些个体通常能够敏锐地理解人际互动，使自己的行为更加符合情境需求，并在社交场合中游刃有余[②]。他们的政治行为往往能得到间接的奖励，比如得到上级的推荐和奖励。尤其对于那些以政治为导向的领导来说，他们更有可能对具备政治技能的下属做出积极的回应[③]。这进一步证明了政治技能在提升个体工作绩效和获得认可方面

① J. Walter, F. W. Kellermanns, & C.Lechner, "Decision Making Within and Between Organizations: Rationality, Politics, and Alliance Performance," *Journal of Management* 38 (2010): 1582-1610.

② G. Ferris, D. Treadway, P. Perrewé, et al., "Political Skill in Organizations," *Journal of Management* 33 (2007): 290-320.

③ J. Shi, R. Johnson, Y. Liu, et al., "Linking Subordinate Political Skill to Supervisor Dependence and Reward Recommendations: A Moderated Mediation Model," *Journal of Applied Psychology* 98 (2012): 378-384.

的重要作用。

（二）组织因素

尽管我们承认个体之间的差异确实会催生不同的政治行为，但经过深入的研究，我们发现了一个更为有力的观点：特定的情境和文化环境对政治行为的产生具有显著的促进作用。具体而言，当组织资源逐渐枯竭，或者现有的资源分配模式经历重大变革时，政治行为的出现概率会显著增加。此外，当组织内部存在晋升机会时，员工们为了争取这些机会，也更容易采取政治手段[①]。在资源紧张的情况下，组织成员往往会采取各种政治策略来保护自己的利益，确保自己在资源分配中不会处于劣势。任何形式的变革，特别是那些能够深刻影响组织内资源分配的重大改革，往往都会引发一系列的冲突和纷争，从而催生更多的政治行为。

组织文化的特点对政治行为的滋生也起到了关键作用。那些缺乏信任、角色模糊、绩效评估体系不明确、采用零和报酬分配体系、强调民主化决策、高绩效压力以及高层管理者自私自利的组织文化，往往更容易成为政治行为的温床[②]。在这样的文化环境中，员工们更容易感受到不确定性和压力，从而更倾向于通过政治手段来谋求自身的利益。政治行为通常发生在员工正式角色之外，因此当角色定位模糊时，员工们更有可能采取政治行为而不被他人察觉。这种角色模糊性意味着对员工行为的规范和期望并不明确，这也为政治行为提供了更大的空间和可能性。

组织文化如果强调采用零和方法来分配报酬，那么员工们就会更加积极

① M. Abbas, U. Raja, W. Darr, et al., "Combined Effects of Perceived Politics and Psychological Capital on Job Satisfaction, Turnover Intentions, and Performance," *Journal of Management* 40（2012）：1813-1830. W. Yen, "Relationships among Perceptions of Organizational Politics（POPs）, Work Motivation and Salesperson Performance," *Journal of Management & Organization* 21（2015）：1-14.

② M. Laird, P. Harvey, & J. Lancaster, "Accountability, Entitlement, Tenure, and Satisfaction in Generation Y," *Journal of Managerial Psychology* 30（2015）：87-100. J. Poon, "Situational Antecedents and Outcomes of Organizational Politics Perceptions," *Journal of Managerial Psychology* 18（2003）：138-155. K. Zellars, W. Hochwarter, S. Lanivich, et al., "Accountability for Others, Perceived Resources, and Well Being: Convergent Restricted Non-linear Results in Two Samples," *Journal of Occupational and Organizational Psychology* 84（2010）：95-115.

地参与政治行为。这是因为零和方法将报酬视为一块大小固定的“蛋糕”，某个成员或群体的所得必然意味着另一个成员或群体的损失。例如，在分配工资增长额度时，如果一个员工的工资增长超过了其他人，那么他就相当于从其他人那里拿走了钱。这种分配方式会激发员工们努力表现自己，并试图贬低他人的价值，以获取更多的利益。

政治力量不仅在组织内部发挥作用，在组织间的关系中同样重要。不同的组织文化会导致政治在合作关系中发挥不同的作用①。研究表明，当两个高度政治化的组织进行互动时，它们之间的政治互动可能会降低合作项目的绩效。相反，如果参与互动的公司内部政治行为较少，即使它们之间存在政治纠纷，也不会对合作项目的绩效产生负面影响。这提示我们，在与内部政治行为水平较高的公司进行合作时，应当保持高度的警惕和谨慎。

三　印象管理

众所周知，人们对于外界的看法和评价总是充满了好奇与关注。这种对于自身形象的在意，可以说是人性的一种本能。在组织和职场中，给他人留下积极的印象更是对个人发展有着极其重要的影响。首先，这种积极的印象能够帮助我们在求职过程中脱颖而出，顺利获得心仪的职位。其次，一旦被录用，这种印象还会为我们带来更为有利的绩效评估、更为丰厚的加薪待遇以及更多的晋升机会。人们努力控制他人对自己形成的印象，这一过程被称为印象管理（Impression Management）②。然而，是不是每个人都会对印象管理给予足够的重视呢？答案显然是否定的。有些人或许并不那么在意他人对自己的看法，而有些人则非常在意，并会运用各种策略来塑造自己在他人心目中的形象。那么，我们能否预测哪些人会倾向于运用印象管理呢？答案是

① J. Walter, F. W. Kellermanns, & C. Lechner, “Decision Making Within and Between Organizations: Rationality, Politics, and Alliance Performance,” *Journal of Management* 38 (2012): 1582–1610.

② M. C. Bolino & W. H. Turnley, “More Than One Way to Make an Impression: Exploring Profiles of Impression Management,” *Journal of Management* 29 (2003): 141–160. S. Zivnuska, K. Kacmar, L. A. Witt, et al., “Interactive Effects of Impression Management and Organizational Politics on Job Performance,” *Journal of Organizational Behavior* 25 (2004): 627–640. M. Bolino, K. Kacmar, W. Turnley, et al., “A Multilevel Review of Impression Management Motives and Behaviors,” *Journal of Management* 34 (2008): 1080–1109.

高自我监控者①。与高自我监控者相比，低自我监控者往往表现出更为真实、与自身人格特质一致的自我形象。他们不太会根据不同情境调整自己的行为，而是更加坚持自己的本色。而高自我监控者则非常善于观察和分析情境，他们能够根据环境的变化灵活调整自己的行为和形象，以适应不同的场合和人群。那么，如果想要控制他人对自己的印象，我们又可以运用哪些印象管理技巧呢？

（一）印象管理技巧

其实，印象管理技巧多种多样，可以根据不同的情境和需求进行选择。以下是一些较常用的印象管理技巧。

从众：一种巧妙的印象管理策略。它并不意味着盲目跟随，而是有选择地赞同他人的观点，以此获得他们的认可。这种逢迎的形式，实际上是一种智慧的体现，能够在尊重他人的同时，巧妙地展示自己的包容性和理解力。

讨好：一种有效的印象管理技巧。通过为某人做好事，我们试图赢得他/她的好感，从而获得他/她的认同和接受。这种策略看似简单，实则需要用心和真诚，因为只有当我们的行为出于真心，才能打动他人，赢得他们的尊重和信任。

借口：一种防卫性的印象管理技巧。当面对困境或错误时，我们会寻找合理的解释，试图减轻事件的严重性。这并不是逃避责任，而是以一种更积极、更理智的方式去面对问题，从而维护自己的形象和信誉。

道歉：另一种防卫性的印象管理技巧。当我们意识到自己的错误时，主动承担责任并请求谅解不仅仅能够修复受损的关系，更能展现出我们的诚意和担当。道歉并不意味着失败，而是一种成熟和理智的表现。

自我推销：一种强调自我的印象管理技巧。我们强调自己的优点和成就，忽略自己的不足，以此吸引他人的注意和赞赏。这并不是自我吹嘘，而是对自己的能力和价值的一种自信展示。

强化：另一种强调自我的印象管理技巧。我们强调自己所做某件事情的价值和意义，以此凸显自己的能力和贡献。这种策略能够让我们在团队中脱

---

① D. Howard & R. Kerin, "Individual Differences in the Name Similarity Effect the Role of Self-Monitoring," *Journal of Individual Differences* 35 (2014): 111-118.

颖而出，展现出自己的独特性和重要性。

吹捧：一种进取性的印象管理技巧。我们赞扬他人的优点和长处，不仅能够增进彼此之间的友谊和信任，还能够让我们显得更有洞察力和人缘。适度的吹捧是一种智慧的交际手段，能够让我们在社交场合中游刃有余。

示范：一种积极的进取性印象管理技巧。我们通过实际行动展示自己的专注和勤奋，以此赢得他人的尊重和信任。这种策略不仅能够提升我们的个人形象，还能够激发他人的积极情绪和动力，共同推动事情的发展。

请牢记，人们通过印象管理所展现的形象并非全然虚假，他们有时确实在展示真实的自我。印象管理并不总意味着伪装或欺骗，更多时候它是一种策略性的自我呈现[①]。以借口为例，很多时候，人们提出的借口是真实存在的，是基于实际情境和自身感受的合理解释。这些借口并不是为了逃避责任或掩饰错误，而是试图以一种更易于被接受和理解的方式去解释某个行为或决策背后的原因。再以广告为例，有时广告的效果确实不尽如人意，即使投入了大量的资金和精力，也可能无法显著提升产品的销售额。在这种情况下，人们完全有理由相信广告的效果有限。然而，这并不意味着广告本身就是虚假的，而是需要更加深入地分析其原因，寻找更有效的推广策略。然而，我们也需要警惕虚报信息的风险。如果一个人总是夸大事实或编造谎言来塑造自己的形象，那么当真相大白时，他 / 她将会付出沉重的代价。就像那个总是喊“狼来了”的孩子，当他真正面临危险时，已经没有人愿意相信他了。因此，采用印象管理的人必须格外小心，确保自己的行为真实可信，不要让人觉得不真诚或是在玩弄手段[②]。

---

① D. H. M. Chng, M. S. Rodgers, E. Shih, et al., “Leaders’ Impression Management during Organizational Decline: The Roles of Publicity, Image Concerns, and Incentive Compensation,” *The Leadership Quarterly* 26 (2015): 270-285. L. Uziel, “Life Seems Different with You Around: Differential Shifts in Cognitive Appraisal in the Mere Presence of Others for Neuroticism and Impression Management,” *Personality and Individual Differences* 73 (2015): 39-43.

② J. Ham & R. Vonk, “Impressions of Impression Management: Evidence of Spontaneous Suspicion of Ulterior Motivation,” *Journal of Experimental Social Psychology* 47 (2011): 466-471. W. M. Bowler, J. R. B. Halbesleben, & J. R. B. Paul, “If You’re Close with the Leader, You Must be a Brownnose: The Role of Leader-member Relationships in Follower, Leader, and Coworker Attributions of Organizational Citizenship Behavior Motives,” *Human Resource Management Review* 20 (2010): 309-316.

一项研究发现，当管理者认为员工的某些积极行为是出于印象管理的目的时，他们可能会产生负面情绪，如愤怒或不满。这可能是因为管理者觉得自己被操纵了，对员工的真实动机产生了怀疑。在这种情况下，管理者往往会给下属较低的绩效评估。相反，如果管理者将同样的行为视为是亲社会的、出于对组织的考虑，他们则会对员工产生积极的评价，并给出更高的绩效评估①。这告诉我们，人们普遍不喜欢被他人用印象管理来操纵。因此，在使用这种策略时，我们必须格外小心，确保自己的行为真诚、透明，避免给人留下不真诚或玩弄手段的印象。

值得注意的是，并非所有的印象管理都依赖于自我吹捧。事实上，研究表明，谦逊的态度往往能给人留下更积极的印象。当我们慷慨地将成功归因于他人，并低估自己对成功的贡献时，我们展现的不仅仅是真诚和谦虚，更是对团队和组织的尊重和认可。这种谦逊的态度不仅能够增强我们与他人的关系，还能够提升我们在团队或组织中的信誉和影响力②。因此，在运用印象管理技巧时，我们应该注重平衡和适度。既要展现自己的优势和特点，也要保持真实和谦逊的态度。只有这样，我们才能建立更加真实、可信和积极的个人形象，赢得他人的尊重和信任。

（二）印象管理技巧的效果

研究者们深入开展了众多研究，旨在检验印象管理技巧在各类情境中的效果。其中，大多数研究聚焦于两个核心指标：一是面试的成功率；二是绩效评估的结果。接下来，我们将逐一剖析这两个方面。

谈及面试与印象管理，这是一门深邃且富有技巧的学问。根据研究数据，我们得知大多数求职者在面试的舞台上，都会精心地运用各种印象管理技巧，这些技巧犹如无形的魔法，往往能够产生令人瞩目的效

① J. Halbesleben, W. Bowler, M. Bolino, et al., "Organizational Concern, Prosocial Values, or Impression Management? How Supervisors Attribute Motives to Organizational Citizenship Behavior," *Journal of Applied Social Psychology* 40（2010）：1450-1489.

② G. Blickle, C. Diekmann, P. B. Schneider, et al., "When Modesty Wins：Impression Management through Modesty, Political Skill, and Career Success—A Two-study Investigation," *European Journal of Work and Organizational Psychology* 21（2012）：899-922.

果①。面试官，作为这场演出的评判者，往往难以洞察求职者是否运用了这些技巧，尤其是在求职者采用欺骗手段进行印象管理时，这种隐秘性更为显著②。为了揭开这层面纱，更深入地了解不同印象管理技巧在面试中的实际作用，一项研究对数千次的招聘和筛选面试数据进行了详尽的分类和分析，发现印象管理技巧大致可以分为以下几类。首先是外貌导向的努力。在这个视觉为王的时代，外貌和形象往往成为求职者的第一张名片。他们通过精心挑选的着装和细致的形象塑造，力求展现自己的专业性和可靠性，给面试官留下良好的第一印象。其次是他人聚焦和组织聚焦的印象管理策略。这类技巧更为直接，如恭维面试官或适度夸大自己的过往成就。求职者通过赞美面试官的专业和权威，或者巧妙地突出自己的成绩和经验，来提升自己的竞争力。最后是口头暗示。这是一种更为微妙且难以察觉的技巧。求职者通过使用积极的词语、流畅的语言表达和热情洋溢的态度，传递出自己对工作的热爱和期待，从而赢得面试官的青睐③。

研究结果表明，印象管理在多个维度上都展现了强大的影响力。无论是外貌、策略还是口头暗示，这些技巧都能够有效地预测求职者在面试中的表现。然而，也存在一些例外情况。当面试过程高度结构化，即面试官的问题事先准备且主要聚焦于求职者的专业技能和资质时，印象管理的效果会相对减弱。因为在这种情况下，面试官更注重求职者的实际能力和经验，而非表面的形象或言辞。相反，在模糊、缺乏组织结构的面试中，印象管理等操纵性行为更有可能对面试结果产生显著影响。这是因为在这种环境中，面试官

① L. A. Mcfarland, A. M. Ryan, & S. D. Kriska, “Impression Management Use and Effectiveness Across Assessment Methods,” *Journal of Management* 29 (2003): 641-661. C. Higgins & T. Judge, “The Effect of Applicant Influence Tactics on Recruiter Perceptions of Fit and Hiring Recommendations: A Field Study,” *Journal of Applied Psychology* 89 (2004): 622-632. W. Tsai, C. Chen, & S. Chiu, “Exploring Boundaries of the Effects of Applicant Impression Management Tactics in Job Interviews,” *Journal of Management* 31 (2005): 108-125.

② N. Roulin, A. Bangerter, & J. Levashina, “Honest and Deceptive Impression Management in the Employment Interview: Can It be Detected and How Does It Impact Evaluations?” *Personnel Psychology* 68 (2015): 395-444.

③ M. Barrick, J. Shaffer, & S. Degrassi, “What You See May Not be What You Get: Relationships Among Self-Presentation Tactics and Ratings of Interview and Job Performance,” *Journal of Applied Psychology* 94 (2009): 1394-1411.

往往更依赖于自己的主观感受和直觉来评判求职者，而印象管理技巧正是能够影响这种主观感受的有效手段。此外，印象管理的成功与否还取决于求职者是否能够准确识别面试官所期望的特质或技能[①]，并针对性地运用相应的印象管理技巧。这需要求职者具备敏锐的观察力和判断力，能够在短时间内捕捉到面试官的需求和期望，从而做出恰当的回应。

转向绩效评估与印象管理这一领域时，我们发现情况与面试环节有所不同。在绩效评估中，逢迎策略与评估结果之间呈现一种正相关关系。这意味着，那些擅长运用逢迎策略的员工通过积极赞同上司的意见、展现与上司一致的态度和观点并适度地恭维上司，往往能够获得更高的绩效评估。然而，有趣的是，自我推销在绩效评估中似乎并不奏效，甚至起到了反作用[②]。那些过于热衷于自我推销的员工，可能会因此得到更低的绩效评估。这一看似普遍的结论其实存在一个关键的限定条件：那些具备高超政治技能的人，能够巧妙地将印象管理转化为更高的绩效评估。他们精通于运用各种策略来增强与上司之间的关系，从而提升自己的评价。相比之下，那些缺乏政治技能的人，在尝试进行印象管理时，可能会因为方式不当或过于生硬，反而给上司留下不真诚或过于做作的印象，最终适得其反[③]。为了进一步验证这一观点，我们参考了一项针对 760 位董事会成员的研究。研究发现，那些擅长逢迎现任董事会成员的个体，即能够巧妙地赞同董事的意见、展现双方一致的态度和观点，并适度恭维董事的人，更有可能成功进入董事会[④]。这一发现进一步

---

① B. Griffin, "The Ability to Identify Criteria: Its Relationship with Social Understanding, Preparation, and Impression Management in Affecting Predictor Performance in a High-Stakes Selection Context," *Human Performance* 27 (2014): 147-164.

② E. Molleman, B. Emans, & N. Turusbekova, "How to Control Self-promotion Among Performance-oriented Employees: The Roles of Task Clarity and Personalized Responsibility," *Personnel Review* 41 (2011): 88-105.

③ K. Harris, K. Kacmar, S. Zivnuska, et al., "The Impact of Political Skill on Effectiveness," *Journal of Applied Psychology* 92 (2007): 278-285. D. Treadway, G. Ferris, A. Duke, et al., "The Moderating Role of Subordinate Political Skill on Supervisors' Impressions of Subordinate Ingratiation and Ratings of Subordinate Interpersonal Facilitation," *Journal of Applied Psychology* 92 (2007): 848-855.

④ J. Westphal & I. Stern, "Flattery will Get You Everywhere (Especially If You Are A Male Caucasian): How Ingratiation, Boardroom Behavior, and Demographic Minority Status Affect Additional Board Appointments at U.S. Companies," *Academy of Management Journal* 50 (2007): 267-288.

证实了逢迎策略在特定组织环境中的有效性，它能够帮助个体提升地位和影响力。当然，我们也必须认识到，不同研究和从不同场景中得到的一致结果并非偶然。逢迎之所以能够在绩效评估中发挥作用，是因为人们普遍喜欢被友好相待，这种心理需求在面试官和上司身上同样存在。然而，自我推销在面试中可能有效，因为面试官往往难以准确判断求职者的实际能力，但在绩效评估中却可能适得其反，因为上司对员工的日常工作表现有着更为清晰的认识。最后，我们需要对这些结论的普适性进行深入思考。虽然少数几项将其他国家也包括在内的研究已经揭示了一些微小的文化差异，但我们仍然需要谨慎对待这些结论的普适性。不同文化和社会背景下，人们对于印象管理技巧的接受度和运用方式可能存在显著差异。因此，我们需要更多跨国、跨文化的研究来全面验证这些结论的普遍性和特殊性，以便在不同地域和文化背景下都能够有效地运用印象管理策略。

四　政治行为是否道德

虽然目前我们尚无法明确划出一条界线来清晰地区分道德的政治行为和不道德的政治行为，但有几个核心议题无疑值得我们深思。当我们采取某种政治行为时，必须认真考虑这一行为究竟会带来何种效果或效用。有时，我们可能会发现一些政治行为似乎缺乏充分的理由或动机，这让我们不禁反思，这些行为背后究竟隐藏着怎样的目的和考量。美国职业棒球大联盟的某球员曾声称自己在南加州大学打过橄榄球，然而事实上，他并未有过这样的经历。对于一名棒球选手来说，这样的谎言显然无法为他带来任何实际的好处，反而可能暴露了他的虚荣和虚伪。这种明目张胆的谎言或许可以看作印象管理的一个较为极端且常见的例子。然而，在现实生活中，我们中的许多人也可能会通过歪曲或调整某些信息来塑造一个更有利的个人形象。无论是为了获得更好的职业发展机会，还是为了提升自己的社会地位，这种策略似乎已成为一种默认的生存方式。然而，在采取这种策略时，我们必须提醒自己，这样的行为是否真的值得我们去冒险。虽然它在短期内可能会带来一些利益，但长远来看，它可能会损害我们的声望和信誉，甚至可能导致我们失去他人的信任和尊重。因此，在权衡利弊时，我们必须谨慎思考，以免因小失大。另一个需要我们认真考虑的问题是，我们所采取的政治行为所带来的效用，是否能够抵消这一行为可能给他人造成的伤害（或潜在伤害）。在政治行为中，我们往往会追求自己的利益和目标，但在这个过程中，我们也可能会对他人造成伤害或潜在伤害。举例来说，与简单地恭维某位主管的外貌相比，将他人在某个项目中的功劳据为己有显然会对他人造成更为严重的伤害。这种行为不仅损害了公正和公平，还可能导致团队内部的信任破裂和合作关系的瓦解。因此，在采取政治行为时，我们必须认真考虑其后果，确保自己的行为不会对他人造成不必要的伤害。最后一个至关重要的问题是，我们所采取的政治行为是否符合公正和公平的原则。公正和公平是社会秩序的基石，也是我们行为规范的准则。然而，在政治行为中，我们有时可能会为了追求自己的利益而违背这些原则。有时，我们可能很难准确权衡某种政治行为的成本和收益，但该行为是否符合道德标准却往往是显而易见的。例如，一个部门经理如果故意夸大自己喜欢的员工的绩效，同时贬低那些他不喜欢的员工的绩效，并据此给予前者大幅加薪，而后者则一无所获，这显然是对后者的一种不公正对待。这样的行为不仅损害了公司的整体利益和效率，也违背了基本的道德和伦理原则。

令人遗憾的是，那些掌握权力的人通常很擅长从组织利益的角度来为自己的私利行为辩护。他们能够以极具说服力的方式声称那些不公正的行为实际上是出于公正无私的动机。然而，我们必须认识到，那些拥有权力、口才流利、说服力强的人往往更容易犯下道德错误，因为他们可能更容易逃脱责任和惩罚。因此，我们需要保持警惕，不要轻信他们的言辞，而是要通过客观事实和证据来判断他们的行为是否真正符合道德标准。当我们面临涉及组织政治的道德困境时，必须认真考虑以下几个问题：是否值得冒险运用政治手段？这个过程是否会给他人带来伤害？如果我们拥有坚实的权力基础，那么我们必须时刻保持警惕，意识到权力可能带来的腐化作用。权力是一把“双刃剑”，它既能让我们实现目标，也可能让我们陷入道德的泥潭。因此，我们需要谨慎使用权力，确保自己的行为始终符合道德和法律的要求。同时，我们也应该认识到，那些没有权力的人往往更容易遵循道德原则行事，因为他们通常没有太多机会施展政治技巧。这并不意味着他们没有能力或智慧，而是因为他们没有太多的资源和手段来追求自己的利益。因此，我们应该尊重并珍惜那些坚守道德原则的人，他们的存在让我们的社会更加美好与和谐。

五 绘制政治生涯版图

正如我们所观察到的，政治并非政客们的专属领域。实际上，在你的组织内部，你可以通过一系列精心策划的方式，巧妙地利用本章所提及的概念。当然，你也可以将政治作为一种策略，为自身的职业发展服务。为了更深入地理解权力和政治，将其融入你的职业生涯中是一种极为有效的方法。你是否曾思考过自己的职业目标？谁具备帮助你实现这些目标的权力？你与这些人之间的关系如何？为了解答这些问题，绘制一幅政治生涯版图尤为关键。政治生涯版图将清晰地勾勒出你与那些掌握你职业命运的人之间的关系网络。政治生涯版图不仅能为你提供明确的方向，还提示你需要制定一套策略来加强你与这些关键人物之间的联系，并提升你对他们的影响力。更重要的是，政治生涯版图提供了一种思考权力网络的全新视角。设想一下，这些对你职业生涯至关重要的人物，他们各自都拥有广泛的人际网络。他们的权力网络可能与你所想象的截然不同，他们可以通过影响处于关键位置的个人，进而对整个网络产生深远影响。因此，间接影响他人，往往是最佳的策略之一。

当然，我们必须认识到，政治生涯版图并不是万能的。任何形式的版图都有其局限性。例如，在真实的情境中，不同人物所拥有的权力往往是不均等的。特别是在大型社交网络中，构建一幅完整的政治生涯版图将是一项极其艰巨的任务。因此，在绘制时，我们应尽量保持其基本特性，只关注那些真正对你的职业发展产生重大影响的人物。这样的做法可能让你觉得有些不光明磊落，甚至带有一定的阴谋色彩。但请记住，升职的机会往往只有一个，你的竞争对手可能已经悄然绘制了自己的政治生涯版图。正如我们在本章前面所强调的，权力和政治是组织生活不可或缺的一部分。忽视它们，就意味着放弃了一个重要的竞争工具。与其假装权力和政治并不重要，不如正视现实，绘制一个清晰明确的政治生涯版图，这将为你在职业生涯中赢得更多的优势和机会。

复习思考题

1. 领导和权力有哪些区别？

2. 权力的五种基础，即强制权力、奖赏权力、法定权力、专家权力和参照权力，它们之间有哪些相似之处和不同之处？

3. 在权力关系的构建和动态演变中，依赖性扮演着怎样的角色？它是如何影响权力分布和运作的？

4. 最常见的权术或影响策略是什么？这些策略通常在什么条件下被采用？

5. 权力滥用的影响因素可能包括哪些？这些因素的共同作用会如何导致权力的滥用？滥用权力又会带来哪些负面后果和影响？

6. 政治在组织中是如何发挥作用的？政治力量和组织运作之间存在着怎样的关系？

7. 政治行为受到哪些因素的影响？这些政治行为可能带来怎样的后果？

案例分析题一

权力的行为效应

近年来，权力的行为效应已成为组织管理领域的研究焦点。众多学者已经认识到，组织内部个体的权力地位对其竞争意识有着不容忽视的影响。国内学者卫旭华、张怡斐对此展开了研究。在理论框架上，他们综合了权力的接近－抑制理论和自我评价理论，试图从多个角度解析权力对竞争行为的影响。研究通过实验和详尽的调查问卷分析了权力在组织内部的作用机制，并探讨了其发挥作用的边界条件。经过一系列严谨的数据收集和分析，研究发现如下。首先，权力并非直接作用于竞争行为，而是通过影响个体的自信心来间接塑造和增强组织成员的竞争行为。这一发现揭示了权力与竞争行为之间的复杂关系，并强调了自信心在其中的桥梁作用。当个体拥有更大的权力时，他们往往更加自信，这种自信使得他们更愿意参与竞争，追求更高的成就。进一步地，研究还发现这种间接效应并不是无条件的，而是受到权力合法性感知的显著调节。当组织成员对权力的合法性有着较高的感知时，权力通过增强自信进而影响竞争行为的正向中介效应表现得尤为显著。这意味着，在一个权力被普遍认可和接受的组织环境中，权力的存在能够更有效地激发个体的自信，进而推动竞争行为的发生。相反，如果组织成员对权力的合法性持怀疑态度或认为其不合情理，那么权力的影响力就会大打折扣，其通过增强自信来促进竞争行为的效应也会相应减弱。

这些研究结果对于组织管理领域具有深远的意义。它们为管理者提供了新的理论视角和实践指导。在实际的组织管理中，管理者需要认识到权力对组织成员竞争行为的重要影响，并采取措施来增强权力的合法性感知。例如，建立透明、公正、合理的权力结构，确保权力的分配和行使符合组织的价值观和利益。同时，组织也需要关注个体的自信心培养，通过提供培训、支持等方式帮助个体提升自信，以更好地应对竞争压力，实现个人和组织的共同发展。

资料来源：卫旭华、张怡斐《权力对组织成员竞争行为的影响：被调节的中介模型》,《系统管理学报》2023 年第 1 期，第 141~153 页。

思考题

1. 权力的合法性感知在权力对竞争行为的影响中扮演着什么角色？
2. 为什么权力的影响需要通过个体自信心来间接塑造和增强竞争行为？

案例分析题二

员工越权行为

有研究深入探讨了组织管理中员工越权行为的概念及特征，采用定性研究方法，系统地收集和分析了来自企业管理者的第一手资料，通过对多位具有丰富管理经验的企业管理者的深入访谈，以及利用现代技术手段爬取大量关于员工越权行为的新闻报道、学术论文和案例分析，力求全面、准确地把握员工越权行为的实际状况。

研究表明，员工的越权行为主要表现为在工作中超越本职位的权力及其限度，擅自做出不属于自己职权范围内的工作决策或行为。这种越权行为可以细分为向上越权和平级越权两种类型。向上越权是指员工在未经上级授权或同意的情况下，擅自做出超出自己职权范围的决策或行为；平级越权则是指员工在与同级同事交流或合作时，超越自己的职责范围，擅自干涉或决策他人的工作。进一步分析发现，员工越权行为包含两个重要特征：一是超越职权范围，即员工的行为超出了其职位所赋予的权力范围；二是擅自做决定，即员工在未经授权或同意的情况下，擅自做出决策或行为。这两个特征共同构成了员工越权行为的本质。

与传统的视角不同，该研究从积极的视角探讨员工越权行为的内涵。员工越权行为并非完全负面，它可能源于员工对工作的热情、对组织的责任感以及对改进工作流程的渴望。在适当的条件下，员工越权行为可以激发组织的创新活力，促进组织的发展。

资料来源：黄苏萍、刘琪《企业组织内员工越权行为：概念、前因与后效》,《经济与管理研究》2022 年第 11 期，第 134~144 页。

思考题

1. 在哪些情况下，员工越权行为可以被视为积极的？
2. 企业如何平衡员工越权行为的潜在风险与可能产生的积极效果？

第十二章　冲突与谈判

第一节　冲突的定义

冲突（conflict），这一看似复杂的概念，实则是一种知觉的体现。若人们未曾意识到冲突的存在，那么往往便认定其不存在。冲突的发生，离不开对立或不一致的存在，且以某种形式的互动作为触发点。冲突可被定义为当一方深切感受到另一方对自己所关心的事物产生了或即将产生不利的影响时，双方从互动到不一致的一个微妙的转折点。它描述了原本和谐的互动如何逐渐演变成为充满分歧和矛盾的情境。在组织的日常运作中，人们会不可避免地遇到各种冲突，这些冲突可能源于目标的差异、对事实解读的不一致，或对行为预期的背离。值得一提的是，冲突的定义并不是一成不变的，它具有极高的灵活性。这一定义能够涵盖从激烈的公开对抗到微妙的意见不合等各个层面的冲突现象。无论是明显的暴力行为，还是微妙的意见分歧，都可以被视为冲突的不同表现形式。这种广泛而包容的定义方式，使得我们能够更加全面、深入地理解冲突的本质和多样性。

一　良性冲突与恶性冲突

关于冲突在群体和组织中所扮演的角色，人们至今仍众说纷纭，未能形成统一的共识。过去，研究人员倾向于将冲突作为一个整体来讨论，试图简单地判断其好坏。然而，这种一概而论的观点过于简化和片面，无法真实反映冲突的复杂性和多样性。随着研究的深入，新的方法逐渐取代了这种简单化的观点。新方法的核心在于认识到并非所有冲突都是相同的，不同类型的冲突对群体和组织的影响截然不同。这种分类方法使我们能够更加精确地理解冲突的本质，从而更有效地应对和处理它。

（一）良性冲突

根据冲突对群体和组织的影响，我们可以将其分为不同类型。良性冲突也称功能性冲突（functional conflict），它把公平作为核心的诉求。它能够激发群体的活力，促进成员之间的交流和合作，从而支持群体的目标并提高绩效。例如，在工作小组中，如果成员们能够就提高生产效率的方法展开公开的讨论和比较，这种辩论就可以被视为一种良性冲突。它不仅能够集思广益，找到更好的解决方案，还能够增强团队之间的凝聚力和信任。

案例链接 12-1

赛马不相马

“赛马不相马”生动地诠释了良性冲突的核心诉求——公平。在赛马的过程中，每一匹马都有平等的机会展现自己的实力，不需要事先对它们的品种、血统或体型进行过多的评判。比赛的结果完全取决于马匹在赛道上的表现，这种公正、公开的竞赛方式，确保了每匹马都能得到应有的机会。

资料来源：赛马不相马，https://baike.baidu.com/item/%E8%B5%9B%E9%A9%AC%E4%B8%8D%E7%9B%B8%E9%A9%AC/3494229，最后访问时间：2024 年 5 月 3 日。

（二）恶性冲突

然而，并非所有的冲突都是有益的。有些冲突会阻碍群体的效率和目标的实现，这类冲突被称为恶性冲突或破坏性冲突（dysfunctional conflict）。恶性冲突把政治利益作为核心诉求。在团队中，为了争夺控制权的个人斗争就是一种典型的恶性冲突。这种冲突会破坏团队的和谐氛围，降低工作效率，甚至可能导致团队的瓦解。

（三）传统冲突观与互动冲突观

传统冲突观（traditional view of conflict）长久以来在人们的思维中根深蒂固，它倾向于将冲突视作一种负面的、破坏性的力量。在这种观念下，冲突往往被视为暴力、破坏和不理性的代名词，被认为会破坏团队的和谐氛围，阻碍目标的达成。这种观念往往让人们对冲突产生恐惧和排斥，导致在冲突出现时，人们更倾向于采取回避或压制的态度，而非积极地去面对和解决。

然而，随着对冲突研究的深入，互动冲突观（interactionist view of conflict）逐渐崭露头角。这一观念打破了传统冲突观的束缚，以更为开放和包容的态度看待冲突。互动冲突观认为，冲突并不是全然负面的，良性冲突实际上是有利于总体绩效的。在良性冲突中，不同的观点和意见能够得到充分的表达和讨论，从而激发团队的创造力和活力。这种冲突有助于发现问题、解决问题，推动团队不断创新和进步。相比之下，恶性冲突则是互动冲突观所警惕的。这种冲突往往源于个人或团体之间的利益争夺，会导致团队的分裂和对抗，从而妨碍群体的绩效。在恶性冲突中，人们往往为了维护自身利益而不顾大局，导致资源的浪费和效率的降低。因此，互动冲突观提醒我们，在面对冲突时，不应一味地回避或压制，而应学会区分良性冲突和恶性冲突，并采取适当的策略来应对。对于良性冲突，我们应积极鼓励和支持，为其提供一个开放、平等的讨论平台；而对于恶性冲突，我们则应及时介入，通过沟通、协调等方式来化解矛盾，防止其对团队造成负面影响。

二　冲突的类型和范围

为了更深入地理解不同类型的冲突，我们需要进一步探讨冲突的类型和范围。不同类型的冲突在表现形式、影响程度和处理方式上都有所不同。通过了解这些差异，我们可以更加精准地识别和处理冲突，从而确保群体和组织的稳定和高效运行。

（一）冲突的类型

理解冲突，其实是一个深入剖析与细致分类的过程。在这个过程中，我们首先要做的，就是识别出分歧的根源或类型。换句话说，我们需要明确这场冲突究竟是关于什么的：是因为各方对某个目标持有不同的看法，还是因为在与人相处的过程中出现了摩擦，抑或是因为在寻找解决问题的最佳途径时产生了分歧？

虽然每种冲突都有其独特性，表现出各自的特点和难点，但研究人员还是努力将这些冲突按照一定的规律进行了分类，以便更好地理解和应对。一般来说，冲突大致可以被划分为三类：任务冲突（task conflict）、关系冲突

（relationship conflict）以及程序冲突（process conflict）。任务冲突，顾名思义，主要与工作的具体内容和所追求的目标相关。这种冲突往往发生在团队成员对项目的方向、优先级或期望结果存在不同看法时。它可能源于团队成员对任务的理解差异，或是各自目标导向的不一致。关系冲突，则侧重于人与人之间的交往和互动。它可能源于性格不合、沟通不畅或是信任缺失等问题。当团队成员在情感上产生隔阂，或是在人际关系上出现裂痕时，关系冲突就会不可避免地发生。程序冲突则与完成工作的方式和方法有关。它可能涉及工作流程、决策机制或是资源分配等方面的问题。当团队成员在如何执行任务、如何协调资源或是如何做出决策上产生分歧时，就会引发程序冲突。

绝大多数关系冲突在工作中是恶性的，这一观点之所以被广泛认同，是因为关系冲突中蕴含的敌意、矛盾和摩擦具有极大的破坏力。这种冲突不仅加剧了团队成员之间的性格差异，削弱了彼此的理解，更严重妨碍了组织任务的完成。在关系冲突中，团队成员之间的敌意往往会导致沟通障碍。原本可以通过有效沟通解决的问题，在敌意的笼罩下变得难以解决。大家可能不愿意倾听对方的意见，甚至对对方的观点抱有偏见，这种态度无疑加剧了矛盾，使得问题变得更加复杂。同时，关系冲突中的矛盾和摩擦也会加剧团队成员之间的性格差异。每个人都有自己的性格特点和行为习惯，这些差异在正常情况下可能并不会对团队合作造成太大影响。但在关系冲突的背景下，这些差异往往会被放大，成为阻碍团队和谐的障碍。团队成员可能会因为性格不合而产生更多的摩擦，进一步加剧冲突。更为严重的是，关系冲突会削弱团队成员之间的相互理解。在一个充满敌意的环境中，大家很难设身处地地理解对方的立场和感受。这种缺乏理解的状态会导致团队成员之间的信任破裂，使得团队合作变得更加困难。最终，关系冲突会严重妨碍组织任务的完成。当团队成员之间的关系紧张、沟通不畅时，他们很难形成合力，共同应对工作中的挑战。相反，他们可能会将更多的精力投入到解决内部矛盾上，而忽略了工作的本质。这不仅会导致工作效率低下，还可能使组织错失重要的发展机遇。

在任务冲突与程序冲突是否会对绩效产生正面影响的问题上，学者们存在不同的看法。某些特定情境下的任务冲突与绩效之间能够建立起微妙的联系，其中一个重要的因素是冲突发生的层级。高层管理团队之间的任务冲突往往与他们的绩效呈正相关关系。这是因为高层管理人员通常能够理性看待冲突，将其视为推动创新和进步的机会，而不会因此感到个人在组织中的角色受到威胁。相反，组织低层的冲突则往往与群体绩效呈负相关关系，因为基层员工可能更容易由于任务冲突而产生紧张情绪和负面态度。此外，其他类型的冲突是否同时发生也是影响任务冲突效果的关键因素。如果任务冲突与关系冲突同时出现，那么任务冲突更有可能带来负面影响，因为关系冲突会加剧紧张氛围，破坏团队协作。相反，如果任务冲突单独发生，那么它更有可能产生积极效果，推动团队成员深入探讨问题，寻找更好的解决方案。冲突的强度同样是一个不可忽视的因素。适度的任务冲突能够激发团队成员的思考和讨论，促进创新和进步。然而，如果任务冲突水平过低，那么团队成员可能缺乏投入和热情，无法真正解决重要问题；如果任务冲突水平过高，则可能导致团队成员之间的紧张关系迅速恶化，最终演变成关系冲突。此外，团队成员的人格特质也对任务冲突的效果产生影响。研究表明，当团队成员普遍具有较高的经验开放性和情绪稳定性时，他们更有可能通过任务冲突提高群体绩效[①]。这是因为这些特质使他们能够客观地看待冲突，从冲突中发现机会，利用想法上的差异来解决问题，而不是被情绪所驱动，使任务冲突演变为破坏性的关系冲突。

程序冲突通常与团队或组织内部的授权与角色分配紧密相关。这种冲突往往源自对工作流程、决策机制或资源分配的不同看法和期望。当涉及授权问题时，程序冲突可能会表现为某些团队成员的规避行为，他们可能不愿意承担额外的责任或任务，或是推脱本应由自己负责的工作。这种规避和推脱不仅影响团队的整体效率，还可能破坏团队内部的信任关系。与角色相关的冲突则可能使某些群体成员感到被边缘化或被忽视。当团队成员对各自的角色和责任划分存在分歧时，他们可能会感到自己的贡献被低估或忽视了，从而产生不满和挫败感。这种情感上的不满很容易引发更深的矛盾，使程序冲突迅速升级为关系冲突。因此，程序冲突往往会变得高度个人化，原本关于工作流程或决策机制的讨论可能很快演变为团队成员之间的个人恩怨。

---

① B. Bradley, A. Klotz, B. Postlethwaite, et al., “Ready to Rumble: How Team Personality Composition and Task Conflict Interact to Improve Performance,” *Journal of Applied Psychology* 98 (2013): 385-392.

这种冲突不仅会影响团队的氛围和凝聚力，还可能对团队的长期发展和绩效产生负面影响。

（二）冲突的范围

理解冲突的一种方法是探究其发生的范围，即冲突是在何种层次或框架内发生的。通过对冲突范围的细致分析，我们可以更清晰地认识冲突的多样性和复杂性。根据冲突发生的范围，我们可以将其分为三种类型：二元冲突（dyadic conflict）、群内冲突（intragroup conflict）和群际冲突（intergroup conflict）。二元冲突是最基础也最常见的冲突类型，它主要发生在两个人之间。这种冲突可能源于个性差异、观念不合或是利益冲突等多种原因。当两个人在合作、交流或竞争过程中无法达成共识或存在误解时，二元冲突就可能产生。这种冲突虽然范围较小，但如果不加以妥善处理，也可能对双方关系产生长期的负面影响。群内冲突则发生在群体或团队的内部。当一个团队或群体中的成员之间出现意见分歧、利益冲突或是角色定位不清等问题时，群内冲突就可能爆发。这种冲突往往比二元冲突更为复杂，因为它涉及多个成员之间的相互作用和关系。群内冲突如果处理不当，可能破坏团队的凝聚力和协作效率，甚至导致团队的分裂。群际冲突则是发生在不同群体或团队之间的冲突。这种冲突往往涉及更广泛的利益、价值观和权力关系等问题。当不同的群体或团队在资源分配、目标设定或合作方式等方面存在分歧时，群际冲突就可能发生。这种冲突不仅可能影响不同群体之间的关系，还可能对整个组织或社会的稳定和发展产生负面影响。

第二节　冲突过程

我们可以把冲突过程（conflict process）划分为五个阶段：潜在的对立或失调、认知和人格化、行为意向、行为、结果。

一　潜在的对立或失调

潜在的对立或失调是冲突过程的第一个阶段，它是导致冲突的前提条件。这些前提条件并不会直接引发冲突，但它们中的某一项或多项却是冲突产生的必要条件。要深入理解冲突的产生机制，我们必须对这些前提条件进行细致的剖析。它们大致可以被归为三大类：沟通因素、结构因素和个体因素。

沟通因素是冲突产生的重要前提之一。这是因为沟通过程中常常存在一些不一致的因素，它们犹如潜伏的暗礁，随时可能触发冲突的巨浪。这些不一致因素多种多样，有时源自彼此间的误解，有时则是因为语义理解上的困难，甚至有时是由于沟通渠道中的“噪声”干扰。这些“噪声”可能来自外部环境的干扰，也可能是沟通双方自身的问题，如情绪、态度或认知差异等。除了上述因素，行话的使用以及信息交流的不充分也是构成沟通障碍的重要原因。行话往往使得非专业人士难以理解，容易造成信息隔阂；而信息交流不充分则可能导致双方对同一问题存在不同的理解和期待，进而产生分歧。这些沟通障碍共同构成了冲突的潜在前提条件，一旦条件成熟，冲突便可能一触即发。值得注意的是，沟通的频度和方式也对冲突的发生具有重要影响。无论是沟通过少还是过多，都可能提高发生冲突的潜在可能性。沟通过少可能导致信息闭塞，双方无法及时了解对方的想法和需求，从而容易产生误解和冲突；沟通过多则可能使双方陷入无休止的争论和纠缠中，难以达成共识，甚至可能因为过度消耗精力而引发情绪化的冲突。显然，沟通的增加在某个特定范围内会产生积极效果，它有助于增进双方的了解和信任，促进问题的解决和合作的达成。然而，一旦超过这个范围，沟通就可能变得过度，反而增加了发生冲突的可能性。因此，我们需要找到一个平衡点，既要保持足够的沟通以确保信息的畅通和理解的深入，又要避免过度沟通带来的负面效应。这需要我们根据具体情况灵活调整沟通策略，以确保沟通的有效性和高效性。

结构因素涵盖了多个变量，这些变量共同影响着冲突的产生和发展。具体来说，群体规模、员工任务的专业化程度、管辖范围的清晰度、员工与目标之间的匹配性、领导风格、薪酬体系以及不同群体间的依赖程度，都是构成组织结构的重要组成部分。此外，研究发现，任职时间与冲突呈负相关关系。这意味着一个人在组织中待的时间越长，与同事和组织的磨合程度就越高，对组织文化和运作方式的理解也越深入，因此发生冲突的可能性就越小。长期任职的员工往往能够更好地适应组织的规则和流程，与同事建立更紧密的合作关系，从而减少误解和沟通障碍引发的冲突。

个体因素作为一类潜在的冲突源，涵盖了人格、情绪和价值观等多个方面。这些内在特质和观念在很大程度上影响着个体与他人之间的关系以及冲突的产生和应对方式。首先，人格特质对冲突的产生具有显著影响。那些具有不合群、神经质或低自我监控等人格特质的人，往往更容易与他人产生冲突。他们可能由于自身特点而难以适应群体环境，缺乏有效的人际交往技巧，这使他们在与他人互动时容易产生误解和摩擦。同时，他们也不善于应对冲突，缺乏解决冲突的策略和技巧，使冲突难以得到妥善解决。其次，情绪也是引发冲突的重要因素。个体的情绪状态会直接影响到他们的行为和态度。例如，当员工因早晨上班途中交通堵塞而感到愤怒时，这种情绪可能会延续到工作中，影响他们与同事和上级的交往。在开会时，这种负面情绪可能导致气氛紧张，甚至引发激烈的争论和冲突。最后，价值观和偏好的差异也是产生冲突的重要原因。每个人都有自己独特的价值观和偏好，这些价值观和偏好在很大程度上影响着个体的行为和决策。当小组成员在成就水平、人际亲密程度或权力渴望等方面存在不一致时，就可能产生不同类型的冲突。当小组成员所期望的成就水平不一致时，他们可能因为对任务的优先级、完成标准等方面存在分歧而产生任务冲突；而当他们期待的人际亲密程度不一致时，可能会因为沟通方式、互动频率等方面的差异而产生关系冲突；此外，对权力的渴望不同也可能导致地位冲突，因为每个成员都可能试图在团队中占据更有利的位置。

二　认知和人格化

若第一个阶段所述的条件对某一方珍视的事物产生了负面影响，那么潜在的对立或失调在第二个阶段中便会不可避免地成为现实。冲突的本质，在于至少有一方明确感知到了对立的前提条件存在。但仅仅是分歧在感知层面形成了冲突即认知冲突（perceived conflict），并不意味着这种冲突已经人格化。当个体开始投入情感，冲突便转化为切身的感受即情感上的冲突（felt conflict），双方可能都体验到了焦虑、紧张、挫败或敌意等负面情感。

第二个阶段之所以如此关键，是因为它往往是冲突事项被明确界定的阶段。在这一阶段，双方会共同确定冲突的核心内容。对冲突的明确界定至关重要，因为这不仅是理解冲突本质的关键，也通常能够揭示出潜在的解决方案。在人际交往中，人们通常倾向于采取合作的态度，除非他们明确感知到对方具有竞争性。例如，如果将薪水上的分歧界定为一种零和游戏，即我的加薪额度增加，你的加薪额度就会相应减少，那么我自然会抵触任何妥协。但如果我们将这次冲突视为一种双赢的可能，即双方都有机会在总薪资预算增加的情况下获得自己期望的加薪，那么我或许会更愿意考虑妥协方案。情绪对认知的影响同样不容忽视。消极情绪可能导致我们看待问题过于简单化，失去信任，从负面角度解读对方的行为。相反，积极情绪则能够激发我们去寻找问题中潜在的关系，用更宽广的视野审视整个情境，从而开发出更具创新性的解决方案。

三　行为意向

行为意向（intentions）这个看似简单的概念，实际上在人们的日常生活中扮演着至关重要的角色。它位于认知、情感与公开行动之间的交汇点上，是一个复杂而微妙的决策过程。行为意向并非一蹴而就的冲动，而是经过深思熟虑，决定以某种特定方式去行动的决策。

尽管认知和情感对行为意向有着重要影响，但它们并不直接等同于行为本身。行为意向与行为之间通常存在明显的间隔。这是因为在实际行动之前，我们还需要考虑各种外部因素和限制条件，如社会环境、道德规范、资源限制等。这些因素会影响我们最终的行为选择，使得行为并不总能准确体现我们的行为意向。正因为如此，我们把行为意向划分为一个独立的阶段进行研究。通过推断对方的行为意向，我们能够更好地理解对方的动机和意图，从而制定出更有效的应对策略。同时，对行为意向的深入研究也有助于我们预测和解释人类行为的复杂性和多样性。很多冲突之所以不断升级，往往是因为一方错误地推断了另一方的行为意向。这种误解可能导致双方采取相互对立的行动，进一步加剧冲突。因此，在处理冲突时，我们需要更加谨慎地推断对方的行为意向，并努力通过沟通和理解来消除误解和偏见。

我们可以从两个关键维度来深入探讨处理冲突时的行为意向，这两个维度分别是主见性和合作性。主见性体现了一方愿意满足自己愿望的程度，它反映了个体在冲突中坚持自我立场和利益的决心。而合作性则代表了一方愿意满足对方愿望的程度，它体现了在冲突中寻求共同利益、促进和谐相处的态度。通过结合这两个维度，我们可以识别出五种典型的行为意向，它们分别是竞争、协作、回避、迁就和折中。

竞争是一种主见性强但合作性弱的行为意向。当一方在冲突中过于追求自我利益的满足，而忽视或不顾及冲突对另一方可能产生的影响时，就表现出竞争的行为意向。在资源有限或竞争激烈的情境中，人们往往更容易采取竞争的态度，试图通过争夺来获取更多的资源或优势。然而，竞争往往会导致关系紧张、信任破裂，甚至可能引发更大的冲突。与竞争相反，协作是一种主见性和合作性都强的行为意向。当冲突双方都希望实现自身利益的最大化，并愿意通过合作来寻求共同受益的结果时，他们便展现出协作的行为意向。在协作中，双方致力于厘清彼此的差异和分歧，通过开放、诚实的沟通来寻求解决问题的最佳途径。协作能够促进双方的互信和合作关系的建立，从而实现双赢的局面。回避是一种主见性和合作性都较弱的行为意向。当个体意识到冲突的存在，但由于各种原因（如恐惧、逃避责任等）而选择退出或抑制冲突时，就表现出回避的行为意向。回避者可能会选择忽视冲突的存在，或者尽量避免与有意见分歧的人接触。虽然回避可以暂时缓解紧张氛围，但从长期来看，它可能导致问题得不到解决，关系逐渐疏远。迁就则是一种主见性较弱但合作性较强的行为意向。当一方为了维护关系或避免冲突升级，愿意将对方的利益置于自己的利益之上时，就表现出迁就的行为意向。迁就意味着一方愿意做出自我牺牲，以换取关系的和谐或避免更大的冲突。虽然迁就可能在短期内缓解紧张氛围，但长期过度迁就可能导致个体自身的需求被忽视，关系失去平衡。折中是一种主见性和合作性都处于中等程度的行为意向。在折中方案中，冲突双方愿意合理化各自的目标，并接受一种双方都无法完全满意的解决方案。折中的特点在于双方都愿意放弃一些东西，以实现某种程度的妥协和平衡。虽然折中可能无法完全满足任何一方的所有需求，但它有助于维护关系的稳定，避免冲突进一步升级。

四　行为

在考虑冲突情境时，大多数人往往会将注意力集中在某一特定阶段——行为阶段，因为在这一阶段，冲突才真正从幕后走到台前，变得显而易见。这一阶段的冲突不再是潜在的、难以捉摸的，而是变得具体、明确，让人无法忽视。第四个阶段作为行为阶段，其核心内容是冲突双方的声明、行动和应对。这些都是公开化的行为，是冲突双方为实现自身目标而做出的努力。然而，由于判断失误或在实施过程中缺乏经验，这些公开的行为有时会偏离最初的行为意向，这就导致了冲突的复杂性和不可预测性，使得解决冲突变得更加困难。行为阶段是一个动态的互动过程。例如，一方提出一个要求，另一方可能会对此进行争辩；随后，前者可能会威胁后者，而后者则可能反过来威胁前者。这样的互动循环持续进行，使得冲突不断升级。这种动态性使得冲突情境变得复杂多变，需要双方不断调整自己的策略和行为。

冲突强度连续体是一个涵盖了多种冲突程度的动态过程，其范围广泛，从几乎无法察觉的微妙差异到全面爆发的激烈对抗。在这个过程中，冲突的水平不断升级，逐渐从温和转向激烈，对个体和团队的稳定与和谐造成了不同程度的影响。

在冲突强度连续体的初期，冲突可能表现为轻度的意见分歧或误解。这时候，人们可能只是对某个问题或观点持有不同的看法，但由于沟通不畅或理解不足，这些分歧和误解可能逐渐积累，为后续的冲突升级埋下伏笔。随着冲突的进一步发展，可能会出现公开质问或怀疑的情况。这时，个体或团队之间开始直接表达对对方观点或行为的质疑，这可能会引发一定的紧张氛围，但尚未达到激烈对抗的程度。然而，如果冲突未能得到妥善解决，它可能会进一步升级为武断的语言攻击。在这个阶段，人们可能开始使用尖锐、刻薄的语言来攻击对方，试图通过贬低或嘲讽来维护自己的观点或立场。这种攻击性的语言往往会导致双方的情绪进一步激化，冲突变得更加难以控制。当冲突升级至威胁和最后通牒的程度时，情况已经变得相当严重。这时，一方或双方可能会开始使用威胁性的言辞或行为来迫使对方就范，或者发出最后通牒，要求对方在限定的时间内做出让步或改变。这种局面往往伴随着高度的紧张感和压力，对双方的关系造成了极大的破坏。在冲突强度连续体的顶端，可能会出现挑衅的身体攻击和公然试图毁灭对方的行为。这是冲突发展到极致的表现，不仅会对个体和团队造成巨大的伤害，还可能引发法律和社会舆论的强烈谴责。

当竞争成为主导的行为意向时，个人与团队成员之间会形成一种竞相争先的氛围。每个人都试图超越对方，为了实现共同或个人的目标，付出更多的努力。在这种竞争模式下，合作往往被置于次要地位，甚至被完全忽视。

协作则呈现截然不同的景象。在协作的行为意向下，个人与团队其他成员会共同面对问题，携手寻找解决方案。他们不再是孤立的个体，而是形成一个紧密的集体，试图找到一个让大家都满意的答案。在这种模式下，沟通与合作成为关键，每个人的意见和贡献都被充分尊重和考虑。回避则是一种消极的应对方式。当个体或团队选择回避时，他们往往会拒绝讨论问题，减少对团队目标的努力，甚至可能选择逃避责任。这种行为模式虽然在短期内可能避免了直接的冲突，但从长期来看，却可能导致问题的积累和团队凝聚力的下降。迁就他人的人，在冲突中更注重彼此之间的关系。他们往往会听从他人的意见，即使这些意见与自己的初衷相悖。有时，他们甚至会作为一个群体来行动，以维护团队的和谐与稳定。这种迁就虽然有时可能会牺牲个人的利益，但有助于增强团队的凝聚力和向心力。折中则是一种更为理性的解决方式。当双方都期待并确实牺牲了自己的部分利益时，他们往往能够达成一个相对公平的协议。这种协议虽然可能不是最理想的结果，却能够在一定程度上满足双方的需求，缓解冲突带来的紧张氛围。

当面对恶性冲突时，双方需要采取一系列策略来降低冲突水平。同样地，当冲突水平低于良性冲突的标准并需要升级时，双方也需要采取相应的办法来推动冲突的发展。冲突管理策略为我们提供了一些有效的方法来控制冲突水平。例如，通过沟通、协商、调解等方式来缓解紧张局势，促进双方的理解和合作。此外，还可以采取一些激励措施来激发双方的积极性和创造力，从而推动冲突向良性方向发展。

五　结果

冲突双方的行为与反应互动构成了一个复杂的动态过程，其最终导向的结果具有双重性。当冲突能够提升群体的整体表现时，我们称之为良性结果；反之，若冲突降低了群体的绩效，则被视为恶性结果。

让我们首先深入探讨良性结果的情境。虽然公开或激烈的冲突场面往往让人联想到负面的后果，但中低水平的冲突却有可能成为推动群体效能提升的动力。这里需要强调的是，这些良性冲突主要指的是任务冲突或程序冲突，而非关系冲突。当冲突能够优化决策质量，激发团队的创新能力与创造力，点燃群体成员的兴趣与好奇心，提供一个公开讨论问题并缓解紧张氛围的平台，以及促进一个有利于自我评估和变革的环境时，这样的冲突无疑是建设性的。适度的冲突还可以营造一种积极的情绪氛围，使团队成员变得更加活跃，更具动力，从而对工作投入更多的热情和努力。

然而，冲突也可能带来恶性结果，其破坏性影响对群体或组织绩效的损害已经广为人知。失控的对立与冲突会滋生不满情绪，导致团队成员之间的共同纽带断裂，最终可能使群体走向解体。恶性冲突对群体效能的不良影响包括但不限于：沟通受阻、群体凝聚力下降，以及团队成员之间的个人竞争凌驾于群体目标之上。更为严重的是，所有形式的冲突，即便是那些起初看似良性的冲突，似乎都会降低团队成员的满意度和彼此之间的信任。在极端情况下，冲突甚至可能导致群体停止运作，进而威胁到该群体的生存。

那么，管理者应如何有效地管理组织中可能发生的冲突呢？除了深入了解我们之前讨论的冲突动机和原则，以下是一些实用的管理指南。

第一，要使恶性冲突最小化，管理者需要识别是否存在真正的分歧。很多时候，表面上的冲突实际上是因为人们在讨论同一件事时使用了不同的术语或视角。例如，营销部门的人员可能在描述某一事件时强调“分销问题”，而业务部门的人员则可能更关注“供应链管理问题”。成功的冲突管理需要认识到这些差异，并努力化解它们，通过鼓励开放、坦率的沟通，以及关注共同利益而非问题本身，来达成更好的理解与协作。这样的管理方式有助于将潜在的破坏性冲突转化为推动团队进步和创新的良性动力。第二，在解决冲突的过程中，一个关键步骤是让对立的群体各自选择对他们而言最为重要的那部分解决方案，随后，需要将关注的焦点集中在满足各方的首要需求上。实际上，在协商过程中，任何一方都不可能完全得到自己所期望的全部内容，但通过有效的沟通与协商，每一方都能实现对自己而言最为关键的部分，这种策略有助于平衡各方利益，减少冲突中的对立情绪，为冲突的顺利解决奠定基础。第三，能够成功解决冲突的群体通常具备开诚布公地讨论观点分歧的能力，并且他们会在冲突发生之前做好充分的准备，以便在冲突发生时能够对其进行有效的管理①。相反，那些始终采取回避态度，不直接解决冲突的

① K. Behfar, R. Peterson, E. Mannix, et al., “The Critical Role of Conflict Resolution in Teams: A Close Look at the Links Between Conflict Type, Conflict Management Strategies, and Team Outcomes,” *Journal of Applied Psychology* 93 (2008): 170-188.

群体，往往会使冲突积累并产生更大的破坏力。开诚布公地讨论所面临的问题，有助于各方更加深入地了解彼此的立场和需求，从而更容易达成一致意见，形成双方都能接受的解决方案。第四，管理者在解决冲突时，需要特别强调双方的共同利益，这样做有助于缓解对立情绪，防止双方因观点分歧而变得过于固执和情绪化。实际上，协调性权力和信任有助于合作性冲突解决，从而推动伙伴关系的发展①。集体主义文化强调个体在社会关系中的位置，而个人主义文化则更注重个体的独立性和自主性。因此，集体主义者更可能为了维护关系并改善整个群体的利益而采取行动。为了维护和谐的关系，他们可能会避免直接表达冲突，而是通过迂回的方式来处理观点分歧。他们更倾向于表示关心，通过第三方来调解争端，而个人主义者则更倾向于直接而公开地面对和处理观点分歧。

我们已经深入探讨了冲突的本质、原因和结果，接下来我们将聚焦于谈判这一重要议题。因为谈判往往是解决冲突的有效途径，通过有效的谈判，我们可以寻求双方都能接受的解决方案，从而实现冲突的和平解决。

第三节　谈判

在组织和群体中，谈判（negotiation）无疑是一种无所不在的互动形式。它深深地渗透在每个成员的日常生活与工作中，成为推动事物发展的重要手段。有些谈判是显而易见的，它们被明确地安排和规划，比如劳资双方为了达成合理的薪资和福利而进行的正式谈判。这些谈判通常都有明确的议题和预期结果，双方都会为此做好充分的准备。然而，还有一些谈判则不那么明显，它们可能在日常的沟通交流中悄然发生。比如，管理者与上司、同事、下属之间的谈判，可能是在一次简单的对话中，关于某项工作的分配、进度的调整或是某个决策的讨论。销售人员与客户之间的谈判，可能是在推销产品时，说服客户接受价格、服务条件等。采购人员与供应商之间的谈判，则是在寻求最佳的采购方案，确保组织能够获得高质量的物资和服务。除此之

① 宋华:《权力、信任对冲突解决机制及其伙伴关系持续影响研究》,《管理学报》2009年第11期，第1437~1443页。

外，还有一些谈判十分微妙，它们可能发生在不经意间，甚至有时双方都没有意识到。比如，一名雇员可能为了维护良好的同事关系，同意为某位同事提供几分钟的“掩护”，以换取将来的某种好处。这种微妙的谈判虽然没有明确的议题和预期结果，却在无形中影响着组织成员之间的关系和互动。在当今的许多组织中，由于结构日益松散，成员之间的合作关系变得尤为重要。他们可能需要与不同的同事合作，而这些同事可能并不在他们的直接管辖范围内，甚至可能归属于不同的上司。在这种情况下，谈判技能就显得尤为重要。它不仅能够帮助成员们解决工作中的问题，还能够促进他们之间的合作与信任，从而推动整个组织的发展。

我们把谈判定义为双方或多方决定如何分配稀缺资源的过程[①]。这个定义揭示了谈判的本质，即它是一种资源分配机制。实际上，组织中的每一次谈判都会影响谈判者之间的关系以及他们对自己的看法。对于谈判双方来说，考虑到双方未来发生互动的频繁程度，维系双方之间的社交关系并按照道德规范行事有时候与每次谈判达成的直接结果一样重要。谈判和洽谈这两个术语在很多时候是可以互换使用的。它们都是指通过协商和沟通来解决问题或达成共识的过程。无论是明显的谈判还是微妙的洽谈，它们都是组织和群体不可或缺的一部分，是推动事物发展的重要手段。

一 分配式谈判

当买卖双方就商品的售价进行协商时，每一方都试图为自己争取最有利的价格。买方希望以更低的价格购买，而卖方则希望获得更高的利润。双方通过谈判，最终确定一个都能接受的交易价格，这就是分配式谈判（Distribute Bargaining）。分配式谈判的核心特点在于，它通常是在一种零和游戏条件下进行的。也就是说，在这场谈判中，我所获得的每一分利益，都恰好是你所失去的利益，反之亦然。这种谈判的本质在于，对于一份固定大小的利益（Fixed Pie），双方需要协商决定谁应分得多少。在这种谈判中，所谓固定大小的利益是指谈判双方所分配的产品或服务的总量是固定的。当双方

① M. Bazerman, J. Curhan, D. Moore, et al., “Negotiation,” *Annual Review of Psychology* 51 (2000): 279-314.

都认为这一利益的大小是固定的，或者至少他们认为是这样时，他们往往会倾向于采用分配式谈判的方式。

为了更好地理解分配式谈判的实质，我们可以将其形象化为图 12-1。在图 12-1 中，A 和 B 分别代表谈判的双方。每一方都有自己的目标点，这是他们希望达成的最佳结果；同时，他们也有一个抵制点，这是他们所能接受的最差结果。如果谈判的结果远离了他们的愿望范围，触及了抵制点，那么他们可能会选择终止谈判，因为这样的结果对他们来说是不可接受的。在谈判的过程中，双方的目标点与抵制点之间形成了一个愿望范围。只有当双方的愿望范围存在一定的重叠时，才有可能找到一个解决区间，使得双方的愿望都能在一定程度上得到满足。这个解决区间就是分配式谈判中双方需要努力寻找的平衡点，也是谈判成功的关键所在。

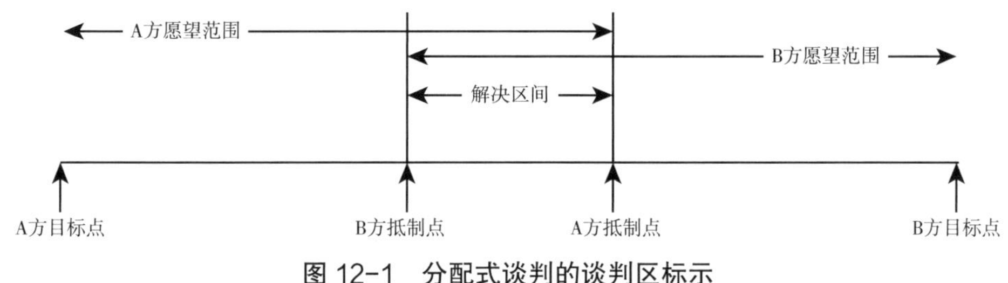

图 12-1　分配式谈判的谈判区标示

研究结果显示，当你参与分配式谈判时，一种极为有效的策略便是率先出价，并且这个价位需要是一个相对激进的数字。这种策略的运用，背后蕴含着多重深刻的原因。首先，率先出价能够彰显你的决心与自信。在谈判中，那些表现出强烈自信与坚定立场的个体，更有可能率先提出自己的价格或条件。他们敢于先声夺人，不仅仅是为了占据先机，更是为了向对方展示自己的决心和不容小觑的实力。这样的姿态往往能在谈判一开始就为自己赢得一定的优势，为后续的谈判过程奠定良好的基础。其次，率先出价还能巧妙地利用心理学中的锚定偏见现象。人们在接收信息时，往往会受到最初接收到的信息的影响，即所谓的“锚定”。一旦这个“锚”被设定，人们后续的判断和决策往往会受到这个初始值的制约，难以做出准确的调整。因此，聪明的谈判者会利用这一心理现象，通过率先出价来设定谈判的基准点。这个基准点一旦确立，就会如同一个无形的“锚”，影响着谈判双方的判断和决策。数十项针对谈判的深入研究都证实了这一策略的有效性。那些能够成功设定基准点的谈判者，往往能够在谈判过程中占据更有利的地位，从而为自己争取到更多的利益[①]。因此，如果你想要在分配式谈判中取得更好的结果，不妨尝试运用这一策略，通过率先出价来为自己赢得优势。

二　整合式谈判

与分配式谈判那种你输我赢的零和游戏不同，整合式谈判（integrative bargaining）则基于一种更为开放和包容的假设：在谈判的过程中，存在一种或多种可以实现双赢的解决方案。这种谈判方式强调双方的合作与共赢，而非简单的利益争夺。通过整合式谈判，谈判双方能够共同探讨并找到能够满足各自需求的最佳方案，从而实现双方的共同利益最大化。当然，要实现整合式谈判的效果，必须要求谈判双方都能够展现出高度的合作意愿和信任。整合式谈判的成功往往离不开双方之间的深入沟通和理解。双方需要坦诚地交流各自的需求、关切和利益，并共同探讨可能的解决方案。在这个过程中，双方需要保持开放的心态，愿意接受对方的意见和建议，并共同寻找最佳的平衡点。

对于组织内部发生的各种行为，整合式谈判相较于分配式谈判往往更为可取。在条件相同的情况下，整合式谈判之所以更受欢迎，是因为它有助于建立和维护长期的合作关系。这种谈判方式鼓励双方共同努力，寻求能够同时满足各自需求的解决方案，使谈判双方在离开谈判桌时都能感到自己取得了满意的成果。与此相反，分配式谈判往往会导致一方成为失败者，这种零和游戏式的谈判方式在双方需要长期合作的情况下可能会加剧分歧，甚至引发敌对情绪。研究表明，当双方需要进行多次谈判时，如果本次谈判的“输”方对谈判结果持积极态度，那么他们更有可能在未来进行合作性的谈判。

然而，尽管整合式谈判具有诸多优势，但我们在组织中却很少看到它被

① J. Magee, A. Galinsky, & D. Gruenfeld, “Power, Propensity to Negotiate, and Moving First in Competitive Interactions,” *Personality & Social Psychology Bulletin* 33 (2007): 200-212.

应用。这主要是因为整合式谈判的成功实施需要满足一系列条件。首先，双方必须公开分享信息，保持坦诚沟通；其次，双方需要对彼此的需求保持敏感，并能够建立和维护信任关系；最后，双方都需要表现出一定的灵活性，愿意为了达成共同目标而做出一定的妥协。遗憾的是，许多组织往往无法满足这些条件，因此谈判往往采取零和方式，即分配式谈判。此外，员工的个人特征也对谈判者是否能够达成整体解决方案产生影响。谈判策略的使用和有效性还可能取决于所涉及各方的监管重点以及对第三方所要承担的责任。

三　比较分配式谈判和整合式谈判

分配式谈判和整合式谈判在目标、动机、焦点、利益、信息共享和关系持续时间等方面均存在显著差异，如表 12-1 所示。

表 12-1　分配式谈判与整合式谈判

谈判特点	分配式谈判	整合式谈判
目标	本方获得更多“蛋糕”	把“蛋糕”做大
动机	零和	双赢
焦点	立场	利益
利益	针锋相对	存在共同利益
信息共享程度	低	高
关系持续时间	短期	长期

案例链接 12-2

重庆谈判

我们可以从两种不同的谈判方式出发来探讨“蒋介石邀请毛泽东去重庆谈判”这一历史事件的含义和影响。首先，分配式谈判体现在国民党方面。作为当时中国的主要执政党，国民党希望通过与共产党进行谈判，争取更多的政治和经济利益，并试图削弱共产党的力量。在这种思维方式下，国共双方的谈判可能会围绕权力的重新分配和资源的不平等交换展开。然而，这种谈判方式往往容易导致冲突和对立，不利于国家的和平统一和发展。相比之下，整合式谈判则更符合中国共产党的立场。在重庆谈判中，中国共产党始终坚持和平、民主、团结的原则，主张通过对话和协商解决分歧和问题。这种谈判方式有助于增进双方的理解和信任，为未来的和平共处奠定坚实的基础。从历史的角度来看，重庆谈判最终达成了“双十协定”，给中国人民带来了民主、和平、团结的希望和曙光。虽然国民党统治集团违背了全国人民迫切要求休养生息、和平建国的意愿，悍然撕毁了“双十协定”，但重庆谈判的历史意义和启示仍是非常重大的。其中，整合式谈判的思维方式和行动策略无疑发挥了重要的作用。通过强调合作、互利共赢以及寻求共同利益的最大化，中国共产党为中国的和平与发展做出了积极的贡献。

资料来源:《奋斗百年路 启航新征程丨重庆谈判时，毛泽东为何“三顾特园”》，2021 年 3 月 30 日，http://www.qstheory.cn/laigao/ycjx/2021-03/30/c_1127273558.htm，最后访问时间：2024 年 5 月 3 日。

在实际应用中，需要根据具体情况选择合适的谈判方式，以实现最佳的合作效果。在同一次谈判事件中，我们往往也可以根据谈判的进展和需要，灵活运用分配式谈判和整合式谈判两种策略。首先，我们采取整合式谈判的方式，致力于阐明双方的需求。这一步是谈判的基础，通过开放、诚实的对话，我们试图深入了解自身的需求，同时探寻对方的需求。这包括了解彼此的核心关切、期望和底线，为后续的谈判奠定坚实的基础。接下来，我们继续运用整合式谈判的策略，聚焦于利益而非立场，清晰阐明双方的利益。我们应努力避免陷入立场之争，专注于如何满足双方的利益。通过明确阐述我们的利益点，我们可以更好地与对方沟通，找到共同的利益基础，为达成互利共赢的协议创造可能。在整合式谈判的过程中，我们要避免过早折中。过早达成折中意向可能会牺牲我们的利益，因此我们需要确保双方的利益都得到充分的考虑和满足。这意味着我们需要保持耐心和冷静，通过持续的沟通和协商，逐步缩小分歧，寻找双方都能接受的解决方案。然而，在某些情况下，我们也需要运用分配式谈判的策略来维护我们的利益。一旦我们清晰地阐明了自身的利益，就应该设定一个高目标。这个高目标可以是我们期望得到的最佳结果，它能够帮助我们在谈判中保持主动性和竞争力。同时，我们也需要保持灵活性，根据谈判的进展和对方的反应来调整我们的目标。最后，在谈判进入关键阶段时，我们可以采用分配式谈判中的“切分蛋糕”策略。此时，我们已经通过整合式谈判将“蛋糕”做大，现在需要放下谦让，以更加果断和坚定的态度来争取我们的利益。我们需要运用技巧和策略，尽可能使对方获利更少，同时确保我们的利益最大化。这并不意味着我们要完全剥夺对方的利益，而是要在保证公平和合理的前提下，争取到我们应得的份额。

第四节　谈判过程

谈判是一个复杂且多阶段的过程，它涵盖了从起始的筹备到最终实施的各个环节。具体而言，谈判主要包括以下五个关键阶段：准备与计划、确定基本规则、阐述与辩论、讨价还价与问题解决、结束与实施。

准备与计划是谈判成功的基石。在谈判开始前，我们需要投入足够的时间与精力，对谈判的背景、目标及参与方进行深入的了解与剖析。首先，我们要明确本次谈判的核心冲突是什么，是什么因素或事件导致了这一谈判的举行。其次，我们需要了解所有参与者的身份，以及他们对本次冲突的观点和立场。在明确了自己的谈判目标后，我们需要将这些目标清晰地记录下来，并为它们设定一个合理的接受范围，从最为理想的结果到可以接受的最低限度。同时，我们还需要对对方的谈判目标进行预测与评估。他们可能会提出哪些要求？他们可能如何坚持自己的立场？是否存在一些隐形的或不易察觉的利益对他们至关重要？了解并预测对方的立场和策略，将有助于我们更好地准备反驳材料，确保在谈判中能够有力地维护自己的利益。值得注意的是，在谈判过程中，双方的关系可能会随着谈判的深入而发生变化。因此，在制定策略时，我们需要考虑到这一点。如果我们赢得了谈判，却让对方产生了反感或厌恶，那么这种胜利或许并不值得。相反，如果维持现有关系需要我们做出一些妥协，那么我们应该考虑采取一种更加平衡和折中的方式。

一旦我们收集到了足够的信息，就需要制定一套完整的谈判策略。在这个过程中，我们需要明确双方的最低接受方案（Best Alternative To a Negotiated Agreement，BATNA），这将成为我们在谈判中的底线。只要对方的报价高于这一方案，那么接受这个报价就比陷入僵局要好。此外，拥有更好的替代方案的一方在谈判中往往占据优势。因此，在谈判开始前，我们应该努力完善自己的替代方案，以增加自己在谈判中的筹码。最后，我们需要仔细分析对方愿意放弃什么。如果我们低估了对方在关键问题上让步的意愿，那么最终的结果可能会偏离我们的预期①。相反，如果我们能够提出让对方感到高于其最低方案的报价，那么我们就有更大的机会获得谈判的成功。因此，在准备与计划阶段，我们需要尽可能全面地了解对方，以确保我们的谈判策略能够有的放矢，取得最佳的效果。

确定基本规则是谈判过程中至关重要的一个环节。在精心制定了计划和战略之后，你需要与对方协商，共同确立本次谈判的基本框架和运作规则。首先，要明确谈判的参与人员，即确定谁将代表双方参与这次谈判。这将确保谈判的权威性和有效性。其次，选择谈判的地点也至关重要，这需要根据双方的实际情况和谈判的需要进行权衡，以确保谈判环境的舒适和安全。再次，谈判的时间安排也是不可忽视的因素。如果有时间限制，双方需要共同商讨并确定一个合理的谈判时长，以确保在有限的时间内达成有效的协议。最后，还需要明确谈判的范围，即本次谈判仅限于哪些议题和事项，以避免在谈判过程中偏离主题。当谈判陷入僵局时，双方应事先商定一个特定的解决程序，以便能够迅速有效地化解分歧，推动谈判的顺利进行。在这个阶段，双方通常会交换各自的初步提案或要求，为后续的谈判奠定基础。

阐述与辩论是谈判过程中的重要环节。在彼此交换了初步提案之后，双方需要对自己的提案进行详细的解释、阐明和澄清，以便让对方充分了解自己的立场和意图。同时，也需要就谈判事项进行深入的论证和辩论，通过充分的交流和沟通，促进双方的理解和共识。在这个过程中，不必过于强调对抗性，而是应将其视为双方交换信息和观点的宝贵机会。你可以向对方提供任何支持你方立场的材料，以便让对方更加全面地了解你的观点和立场。

讨价还价与问题解决是谈判过程中的核心阶段。在这一阶段，双方需要就各项议题进行深入的讨论和协商，寻找能够满足双方利益的解决方案。毫无疑问，谈判双方都需要做出一定的让步，以达成最终的协议。然而，让步

① R. P. Larrick & G. Wu, “Claiming a Large Slice of a Small Pie: Asymmetric Disconfirmation in Negotiation,” *Journal of Personality & Social Psychology* 93 (2007): 212-233.

并不意味着无原则的妥协，而是需要在维护自身利益的同时，充分考虑对方的合理关切和需求。通过巧妙的策略和灵活的谈判技巧，双方可以逐步缩小分歧，达成共识。

谈判过程的最后一步是结束与实施，并为实施和监控该协议制定必要的程序。对于一些重要的谈判，双方需要在正式合同中详细敲定各项细节，包括责任划分、履行方式、违约责任等，以确保协议的有效执行。在大多数情况下，谈判过程以双方握手而告终，标志着双方达成了一致意见并愿意共同遵守协议内容。在协议实施阶段，双方需要密切合作，确保协议内容得到切实履行。同时，还需要建立有效的监控机制，对协议的执行情况进行定期检查和评估，以便及时发现问题并采取相应措施加以解决。

案例链接 12-3

龙永图与中国入世谈判

龙永图在中国加入 WTO，重新走向世界经济领域的谈判过程中发挥了至关重要的作用。他以其卓越的外交才能和坚定的决心，为中国的入世谈判做出了重大贡献。以下从准备与计划、确定基本规则、阐述与辩论、讨价还价与问题解决以及结束与实施这五个方面，对龙永图在谈判过程中的作用进行阐述。

准备与计划。在谈判开始前，龙永图对 WTO 的规则、中国的经济状况以及国际经济形势进行了深入研究和分析，制定了详细的谈判策略和计划。他组织团队收集和研究相关资料，预测可能遇到的困难和挑战，并制定了相应的应对措施。

确定基本规则。龙永图积极参与并推动了多边贸易谈判规则的制定，确保这些规则既符合 WTO 的要求，也符合中国的利益。他与其他国家的代表进行了深入沟通，就谈判的基本规则和框架达成了共识，为后续谈判奠定了坚实基础。

阐述与辩论。在谈判过程中，龙永图充分阐述了中国加入 WTO 的积极意义和必要性，强调中国经济的快速发展和改革开放的成果。他通过事实和数据证明中国已经具备了加入 WTO 的条件，并反驳了一些国家对中国的质疑和误解。面对其他国家的挑战和质疑，龙永图以其出色的辩论技巧，维护了中国的立场和利益。

讨价还价与问题解决。在这一阶段，龙永图展现出了极高的谈判技巧和策略。他坚持原则，同时又灵活变通，通过巧妙的谈判技巧争取到了最有利于中国的条件。他善于抓住对方的软肋，通过施加压力或提出妥协方案来解决问题。对于一些复杂和敏感的问题，他能够冷静分析，提出切实可行的解决方案，推动谈判取得进展。

结束与实施。在谈判即将结束时，龙永图与各方代表就最后的问题进行了深入磋商，达成了共识。在中国正式加入 WTO 后，他继续关注并推动相关政策的实施，确保中国能够充分利用 WTO 的规则和机遇，促进经济的进一步发展。

总的来说，龙永图在中国加入 WTO 的谈判过程中展现出了卓越的外交才能、坚定的决心和出色的谈判技巧。他的贡献不仅仅体现在谈判本身，更体现在推动中国走向世界、融入全球经济的进程中。他的努力为中国经济的发展和对外开放奠定了坚实基础，也为中国的国际地位提升做出了重要贡献。

资料来源:《让历史铭记——中国加入世贸组织谈判备忘录》，2005 年 10 月 31 日，https://www.gov.cn/ztzl/content_87675.htm, 最后访问时间：2024 年 5 月 3 日。

案例链接 12-4

香港回归：中英谈判履约

香港回归的中英谈判过程是一段复杂的外交博弈，涉及多次交锋和策略运用。

一、谈判过程

1. 试探阶段：1979 年，英国驻香港总督麦理浩访问北京，与邓小平会面，英国开始试探中国对香港问题的态度。

2. 立场明确：邓小平在会见麦理浩时明确表示中国对收回香港主权的立场。

3. 一国两制提出：1981 年，叶剑英提出和平解决台湾问题的九条方针，邓小平在此基础上提出“一国两制”的概念。

4. 高层会谈：1982 年，英国首相撒切尔夫人访问中国，与邓小平举行历史性会谈，邓小平重申中国对香港主权的立场。

5. 正式谈判：1983 年，中英双方正式开始谈判，章文晋和柯利达分别作为中英双方谈判负责人。

6. 僵局与突破：谈判初期，双方在主权问题上僵持不下。1983 年春，英国方面开始考虑让步，柯利达带回撒切尔的信，表明英国愿意在一定条件下讨论香港的行政管理安排。

7. 技术性问题：在具体技术问题上，如联合联络小组的设立等，双方经历了激烈的讨论和妥协。

8. 最终协议：1984 年 9 月，中英双方草签了关于香港问题的联合声明，结束了长达两年的谈判。

二、中方使用的谈判策略

1. 坚定立场：中方始终坚定其对香港主权的立场，明确表示主权问题不容谈判。

2. 一国两制：提出“一国两制”的方针，为香港的未来发展提供了一个框架，同时保证了中国的主权和香港的繁荣稳定。

3. 设定期限：邓小平给谈判设定了两年的期限，增加了谈判的紧迫感。

4. 技术性让步：在一些技术性问题上，如联合联络小组的名称和进驻时间，中方展现了一定的灵活性，以促进谈判的进展。

5. 利用经济因素：中方没有因香港经济波动而放弃原则立场，反而利用英国对香港经济稳定性的关切来推动谈判。

6. 外交手段：通过外交途径，如与美国国务卿基辛格的沟通，以及邓小平与英国前首相希思的会谈，中方增强了自己的谈判地位。

7. 最终摊牌：在谈判的最后阶段，中方明确表示了自己的底线，并通过非正式午餐等方式传递了坚定的信号。

8. 实力展示：中方通过展示自己的实力和决心，使英方认识到与中国达成协议的必要性。

通过这些策略，中英双方最终达成了关于香港问题的联合声明，为香港的顺利回归和未来发展奠定了基础。

资料来源:《香港回归：中英谈判履约》，https://cases.sem.tsinghua.edu.cn/tsh/caseb/tsh_caseb_main/tshCasebMain.do?method=view_new&fdId=182c9d9cdfb2fb93d966b8c424697d9b，最后访问时间：2024 年 5 月 19 日。

第五节　谈判效果中的个体差异

个体在谈判中的表现往往受到多种因素的交织影响，其中最为显著和关键的影响因素有四种：人格特质、心境 / 情绪状态、文化以及性别差异。这些因素不仅塑造了谈判者的行为和策略，还深刻影响着谈判的最终走向和结果。

一　人格特质与谈判

如果你对谈判对手的人格特质有深入的了解，那么这确实有助于你预测并应对他们的谈判策略。然而，我们必须清醒地认识到，尽管人格对谈判过程有一定影响，但它与谈判结果之间的关联性并不强。换言之，人格并不是决定谈判成败的唯一或主要因素。因此，我们不能单纯依赖对对方人格的判断来预测谈判结果，而应该在了解对方人格的基础上，结合其他因素进行综合分析。大多数关于人格与谈判的研究都聚焦于大五人格特质中的随和性。随和性的人通常表现出合作、顺从、善良以及不喜欢冲突的特点。这种特质可能会让我们误以为随和的人在谈判中容易成为他人的牺牲品，尤其是在分配式谈判中。然而，实际情况并非如此。研究表明，随和性与谈判结果之间的关联其实非常微弱。

随和性对谈判结果的影响很大程度上取决于当时的情境。例如，在谈判中，外倾性（自信和热情）的重要性取决于另一方对这种特质的反应。此外，随和性本身具有两面性：一方面，随和的人乐于合作和顺从；另一方面，随和的人也可能展现出温暖、体贴的一面，具备善解人意的特质。然而，这种特质在谈判中的影响是双面的。一方面，过度的合作和顺从可能导致谈判者在关键问题上缺乏坚持和主张，从而对谈判结果产生不利影响。他们可能过于顾及对方的感受和需求，而牺牲了自己的利益或目标。这种过于迎合他人的态度可能会让对手觉得他们没有足够的决心和实力，从而不利于达成有利的协议。然而，随和者善解人意的一面在谈判中同样具有积极的意义。他们能够敏锐地察觉对方的情绪和需求，更好地理解对方的立场和观点。这种能力有助于建立信任和共鸣，为双方创造更好的沟通氛围。通过倾听和理解，随和者可以更好地掌握谈判的节奏和策略，找到双方都能接受的解决方案。他们能够以更加开放和包容的态度面对分歧和冲突，从而推动谈判朝着更加积极和合作的方向发展。毕竟，移情能力（能够从他人的角度看待问题并理解对方）在谈判中是非常宝贵的。因此，我们可以推测，随和性对谈判结果的影响之所以微弱，可能是因为它的这两个方面在某种程度上相互抵消了。如果是这样，那么理想的谈判者应该既具备竞争力和自信，又能够善解人意并富有同情心。而最糟糕的谈判者可能是那些虽然温和但缺乏理解力和洞察力的人。最近的研究还进一步指出，诸如随和性和外倾性等人格特质对谈判的影响并不是孤立存在的，而是与谈判各方人格的相似性密切相关。换句话说，当双方的人格特质相似时，谈判可能更加有效。当谈判双方在人格特质上相似时，会增加积极情绪的表现，这可能是因为相似性促进了相互理解和共鸣。由于积极情绪表现的增加，具有相似人格特质的谈判双方也倾向于更快地达成协议，感知到更少的关系冲突，并对谈判伙伴有更积极的印象①。

自我效能感，作为一个个体差异变量，与谈判结果之间似乎存在着紧密的联系②。这一发现与我们直观的感受相吻合，那些对自己在谈判中取得成功充满信心的人，往往能够展现出更为高效的表现，这一点确实不令人意外。进一步而言，自我效能感的提升往往伴随着自信心的增强。在谈判桌上，自信是一种无形的力量，能够影响谈判者的行为和对方的反应。那些更自信的人，往往能够更坚定地提出自己的主张，更不容易在谈判过程中动摇或放弃自己的立场。他们的自信不仅体现在言辞上，更通过态度和行为传递给对方，

---

① K. S. Wilson, D. S. Derue , F. K. Matta, et al, “Personality Similarity in Negotiations: Testing the Dyadic Effects of Similarity in Interpersonal Traits and the Use of Emotional Displays on Negotiation Outcomes,” *Journal of Applied Psychology* 101（2016）: 1405-1421.

② S. Sharma, W. Bottom, & H. Elfenbein, “On the Role of Personality, Cognitive Ability, and Emotional Intelligence in Predicting Negotiation Outcomes: A Meta-Analysis,” *Organizational Psychology Review* 3（2013）: 293-336.

使得对方感受到他们的坚定和决心，从而在一定程度上产生畏惧心理。尽管我们尚未完全了解自我效能感影响谈判结果的确切机制，但已有研究表明，谈判者在开始谈判前增强自信心可能会对谈判结果产生积极的影响。这种自信心可能来源于对自身能力的深刻认识、对谈判策略的精心准备，以及对谈判目标的清晰定位。当谈判者充满自信地进入谈判，他们更有可能保持冷静和理智，更能够灵活应对各种复杂情况，从而取得更为理想的谈判结果。

二　心境 / 情绪状态与谈判

心境 / 情绪状态同样会对谈判结果产生影响。积极情绪在谈判中发挥着不可忽视的作用，它不仅能够改善谈判氛围，还能够促进谈判者之间的合作与沟通。具体而言，心情愉悦的谈判者在谈判过程中相较于心情低落的谈判者，往往更能够保持冷静和理智，减少不必要的争论和冲突。他们更倾向于采取合作策略，通过寻求共同点来达成共识，而不是过于坚持自己的立场而导致谈判破裂。同时，积极情绪还能够激发谈判者的创造性思维，使他们更加愿意提出多种解决方案，并对各种方案进行权衡和比较，从而找到最有利于双方的方案。因此，积极情绪对于促成联合收益的达成具有积极的影响。在谈判中，如果谈判者能够保持积极的心态和情绪，那么他们就更有可能在谈判中取得好的结果，实现双赢或多赢的局面①。

关于消极情绪对整合式谈判的影响，长期以来，人们普遍持有一种观念，即消极情绪，如愤怒和急躁，往往会导致较低的联合收益。这种看法并非空穴来风，而是有着充分的实证研究支持。例如，奥尔雷德（Allred）等在 1997 年的研究中发现，处于愤怒状态的谈判者相较于心情愉悦的谈判者，在谈判中往往难以达成满意的联合收益②。同样，皮洛特（Pillutla）和莫尼根（Murnighan）在 1996 年的研究中也观察到，愤怒的谈判者有时甚至会拒绝那些明显对他们经济利益有利的提议，这显示出消极情绪对谈判决策的负面影

① 张真、皇甫刚：《影响整合式谈判的情境因素和过程因素》，《心理科学进展》2007 年第 3 期，第 518~523 页。

② K. G. Allred, J. S. Mallozzi, F. Matsui, et al., "The Influence of Anger and Compassion on Negotiation Performance," *Organizational Behavior and Human Decision Processes* 70 (1997): 175-187.

响[①]。然而，值得注意的是，并非所有情况下消极情绪都会对谈判产生不利影响。西纳赛乌尔（Sinaceur）和泰登斯（Tiedens）等学者指出，在某些特定情境下，适当地流露出消极情绪反而可能对谈判结果产生积极的影响。这是因为，适当的消极情绪表达有时能够作为一种策略手段，有效地迫使对手在谈判中做出让步。特别是当对手的备选方案较差时，这种策略性的消极情绪表达可能更加有效。通过适时地展现愤怒或不满，谈判者能够在面对面的谈判中占据更有利的位置，从而攫取更大的利益[②]。

三　文化与谈判

文化与谈判之间确实存在着千丝万缕的联系，不同文化背景的人往往会展现出各异的谈判方式。这一点，显然是毋庸置疑的。然而在这其中，又蕴含着许多微妙而复杂的因素，无法简单地给出一个"这种谈判者最好"的结论。谈判的成功与否，实际上取决于诸多情境因素的综合作用。

要描述文化与谈判之间的关系，我们首先要认识到，同一文化背景下的人们在进行谈判时，由于共享着相似的文化价值观、沟通方式和思维模式，往往能够更加有效地沟通和理解彼此。然而，在跨文化谈判中，情况就变得复杂多了。此时，谈判者的经验开放性显得尤为重要。一个经验开放性高的谈判者，能够更好地适应不同文化背景下的谈判环境，减少文化冲突和误解。因此，在组建跨文化谈判团队时，选择那些具备较高经验开放性的谈判者无疑是一个明智的策略。此外，不同文化背景的人们往往会倾向于使用特定的谈判策略。

在跨文化谈判中，情绪管理也是一个至关重要的环节。由于情绪具有文化敏感性，因此双方需要特别留意彼此的情绪波动。一项研究对比了美国和中国谈判者对愤怒的反应，结果发现中国谈判者在面对愤怒的对手时，往往会增加使用分配式谈判策略，而美国谈判者则可能会减少使用这种策略。这种差异可能源于不同文化对愤怒这一情绪的不同解读和应对方式。在中国文

① M. M. Pillutla & J. K. Murnighan, "Unfairness, Anger, and Spite: Emotional Rejections of Ultimatum Offers," *Organizational Behavior and Human Decision Processes* 68 (1996): 208-224.

② M. Sinaceur & L. Z. Tiedens, "Get Mad and Get More Than Even: When and Why Anger Expression is Effective in Negotiations," *Journal of Experimental Social Psychology* 42 (2006): 314-322.

化中，利用愤怒来获取谈判优势可能被视为一种不合理的策略，因此当面对愤怒的对手时，中国谈判者可能会选择更加强硬或拒绝的谈判手段。而美国文化可能更倾向于通过沟通和妥协来化解冲突，因此在愤怒面前，美国谈判者可能会更倾向于退让或寻求其他解决方式[①]。

四　性别差异与谈判

男性和女性在谈判桌上的表现方式确实存在显著的差异，这不仅体现在他们各自独特的谈判策略上，还涉及谈判伙伴对他们的不同对待方式。这些差异，无论是细微的还是明显的，都会在一定程度上影响谈判的最终结果。

从谈判者角度来说，一个常见的刻板印象是女性通常比男性更乐于合作，且更易于营造愉快的谈判氛围。尽管这一观点在学术界和社会上引发了诸多争议，但不可否认的是，它确实在一定程度上反映了性别在谈判中的某些差异。从性别心理学的角度来看，男性往往更加注重地位、权力和他人的认可，而女性则更加倾向于表达同情心和展现利他行为。这种差异也反映在谈判行为上：女性往往比男性更加关注关系的结果，而男性则更侧重于经济利益的得失[②]。这些性别差异对谈判行为和结果产生了深远的影响。相较于男性，女性在谈判中可能表现得相对不那么自信，不那么自私，并更愿意考虑对方的立场和需求。

此外，一份文献综述提出，不同性别的谈判对手在谈判中并未展现出显著的性别差异[③]。这个观点挑战了社会上普遍存在的性别刻板印象，强调了性别不应成为决定个人特质和能力的关键因素。然而，尽管男性和女性在理论上被认为是平等的，但在实际谈判过程中，他们的谈判对手却常常因为对男性和女性有不同的期望而对他们采取不同的对待方式。具体来说，谈判对手可能会基于传统的性别角色认知，对男性谈判者抱有更高的期望，认为他们应该更加果断、自信，具有更强的决策能力。因此，在与男性谈判者打交道时，他们可能

① M. Liu, "The Intrapersonal and Interpersonal Effects of Anger on Negotiation Strategies: A Cross-Cultural Investigation," *Human Communication Research* 35 (2009): 148-169.

② P. Trapnell & D. Paulhus, "Agentic and Communal Values: Their Scope and Measurement," *Journal of Personality Assessment* 94 (2012): 39-52.

③ 孙岚、曾本君、杨加成：《性别刻板印象和谈判绩效的理论研究》，《西南交通大学学报》（社会科学版）2009 年第 1 期，第 74~78 页。

会采取更为直接、竞争性的策略，试图通过强硬手段争取自己的利益。相对而言，对于女性谈判者，谈判对手可能会期望她们展现出更多的合作精神和沟通能力，认为她们更加细心、体贴，善于处理人际关系。因此，在与女性谈判者互动时，他们可能会更倾向于采用协商、合作的策略，寻求双方都能接受的解决方案。这种对待方式的差异，无疑会对谈判的进程和结果产生深远影响。对于男性谈判者来说，他们可能会因为对手的强硬态度而变得更加坚定，甚至采取更为激进的策略；而对于女性谈判者来说，她们可能会因为对手的合作态度而更容易达成妥协，但有时也可能因为被低估而错过争取更大利益的机会。

要改善当前这种糟糕的谈判状况，我们首先需要正视并应对组织文化中潜在的性别刻板印象。当一个组织无意中强化了关于性别的固定观念，比如认为男性在谈判中应表现出争强好胜，而女性则应倾向于合作，这种刻板印象便会成为束缚个体表现的枷锁。当谈判者的行为不符合这些预期时，他们可能会受到负面影响，这不仅限制了他们的谈判策略，也可能导致谈判结果的不公平。因此，我们必须努力消除这种刻板印象，让男性和女性都明白，在谈判中，他们完全可以展现出多样化的行为模式。无论是争强好胜的女性谈判者，还是爱好合作的男性谈判者，他们都应该知道，自己的谈判方式并非违背了他人的期望，而是基于自身特点和策略选择。我们需要将谈判的重点放在明确且与工作相关的条款上。通过减少模糊性，我们可以降低刻板印象对谈判结果的影响。这种对结果与工作相关性的强调，也有助于我们将谈判的焦点转移到提升组织绩效的关键因素上。

然而，关于女性是否可以利用性别刻板印象来获取更好的谈判结果，目前的研究尚无定论。一些研究指出，女性在谈判中如果善于运用“女性魅力”，如适当的肢体动作、频繁的眼神接触、微笑、幽默以及称赞对方，往往能够取得更好的谈判效果。相比之下，男性在谈判中则无法通过类似的行为获得明显优势[①]。但也有一些研究人员对此持不同观点，他们认为女性应当努力打破性别刻板印象，以更为专业和客观的方式参与谈判。至于哪种方法更为有效，实际上取决于我们关注的利益是短期的还是长期的。在短期内，

① L. Kray, C. Locke, & A. Van Zant, “Feminine Charm: An Experimental Analysis of Its Costs and Benefits in Negotiations,” *Personality & Social Psychology Bulletin* 38 (2012): 1343-1357.

女性或许可以通过展现自信和散发女性魅力来取得谈判优势；但从长远来看，只有消除性别刻板印象，才能真正保障女性的利益和权益。

此外，有证据表明，女性在谈判中的态度和行为往往会对她们造成不利影响。女性管理者在谈判前往往表现出较低的自信，谈判结束后对自己的表现也更为不满，即使她们的谈判技巧和结果并不逊色于男性。女性往往不太善于将模糊情况视为谈判机会。当未能参与或未能有效进行对自己有益的谈判时，她们往往会对自己进行过度责备。有研究表明，女性在谈判中不够强硬的主要原因之一是担心受到他人的强烈批评①。

第六节　社会背景下的谈判

上文主要讨论的是彼此独立的各方只进行一次会面的谈判。然而在组织中，很多谈判是不设期限的。当你试图确定由谁来完成一项困难单调的任务、和老板谈判以获得加薪或出国旅游的机会，谈判中就有了社会成分。谈判的内容和结果可能是人们谈论的话题，我们必须考虑声誉和关系等社会因素。

在实际的谈判过程中，个体或群体代表有时会遇到难以打破的僵局，无法通过直接的对话来化解分歧。此时，他们通常会寻求中立的第三方的介入，协助他们寻找一个能够接受的解决方案。在这个环节中，第三方扮演了多种角色，其中最主要的是调停人（mediator）、仲裁人（arbitrator）以及和解人（conciliator）。

调停人作为中立的第三方，通过运用推理、说服以及提出其他方案等手段，协助谈判双方达成和解。在劳资谈判和民事纠纷等领域，调停人的应用相当普遍，其效果也十分显著。然而，调停能否成功，关键在于特定的情境。只有当冲突双方愿意通过谈判来解决分歧，且冲突强度适中时，调停才能发挥最大的效果。此外，调停人的形象与声誉也至关重要。为了有效发挥作用，调停人必须被谈判双方视为中立、非强制性的存在。

仲裁人则是以自身权威为基础，帮助谈判双方达成协议的第三方。仲裁

---

① D. Small, M. Gelfand, L. Babcock, et al., “Who Goes to the Bargaining Table? The Influence of Gender and Framing on the Initiation of Negotiation,” *Journal of Personality and Social Psychology* 93（2007）：600-613.

可以是自愿的，即谈判双方主动提出要求；也可以是强制的，由法律或合同规定必须接受仲裁。相较于调停，仲裁的一大优势在于它总能产生一项解决方案。但是，这种方式是否会产生副作用，很大程度上取决于仲裁人的强硬程度。如果其中一方感到彻底失败，对仲裁结果不满，那么未来冲突再度发生的可能性便会增大。

和解人这个角色在谈判中同样具有举足轻重的地位，他们深受谈判双方的信赖，为双方搭建起了一座非正式的沟通桥梁。和解人的存在，使得原本可能充满紧张与对立的谈判氛围得以缓和，并为双方提供了一个开放、坦诚的交流平台。在这个平台上，谈判双方可以放下防备，坦诚地表达自己的想法和诉求，从而增进彼此之间的理解与信任。和解人通过细致入微的沟通，巧妙地引导双方走向共同的目标，努力寻求一个双方都能接受的解决方案。然而，尽管和解人在谈判中发挥着重要作用，但要比较和解与调停的有效性却并非易事。这是因为两者在很多方面存在重叠，都涉及第三方的介入、沟通与协商。在实际操作中，和解人与调停人的工作也往往交织在一起，难以截然分开。不过，尽管存在这些相似之处，和解人与调停人在具体操作上仍有所区别。和解人更注重于为双方提供沟通渠道和增进理解，而调停人更侧重于通过推理、说服等手段来促成双方达成解决方案。在实践中，和解人不仅作为沟通渠道，还经常负责实情调查、解读信息以及说服双方达成和解。他们需要通过深入了解双方的需求和利益，找到双方都能接受的共同点，从而推动谈判取得实质性进展。

复习思考题

1. 冲突的三种类型是什么？根据冲突发生的范围，我们可以如何对其进行分类？

2. 冲突的发展过程通常可以划分为哪些不同的阶段？

3. 分配式谈判与整合式谈判存在哪些差异？

4. 在谈判的过程中，通常会经历哪五个关键步骤或阶段？

5. 在谈判的过程中，谈判者之间的个体差异如何影响谈判的进展、结果和双方的关系？

6. 在谈判的过程中，第三方扮演了怎样的角色？他们具体有哪些功能和职责，以促成谈判的顺利进行？

案例分析题一

知识冲突、跨界行为与员工创造力

在当今复杂多变的商业环境中，跨界行为对于员工创造力的影响越发凸显其重要性。这种跨界行为不仅涉及员工在职能、部门或组织间的交流与合作，还包括他们与外部环境的互动和融合。因此，跨界行为如何塑造并增强员工的创造力，已成为组织行为学领域的核心议题之一。然而，当员工面临内部既有知识与外部异质知识的冲突时，跨界行为对员工创造力的具体影响却鲜有明确的答案。这种知识冲突可能源于不同的专业背景、行业经验或文化价值观，使得员工在整合信息、解决问题时面临更大的挑战。

为了深入探讨这一问题，有研究基于资源依赖与信息加工理论，构建了一个有调节的链式中介作用模型。该模型旨在揭示在知识冲突的背景下，跨界行为如何通过特定的作用机制影响员工的创造力。研究者通过对290个有效样本的实证研究，得出了一系列有意义的结论。首先，跨界行为对员工创造力具有显著的正向影响。这意味着员工通过跨界交流与合作能够获取更多的信息和资源，从而激发其创新思维和解决问题的能力。其次，研究发现认知灵活性和知识整合在跨界行为与员工创造力之间起到了显著的中介作用。认知灵活性是指员工在面对复杂问题时能够灵活转换思维方式和视角的能力，而知识整合则是指员工将不同来源的知识进行有效整合和应用的能力。这两种能力在跨界行为中得到了充分的培养和锻炼，进而促进了员工创造力的提升。更进一步地，研究发现认知灵活性和知识整合在跨界行为与员工创造力之间形成了链式中介效应。这意味着，跨界行为通过提高员工的认知灵活性，增强他们的知识整合能力，最终提升员工的创造力。这一发现为理解跨界行为对员工创造力的影响提供了新的视角。此外，研究还发现知识冲突对跨界行为与认知灵活性之间的关系具有正向调节作用。这表明，一定程度上的知识冲突能够激发员工的创新思维和解决问题的动力，从而增强他们的认知灵活性。这一发现突破了以往对知识冲突消极影响的认知，为我们提供了新的思考方向。

资料来源：赵富强、刘晰、陈耘等《知识冲突情景下跨界行为对员工创造力的作用机制研究》,《研究与发展管理》2024 年第 1 期，第 121~132 页。

思考题

1. 什么是内部既有知识与外部异质知识的冲突？这种知识冲突对员工的跨界行为有何影响？

2. 如何管理或利用知识冲突来增强员工的创造力？

案例分析题二

劳资冲突与员工离职倾向

近年来，随着我国经济结构的转型和市场竞争的加剧，企业内部的劳资冲突逐渐进入了一个高发期。在这一背景下，员工在面对劳资冲突时，由于个人情绪和心理压力的双重影响，往往会表现出不同程度的逃离行为，即离职倾向的增加。为了深入探究这一现象背后的原因和机制，有研究基于情感事件理论，从个人情绪认知的视角出发，对劳资冲突与离职倾向之间的关系进行了深入研究。

情感事件理论认为，员工的情感状态直接受到工作环境中各类事件的影响。在劳资冲突这一特定情境中，员工可能会经历一系列负面事件，如工资待遇不公、工作环境恶劣、管理层的不当处理等。这些负面事件不仅会对员工的经济利益造成损害，还会在心理上给员工带来极大的压力和困扰，从而引发一系列负面情绪，如愤怒、失望、焦虑等。为了更准确地揭示这些负面情绪在劳资冲突与离职倾向之间的作用机制，研究采用情境实验的方法，模拟了不同类型的劳资冲突场景，并观察了被试者在这些场景中的情绪反应和离职倾向。实验结果表明，在经历劳资冲突后，员工的负面情绪会显著增加，而这种负面情绪又会进一步降低员工对组织的信任度，从而增强其离职倾向。

基于上述发现，研究进一步探讨了企业在应对劳资冲突时可以采取的策略。具体来说，企业可以根据劳资冲突的类型（工具型或情感型），选择相应的情感修复策略或功能修复策略。在工具型劳资冲突中，由于主要涉及经济利益和物质权益的纠纷，因此采取功能修复策略（如改善工作环境、提高工资待遇等）往往能够更有效地修复员工的负面情绪和增强组织信任，进而降低离职倾向。而在情感型劳资冲突中，由于涉及更多的情感因素和心理诉求，因此情感修复策略（如沟通、关怀、道歉等）与功能修复策略在修复效果上并无显著差异。

资料来源：唐雪梅、赖胜强《劳资冲突对员工离职倾向的影响机理——一个有调节的中介模型》,《财经论丛》2022 年第 7 期，第 102~112 页。

思考题

1. 什么是劳资冲突，为什么近年来我国劳资冲突进入了高发期？

2. 在劳资冲突中，员工的哪些负面情绪可能会被激发？为什么员工的负面情绪会增强他们的离职倾向？

第十三章　组织结构与组织设计

第一节　组织结构

在数字经济时代，随着企业平台化和生态化的兴起，组织管理呈现复杂动态的生态系统特征。这种特征要求我们超越传统的线性管理思维，转向复杂系统管理。面对这一挑战，党的十九届五中全会审议通过的《中共中央关于制定国民经济和社会发展第十四个五年规划和二〇三五年远景目标的建议》将“坚持系统观念”作为“十四五”时期我国经济社会发展必须遵循的五项原则之一，指明了提高社会主义现代化事业组织管理水平的方向[①]。党的二十大报告强调必须坚持系统观念[②]。只有用普遍联系的、全面系统的、发展变化的观点来观察事物，才能把握事物的发展规律。

然而，传统的分析方法在面对复杂系统现象时显得力不从心。复杂系统分析的关键在于从变化多样的组态中找到循环模式，揭示多因并发的复杂因果关系。因此，管理学领域的学者逐渐认识到，面对复杂系统管理问题，需要突破传统方法的局限，基于整体论和组态视角，发展新的管理研究范式和进行组织结构优化[③]。

在这一背景下，组织需要构建一个能够适应复杂系统管理的架构，这个架构应当能够促进内部要素之间的相互依赖和相互作用，形成一个动态、灵活且能够自我调节的生态系统。同时，通过整合和协调各种管理要素，组织需要形成能够适应不断变化的环境的组织文化和战略规划。这样的组织结构和组织设计，将有助于组织在复杂多变的数字经济时代中更好地应对管理的

① 詹成付:《深入理解：坚持系统观念》,《人民日报》2020 年 11 月 12 日，第 9 版。

② 赵勇富:《必须坚持系统观念》,《红旗文稿》2022 年第 22 期，第 41~45 页。

③ 杜运周:《夯实管理哲学，促进中国管理理论方法创新》，载张晓东主编《管理蓝皮书：中国管理发展报告（2023）》，社会科学文献出版社，2023，第 67~68 页。

复杂性实践，实现可持续发展。

组织结构是组织实现目标的框架体系，它包括静态和动态两个层面。静态结构通过组织图、职位说明书等形式明确层级和分工，为员工提供角色定位和职责范围。而动态结构则关注组织内部的实际运作，包括信息流通、团队合作和决策过程，强调成员间的互动和沟通。有效的组织结构应既能保证清晰的工作指导和组织秩序，又能提高团队灵活性和协作效率，以适应不断变化的工作环境和需求。管理者在设计组织结构的过程中需要考虑诸多因素（见表 13-1）。①

表 13-1　设计组织结构时需要考虑的关键性问题

关键问题	解决思路
把任务分解成独立的工作时应该细化到什么程度	工作专门化
对工作进行分类的基础是什么	部门化
员工个人和群体应该向谁汇报工作	指挥链
一位管理者可以有效地指导多少个员工	管理幅度
决策权应该属于谁	集权与分权
应该在多大程度上利用规章制度对员工和管理者进行指导	正规化

资料来源：王岩、郭志达、王俊峰主编《组织行为学（第三版）》，经济管理出版社，2019，第 184 页。

一　工作专门化

工作专门化（work specialization）是一个组织行为学和生产管理中的概念，它指的是将一个整体工作任务分解成若干个较小、更专注的部分，然后将这些部分分配给不同的个体或团队来完成。这种方式可以提高生产效率和质量，并且有助于降低生产成本。

在 20 世纪 40 年代末，工业化国家大多数生产领域采用了高度的工作专门化。这意味着工人或员工被分配执行特定的任务，这些任务通常是简单且重复的。例如，流水线生产中的工作分工就是一种典型的工作专门化，每个工人负责完成流程中的一个特定步骤，从而实现整体生产目标。重复性工作

① 王岩、郭志达、王俊峰主编《组织行为学（第三版）》，经济管理出版社，2019，第 183~184 页。

是工作专门化的一个重要特征。这种工作往往需要反复进行相似的操作，例如在工厂中的装配线上，工人可能需要重复执行相同的动作来完成产品的组装。另一个重要概念是专门化训练，即通过培训和教育使员工掌握特定领域的技能和知识，从而提高其在工作中的效率和表现。专门化训练可以帮助员工更好地理解其任务，并掌握必要的技能，以便更有效地执行工作任务。

二　部门化

（一）根据职能

工作专业化明确划分了各个岗位的职责，但还需将这些岗位进行有效整合，才能使相似或相关的工作任务协调一致地进行。这种整合正是通过部门化（departmentalization）来实现的。根据职能进行部门化主要包括指挥链的维护、职权的行使以及统一指挥的实施。尽管部门化的基本原则可能会受到时代变化的影响，但一些组织仍认为强化指挥链有助于最大化生产率，尤其是在涉及生死攸关的情境或需要果断决策的行业。

（二）根据组织提供的产品或服务类型

根据组织提供的产品或服务类型进行部门化是一种常见的管理实践，有助于提高组织效率和专业化水平。它将不同的产品或服务划分为不同的部门或业务单元，使每个部门都专注于管理和运营特定类型的产品或服务。例如，企业可以根据产品类型设立不同的制造部门。这种部门化方式有助于提高生产效率和进行质量管理，使每个部门专注于特定类型的产品生产和相关工艺流程的优化。根据产品或服务类型进行部门化还可以促进市场定位和客户服务。每个部门针对特定的市场细分或客户群体，制定相应的营销策略和服务方案。企业可以根据产品类型设立不同的销售部门，以满足不同客户群体的需求。这种部门化可以提高客户满意度，增强客户忠诚度，并促进销售业绩的提升。另外，根据产品或服务类型进行部门化还可以简化组织管理和决策流程。每个部门可以独立负责自己的业务运营和管理事务，使得决策更加迅速和灵活。通过设立跨部门的协调机制和沟通渠道，确保各部门之间的协同合作和信息共享，从而实现整体业务目标的协调推进。

（三）根据地域

根据地域进行部门化适用于跨地域或跨国经营的大型企业。这种部门化方式将组织按照地理位置划分为不同的地区，并在每个地区设立相应的部门或分支机构来管理和运营业务。

根据地域进行部门化可以有效地适应不同地区的市场环境和文化背景。每个地区的市场需求、消费习惯和竞争格局可能存在差异，通过地域部门化可以实现对不同地区的市场定位和营销策略的个性化调整，更好地满足当地客户的需求。地域部门化还有利于加强对分散式业务的管理和监督。通过在每个地区设立专门的部门或分支机构，可以实现对当地业务运营的更加精细化和有效的管理。每个地区的部门可以根据当地的市场情况和资源配置，灵活调整业务策略，并及时响应市场变化，从而提高组织在各地区的竞争力和市场占有率。不仅如此，地域部门化还有利于加强跨地区的协同合作和资源共享。尽管各地区的部门相对独立，但通过建立跨地域的协调机制和信息共享平台，可以促进各地区之间的业务合作和资源整合，实现全球资源的优化配置和整体业务目标的协同推进。

（四）根据流程差异

根据流程差异进行部门化适用于需要对不同业务流程进行专门管理和协调的情况。在这种部门化结构下，组织根据业务流程的不同特点和需求，将其划分为多个独立的部门或团队，每个部门或团队负责管理和执行特定的业务流程，以确保流程高效、协调和顺畅进行。

根据流程差异进行部门化有助于提高业务流程的专业化和专注度，它使每个部门或团队可以专门负责特定的业务流程。这种专业化使得部门成员能够更深入地了解该流程的要求、操作步骤和相关技术，从而提高了流程执行的效率和质量。流程部门化还能实现业务流程的协同优化和协调管理，通过各部门集中精力进行流程优化和改进以及协调合作实现业务流程之间的无缝衔接和协同推进，提高整体业务运作的效率和协同性。流程部门化还有助于实现业务流程的标准化和规范化管理，通过制定标准操作流程和执行标准，可以确保业务流程的规范执行和一致性管理，降低了流程操作的风险和错误率，提高了组织的运营效率和管理水平。

（五）根据顾客类型

首先，根据顾客类型进行部门化能够更好地满足不同顾客群体的需求，提升服务质量和客户满意度。针对不同类型的顾客需求设立专门的部门或团队能够更好地了解和把握各类顾客的特点和需求，从而提供更加个性化和专业化的服务。其次，根据顾客类型进行部门化可以实现资源的合理配置和利用，将资源集中投放在满足不同顾客群体需求的部门，提高了资源利用效率和服务响应速度。最后，根据顾客类型进行部门化还能够促进跨部门协作和信息共享，不同部门之间可以更加紧密地合作，共同解决顾客问题，提升整体服务水平和协同效率。综上所述，根据顾客类型进行部门化有助于提升服务质量、提高客户满意度，并促进组织内部协作与资源优化利用。

三　指挥链

指挥链（chain of command）是组织中权力传递和命令执行的路径，体现了组织内部人与人之间的联结关系和方式。它基于两个基本原理：统一指挥原理和阶梯原理。统一指挥原理强调每个下属只对一个上司负责，以避免指挥混乱；阶梯原理则指明了权力和责任的层级分布，确保命令和信息按等级顺序传递。除此之外，指挥链的正常运行还需要驱动模式。

驱动模式可以根据其产生特点分为内生型和外部型。内生型驱动通常源自企业自身的存续和发展需求，以及组织特有的结构和治理机制，如国有企业的双重委托－代理关系、家族企业的家族化程度和私有制结构。外部型驱动则来自组织外部的因素，如国家政策、市场竞争和市场机制等。理解指挥链的这些驱动模式对于组织领导者来说至关重要，因为它们直接关系到组织指挥链的效率和效果。通过识别和管理这些动力因素，组织可以优化指挥链，提高决策的执行力和组织的适应能力。

（一）职权

职权（authority）是指管理岗位所固有的权力，它使管理者能够发布命令并期望下属遵从和执行这些命令。职权在组织中扮演着至关重要的角色，它不仅确保了命令的执行，也促进了组织内部的协作和顺畅的运作。在指挥链中，每个管理岗位都被赋予了特定的职权，以便完成工作职责。这种分配的职权不仅赋予了管理者责任和权威，也为组织内部的沟通和决策提供了明确的依据和框架。

（二）统一指挥

统一指挥（unity of command）是指下属应该有且只有一位直接上司，这有助于保持职权链条的连续性和完整性。遵循这一原则意味着下属只需向一位直接上司汇报工作，并接受其指导和领导。如果违背了统一指挥原则，下属可能会面临应对多位上司提出的相互冲突的要求或优先事项的困境，尤其是在需要向多个管理者汇报的组织结构中。这种情况可能导致沟通混乱、工作任务冲突以及工作效率下降，因此，遵循统一指挥原则对于确保组织内部的协调和高效运作至关重要。

案例链接 13-1

宝钢集团的指挥链

宝钢集团有限公司的转型案例是中国国有企业改革的典范。1998年11月17日，宝山钢铁（集团）公司、上海冶金控股（集团）公司和上海梅山（集团）公司三家企业联合重组，成立了宝钢集团这一特大型钢铁联合企业。起初，宝钢集团的治理结构较为传统，以厂长负责制为主，但随着时间的推移，公司意识到需要改革以适应市场经济的要求。

2005年10月17日，宝钢集团（以下简称宝钢）迈出了关键的一步，由国有独资企业转型为国有独资公司，这一变革意味着宝钢开始接受《公司法》，而不再仅仅是《企业法》的规范。这一转变不仅提升了公司的法律地位，也为宝钢引入了新的治理机制，包括建立强调制衡和有效决策的董事会。

宝钢在中央企业中率先建立了一个外部董事过半数的董事会，这一创新举措旨在引入外部视角和专业知识，以提高公司治理的质量和透明度。谢企华，宝钢的一位高管，将这一改革描述为宝钢发展的新契机，她强调宝钢将进一步规范各治理主体的权责，构建一个权力机构、决策机构、监督机构和经营管理者各负其责、协调运转、有效制衡的治理机制。

为了进一步提升创新能力，宝钢在2006年4月的技术创新大会上正式颁布实施了《宝钢技术创新体系发展纲要》。该纲要通过体制变革和机制创新，创建了具有宝钢特色的技术创新体系，包括以研究院为核心的研究开发体系、以工程项目为载体的工程集成体系和以生产现场为主体的持续改进体系。这三个子体系的协同互动，特别是研究开发体系的完善，成为宝钢技术创新体系发展的突破口。

在组织结构上，宝钢采取了一系列的优化措施，如职能机构的精简和“归口管理”，以及“一贯科”“牵头科”“专业搭接”等制度的实施，这些都是为了提高决策效率和响应市场变化。此外，宝钢还建立了“五制”、专业委员会和生产组织体系等，以确保组织结构的灵活性和高效性。

在宝钢的案例中，指挥链不仅是组织内部权力和命令流动的渠道，也是确保组织改革和发展顺利进行的关键。通过强化和优化指挥链，宝钢能够更好地实现组织目标，提升市场竞争力。

资料来源：王雅娟《国有与家族企业集团相位转变的差异性探析——基于指挥链不同驱动模式的跨案例分析》,《学术交流》2010 年第 11 期，第 103~106 页。

四 管理幅度

管理幅度（Span of Control）指一个管理者直接负责的下属数量。它是组织中的一项重要指标，反映了管理者在组织内的领导范围和职责分配情况。管理幅度的大小直接影响着管理者的工作效率、与下属之间的沟通效率以及组织的整体运作效率。

管理幅度与分管领导的关系密切，它涉及领导与下属之间的比例和匹配问题，对组织管理具有重要影响。管理幅度的大小决定了组织的层级结构，影响着领导与下属之间的互动关系。当管理幅度较大时，一个管理者需要同时监督和指导较多的下属。这意味着管理者需要具备更强的组织协调能力和沟通技巧，以确保下属工作的顺利进行，并保持团队的高效运作。较大的管理幅度也可能导致管理者的工作负荷过重，难以有效地分配时间和精力，从而影响管理质量和团队的发展。当管理幅度较小时，管理者只需要负责较少的下属。这样可以使管理者更加专注地对每个下属进行指导和支持，更容易实现个性化管理，有助于加强管理者与下属之间的关系。但较小的管理幅度也可能导致组织中层级过多，决策效率较低，管理成本增加，可能会限制组织的灵活性和创新性。

在不同组织层级中，管理幅度也会有所不同。一线基层的管理幅度可能较大，而中高层的管理幅度则可能较小。美国的研究表明，一线管理幅度平均为 13.8 人，而中层管理幅度仅为 2.4 人。在确定管理幅度时，组织需要综合考虑各种因素，包括组织的规模、结构、文化、业务需求以及管理者和下属的能力及需求等。合理的管理幅度可以帮助组织实现高效的管理和良好的团队运作，从而提升整体绩效和竞争力。

管理幅度的确定是一个复杂的决策过程，需要根据组织的具体情况和环境进行综合考量。任务的复杂性、职能的多样性、环境的动态性、空间特征等都影响着管理幅度的大小，采取权变和动态的理论视角意味着管理者需要根据实际情况的变化不断调整管理幅度。通过这种平衡和最佳化的管理幅度，组织可以提高效率、增强适应性，并最终实现更好的绩效。①

五　集权与分权

传统理论关于企业管理模式的选择主要是基于企业的规模和运作特点。小企业由于知识集中、管理层级少、产品或服务种类单一、目标市场集中以及环境相对稳定，因此更适合采用集权管理模式。在这种模式下，决策权集中在少数人手中，可以快速做出决策并执行，减少了沟通成本，提高了效率。

相对地，大企业由于管理层级多、产品或服务种类多样、目标市场分散以及环境复杂多变，更适合采用分权管理模式。分权管理允许决策权下放给具有相关知识和信息的个人或团队，这样可以更好地应对复杂多变的经营环境，提高组织的适应性和灵活性。

现实中企业管理模式的选择并不总是遵循传统理论。一些小型企业可能会采用分权管理模式，以促进创新和快速响应市场变化；而一些大型企业可能会采用集权管理模式，以确保统一的战略方向和高效的资源配置。企业在

---

① 马亮、王程伟:《管理幅度、专业匹配与部门间关系：对政府副职分管逻辑的解释》，《中国行政管理》2019 年第 4 期，第 108 页。

选择管理模式时，需要综合考虑自身的实际情况和外部环境，灵活调整，以实现最佳的组织效能。①

（一）集权

集权（centralization）是指组织内决策权集中在一个或少数几个中心点的程度。在集权组织中，决策主要由高层管理者集中做出，而基层管理者则主要负责执行高层管理者的指示。相比之下，分权组织将决策权下放给更接近实际操作和执行的管理者或工作群体。在分权组织中，管理者或团队在其职责范围内具有更大的自主权和决策权，可以更灵活地应对局部问题和变化。需要注意的是，集权和分权的概念通常涉及组织内部的正式权力结构，即某个岗位所固有的权力，而非临时或非正式的权力关系。

（二）分权组织的优势

1. 解决问题的速度更快

分权组织通过将决策权下放给接近市场和一线操作的管理者和团队，能够迅速捕捉并响应市场动态和客户需求，从而快速制定和执行策略。这种结构不仅加快了问题解决的速度，还提升了组织对外部变化的适应性，使得战略、政策和流程的调整更为灵活，可以有效应对市场竞争和技术变革等挑战。

2. 激励员工实现个人价值

分权策略赋予了中层管理者和员工更大的自主权，有助于激发他们对企业业务的关注，促进其智慧和创造力的发挥，为企业带来创新和财富。这种授权也具有激励作用，帮助员工在组织中找到自己的定位，实现个人价值，在岗位上获得成长和发展。面对日益激烈的人才市场竞争，这种鼓励员工与企业共同成长和进步的管理策略，为员工提供了广阔的职业发展空间。不仅增加了企业对人才的吸引力，还有助于培养和储备一批有潜力的人才，这为企业的可持续发展奠定了坚实的人才基础。

3. 员工与决策者隔阂更少

分权组织缩短了员工与决策者之间的距离，促进了理解和沟通，减少了隔阂，增强了员工的参与感和团队合作，从而加强了组织的凝聚力。

---

① 陶厚永、刘洪、吕鸿江:《组织管理的集权—分权模式与组织绩效的关系》,《中国工业经济》2008 年第 4 期，第 82~83 页。

六　正规化

正规化（formalization）指的是组织中的工作实现标准化的程度。正规化程度的高低决定了员工对工作内容、工作时间和工作手段的自主权。在高度正规化的组织中，工作流程、规章制度和工作要求都被详细规定，员工的自主权相对较低。在这种情况下，员工执行工作时需要遵循明确的指示和规定，往往不需要考虑其他选择方案，从而确保了工作产出的稳定性和一致性。相反，在正规化程度较低的组织中，工作行为不那么程序化，员工拥有更大的处理权限。

不同组织或组织内部的正规化程度可能存在很大差异。在分散的组织结构中，过高的正规化程度可能会损害团队的灵活性，特别是在需要互动和创新的任务中。举例来说，销售代表向客户推销产品时可能需要更大的自主权和灵活性，而不仅仅是简单地遵循标准程序。而企业的办公室职员可能会受到更严格的正规化限制，必须遵守管理层制定的详尽的规章制度。这种不同程度的正规化反映了组织对员工自主权的控制程度，而控制程度则直接影响着组织的灵活性和创新能力。

第二节　常见的组织框架和结构

一　简单结构

简单结构的优势在于其简单性，这使得组织更加灵活和高效。简单结构使组织管理更加简单明了，它减少了层级和冗余，降低了管理的复杂性。决策过程简化，信息传递更直接，使管理者能够更快速地响应外部环境的变化，从而更快地做出调整和决策。此外，简单结构的运营成本通常较低，管理层次少，沟通更为直接，资源利用更加高效。最重要的是，在简单结构中责任分配更为明确，每个成员都清楚自己的角色和责任，这有助于提高组织的执行力和效率。

然而，简单结构也存在一些缺点，主要体现在两个方面。一方面，由于其低正规化和高集权化，简单结构在面对组织扩展的需要时往往显得力不从心。随着组织规模的扩大和业务的复杂化，简单结构很可能无法有效应对增加的信息负荷和决策压力，这使得组织运作效率下降，管理层面临的挑战增加。另一方面，简单结构组织的一切决策都高度依赖于单一管理者或者少数几个关键人物。如果管理者的决策出现失误或个人原因导致决策停滞，整个组织的运转就会受到严重影响，甚至面临瘫痪的风险。因此，尽管简单结构具有灵活性和高效性的优势，但也需要注意其劣势，并在实践中加以规避，以确保组织的稳健发展。

二　官僚结构

官僚结构（bureaucracy structure）的特点包括高度的工作专门化、严格的规章制度、按组分配任务、集权化的管理、小幅度的管理和通过指挥链下达决策。

官僚结构的主要优势在于它能够高效地执行标准化的任务。通过将同类专业人员配置在一个单元中实现规模经济，它最大限度地降低了人员和机器的重复配置，促进了员工之间的共享和协作。此外，它对于中低层管理者的要求较低，可以节省成本。在官僚结构中，广泛存在的规章制度取代了管理者的决策自主权，使得高层管理者以下的组织成员不太需要创新能力和决策经验。然而，对于那些具有创新精神的员工来说，他们往往不能很好地适应官僚结构型组织的环境。

官僚结构的劣势在于它常常导致各部门之间的冲突，因为工作专门化容易使各部门为了自身利益而忽视整体组织的利益，造成内部矛盾和摩擦。职能部门往往以自己的目标为重心，忽视整体组织的目标，导致组织失去整体协调性。此外，官僚结构过分拘泥于对规则的遵守，缺乏应对实际情况的灵活性和变化性，这使部门效率降低。官僚结构也可能会为薄弱的管理做掩饰，掩盖管理不善或者管理者个人能力不足的问题，使得组织出现决策迟缓、资源浪费等管理方面的弊端。我们应该了解两种类型的官僚结构：职能结构（functional structure）和部门结构（divisional structure）。

职能结构是根据员工的专业、角色或任务将相似的员工分为一组的组织形式。一个典型的职能结构包括生产部门、营销部门、人力部门和会计部门等。为了适应快速变革的业务机会，许多大型组织采用职能结构并仍在不断改进。职能结构的优势在于专业人士可能会更容易成为专家，因为他们可以通过一条明确的职业发展路径来发展自己的专业领域。对于专注于一种产品或服务的组织而言，职能结构可以发挥很好的效果。然而，由于层级结构限制了交流方式，功能结构中的交流通常是严格而正式的，这导致了不同单元之间的协调成为一个问题。

部门结构是一种组织形式，它根据产品、服务、客户或区域市场将员工分组。这种高度部门化的结构可以分为产品 / 服务组织结构、客户组织结构和地理组织结构。产品 / 服务组织结构将员工按照不同产品或服务进行分组，例如电子厂商的智能手机、电脑和家用电器单元，每个单元负责特定产品的设计、生产和销售。客户组织结构则根据不同的客户需求将员工进行分组，例如企业中的私人客户、企业客户和政府客户单元，每个单元负责满足特定客户群体的需求，提供定制化的解决方案。地理组织结构则根据不同的地理区域将员工分组，例如全球零售连锁公司总部所管理的欧洲、亚洲和北美单元，每个单元负责管理该地区内的所有零售店铺，并根据当地市场情况进行运营和调整。

部门结构的优点在于能够促进各个单元之间的协调，解决各个单元具体关注的问题。它明确了与产品相关的所有活动的责任。例如，在不同的国家设置相同的业务单元，可以将共同适用的策略运用到这些国家的业务单元中。

组织可以从部门结构转变为职能结构，反之亦然。然而，从职能结构转变为部门结构的组织往往表现更好。

三　矩阵结构

矩阵结构是一种为适应多项目同时进行的特殊需求而设计的组织形式，它结合了职能式和项目式管理的特点。在这种结构中，员工同时属于职能部门和特定的项目组，拥有双重身份。这种结构的优势在于它促进了跨部门合作，提高了专业人员的利用效率，增强了组织的灵活性，提高了整体工作效率。员工在项目完成后可以返回原部门，使组织既能保持稳定又具备灵活性，有效利用人力资源，打破部门间的隔阂。

矩阵结构也存在一些挑战。最主要的问题是员工需要同时接受两个领导的指导，即职能部门经理和项目经理，这可能导致指令不一致和责任不清。当两位领导的意见发生冲突时，员工可能会感到困惑，不知如何是好。此外，过多的沟通环节可能导致管理复杂化，平衡项目经理和职能部门经理之间的职责和权限也较为困难。这些问题可能会影响决策效率和团队协作。

面对这些挑战，组织需要建立清晰的沟通渠道和决策流程，明确双重管理体系下的职责分配，以及提供有效的冲突解决机制。通过这些措施，矩阵结构型组织可以在保持灵活性和效率的同时，减少管理上的混乱和摩擦[①]。

第三节　组织设计的替代方案

一　虚拟组织

虚拟组织（virtual organization），有时也被称为网络组织或模块组织，通常指核心成员数量很少，大部分业务职能被外包出去的组织。虚拟组织模式体现了企业运营方式的创新转变，它强调灵活性和资源优化配置的能力，使得自身能够专注于核心能力的强化和提升。同时，它通过外部资源的整合，能够迅速适应市场变化和项目需求。

在虚拟组织中，决策过程更加扁平化，信息流通迅速，这有助于提高决策效率并减少层级带来的信息失真和时间延误。这种快速反应机制对于保持市场竞争力至关重要。虚拟组织通过临时性的团队合作，根据项目需求灵活配置人才和资源。这种方式确保了每个项目都能获得最合适的人才支持，同时避免了长期雇佣带来的成本。由于团队是临时组建的，组织可以根据市场变化和项目需求快速调整人力资源，有效降低长期风险。

二　学习型组织

学习型组织是一种以促进员工和整个组织持续学习、创新和适应变化为核心的组织模式。它倡导建立一个共同愿景，激励成员积极贡献其创造力，并在扁平化的组织结构中赋予员工更大的自主权，以促进快速决策和灵活应变。在这样的组织中，持续学习被视为一种生活方式，组织不仅支持个人发展，也推动团队和组织层面的知识共享。领导层扮演了多重角色，既是战略

① 王岩、郭志达、王俊峰主编《组织行为学（第三版）》，经济管理出版社，2019，第189页。

设计师，也是员工的服务者和教育者，为员工营造了一个支持工作与生活平衡的环境。通过这种方式，学习型组织不断重新界定其与外部世界的边界，确保能够吸收新思想和技术，同时对外界产生积极影响，从而实现可持续的发展和竞争力的提升。

三　创新型组织

创新型组织是一种以促进知识共享和持续创新为核心目标的组织模式，它通过有意识地设计职能重叠和角色互换，激发员工间的交流与合作。在这种组织中，每个成员都被视为创新的责任人，他们的贡献不仅基于个人业绩，更取决于他们对整体知识创新体系所提供的信息和想法的价值。同一层级的员工虽承担不同的职责，但共同推动创新过程的前进。创新型组织倡导开放和包容的文化，鼓励员工提出创意并支持其发展，领导层则作为创新的推动者和文化塑造者，确保组织能够迅速适应变化并维持竞争优势。

四　战略联盟

战略联盟是多个组织为了实现资源共享、风险共担和优势互补等战略目标而形成的合作伙伴关系，这种关系在保持各组织独立性的同时，通过股权或契约方式建立起长期、平等的协作机制。战略联盟的特点是其组织结构的松散性、合作行为的战略性、成员间合作关系的平等性、合作期限的长期性、整体利益的互补性以及管理过程的复杂性。通过战略联盟，组织能够加速创新、拓展市场、提升竞争力，并有效分散经营风险，但同时也需要面对建立信任、协调利益和保护知识产权等挑战，这要求组织在战略规划、沟通协调和精细管理上投入更多的精力和智慧。①

第四节　精简规模

一　精简规模的影响

精简规模（lean scale）是一种企业运营和管理的理念，它源自精益生产

① 段万春主编《组织行为学（第四版）》，高等教育出版社，2020，第253~254页。

的概念，强调通过消除浪费、优化流程、提高效率来实现企业的可持续发展。精简规模通过关闭分公司、裁员、出售不盈利的业务单元来使组织变得更精干，其核心在于以最小的资源投入获取最大的价值产出，从而在竞争激烈的市场中保持企业的竞争力和灵活性。

尽管精简规模的组织结构具有诸多优势，但其对组织的影响一直存在争议。精简规模的过程可能会对员工的心态产生深远影响。留下的员工可能会因担忧未来的不确定性而感到压力增大，忠诚度下降，甚至可能产生心理退缩和更多的主动离职，从而引发关键人才的流失。有趣的是，一些研究显示，那些经历精简规模的员工在离开组织后，可能会感受到更强的控制感和更少的压力。

为了减轻精简规模可能带来的负面影响，组织可以通过提前规划和准备，采取措施减少员工的压力，并增强他们对新战略方向的支持①。接下来，我们将探讨一些有效的精简规模战略，并提供具体的实施建议。

案例链接 13-2

飞书的组织结构调整

在 2024 年春天的一个清晨，飞书的员工们迎来了一个不同寻常的工作日开始。他们的邮箱中躺着一封来自公司 CEO 谢欣的全员邮件。谢欣在邮件中宣布了飞书即将进行的组织结构调整，这不仅关系到公司的未来发展，也将直接影响每位员工的职业生涯。

在过去几年的迅猛发展中，飞书的团队规模迅速膨胀，业务版图不断扩张。然而，随着组织结构变得日益庞大和复杂，一系列问题开始浮现。决策流程变得冗长，执行力和效率受到了影响，资源分配不再精准高效，跨部门协作也出现了障碍。这些问题不仅削弱了飞书在市场上的竞争力，也与公司的长期愿景和目标背道而驰。谢欣在邮件中明确表示，为了应对激烈的市场竞争，确保公司的长期健康发展，飞书必须采取行动。他强调，组织的健康和效率是企业成功的基石，而不仅仅是规模的大小。因此，飞书决定进行一次

① 斯蒂芬·罗宾斯、蒂莫西·贾奇:《组织行为学（第 18 版）》，孙健敏、朱曦济、李原译，中国人民大学出版社，2021，第 427~428 页。

"瘦身"计划，通过精简组织结构，优化资源配置，提升决策和执行效率，以重塑一个更加灵活和高效的工作环境。

调整的具体措施涉及对现有业务的全面梳理，关闭或合并一些表现不佳的业务单元，并重新调整组织架构。在这个过程中，飞书承诺将关注每一位员工的职业发展和个人利益，通过内部调动、培训提升等方式，帮助员工在新的组织结构中找到合适的位置，继续为公司的发展贡献力量。

为了缓解调整可能带来的冲击，飞书还推出了一系列配套措施。这包括为可能受到影响的员工提供职业咨询、心理支持，以及为愿意接受新挑战的员工提供更多的学习和成长机会。公司还计划加强内部沟通，确保每位员工都能了解调整的背景、目标和预期成果，从而减少不确定性和焦虑。通过适时的组织调整，企业不仅能够提升自身的竞争力，还能够为员工提供一个更加充满活力和机遇的工作环境。这是一次对企业成长路径的深思熟虑，也是对未来无限可能的积极探索。通过精简规模，飞书展现了其对效率和效果的承诺，以及对持续改进和创新的不懈追求。这一变革不仅是对内部运作的优化，也是对外展示飞书灵活性和适应性的一次积极尝试。

资料来源:《飞书全员信：适当精简规模，进行新一轮组织调整》，2024年3月26日，https://new.qq.com/rain/a/20240326A03NXQ00，最后访问时间：2024年5月4日。

二　精简规模的战略

（一）高投入工作实践

在当今竞争激烈的商业环境中，公司为了集中精力提升核心竞争力，往往会选择精简规模。然而，仅仅通过裁员来减少成本并不总能带来预期的效益。要想在精简之后实现真正的效率提升，公司需要采取高投入工作实践。

高投入工作实践涵盖了一系列旨在提高员工参与度、优化工作流程和增强组织适应性的策略。这些实践包括提供全面的员工培训、赋予员工更大的工作自主权、建立公正的激励和反馈机制，以及鼓励员工提出创新意见。通过这些措施，公司不仅能够确保员工充分发挥其潜力，还能够提高工作质量和效率，从而在人力资源的利用上达到最优。高投入工作实践有助于建立一种积极的企业文化，这种文化鼓励团队合作、互相尊重和开放沟通。在这样的环境中，员工更能感受到自己的价值和被尊重，进而提高工作满意度和忠诚度，这将直接影响他们的工作表现和公司的长期成功。

为了确保这些高投入工作实践能够产生预期的效果，公司需要定期对这些实践进行评估和调整。通过分析员工的反馈和业绩数据，公司可以及时调整策略，以适应不断变化的业务需求和市场环境。通过关注员工的成长和发展，持续优化工作流程和企业文化，公司能够在精简之后实现真正的转型和提升，从而长远保持竞争优势和实现可持续发展。

（二）沟通

在企业管理中，沟通是确保组织顺利进行精简规模变革的关键因素。通过与员工进行充分且透明的事先沟通，雇主能够有效地缓解员工对于未来变化的担忧，并增强员工对公司决策的理解和信任。

当雇主在精简规模的初期与员工进行开放的对话，阐明变革的必要性和战略目标时，员工不仅能够更好地理解变革的背景，还能够减少由于不确定性而产生的焦虑。这种理解有助于员工接受即将到来的变化，并为变革的实施创造一个更加积极的环境。雇主鼓励员工提出问题、担忧和建议，并真诚地对待这些反馈，可以使员工增加参与感和归属感。员工会感到自己是变革过程中的重要一员，而不仅仅是被动接受者。这种感觉能够激发员工的积极性和创造力，使他们更愿意为公司的转型贡献力量。

同时，雇主应当提供必要的支持和资源，如职业发展咨询和培训机会，以帮助员工适应精简后的工作环境。这种支持不仅有助于员工个人的成长，也有助于维护整个组织的稳定和发展。这种基于相互理解和尊重的沟通策略，不仅能够减轻员工的担忧，也能够促进公司长期的稳定和成功。

（三）参与

在组织精简规模时，员工参与是企业管理中不可或缺的一环。让员工参与精简规模的过程，有利于减轻他们的担忧和不安，增强他们对公司决策的认同感和归属感。

一些公司采取自愿提前退休计划或遣散计划，这为员工提供了更多的选择，使他们能够根据自己的情况和需求做出最适合自己的决定。自愿提前退休计划允许接近退休年龄的员工自由选择提前结束职业生涯，同时员工也能够享受一定的福利和补偿。而遣散计划可以为那些选择离开公司的员工提供经济支持和职业培训，帮助他们顺利过渡到下一个职业阶段。

这种方法的优势在于它避免了强制性的裁员，减少了对员工个人的冲击，体现了公司对员工福祉的关怀。这种以人为本的管理方式有助于维护公司的声誉和员工的忠诚度，使公司即使在面临组织变革的挑战时也能保持稳定。通过提供自愿提前退休计划或遣散计划，公司不仅能够有效实现精简规模的目标，还能够在这个过程中展现出对员工的尊重和关怀，从而促进组织变革的顺利进行和企业的长期发展。

（四）援助

企业为即将离开的员工提供适当的援助不仅是对他们过往贡献的尊重，也是公司人文关怀和责任感的体现。通过给予遣散费、延期医疗福利以及再就业援助等措施，公司可以有效地传达出对员工的深切关心和对他们职业生涯的支持。

遣散费作为一种经济补偿，能够帮助员工在职业转换期间缓解经济压力，给予他们更多的时间和空间去寻找合适的下一份工作。而延期医疗福利确保了员工在过渡期间仍能获得必要的医疗保障，减轻了他们对未来可能的医疗需求的担忧。再就业援助如职业咨询、技能培训和就业服务等，都是为了帮助员工提升自身的竞争力，更快地适应新的工作环境和角色。

这些援助措施的实施，不仅能够减轻离职员工的实际困难，还能够增强公司的社会形象和品牌价值。它们传递出一个明确的信息：公司珍视每一位员工的贡献，并愿意在他们面临职业转变时提供必要的支持。这种行为不仅体现了公司对员工的人文关怀，也展现了公司对于社会责任的承担。

以上措施都是公司在精简规模时对员工的深切关怀和尊重的体现。这不仅有助于缓解员工的不安和担忧，还能够提升公司的正面形象，促进企业的可持续发展。[①]

---

① 斯蒂芬·罗宾斯、蒂莫西·贾奇:《组织行为学（第18版）》，孙健敏、朱曦济、李原译，中国人民大学出版社，2021，第428页。

第五节　组织结构的差异

一　组织战略

组织结构的设计和调整是为了有效实现组织目标，而这些目标又是基于组织的总体战略而设定的。因此，组织战略与组织结构之间的关系是密切且相互依存的。当管理层对组织的战略方向或核心价值观进行重大调整时，组织结构也必须进行相应的改变，以便更好地适应和支持新的战略目标。

组织文化在推动企业社会责任（CSR）倡议方面扮演着重要角色。如果组织文化得到组织结构的有力支持，那么这些倡议将更有可能得到有效实施，并在组织内部形成明确的执行路径。组织文化与结构的一致性有助于确保CSR倡议与组织的核心价值观和战略目标相协调，从而提高倡议的成效。

当前的组织战略框架通常关注三个主要的战略维度：创新、成本最小化和模仿。每个战略维度都有其对应的组织结构设计，以确保组织能够有效地实现其战略目标。

（一）创新

创新始终是学术界和业界关注的焦点，它被认为是企业获得并维持可持续竞争优势、实现卓越绩效的根本动力。创新战略（Innovation Strategy）是推动组织发展和保持市场竞争力的关键动力。对于那些致力于创新的组织，其结构设计必须灵活、开放，鼓励创造性思维和快速响应。这样的组织往往采用跨部门团队合作、扁平化管理，以及一种鼓励尝试和容忍失败的文化，从而激发员工的创新潜能。为了吸引和激励顶尖人才，创新型企业通常会提供有竞争力的薪酬和福利，同时确保内部沟通渠道畅通无阻，以促进知识和创意的交流。适度的规范化和明确的授权机制有助于确保创新项目的顺利进行和有效管理。

积极实施创新战略的公司，通过不断向市场推出新产品或服务，能够抢占先机，建立起先发优势，从而在市场中占据领先地位。这种先行者的地位不仅能够为企业带来短期的垄断利润，还能够在一定程度上塑造行业标准，影响后续竞争者的市场进入策略。

尽管创新带来的优势和利润可能会随着竞争对手的模仿而逐渐减弱，但创新战略相较于模仿战略仍被广泛认为是更优选择。创新不仅能够推动企业自身的成长和发展，还能够推动整个行业的技术进步和市场扩张。创新还能够增强企业的品牌形象和市场影响力，提高客户忠诚度，使其在激烈的市场竞争中稳固和扩大市场份额。①

（二）成本最小化

成本最小化战略（cost-minimization strategy）的核心目标是通过严格的成本控制和效率提升来实现价格优势。实施成本最小化战略的组织通常会削减非必要的开支，并通过精简的流程和集中的决策来降低运营成本，从而在市场上以较低的价格销售基本产品。

在这样的组织结构中，成本控制是其运营的核心。这通常意味着对预算的严格控制、对生产和服务流程的标准化，以及决策过程的集中化。通过这种方式，组织能够确保每一环节的成本都得到有效管理，从而在整个供应链中实现成本的最小化。

成本最小化战略的实施往往会导致组织在其他方面，如员工忠诚度培育方面的投入较少。这是因为组织的主要关注点在于成本控制，而非员工福利或企业文化的建设。这种战略选择虽然有助于短期内的成本降低和利润提升，但从长期来看可能会对员工的满意度和留存率产生负面影响。

成本最小化战略是那些以价格竞争力为主要优势的组织的首选。通过精简的组织结构和严格的成本控制，这些组织能够在竞争激烈的市场中保持其产品的吸引力。然而，组织在追求成本效益的同时，也需平衡对员工的投资，以确保长期的可持续发展和稳健的运营。

（三）模仿

模仿战略（imitation strategy）是那些寻求在风险最小化的同时实现利润最大化的组织所采取的一种策略。这类组织通常会在创新者已经验证了新产品或市场的价值之后，才果断进入市场。它们通过模仿已经成功的产品或服务，利用自身的资源和优势来争夺市场份额。

在服装行业，许多大众服装生产厂家通过模仿设计师的风格来降低研发

① C. Moon & M. Acquaah, "Performance Implications of Combining Creative and Imitative Innovation Strategies," *European Journal of Innovation Management*（2020）：226-227.

成本并迅速响应市场趋势，这是一种典型的模仿战略。一些大型企业如惠普和卡特彼勒也会采用这种战略。它们不急于成为市场的首个进入者，而是等待小型、更具创新精神的竞争者证明市场的潜力后，再凭借其品牌影响力和优质的产品进入市场，从而快速占据领先地位。

模仿战略为组织提供了一种相对稳妥的市场进入方式。通过对市场领先者的产品和服务进行模仿，组织可以在较低的风险下实现快速增长。长期依赖模仿战略可能会限制组织的创新能力，因此，组织需要在模仿与创新之间找到平衡，以保持竞争力并实现可持续发展。

案例链接 13-3

从模仿到创新：中国高铁发展之路

在中国高铁的发展历程中，我们可以看到一个独特的案例，它展示了模仿战略和创新战略如何共同推动一个行业实现从追随到领先的跨越。在 20 世纪末，中国的高速铁路技术几乎一片空白，与发达国家相比存在显著差距。为了迅速提升国内高铁技术，中国政府采取了模仿战略，引进了国外先进的高铁技术，包括列车设计、信号系统和轨道建设等。

模仿战略的实施并非简单的复制粘贴，而是中国工程师和技术人员通过与外国企业的合作，深入学习并吸收了这些技术。在此基础上，中国高铁开始了创新战略的探索，通过对引进技术的本土化改进和优化，逐步发展出适应中国特定环境和需求的高铁解决方案。在这一过程中，中国高铁团队不仅解决了高寒、高原等复杂地理环境下的技术难题，还推出了具有自主知识产权的高铁列车和相关技术。

随着时间的推移，中国高铁的创新战略取得了显著成效。中国不仅在国内建设了世界上最长的高速铁路网络，还成功将自主研发的高铁技术推向国际市场，成为全球高铁技术的领导者之一。中国高铁的成功案例证明了模仿战略可以作为技术学习和积累的有效手段，而创新战略则是实现技术突破和行业领先的关键。

这一案例为其他行业和组织提供了宝贵的启示：通过模仿战略快速积累技术和经验，再通过创新战略实现技术的本土化和自主化，最终达到超越领先者的目标。这种战略的实施要求组织具备灵活的管理体系和强烈的创新意识，以及能够快速响应市场变化和高效复制成功产品或服务的能力。对于追求技术进步和市场竞争力的组织而言，中国高铁的发展案例提供了一条可行的路径。

资料来源:《自主创新造就中国高铁“国家名片”》，2022 年 8 月 16 日，http://www.qstheory.cn/dukan/qs/2022-08/16/c_1128913717.htm，最后访问时间：2024 年 5 月 4 日。

二　不同组织结构的差异

组织结构的设计和调整是一个复杂的过程，受到多种内外部因素的影响。了解这些因素，即权变因素，对于提高组织结构设计的有效性至关重要。

（一）组织规模

对组织规模与生产率之间关系的讨论最早可以追溯到亚当 · 斯密（Adam Smith）的分工理论。在《国富论》中，亚当 · 斯密提出，通过分工，个体可以专注于特定的工作任务，从而提高熟练度和效率，这最终将提升整体的生产率。亚当 · 斯密的理论强调了专业化和分工对经济效率的积极影响。随后，马歇尔（Marshall）在《经济学原理》中进一步发展了这一概念，提出了规模经济的理念。他认为，随着企业规模的扩大，企业能够实现更细致的劳动分工和专业化，这不仅降低了平均成本，也提高了企业的利润水平。马歇尔的观点为后来的规模经济理论奠定了基础。①

组织在其发展的不同阶段会呈现不同的结构特征。在初始阶段，组织通常采用简单、集权式的结构，管理层次较少，信息流通直接，决策权集中于高层管理者手中。这种结构的优势在于能够迅速响应市场变化，高效执行决策。随着组织的成长，其业务量增加，面临的环境变得更加复杂，组织结构开始向职能专业化和分权管理转变。中下层管理人员开始承担更多常规性决

① 梁巧、白荣荣:《农民合作社组织规模与绩效的关系探究》,《经济学家》2021 年第 8 期，第 120 页。

策，而高层管理者则专注于战略层面和非常规问题的解决。

组织规模的扩大通常伴随着工作的高度专业化，需要更多的管理层次和更细致的部门划分。这要求组织结构变得更加复杂和正规化，以适应日益增长的运营需求和提高管理效率。大规模组织往往拥有更加完善的标准化操作程序和规章制度，以及更高程度的分权，以确保各项业务能够高效协调运作。

在小规模组织中，扁平化的组织结构更受欢迎，因为它能够促进快速决策和提高组织的灵活性。员工之间的沟通更为直接，创新和变革可以更快地实施。然而，随着组织规模的扩大，为了维持有效管理，组织必须调整其结构，以适应更复杂的业务需求和更广泛的市场环境。

因此，组织在设计和调整其结构时，必须综合考虑组织规模、业务需求、技术特性和外部环境等多种因素。通过灵活调整和优化组织结构，组织能够更好地适应变化，实现长期的稳定发展和市场竞争力的提升。

（二）技术

技术作为组织内部环境的核心要素，对组织结构设计具有深远的影响。一个组织的技术水平、技术政策、研发潜力和发展趋势等因素，都直接关系到其管理效率和研发能力的提升。技术的复杂性和变化性要求组织结构具有一定的灵活性，以便管理者能够有效应对各种突发状况和挑战。

在高度复杂的技术环境，如 IT 行业中，组织结构的设计需要充分考虑客户需求的多样性和个性化。为了适应这种多变性，组织往往采取分权化的管理方式，鼓励非正式沟通和信息资源的共享。这样的弹性组织结构有助于快速响应市场变化，促进创新，并提高组织的适应能力。相反，对于那些采用常规、标准化甚至普及技术的组织，规范化的组织结构可能更为合适。这种结构强调标准化流程和明确的职责分工，有助于确保操作的一致性和效率。

技术与组织结构之间的匹配对于组织的成功至关重要。组织需要根据自身的技术特点和外部环境的变化，灵活调整结构，以确保能够充分利用技术优势，提高管理效率和研发能力，最终实现组织目标①。

（三）环境

组织的生存和发展离不开其所处的环境，有效的组织必须能够适应环境

① 王岩、郭志达、王俊峰主编《组织行为学（第三版）》，经济管理出版社，2019，第 184~185 页。

的变化和要求。环境的多维性包括政治、经济、资源、社会和技术等方面，每个方面都具有容量、易变性和复杂性三个关键维度。容量指环境对组织成长和发展的支持程度，一个资源丰富且不断发展的环境能够为组织提供成长的空间，缓冲资源短缺的影响。易变性反映了环境的不稳定性，动态环境的不可预测性要求管理层能够灵活应对和快速做出决策。复杂性则描述了环境中不同要素的多样性和集中度，一个简单的环境往往同质且集中，而一个复杂的环境则充满了异质性和分散性。

为了应对环境中的不确定性和潜在威胁，组织可能会调整其结构，如百事公司和西南航空公司通过增加社交媒体部门来监控和应对网络上的负面消息等。通过这种方式，组织能够更好地感知环境变化，及时调整策略，以保持竞争力和市场地位[①]。

第六节　组织设计与员工行为

一　组织结构与内部沟通系统

组织结构和内部沟通系统对于塑造员工与组织之间的关系具有重要影响，它们作为前因变量，决定了组织内部关系的形成和发展。研究表明，不对称沟通（信息传递不平等的现象）与员工对组织的承诺、信任和满意度呈负相关关系。这种沟通方式可能导致员工感到被忽视或不被尊重，从而影响他们与组织的积极关系。相反，对称沟通（开放、平等的信息交换）与员工对组织的承诺、信任和满意度呈正相关关系。当员工感受到管理层的真诚沟通和对他们意见的重视时，他们更可能建立起对组织的积极情感，如归属感和认同感。

有机结构与交换关系（基于互惠互利的关系）呈负相关关系，但与基于信任和控制的关系呈正相关关系。有机结构的灵活性和适应性有助于建立基于信任的合作关系，但可能不利于建立基于明确利益交换的关系[②]。

---

① 边一民等编著《组织行为学（第二版）》，浙江大学出版社，2018，第 257 页。

② H. S. Kim, "Organizational Structure and Internal Communication as Antecedents of Employee-Organizational Relationships in the Context of Organizational Justice," *A Multilevel Analysis*（2005）: 1-4.

二　组织结构对员工的影响

组织结构对员工的行为和心态有着显著的影响，但这种影响并不是一种普遍适用的模式。人们对组织结构的偏好和适应性存在个体差异，因此不能一概而论。

官僚结构的特点是高度正规化和结构化，拥有明确的规章制度和操作程序。在这样的环境中，员工的工作满意度与对组织公平的感知密切相关。员工倾向于评价这些正式的规章制度和程序是否公平，这成为预测他们工作满意度的重要指标。对于那些喜欢明确指导和稳定性的员工来说，官僚结构可以提供他们所需的工作环境，使他们能够有效地工作并感到满意。

有机组织结构更加灵活和个性化，强调的是人际关系和非正式的互动。在这样的环境中，员工更看重人际公平，即他们与同事和上级之间的关系是否和谐。对于那些重视个人表达和创新自由的员工来说，有机结构可能更加吸引他们，并能够提高他们的工作满意度。需要注意的是，并非所有人都适合或喜欢有机结构带来的自由和灵活性。有些员工可能在任务标准化、不确定性小的机械结构中工作更为有效，且感到更为满意。因此，在探讨组织设计对员工行为的影响时，必须考虑员工的个体差异，包括他们的个性、工作风格和价值观。

组织在设计结构时，应该考虑员工的多样性和个体需求。通过提供不同类型的工作环境和职业发展机会，组织可以满足员工的不同需求，从而提高整体的工作满意度和组织效能。同时，理解员工对不同组织结构的偏好和适应性，有助于管理层制定更加有效的人力资源策略，从而使员工更积极地投入工作。

复习思考题

1. 什么是工作专门化？

2. 根据地域进行部门化的优势有哪些？

3. 简单结构、官僚结构、矩阵结构的优点和缺点有哪些？

4. 精简规模的战略有哪些?

5. 如何看待模仿战略和创新战略?

6. 组织结构对员工的影响有哪些？

案例分析题

企业战略更新与组织结构变革的互动机制研究

在数字化时代，企业战略转型不仅仅是生存的需要，更是把握发展机遇的关键。在这一背景下，企业如何通过战略更新与组织结构变革实现协同演化，成为学术界和业界共同关注的焦点。苏钟海等通过对海尔和酷特智能两家企业的深入案例分析，揭示了企业战略更新与组织结构变革的协同演化机理，为其他企业提供了宝贵的经验和启示。

海尔集团，自1984年成立以来，一直以其敏锐的市场洞察力和不断创新的精神引领家电行业的发展。面对外部环境的快速变迁，海尔采取了渐进式战略更新，这一策略选择深受其领导者持有的环境决定论认知的影响。海尔认为，企业的成功依赖于对环境变化的适应能力，因此海尔的战略更新总是紧跟时代的步伐。在组织结构变革方面，海尔的变革过程展现破坏性特征，通过探索式学习构建新的战略支撑能力，同时进行利用式学习加强和优化现有能力。海尔的战略更新与组织结构变革形成了非对称的协同演化关系，战略更新引领组织结构变革，而变革结果又反过来细化战略内容。海尔的变革过程体现了从传统的正三角结构到更为灵活和响应市场变化的组织形式的演进，每一次结构变革都是对战略更新的响应，同时也为下一阶段的战略实施提供了支持。

酷特智能的战略更新深受经营环境变迁带来的战略挑战的影响，而领导者持有的自由意志论认知和展现出的战略预测能力，成为推动其采取重构式战略更新的关键内部动力。在组织结构变革方面，酷特智能展现了突破性的特征，其战略目标虽然宏大但不够明确，导致组织结构变革的方向和内容需要通过不断的学习和探索来逐步具化。酷特智能通过利用式学习，即在现有组织能力的基础上进行持续的调整和优化，以适应和实现其战略目标。随着变革的深入，酷特智能的组织结构不断演化，从科层制到小部制，再到客户中心制、两大中心制，直至形成二维化网格组织，每一步变革都是对战略目标具体化的过程，也是对企业战略转型成功的有力推动。通过这种非对称的协同演化，酷特智能不仅在智能制造领域取得了显著成就，也为其他企业提供了战略转型和组织结构变革的宝贵经验。

企业战略更新与组织结构变革是相互影响的动态过程，受外部环境和内部能力共同作用。企业领导者的认知倾向对战略更新模式和组织结构变革模式的选择具有决定性影响。企业应根据战略更新模式的需要，选择合适的组织学习方式，以建构或提升战略支撑能力。此外，企业也可以将不确定性压力转移到自身能力优势侧，以提高应对经营不确定性压力的能力。

资料来源：苏钟海、魏江、胡国栋《企业战略更新与组织结构变革协同演化机理研究》,《南开管理评论》2023 年第 2 期，第 61~71 页。

思考题

1. 在数字化转型过程中，组织结构应该如何适应以提高竞争力？
2. 组织变革中通常会遇到哪些动力和阻力？企业如何克服这些阻力？

第十四章　组织文化

第一节　组织文化是什么

一　组织文化的特征与类型

组织文化（Organizational Culture）是组织内部成员共同遵守的一套价值观、信念和假设，这套组织成员共享的意义体系可以将本组织与其他组织区分开来。它不仅定义了组织的身份，还影响着组织成员的行为和决策方式。

（一）组织文化的特征

组织文化有以下六个特征，它们体现了组织文化的本质。

适应性。适应性是组织文化的关键要素，它反映了组织对创新和变革的接受与鼓励程度。在适应性高的组织文化中，员工被激励去探索新思路和解决问题的方法，同时对尝试和可能的失败持开放态度。适应性高的文化赋予了组织迅速适应市场动态和挑战的能力，从而促进了组织持续的学习和成长，为组织的长期发展和成功奠定了坚实基础。

细节导向。细节导向的组织文化特别强调对精确性和质量的承诺。在这样的工作环境中，员工被鼓励进行仔细而缜密的分析并密切关注工作中的每一个细节，以确保最终成果的高标准和专业品质。这种文化培养了一种对卓越表现的追求，使得个人和团队都致力于在日常运营中实现最佳的工作成果。

结果 / 成果导向。结果 / 成果导向的组织文化强调以成果为本，其中管理层关注实现目标的最终效果，而非达成目标所经历的具体技术和步骤。在这种文化下，员工被激励专注于目标达成，被鼓励以最有效的方式工作以达到预期的成果。这种文化促使员工集中精力于成果，而不是沉浸在过程的细节中，从而提高了效率和目标达成的可能性。

员工 / 客户导向。员工 / 客户导向的组织文化的核心在于管理层决策时对内外部利益相关者的影响给予高度重视。这种文化倡导以员工和客户为中心，不仅致力于满足员工的个人发展和职业需求，同时也注重提供卓越的客户服务体验。在这样的组织中，员工感受到自己的价值和对组织目标的贡献被认可，而客户则感受到他们的需求和期望得到了关注和满足。这种双向的关注促进了积极的工作环境和良好的客户关系的形成，从而为组织的长期成功打下坚实的基础。

合作 / 团队导向。合作 / 团队导向的文化强调集体合作与团队成就，其工作活动的展开和目标的实现都是围绕团队而非个体的。在这样的组织环境中，协作和团队精神被赋予了极高的价值，它鼓励成员共同努力以达成团队目标。个人成就虽然也会得到认可，但其背后是团队的合作。这种文化促进了成员间的相互支持和资源共享，减少了个人之间的竞争，增强了团队凝聚力，提高了整体绩效。

正直。正直在组织文化中体现为对道德和诚信的重视程度。在倡导正直工作的组织里，员工被鼓励在工作中恪守严格的道德标准，保持诚实和信用。组织倡导的行为准则不仅营造了公平和透明的工作环境，也加强了内部信任和团队合作。通过强调正直，组织建立了正面的声誉，并在员工、客户和合作伙伴之间建立了长期的信任关系，为其持续的成功和发展奠定了坚实的基础。

这些特征在不同的组织中表现出不同的强度，形成了从低到高的连续体。通过评估这六个特征的强度，我们可以了解某个组织的文化特点，以及组织成员对于组织的理解和行为方式的共享认知。①

（二）组织文化的类型

组织文化在组织中起着至关重要的作用，它能够阻碍、推动或重塑改革进程。缺乏文化支持的传统预算管理体制难以实现根本性的变革。学术界根据不同类型的标准对组织文化进行了分类，奎恩（Quinn）等构建的竞争性文化价值模型是一个被广泛使用的企业文化分析工具，它通过两个关键维度——“弹性和自主性—稳定和控制”以及“外部导向—内部导向”对企业文化进行测量和分类。这两个维度交织在一起，形成了四个不同的

① 斯蒂芬·罗宾斯、蒂莫西·贾奇:《组织行为学（第 18 版）》，孙健敏、朱曦济、李原译，中国人民大学出版社，2021，第 445 页。

文化象限，分别代表层级型文化、市场型文化、宗族型文化和创新型文化（见图 14-1）。

奎恩等的竞争性文化价值模型因其科学性和实用性，在企业文化测量和诊断方面得到了广泛应用。该模型不仅能够帮助组织识别其当前的文化类型，还能够指导组织根据需要进行文化变革和优化，以提升竞争力和实现长期发展。通过这种模型的应用，组织可以更好地理解和塑造自己的文化，从而在不断变化的市场环境中保持领先地位。

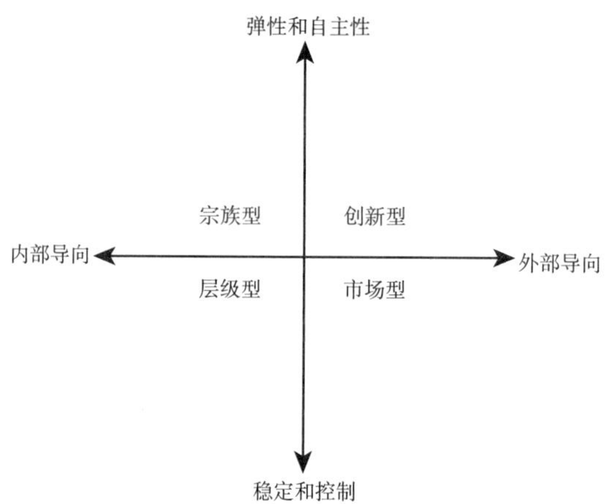

图 14-1　奎恩等的竞争性文化价值模型

资料来源：段万春主编《组织行为学（第四版）》，高等教育出版社，2020，第 272 页。

层级型文化。层级型文化以稳定性为核心，国企、传统企业是层级型文化的典型代表。其员工严格遵循既定的规则和程序，工作中重视正规化流程和日常事务的处理。在这种文化中，组织结构往往呈现清晰的等级划分，决策权力高度集中。在这样的环境中，员工期望明确的方向和指令，而管理层则通过有序的层级体系来指导和监督工作的执行，确保组织运作的一致性和可预测性。

市场型文化。市场型文化是一种以成就和效率为导向的组织文化，它鼓励员工追求明确的目标，并通过卓越的沟通技巧和健康的竞争精神来实现这些目标。在这种文化中，个人的努力和成果与组织的成功紧密相连，从而激励员工为实现个人和集体的成就而努力。这种以结果为导向的文化不仅提升了员工的工作热情和绩效，也推动了组织的整体发展，提升了其市场竞争力。

华为和海尔这样的公司就是市场型文化的典型代表，它们通过不断追求创新和卓越的业绩，在全球市场上取得了显著的成功。

宗族型文化。宗族型文化在组织中营造了一种温馨和支持性的氛围，使员工之间超越了单纯的工作联系，形成了类似家庭的紧密纽带。在这种文化中，员工之间的相互依赖和合作被视为组织成功的关键因素。信任和支持的增强促进了开放和诚实的沟通，使团队能够更有效地协作解决问题。万达集团等企业就是这种文化的代表，它们通过强调员工的相互关怀和团队合作，营造了一种强大而和谐的组织环境，不仅提升了员工的满意度和忠诚度，也为企业的长期发展和稳定打下了坚实的基础。

创新型文化。创新型文化强调组织的灵活性、成长性和资源获取能力。这种文化与组织内部的创新和学习氛围紧密相连，它倡导员工积极参与、自主决策，在开放的环境中协作和分享新想法。创新型文化将员工的潜力视为组织进步的宝贵资源，通过持续的学习和创新活动，推动组织的整体创新和发展。

案例链接 14-1

安瑞科蚌压的组织文化变革

在中国制造业快速发展的浪潮中，安瑞科（蚌埠）压缩机有限公司（简称蚌压）的组织文化变革故事成为一段佳话。这家传统的国有企业，在市场经济的激烈竞争中曾一度陷入困境，面临着倒闭的风险。然而，在短短四年的时间里，蚌压不仅成功实现了扭亏为盈，还创造了销售收入超过 3 亿元的佳绩，成为行业中的佼佼者。

这一跨越式发展的背后，是蚌压员工精神面貌的彻底改变。在总经理杨威锋的领导下，公司从过去的官僚作风、部门间的相互推诿和工作散漫的文化氛围，转变为充满活力、积极向上的文化氛围。员工们在各自的岗位上展现出前所未有的热情和创造力，部门之间的协作也变得高效而有力。

杨威锋总经理深知，要实现企业的长远发展，必须从文化层面进行根本的变革。他采取了一系列措施来打造活力型文化和学习型组织：推行开放式沟通，鼓励员工提出建议和反馈；实施跨部门协作项目，打破信息孤岛；定期举办培训和研讨会，提升员工的技能和知识；逐步建立起以绩效为导向的激励机制。

随着变革的深入，蚌压逐渐形成了一种积极向上、勇于创新的氛围。员工们不再满足于现状，而是不断追求卓越，这种精神贯穿于公司的每一个层面。杨威锋清楚，文化的变革是一个持续的过程，需要不断地巩固和深化。

蚌压的案例为传统制造业企业提供了宝贵的经验。它告诉我们，面对经济范式的巨大变革，企业只有通过持续的组织和文化创新，才能保持竞争力，实现可持续发展。对于蚌压来说，未来的挑战是如何保持这种活力，确保文化的变革能够深入人心，成为推动企业发展的不竭动力。对于其他企业而言，蚌压的成功经验提供了一条可行的路径，那就是通过培养一种积极、开放、学习型的组织文化，来激发员工的潜力，推动企业的持续进步和创新。

资料来源:《小巨人 | 安瑞科蚌压杨威锋：建设美丽新蚌压》，2021 年 12 月 24 日，https://new.qq.com/rain/a/20211224A0D0NZ00，最后访问时间：2024 年 5 月 4 日。

二　组织文化与工作满意度

组织文化是一个描述性概念，它关注的是员工对组织整体氛围和价值观的感知。这种文化体现在组织的行为规范、工作习惯、交流方式以及员工之间的相互关系等方面。一个组织是否鼓励团队合作、是否倡导创新思维、是否支持员工的个人发展和主动性，这些都是衡量组织文化的关键因素。

与组织文化不同，工作满意度是一个评价性概念，它衡量的是员工对于工作本身、薪酬、晋升机会、工作压力等具体方面的满意程度。工作满意度可以反映员工对于工作条件的正面或负面感受，以及他们在工作中的幸福感和投入程度。组织文化和工作满意度虽有交集，但它们侧重点不同。组织文化更多地关注组织层面的特征，如领导风格、决策过程、组织的历史和传统等，这些因素共同塑造了员工对组织的认同感和归属感。而工作满意度则更关注个体层面，它受到个人期望、需求和工作经历的影响，反映了员工对于工作条件和工作内容的个人评价。

了解组织文化和工作满意度的区别对于管理者来说至关重要，因为它们影响着员工的行为、动机和绩效。一个积极的组织文化能够激发员工的潜力，提高团队协作效率，从而提升员工的工作满意度。相反，一个负面的组织文化可能会导致员工的不满和离职。因此，组织需要通过培育积极的文化来提高员工的工作满意度，进而促进组织的长期成功和发展。

三　主导文化与亚文化

组织文化是组织成员共享的认知和信念体系，它包括一系列价值观、规范和行为模式，这些元素共同定义了组织的身份和行为方式。当组织成员，不论其背景或职位，都倾向于用相似的词语来描述他们的工作环境和价值观时，我们可以认为存在一种主导文化（dominant culture）。这种主导文化包含了组织中绝大多数成员所认可的核心价值观，它为组织赋予了独特的个性，并成为组织成员行为的指导原则。

在大型组织中，也可能形成亚文化（subculture），这通常基于特定部门或地点的成员所面临的共同经历和挑战。这些亚文化可能包含主导文化的核心价值观，同时还包含其特有的附加价值观。尽管亚文化在一定程度上与主导文化保持一致，但有时它们也可能与主导文化存在差异，相互抵触。

当组织文化主要由多种亚文化构成时，主导文化的影响力可能会减弱。组织文化的共享意义是其强大的行为塑造工具。通过这种文化的共享认知，员工能够理解并内化组织的期望和标准，从而引导他们的行为。若一个公司以其对客户服务和效率的重视而闻名，这种文化理念有可能会深入到每一位管理者和员工的行为当中，成为他们日常工作的一部分。通过这种方式，组织文化不仅塑造了员工的行为，还强化了组织的内部凝聚力和对外的品牌形象。

四　强文化与弱文化

强文化（Strong Culture）与弱文化（Weak Culture）的划分基于员工对组织使命和价值观的认同程度。在强文化环境中，组织的核心理念得到了广泛而深刻的共鸣，这种文化的特点是员工之间对组织的共同目标和价值观有着一致的看法和坚定的信念。强文化的力量在于它能够激发员工的潜力，引导他们朝着共同的目标努力，以此推动组织的整体成功。因此，强文化被视为组织成功的关键因素之一，它不仅能够提升员工的工作满意度和留存率，还能够在竞争激烈的市场中为组织赢得优势。

在弱文化环境中，组织的宗旨理念、经营哲学、价值标准没有被员工完全认同，员工行为的规范主要靠规章制度和奖惩条例约束。制度文化是强弱企业文化过渡的桥梁，由弱文化环境过渡到强文化环境需要一个过程。因此，如何激励弱文化环境下的员工已成为人力资源管理领域的重要课题。①

五　文化与正规化

正规化是指组织中工作流程、决策程序和沟通渠道的标准化。正规化程度高的组织通常有明确的规章制度、详细的工作描述和严格的等级制度。特别是在组织规模较大、员工众多的情况下，这种结构有助于确保组织运作的一致性和可预测性。正规化有助于新员工快速了解组织的工作方式，也有助于维持组织的秩序和效率。

组织不仅具备应对外部环境所提出的种种要求与限制的能力，而且在很多情况下，它还能够对这些外部因素施加影响，甚至进行有效的操控。这种能力的掌握，关键在于组织运作的正规化与效率化。当组织能够将重复性的过程通过明确的规章制度程序化，便能够有效提升其运作的效率，并以此向外界展示其正规性和专业性。因此，建立健全的规章制度体系，并确保其得到有效执行，是确保组织持续生存与顺利发展的关键所在。

组织文化和正规化之间存在一定的平衡关系。一方面，过度的正规化可能会抑制组织的创新和灵活性，限制员工的创造性和自主性。另一方面，缺乏正规化的组织可能会面临管理混乱和效率低下的问题。因此，组织需要根据自身的特点和目标，找到适合自己的文化和正规化水平的平衡点。

在实践中，组织可以通过培育一种鼓励创新和团队合作的文化，同时建立必要的规章制度来确保工作的高效和有序。这样，组织不仅能够保持灵活性和适应性，还能够确保在追求长期目标的过程中维持必要的稳定性和一致性。

---

① 宋靖:《企业弱文化环境下的员工激励》,《管理观察》2009 年第 15 期，第 84~85 页。

第二节　组织文化的作用

一　组织文化的功能——定义游戏规则

组织文化定义了组织内部的“游戏规则”，它起着多方面的重要作用。第一，组织文化帮助区分不同组织，为组织成员提供身份感，并促使他们致力于超越个人利益的更高目标。第二，组织文化作为一种社会黏合剂，增强了社会系统的稳定性，通过提供行为标准来凝聚组织成员。第三，作为一种意识形态和控制机制，组织文化引导和塑造员工的态度和行为。

组织文化是企业内部行为和思维方式的核心，它由共同的规范、价值观、信念和实践构成，这些元素共同塑造了组织成员的行为模式和决策过程。在组织文化中，应当强调文化对于错误管理加以识别和纠偏的重要性。一个积极的组织文化能够鼓励员工识别和报告错误，而不是隐瞒或忽视它们。组织文化应当倡导开放沟通、持续学习和改进，以及对失败的宽容态度，营造支持性和信任的氛围，促进组织学习和成长。

此外，组织文化还应当包含对于多样性和包容性的重视，认识到不同背景和观点的员工对不同工作情境所持有的看法和反应，培养包容性的文化。组织应确保所有员工的声音都被听到，并且他们的贡献都得到认可。这样的文化不仅有助于组织管理，还能够提升员工的参与度和满意度，从而推动组织的整体成功。[①]

组织文化的匹配性也影响着员工的招聘、评估和晋升。然而，组织文化也可能带来负面影响，如对变革的阻碍、对个性的压制以及在组织兼并和收购中引发文化融合难题。组织文化对于整合组织成员、适应外部环境具有重要作用，但同时也需警惕其可能带来的负面影响。组织需要平衡组织文化的积极和消极方面，以确保在追求目标的同时，也能够适应变化并促进员工的个人发展。[②]

---

① C. Van Dyck, M. Frese, M. Baer, & S. Sonnentag, “Organizational error Management Culture and its Impact on Performance: A Two-study Replication,” *Journal of Applied Psychology* (2005): 1229-1230.

② 刘智强、关培兰编著《组织行为学（第5版）》，中国人民大学出版社，2020，第340~341页。

案例链接 14-2

迪士尼的组织文化

迪士尼公司作为全球知名的娱乐和媒体集团，以其独特的组织文化著称。其组织文化的核心在于创造快乐和幸福的体验，这不仅针对顾客，也同样适用于员工。迪士尼将这种文化融入人力资源管理的各个方面，包括招聘、评估和晋升等环节。

在招聘过程中，迪士尼特别注重候选人的文化适应性。在招聘演员（他们对员工的称呼）时，迪士尼不仅考察其技能和经验，更重视候选人的个性和价值观是否与迪士尼的“快乐制造者”形象相符。他们会通过模拟顾客服务场景来评估候选人的应对能力，确保新员工能够自然地融入迪士尼的“魔法”氛围中。

迪士尼的绩效评估体系不仅关注员工完成工作任务的效率和质量，还重视员工对公司文化的贡献。例如，迪士尼会定期对员工进行“文化适应性”评估，这包括他们如何展现迪士尼的核心价值观，如尊重、团队合作、乐观和创造力等。这种评估方式鼓励员工在日常工作中积极传播和实践迪士尼的文化。

在晋升决策中，迪士尼会考虑员工的文化匹配性。晋升不仅基于工作业绩，还考虑员工对迪士尼文化的理解和推广能力。例如，一位在迪士尼工作多年的员工，如果他/她能够不断地在工作中体现迪士尼的价值观，并通过个人影响力促进团队文化建设，那么他/她更可能获得晋升的机会。

迪士尼公司的人力资源管理实践表明，组织文化的匹配性对于员工的招聘、评估和晋升具有重要影响。通过确保员工与公司文化的一致性，迪士尼成功地维护了其品牌形象，并创造了一个积极、高效和忠诚的工作环境。这种组织文化匹配性策略不仅有助于提升员工的工作满意度和顾客的幸福感，也为其他组织提供了宝贵的管理经验。通过强化组织文化，迪士尼确保了其业务的成功和持续发展。

资料来源:《迪士尼的组织文化》，2021 年 9 月 15 日，https://www.163.com/dy/article/GJUBU2E10543O1LR.html，最后访问时间：2024 年 5 月 4 日。

二　文化创建组织氛围

组织氛围（organizational climate）指组织成员对于其所处工作环境的共同感知和感受。这种氛围反映了员工对组织内部特定政策、实践和程序的总体态度和情绪。组织氛围通常是基于员工日常工作中的经历和互动形成的，它包括对工作的支持程度、沟通的开放性、团队合作的精神、领导风格、奖惩制度等多个方面的感知。研究表明，积极的组织氛围与员工的工作满意度、投入度、组织承诺和动机紧密相关，能够提升顾客满意度和组织财务绩效。

组织氛围的正面影响不仅体现在员工的心理状态上，还体现在他们的行为习惯上。当企业以其开放和创新的文化而闻名，并对员工提出的新思路提供资源支持时，这种组织氛围会激励员工勇于提出创新的想法，使员工不惧怕尝试新鲜事物，从而推动组织的整体发展和成功。

此外，组织氛围的多个维度如创新、沟通、相互支持等，都会对员工的行为和态度产生影响。当组织在多个维度上都展现出积极的氛围时，员工的工作表现和组织的整体绩效往往更出色。例如，一个既赋予员工权力又强调问责的组织，可能会激发员工更高的工作绩效，提高员工工作满意度，增强员工对公司的忠诚度和组织承诺。

然而，组织氛围的负面影响也不容忽视。如果组织宣扬的价值观和实际践行的行为不一致，员工可能会感到困惑和失望，这会削弱他们的组织承诺、降低他们的工作满意度。因此，组织需要确保其文化、价值观和行为之间的一致性，以建立一个积极、健康的工作环境。这样组织不仅能够提高员工的工作满意度和忠诚度，还能够在竞争激烈的市场中取得成功。

三　文化的道德维度

组织文化的道德取向是组织价值观的重要体现，它影响着组织成员的道德决策和行为。道德文化（ethical culture）不是中立的，它随着时间的推移和员工之间共有的是非观的发展而逐渐形成。一个支持明确道德标准的组织文化能够促进道德行为，这些行为受到领导者的影响和塑造，员工和管理者能够在这样的环境中公开讨论道德问题，并加强自身的道德行为。

组织道德氛围（organizational ethical climate），也称组织伦理氛围或道德工作氛围，它涉及组织成员对于道德行为和决策的共同认知和体验。这种氛围自 20 世纪 80 年代末以来已成为企业道德研究的一个重点领域。其核心在于它能够影响员工在面对道德问题时的态度、信念、动机和意向。这种影响最终会体现在整个组织的道德表现和决策过程中。

良好的组织道德氛围对于组织来说具有多方面的益处。它能够帮助员工在面临道德困境时，更清晰地知道如何采取正确的行动。同时，它也为管理者提供了一个框架，以便更好地理解和评估组织当前的道德建设状况，并据此制定和实施相应的道德规范，管理和引导员工的行为。组织道德氛围还能够促使组织形成一个以“德性”为核心的组织文化，这种文化不仅能够增加员工的道德行为，还能够增强组织的凝聚力和竞争力。

为了塑造和维持一个积极向上的组织道德氛围，组织应当采取一系列措施。制定清晰的道德准则和行为标准，并向所有员工传达这些准则，确保每个人都明白并遵守规定。开展培训和教育活动，提高员工对道德问题的意识和处理能力。领导层应通过自己的行为展现高标准的道德行为，树立榜样。建立公正的奖惩机制，奖励道德行为，惩罚不道德行为，以此激励员工积极践行道德准则。营造开放的沟通环境，鼓励员工自由讨论和反馈道德相关问题，及时发现并解决潜在问题。对于道德违规行为，组织应及时处理，明确违规的严重性和后果，以此维护组织的道德底线。通过这些措施，组织能够有效地促进道德文化的建设，提升整体的道德标准和组织效能。①

在道德氛围理论中，工具型、关怀型、独立型、法律法规型和规则型氛围最为常见。这些氛围类型都反映了管理者和员工在组织中的总体心态、期望和价值观。

在工具型道德氛围中，管理者可能假设员工的行为是受自我利益驱动的。而在关怀型道德氛围中，管理者可能期望他们的决策能够对所有利益相关者产生积极影响。独立型道德氛围强调个人根据自己的道德观念来决定行为。法律法规型道德氛围则强调遵守外部标准化的道德指南。规则型道德氛

① 赵立:《中小企业组织道德氛围及其对组织绩效的影响——基于浙江等省市的调查与分析》,《浙江社会科学》2011 年第 7 期，第 136 页。

围则依赖内部的标准化预期来规范行为。

组织的道德氛围对员工的行为方式有着极大的影响。例如，工具型道德氛围可能与员工的工作满意度和组织承诺呈负相关关系，而关怀型和规则型道德氛围则可能带来更高的工作满意度。关怀型、独立型、规则型以及法律法规型道德氛围能够降低员工的离职意向，减少工作场所的霸凌行为和其他不良行为。

不同类型的道德氛围常出现在不同的行业中。强调严格标准的行业可能有规则型或法律法规型道德氛围，而竞争激烈的行业可能有工具型道德氛围。以慈善事业为己任的行业可能倾向于关怀型道德氛围。然而，没有一种氛围是绝对好或坏的，它们在不同的组织和情境中可能有不同的效果。①

四　文化与创新

组织文化对创新的影响是多方面的，它不仅塑造了管理者的行为和决策，还深入到组织的每一个层面，影响着整个组织的运作方式和创新能力。在开放和非传统的企业文化中，创新精神被充分培养和鼓励。这些文化鼓励协作、愿景驱动，并追求快速发展。

对于创业公司而言，创新是其生存和发展的关键。由于规模较小和灵活性较高，创业公司能够快速决策和实验新想法，这使它们在面对问题和挑战时能够更加敏捷地进行创新。

在集体主义的组织文化中，管理者和员工的行为倾向于一致性和团队合作，这有助于实现利用式创新，即在现有业务和流程的基础上进行改进和优化。在这种组织文化中，组织成员共同为实现组织目标而努力，通过协作提高效率。而在个人主义的组织文化中，管理者和员工可能更加注重个人目标和自我实现，这有助于推动探索式创新，即探索新的业务领域和市场机会。个人主义文化鼓励员工追求个人成就，这种追求可以转化为对新知识和新技术的探索，从而推动组织创新。

组织文化的这些方面共同作用于组织的创新过程，通过平衡效率和创新

---

① 斯蒂芬·罗宾斯、蒂莫西·贾奇:《组织行为学（第 18 版）》，孙健敏、朱曦济、李原译，中国人民大学出版社，2021，第 450 页。

的需求，组织可以在竞争激烈的市场中保持领先地位。为了实现这一目标，组织需要建立一种支持创新、鼓励尝试和容忍失败的文化，同时确保运营的效率和质量。通过这种方式，组织可以持续地产生新的想法，开发新的产品或服务，并最终实现持续的发展。①

第三节 组织文化的创建和维系

一 组织文化的形成

组织文化是逐步形成的，它起源于组织的创始人或早期领导者所持有的价值观、信念和行为方式。这些核心理念和行为准则随后通过组织的政策制定、工作实践和日常互动得以传播和加强。随着时间的推移，这些价值观和行为方式逐渐被组织成员接受和内化，形成了一种共同的文化氛围。

在日常运作中，组织文化体现在员工的工作态度、团队合作方式、决策过程以及对待客户和合作伙伴的方法上。组织文化不仅是一系列抽象的概念，它还影响着员工的行为和组织的整体表现。通过持续的沟通、培训和反馈，组织文化得以不断地发展和适应外部环境的变化，同时也促进了组织内部的凝聚力和一致性。

组织文化的演化是一个动态的过程，它需要组织领导者的持续关注和投入。通过培育和维护一种积极、健康的文化，组织可以提高员工的工作满意度和忠诚度，增强组织的竞争力，并实现长期的成功和可持续发展。

二 组织文化形成的途径

（一）创始人的聘用与留任

组织的创始人或领导者在招聘过程中，往往会选择那些与其个人价值观和理念相契合的人才。这种选择不仅仅基于专业技能和经验，更看重个人与组织文化的匹配度。通过这种方式，组织能够确保新成员快速融入并支持现有的文化。此外，领导者也会通过留住那些展现出与组织文化高度一致性的员工来进一步巩固文化。

① 吕鸿江、赵兴华:《中层管理者正式与非正式网络一致性、组织文化与双元创新：在混沌边缘的结构与情境融合》,《管理工程学报》2023 年第 3 期，第 5~6 页。

（二）引导员工接受组织文化

一旦新员工加入组织，他们就会通过一系列的社会化活动和培训程序来学习和接受组织的价值观和行为规范。这些活动可能包括团队建设、工作坊、导师带徒制度等，它们旨在帮助新员工理解组织的期望和标准。通过这一过程，员工逐渐接受组织的思维方式从而将这些文化元素内化为自己的行为准则。

（三）鼓励员工认同组织文化

创始人和领导者通过自己的行为来示范组织的信念和价值观。他们的日常决策、工作习惯和对待员工的方式都在无声地传达着组织文化。当员工观察到这些行为并获得正面的反馈时，他们更有可能认同并采纳这些信念和价值观。这种文化认同感的建立有助于员工将组织的理念内化为个人的思考和感受。

三　保持组织文化的活力

组织文化的持续性和稳定性是通过一系列精心设计的实践活动和决策过程来维系的。这些活动不仅为员工提供了一致的体验，还加强了他们对共同文化价值观的认同。以下是对维系组织文化的三个关键因素的详细讨论。

甄选。组织的招聘过程是文化维系的第一步。在这个过程中，组织不仅仅寻找具备所需技能和经验的候选人，更重要的是寻找那些与组织价值观相契合的人才。运用行为面试、价值观匹配测试等手段，组织能够筛选出那些最有可能接受和支持现有组织文化的候选人。此外，招聘过程也为求职者提供了深入了解组织的机会，使他们能够自我评估是否适合该组织的文化。这种双向选择机制有助于避免不匹配的情况，确保新员工能够顺利融入组织，从而维持组织文化的连续性。

高层管理者。高层管理者在塑造和维护组织文化方面起着至关重要的作用。他们的行为和决策为组织设定了基调，并为员工提供了行为的模范。高层管理者通过自己的冒险精神、对下属的授权程度、对专业着装的要求等行为，向员工传达了组织的期望和标准。这些行为不仅在组织内部得到模仿，还通过各种沟通渠道和组织活动得到强化。因此，高层管理者的领导风格和价值观对组织文化有着深远的影响。

社会化。社会化是帮助新员工适应组织文化的关键过程。尽管招聘过程能够确保新员工与组织的初步匹配，但社会化活动确保了他们能够完全融入组织。这些活动包括培训课程、导师带徒制度、团队建设活动和社交活动，旨在帮助新员工理解组织的行为规范、工作流程和价值观。通过这些活动，新员工能够快速学习组织的期望，并将这些期望内化为个人的行为。社会化过程的成功实施对于新员工的长期满意度和留存至关重要。

通过这些机制，组织能够确保其文化得到有效的传承和发展。例如，戈尔公司通过其独特的招聘和团队工作方式，维护了其民主和团队导向的文化；而韦格曼超市则通过对员工的关怀和支持，强化了其以员工为中心的文化。这些公司的成功证明了组织文化在吸引和保留人才、提高员工满意度和忠诚度以及最终推动组织成功方面的重要性。通过持续的努力和承诺，组织能够确保其文化得到保持，并在不断变化的市场环境中保持竞争力。

组织社会化是一个至关重要的过程，它不仅帮助新员工适应工作环境，还确保了组织文化的连续性和稳定性。这个过程通常分为三个阶段：原有状态阶段（pre-arrival stage）、碰撞阶段（encounter stage）和调整阶段（metamorphosis stage），每个阶段都对新员工的工作表现和组织承诺产生了深远影响。

在原有状态阶段，新员工带着自己的期望和先入为主的观念加入组织。这些期望可能基于个人的受教育背景、以往的工作经验，或是对组织声誉的了解。当一位新员工加入一家公司时，组织在原有状态阶段的职责是确保他们能够接收到准确且全面的信息，得到必要的支持，以便他们能够形成对公司正确的预期。组织应当提供一个热情、包容的氛围，帮助新员工顺利地开始他们的工作生活。通过在这一阶段获得准确的公司信息和积极的经验，新员工将更有可能平稳地从原有状态阶段过渡到更深层次的组织社会化阶段，并最终为公司的成长和成功做出积极贡献。

新员工开始工作后，他们的预期也可能会与现实发生冲突，进入碰撞阶段。新员工可能会发现工作的实际内容、工作环境或组织文化与他们之前的预期不符。这种不匹配可能导致新员工感到困惑、失望甚至考虑离职。为了减少这种情况的发生，组织可以在招聘过程中提供真实的工作预览，让新员工了解工作的实际要求和组织的运作方式。此外，组织可以通过建立导师制度、提供入职培训和鼓励同事间的互动来支持新员工的社会化。

为解决在碰撞阶段发现的问题，新员工要做出改变，有可能进入到调整阶段。在这个阶段，新员工需要对自己的行为和态度进行调整，以便更好地适应组织的要求和文化。组织的社会化策略在这个阶段起着至关重要的作用。系统化的社会化措施，如标准化的培训程序和明确的工作指导，可以帮助新员工快速了解组织规则和预期。而个性化的社会化措施，如灵活的工作安排和鼓励创新的工作环境，则有助于新员工发展独特的工作方法和创新思维。在这个阶段，新员工逐渐建立起对组织的认同感，开始内化组织的价值观和行为准则。

成功的社会化过程不仅能够提高新员工的生产率和组织承诺，还能降低员工的离职率。研究表明，新员工在入职初期的工作满意度可能会经历波动，这主要是因为他们的期望与现实工作环境之间存在差异。随着时间的推移，新员工可能会感受到社会支持的减少，同时面临角色冲突和过载的挑战。然而，通过有效的社会化策略和持续的支持，新员工能够逐渐适应组织文化，找到自己在组织中的定位，并最终成为组织中的积极贡献者。

当新员工在组织中感到自在并且能够有效地完成工作时，我们可以认为他们已经成功地完成了入职社会化过程。这个过程包括原有状态阶段、碰撞阶段和调整阶段，每个阶段都是新员工逐渐融入组织并接受其文化和规范的关键步骤。

经过入职社会化过程，新员工不仅对自己的能力和在组织中的角色感到自信，而且也感受到了同事的信任和重视。他们已经理解了组织的整体运作，包括明确的工作任务、规章制度、工作流程以及非正式的行为准则。新员工清楚地知道组织和同事对他们的期望，以及评估他们工作表现的标准。

研究表明，入职初期，新员工可能会经历一个“新鲜期”，在这段时间内他们的工作满意度较高。然而，随着时间的推移，新鲜感逐渐消退，他们可能会进入一个“疲乏期”，在这期间，工作满意度可能会因为现实工作环境与期望之间的差异而下降。此外，新员工可能会发现他们在入职初期接受的社会支持逐渐减少，这是因为同事们都回到了自己的日常工作中。

随着时间的推移，新员工可能会面临越来越多的角色冲突和角色过载问题。如果这些问题得不到妥善解决，那些面临较大角色问题的员工的组织承诺和工作满意度可能会大幅下降。因此，组织需要确保新员工在入职后的适应过程中得到持续的支持和指导，以帮助他们克服困难，提高工作满意度，并最终增强他们的组织承诺。

总的来说，一个成功的社会化过程应该能够提高新员工的生产率和组织承诺，同时降低他们的离职意向。组织需要通过持续的努力，确保新员工能够顺利地完成从外部人到内部人的转变，从而为组织的长期成功做出贡献。

第四节　发展组织道德文化

组织道德文化是组织成功的关键因素之一，尽管不同行业和文化背景下的组织可能有着不同的实践方式，但其核心价值观和构建过程存在共通之处。为了创建一个更有道德的组织文化，管理者可以遵循以下几个原则。

作为角色榜样。管理者应该通过自己的行为为员工树立一个积极的榜样。员工往往会模仿高层管理者的行为，因此每个人都应该努力成为道德行为的典范。管理者的言行一致可以向员工传递积极的信息，强化组织对道德行为的重视。

传达道德期望。领导者需要明确组织的道德规范，并指出主要的价值观和期望员工遵守的行为准则。清晰地传达这些期望，可以减少员工在道德方面的不确定性，确保每个人都了解组织的道德标准。

提供道德培训。组织应该安排研讨会、工作坊等培训项目，以强化员工对组织行为标准的理解和认识。这些培训可以帮助员工了解组织允许的行为类型，并提供解决道德困境的策略。

奖励与惩戒。公开奖励那些展现出道德行为的员工，同时对不道德行为进行惩戒。这种奖惩机制可以强化员工对道德行为的认识，并鼓励他们遵守组织的道德规范。

提供保护机制。组织应该建立正式的机制，让员工在遇到道德困境时可以寻求帮助，而不必担心受到报复。这可能包括设置道德顾问、舞弊行为调查员或道德纠察员等角色，以支持员工在道德方面的决策。

建立一个积极的道德氛围需要从组织的最高管理层开始。当最高管理层强调道德价值观时，中低层管理者更有可能展现出道德型领导行为。这种道德态度会传递给基层员工，促使他们展现出更少的行为偏差和更高水平的合作与支持。研究表明，高层管理者的价值观是预测员工道德行为的重要指标。如果员工感受到来自领导者的压力，可能会减少他们从事不道德行为的意图。因此，一个不良的组织文化会对员工的道德行为产生负面影响；相反，道德型领导能够通过改善道德文化来提升群体的道德声音。此外，当员工的价值观与组织的价值观相匹配时，他们更有可能获得晋升。这种现象表明，道德文化可以自下而上地从组织的基层向更高层级传递，从而在整个组织中营造一种积极、道德的工作环境。

第五节　创建积极的组织文化

创建积极的组织文化可能会被一些人视为幼稚或阴谋，但实际上，这种趋势反映了管理实践和组织行为学研究的融合。积极的组织文化（Positive Organizational Culture）强调利用员工的优势、奖励多于惩罚，以及鼓励个人活力和成长。以下是关于这方面的具体讨论。

利用员工优势。积极的组织文化强调发现和发挥员工的优势，而不是过分强调他们的弱点。这种方法认为，当员工了解自己的优势并将其应用于工作中时，他们将更加高效和满足。例如，汽车制造商丰田（Toyota）鼓励员工不断寻找改进工作流程的机会。员工被鼓励利用他们的专业知识和创造力来优化生产流程，提高产品质量。这种文化强调团队合作和共享最佳实践，从而在整个组织中传播和利用员工的优势。

奖励多于惩罚。积极的组织文化倡导发现员工做得对的地方，并给予表扬和奖励。这种文化认识到，即使是细微的奖励，如表扬，也能显著提升员工的士气和动力。例如，软件公司艾特莱森（Atlassian）特别强调通过奖励来激励员工，而不是依赖惩罚。该公司鼓励管理者和团队成员经常给予彼此正面反馈。公司内部有一个名为“Heartbeat”的系统，允许员工相互表扬对方的优秀工作和积极行为。这种公开的认可不仅提升了接受表扬的员工的士气，也为其他员工树立了积极的榜样。

鼓励个人活力和成长。积极的组织文化认识到员工不是完成任务的工具，而是具有个人和职业发展需求的个体。组织提供发展机会和支持员工的个人成长，可以提高员工的工作满意度和忠诚度。例如，星巴克（Starbucks）不仅是一家全球知名的咖啡连锁品牌，也以其对员工（他们称之为“合伙人”）的投资和培养而闻名。星巴克鼓励员工从内部晋升，许多店长和区域经理都是从基层岗位成长起来的。同时，公司也提供了明确的职业发展路径和必要的培训，以支持员工的职业目标和个人成长。

尽管积极的组织文化有许多潜在的好处，但它并不是万能的。这种文化可能不适用于所有的情况和行业，而且可能需要根据特定的社会和文化背景进行调整。此外，积极的组织文化如果变成强制性的，可能会导致员工感到压力和不满。组织需要在追求积极文化的同时，保持灵活性和客观性，确保文化建设与提高组织效能的目标保持一致。最终，创建积极的组织文化的目的应该是提升员工的福祉和组织的绩效，而不是强加一种特定的社会正统观念。

第六节　职场灵性

（一）职场灵性的定义

职场灵性（workplace spirituality）并不是指有组织的宗教活动或神学讨论，而是指人们的内心生活支持和促进有意义的工作，同时有意义的工作也培养和支持个体的内心生活。提倡职场灵性文化的组织认为，有思想和灵魂的人会在工作中寻找意义和目标，希望与他人建立联系，并成为某个团体的一部分。

（二）为什么现在需要灵性

在过去的管理理念中，组织被设想为理性的实体。为确保效率和生产力，情绪和个人内心生活被视为应当被控制或排除的因素。随着对组织行为学研究的深入，我们开始认识到情绪和个人内心生活对员工行为和组织效能有着重要影响。这种认识促使我们重新考虑员工在工作中寻求意义和目的的需求。

缓解快节奏生活带来的压力和焦虑。灵性通过提供一种更加关注内在需求和个人成长的工作环境，帮助员工应对现代生活的快速节奏和压力。这种文化鼓励员工追求工作与个人生活的平衡，从而减少工作和生活中的压力和焦虑。

填补信仰的缺失。随着越来越多的人对传统宗教不再感到满足，灵性提供了一种非宗教性质的精神支持。它强调个人的价值、目的和意义，帮助员工在工作场所中找到精神上的满足和归属感。

质疑工作的意义。灵性回应了许多员工对于工作意义的质疑。通过强调工作的目的和对社会的贡献，灵性鼓励员工发现和追求他们工作中更深层次的意义。

统一个人价值观与职业生活。灵性支持员工将他们的个人价值观融入日常工作，使他们能够在工作中实现自己的信仰和原则。这种一致性有助于提高员工的工作满意度和忠诚度。

超越物质追求。在物质主义盛行的社会中，灵性提醒人们，真正的满足和幸福来自内在的成长和精神上的富足，而不仅仅是物质财富的积累。通过提供发展个人潜能和实现自我价值的机会，灵性帮助员工找到更持久和深刻的满足感。

（三）灵性组织的特点

仁慈。在灵性组织中，组织不仅关注自身的利益，还关注员工、客户以及社会其他成员的福祉。仁慈的文化体现在对他人的善意和对提升每个人幸福感的承诺上。

强烈的目的感。灵性组织强调组织的目的不仅仅是追求利润，更要追求更深层次的社会价值和意义，鼓励员工参与到对组织和社会都有积极影响的事业中去。

信任与尊重。信任是灵性组织运作的基石。管理层与员工之间、员工与员工之间的关系都建立在相互信任、诚实和开放沟通的基础上。每个人都应受到尊重，并且他们的贡献应被认可和重视。

思想开放。灵性组织鼓励创新和创造性思维。组织支持员工提出新想法，鼓励他们探索新的可能性，并为他们提供实现这些想法所需的资源和自由。

灵性组织的这些特征共同构成了一个积极的工作环境，在这个环境中，员工感到自己的工作有意义，他们的个人价值观与组织的目标相一致，他们能够在一个支持和鼓励个人成长的环境中发展自己的潜力。通过培养这样的文化，灵性组织不仅能够提升员工的工作满意度和忠诚度，还能够提高组织的整体工作效率和创新能力。

（四）打造组织灵性

为了激发职场灵性，组织可以采取一系列创新措施，如灵活的工作安排和家庭友好政策，以及鼓励员工合理休假，这些都有助于员工实现工作与生活的平衡。领导者通过展现积极的价值观、态度和行为，对塑造职场灵性起到了关键作用，他们能够激励员工，增强其对工作的内在动机和价值感。组织还可以提供培训和发展机会，支持员工探索个人职业使命，从而营造一个更具灵性的工作环境。通过团队咨询和组织发展活动，员工得以共同讨论如何在组织中促进个人成长和贡献，这样的互动不仅加深了员工间的联系，也推动了基于共同价值观和目标的工作环境的形成。通过这些方法，组织不仅提升了员工的工作满意度和参与度，还增强了组织的整体竞争力。

（五）对灵性的批评

职场灵性的概念虽然具有重要价值，但其定义的宽泛性和科学基础的不足引发了人们对其的批评。为解决这些问题，组织应当采取积极措施，明确职场灵性的内涵，通过跨学科研究和实证数据来加强其理论基础和实践指导。

在推动职场灵性的过程中，组织需要保持对员工多元文化和信仰的敏感性和尊重，确保所有活动和政策都建立在自愿和包容的基础上，避免任何形式的强制推广或价值强加。这样的做法不仅有助于减少合法性争议，还能够营造一个积极、健康的工作环境，让员工感到被尊重和被理解。

组织关注员工的内在需求和个人成长，可以提高员工的工作满意度和忠诚度，进而提升工作效率和减少员工流失，这些都是推动长期经济利益增长的关键因素。管理者和投资者应当从长远角度出发，认识到投资于职场灵性所带来的潜在经济和社会效益。组织可以通过定期的教育和培训活动，提升员工对职场灵性重要性的认识，为他们提供实现个人价值和职业使命的机会。这不仅有助于员工个人的成长，也有助于构建一个更具凝聚力和创新力的团队，从而增强组织的整体竞争力。

尽管存在批评，但有限的证据表明，灵性和利润可以相容。引入灵性技巧的公司可能会提高生产率、降低离职率，并在绩效上优于其他组织。组织的灵性与创造力、员工满意度、工作投入和组织承诺之间存在正相关关系。这些发现表明，职场灵性可能是组织寻求提高员工福祉和组织绩效的一个有价值的方向。

第七节　组织文化在全球化层面的意义

全球化已成为当今世界经济发展的重要趋势，它促使企业跨越国界，拓展国际市场。在全球化的商业环境中，管理者需要具备跨文化管理的能力，了解和尊重不同文化的特点，能够有效地与来自不同文化背景的员工沟通，适应不同文化环境下的工作方式等。跨文化管理成功的关键在于建立一个包容和多元化的工作环境，使其中的每个员工都能感到被尊重和被认可。

当组织在海外招聘员工并开展业务时，管理层必须在组织文化的多个方面做出明智的决策。美国科技公司谷歌（Google）的管理层在海外市场的扩张中，采取了本地化管理团队、灵活的工作安排、尊重文化的多样性和包容性、全球和本地活动相结合等一系列措施来适应和尊重当地的文化差异。通过这些措施，谷歌不仅成功地在全球范围内扩展了业务，还在不同文化背景下维护了其作为创新领导者的品牌形象，并吸引和保留全球人才。在全球化的经营过程中，公司需要对不同文化的标准保持敏感，并灵活调整策略以适应当地环境。同时，法律环境也可能对公司的政策和做法产生影响，这要求公司在全球扩张时必须考虑到各国的法律法规。

文化对职业道德的影响也不容忽视。在道德行为的管理方面，不同国家的管理者可能持有不同的理解和做法。美国管理者可能更强调自由市场原则和利润最大化，将贿赂和裙带关系视为不道德的行为。而在一些发展中国家，管理者可能更倾向于从整体社会环境出发来进行道德决策，认为关照家庭和朋友是一种道德责任。这种差异在全球化商业环境中可能引发摩擦和冲突。不同的文化背景会塑造员工对职业道德的不同理解，这可能会影响他们对企业的忠诚度、工作投入和职业发展期望。组织文化作为企业内部价值观、信仰、习惯和行为准则的综合体现，不仅映射出企业独特的管理风格和工作方法，而且通常与其所在国的民族文化紧密相连。

因此，跨国企业在全球化、国际化时需要考虑这些差异，并在人力资源管理、员工培训和组织发展等方面采取相应的策略。

复习思考题

1. 组织文化的本质是什么？
2. 组织文化和工作满意度的区别是什么？
3. 组织文化对创新有何影响？
4. 组织文化形成的三种途径是什么？
5. 维系组织文化的关键因素有哪些？
6. 为什么需要职场灵性？

案例分析题

组织文化在政府数据共享中的作用机理与调节效应

在数字化转型的大背景下，政府数据共享已成为提升治理能力的关键因素。然而，“数据孤岛”和协同困难等问题的存在，严重阻碍了数据共享的进程。为了解决这一问题，钟葳提出了通过优化组织文化来促进政府数据共享行为的解决方案，并分析了其实施效果和案例启示。

首先，组织文化的重要性不容忽视。组织文化作为内在驱动力，对工作人员的行为规范和效能感知具有重要影响。一个高效、认同与开放的组织文化能够增强成员间的信任，增加数据共享的意愿与行为。这种文化环境不仅能够激发工作人员的积极性，还能够提高整个组织的协同效率。

其次，自我效能感的作用也不容忽视。自我效能感是个体对完成任务自信程度的体现。组织文化通过提升工作人员的自我效能感，间接促进数据共享。当工作人员对自己的能力有信心时，他们更愿意投入资源和时间推动数据共享，从而提高整个组织的协同效率。

最后，领导支持的调节作用也非常重要。领导支持对组织文化与数据共享行为之间的关系具有正向调节作用。在领导支持较强的环境下，组织文化对数据共享行为的正向影响更加显著。领导层的积极支持提供了必要的资源和政策支持，减轻了工作人员的顾虑，明确了共享双方的权利与责任，激发了数据共享行为。

在实际实施中，某政府部门通过建立以高效、认同和开放为核心的组织文化，促进其数据共享，提高了跨部门的业务协同效率。工作人员在正向的组织文化影响下，自我效能感得到提升，更愿意投入资源和时间推动数据共享。

通过这一案例，我们可以得到一些启示。组织文化对政府数据共享行为具有决定性作用。构建高效、认同与开放的组织文化环境可以有效提升工作人员的自我效能感，促进数据共享行为。而领导的支持对于加强组织文化的正面影响也至关重要。政府部门应重视组织文化的塑造和领导支持的作用，将其作为推动数据共享和提升治理能力的重要策略。

资料来源：钟葳《组织文化对政府数据共享的影响机理分析：一个有调节的中介模型》,《湖南科技大学学报》(社会科学版) 2024 年第 1 期，第 159~166 页。

思考题

1. 如何通过组织文化来提升员工对数据共享的接受度和参与度？
2. 在优化组织文化的过程中，有哪些常见的挑战和应对策略？

第十五章　组织变革与发展

第一节　组织变革与发展概述

一　组织变革与发展的概念

（一）组织变革

所谓组织变革是为了适应外部环境的变化（如市场需求、技术进步、法律法规等）和内部情况的变化（如人员变动、组织文化、资源配置等），对组织目标、结构和构成要素等适时而有效地进行各种调整和修正。组织变革是一个经常性活动，任何组织在运行一段时间后，为了适应内外部的变化都需要进行各种变革。一方面，组织是一个由多种要素组成的有机体，要经历产生、成长、成熟和衰退的过程；另一方面，任何组织都是社会大系统中的一个有机生命体，需要和外部进行物质、人员和信息的交换。① 因此，组织是一个动态的系统，当原有的稳定和平衡无法适应组织长远发展的要求了，就需要借助变革来打破，进而使组织快速地向着理想的方向发展，建立新形势下新的稳定与平衡，使组织的变动性和稳定性可以有机地结合起来。但在实际经验中，几乎没有组织能够完成持续性的变革，这就需要我们了解组织变革的阻力和动力。

（二）组织发展

组织发展着重于提升组织自我更新与成长的能力，通过调整和优化个人与团队间的互动关系来应对外部环境的挑战，将外界压力转化为组织内部的应变力及解决问题的能力，从而提高组织的运作效率。其概念范围更加广泛，不仅限于组织变革，也包括对组织的战略规划、工作流程、管理系统以及员工能力的持续全面提升。②

---

① 段万春主编《组织行为学（第四版）》，高等教育出版社，2020，第 247 页。

② 《组织行为学》编写组编《组织行为学》，高等教育出版社，2019，第 233 页。

组织发展与组织变革是两个概念，它们联系紧密但又有所不同。第一，组织发展是一个长期连续的过程，其间可能会出现多个阶段性的组织变革。每一次变革都是组织发展的一部分，旨在为下一阶段的发展奠定基础。第二，组织变革是组织发展的内在动力。第三，组织变革的目的多为调整和优化组织的运作，它的成功与否往往直接影响组织未来的发展轨迹。

二　组织变革与发展的动因

在第十三章中，我们讲解了组织结构要素——工作专门化、部门化、指挥链、管理幅度、集权与分权、正规化，组织的变革正是通过这六种要素的对应变化体现出来的。下面我们将组织变革和发展的动因分为内外部两个方面进行分析。

（一）组织变革与发展的外在原因

1. 宏观环境变化

宏观环境是指给企业造成市场机会和环境影响的社会力量，包括政治环境（P）、经济环境（E）、社会文化环境（S）、技术环境（T），这些因素的变化是企业不可控制的，但会对企业生产经营产生巨大的影响，具体如图15-1所示。

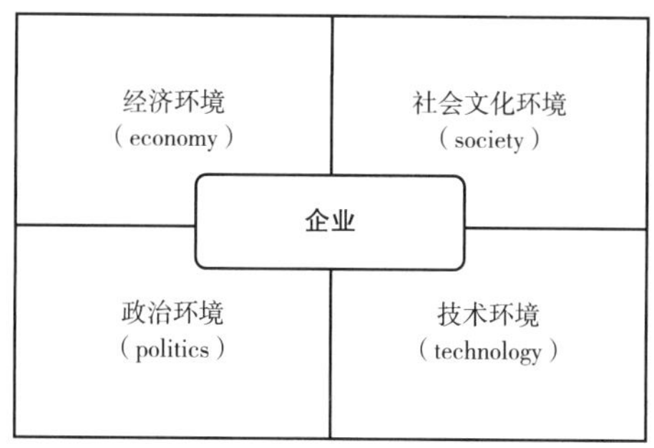

图 15-1　企业宏观环境 PEST 分析

政治环境，包括政府政策、政治体制、法律法规、外贸政策、政治稳定性以及公众舆论等，它们的改变都可能直接或间接地影响企业的运作和战略方向。如 2013 年人类命运共同体的提出引导企业加强对社会责任和可持续发展的关注，企业需要重新评估自身商业模式和运营实践，确保它们不会对环境和社会造成负面影响。

经济环境是指企业生存与发展的社会的经济状况及经济政策，主要由社会经济结构、经济发展水平、金融市场动态、宏观经济政策等方面构成。这些经济环境的变化直接关系到组织的盈利能力、资源配置、市场机会和风险。如2020年新冠病毒（COVID-19）大流行对全球经济造成了巨大冲击，许多企业组织开始重新评估和重构其供应链及经营模式，它们需要进行变革，将工作调整为远程和灵活的模式。

社会文化环境包括人口结构、收入分布、消费者行为和偏好、工作态度和期望、社会规范、多样性和包容性、社交媒体等，这些方面的改变都会影响企业的经营战略和员工的价值观和行为等。根据《2023年民政事业统计公报》，中国60岁及以上老人占比超过21%，其中65岁及以上老人占15.4%。① 我国成为世界上老年人口最多的国家，老龄化速度快、地区差异大等特征日益突出。② 一方面，老年群体规模增大，企业需要调整其产品和服务以满足老年人的特殊需求，提供更适合老年人的产品设计、易于操作的服务界面以及更为便捷的物流配送服务。另一方面，社区联系也发生了变化，从单位型紧密的社区联系向原子化方向发展意味着社区内的社会网络变得更加松散。这要求企业重新考虑其市场定位和客户关系管理策略，以更好地适应这种变化。

科学技术的进步和发展不仅推动了知识的更新，而且通过迭代和创新，极大地影响了组织的运作方式，使得更多的人力、时间成本被节省。主要技术进步包括：设备的更新、信息技术和互联网、3D打印和智能制造、电子商务和数字支付等，这些因素对企业的生产、经营、管理活动等产生了多方面的影响。

组织为了适应这些外部环境的变化而进行变革，包括更新业务模式、改进产品和服务、调整管理结构、采用新技术、开展员工新技能培训等，以确保在竞争激烈的市场中保持竞争力和持续成长。

2. 中观环境变化

中观环境分析主要关注企业所在行业的竞争环境，迈克尔·波特

① 《2023年民政事业发展统计公报》，https://www.mca.gov.cn/n156/n2679/c1662004999980000/204/attr/355717.pdf，2024年8月30日。

② 陆杰华、谷俞辰：《中国式养老的现实定位、关键议题与转型进路》，《人口与经济》2024年第5期，第1~12页。

（Michael Porter）教授提出了一个行业竞争结构分析的经典框架，包含行业内竞争者之间的竞争程度、潜在新进入者的威胁、替代品的威胁、供应商的议价能力、购买者的议价能力五个关键的力量。①

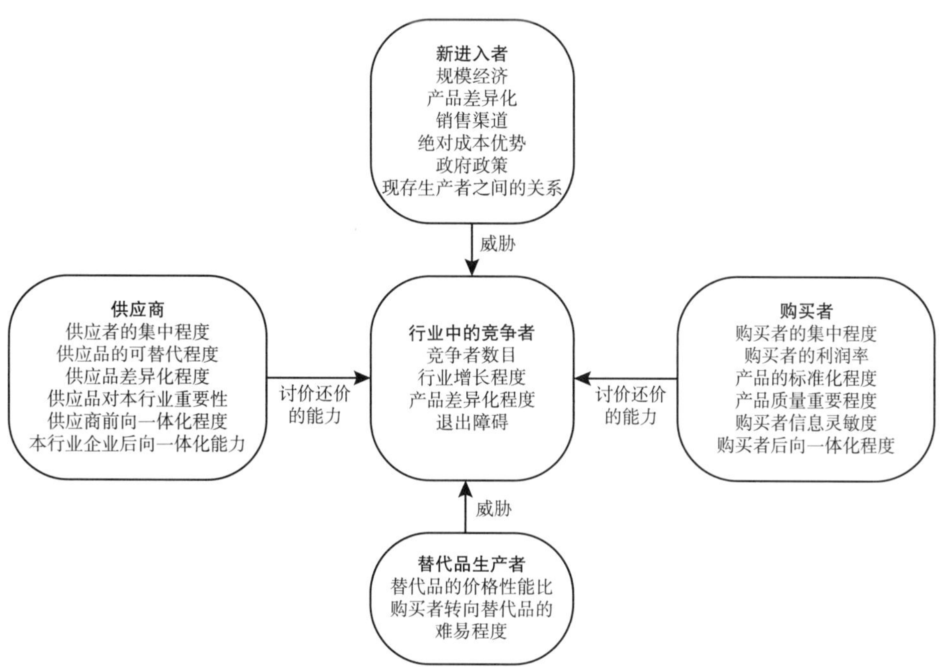

图 15-2　迈克尔·波特的行业竞争结构分析模型

资料来源：陈敏《企业组织结构变革影响因素分析与方案规划研究》，重庆大学硕士学位论文，2005，第 22 页。

通过对这五个力量的评估，企业可以更好地理解行业竞争格局，并据此制定有效的竞争战略。“波特五力模型”是一个被广泛使用的工具，它帮助企业识别竞争优势和劣势，并指导企业定位和制定战略以应对行业内的竞争压力。

（二）组织变革与发展的内在原因

1. 企业所处生命周期

伊查克·爱迪思（Ichak Adizes）在 1989 年系统地提出了企业生命周期理论，该理论将一个完整的企业生命周期划分为成长阶段、再生与成熟阶段

① E. Michael Porter, “What is Strategy? ” *Harvard Business Review* 11-12 (1996): 61-78.

以及老化阶段，并进一步细分为十个时期。然而，在国内的现行研究中，普遍倾向于将企业生命周期划分为创业阶段、成长阶段、成熟阶段和升级阶段（如图 15-3 所示）。这有助于研究者和企业管理者更直观地理解企业在不同发展阶段的特征和需求，从而采取相应的策略来推动变革和企业的健康发展。

企业在不同的发展阶段会有不同的规模和特征，相应的，组织内部也会面临不同的主要矛盾和问题。因此，组织变革的主要任务会随着阶段的不同而有所差异。在实际经营中，一个成功的企业会经历从简单到复杂的连续发展过程。当企业到达连续发展线上的某个特定点时，就需要对原有的组织结构进行变革，以适应新的发展需求和市场环境。这样的变革有助于企业更好地应对发展中的挑战，保持竞争力，并继续向前发展。

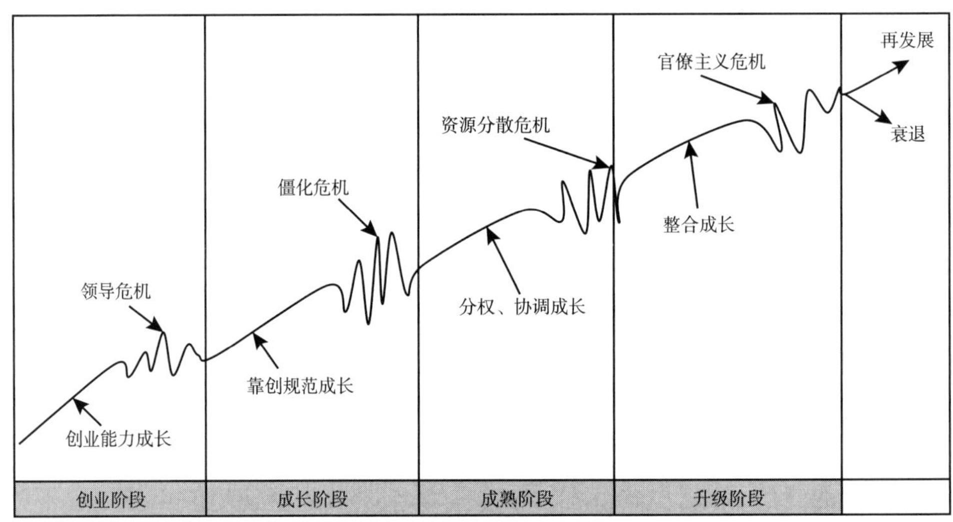

图 15-3　企业生命周期

资料来源:《组织行为学》编写组编《组织行为学》，高等教育出版社，2019，第 231 页。

2. 企业经营战略的变化

美国著名管理学家阿尔弗雷德·钱德勒（Alfred Chandler）在 1962 年出版的《战略与结构：美国工商企业成长的若干篇章》中指出，企业组织结构跟随经营战略而变化。组织结构要按照战略所要求的方向进行调整和变革。当企业进入其生命周期的下一个阶段后，企业规模、经营领域的改变要求企业的整个组织结构都进行协调与整合，以确保新战略的有效执行。企业必须进行组织变革，包括对现有结构、流程、文化等方面的调整，以确保组织能够适应新战略的要求。[①] 在制定经营战略时，企业通常采用 SWOT 矩阵分析法，通过研究企业内部优劣势（Strengths and Weaknesses）和外部环境机会威胁（Opportunities and Threats）进行系统评价，从而选择合适的经营战略。这有助于企业全面了解自身情况和外部环境，从而制定最佳的经营战略。

3. 组织结构特征的变化

组织结构是组织的“骨骼”，是支撑组织存在和运作的根本。组织结构特征是指能反映一个组织内部特征的一系列参数，包括管理层次和管理幅度、分工形式、关键职能、专业化程度、集权程度、规范化程度、制度化程度、地区分布、职业化程度、人员结构等十个方面。现有组织结构特征的改变，会引起组织的变革，也能提高组织运行效率。

4. 管理机制的变化

管理机制是组织的“神经”，指企业内部的管理体系、流程、政策和实践，如领导风格、激励机制、决策流程、人力资源管理等，它将组织结构有机地联系起来，当管理机制发生变化时，会直接影响组织的运作效率和效果。管理机制的变化会引起组织变革与发展，例如，组织通过对薪酬结构、晋升机制、绩效评估等激励机制的调整，激发员工的积极性和创造力，从而推动组织变革与发展。

5. 内部员工的变化

随着社会的发展，人在组织中的重要性日渐突出。一方面，全球化使公司员工背景日益多样化；另一方面，人自身也表现出了越来越丰富的多样性。这些都对组织管理提出了新的挑战。正如本书第三章提到的员工价值观的代际差异，“00 后”与“70”后的人生经历、物质生活条件、社会文化氛围、教育知识水平的代际差异十分明显。观念和行为的变化会在一定程度上促进组织的变革。

三　组织变革的类型

组织变革是一个复杂的过程，涉及多个方面的调整和优化。在组织变革

---

① A. D. Chandler Jr., *Strategy and Structure: Chapters in the History of the American Industrial Enterprise*（Oxford, England: MIT Press, 1962）.

过程中，主要因素通常包括结构、技术、人员和文化等。变革可以根据这些要素进行类型划分，具体如下。

（一）结构变革

结构变革关注组织架构的调整，包括层级结构、部门划分、职责分配等。这种变革旨在提高决策效率、改善内部沟通、加强协同合作，以及更有效地响应市场变化。结构变革可能涉及合并部门、精简管理层级、调整汇报关系等。

（二）技术变革

技术变革涉及新技术的引入和应用，目的是提高生产效率、创新产品或服务、优化工作流程。技术变革可能包括自动化、信息技术系统的升级、数据分析工具的应用等。这种变革要求组织不断学习和适应新技术，以保持竞争优势。

（三）人员变革

人员变革着重于员工的工作态度、期望水平、认知和行为的改变。它包括培训和教育计划、领导力发展、团队建设、员工激励和绩效管理等方面。通过人员变革，组织可以提升员工的技能和知识，增强团队合作，提高员工的工作满意度和忠诚度。

（四）文化变革

文化变革是组织变革中最为深层和持久的部分，它主要涉及价值观和组织氛围的改变。文化变革旨在建立一种支持变革、鼓励创新、促进协作的组织文化。这可能需要通过领导力的示范作用、内部沟通、激励机制和仪式活动等方式来实现。在实际操作中，这些变革类型往往是相互关联和相互影响的。例如，结构变革可能会影响人员配置和技术应用，而技术变革又可能促进人员技能的提升和文化观念的更新。因此，在进行组织变革时，需要综合考虑这些因素，制定全面的变革策略，确保变革能够有效推进并取得预期成果。

第二节　变革的阻力

马基雅维利曾经说过：“没有比开创新事物的秩序实施起来更难、成功的希望更渺茫、处理起来更危险的了。因为改革者是所有旧秩序既得利益者的敌人，而即将从新秩序获益的人只会半心半意地支持他。”组织变革的阻力是指在组织感受到变革动力的同时，组织内部的个体、群体或结构因试图维持现状而产生的抵触态度和行为。这些态度和行为旨在阻止或减缓变革进程，以保持组织当前的平衡状态。①

一　变革的阻力

按阻力来源的不同，可将组织变革的阻力分为个人层面、群体层面和组织层面。

（一）个体层面

1. 个体惰性

个体惰性来源于习惯，可能导致员工在面对变革时做出维持现状的表现。在组织变革中，打破既有的工作模式和生活习惯往往需要员工额外的努力和适应。

2. 心理抵御

员工对于稳定性的偏好可能使其对变革产生心理上的不适，感受到安全威胁。因为变革会改变他们熟悉的工作方式、工作习惯、工作环境等，使他们产生不安和畏惧的心理。尤其是当领导者因为害怕项目失败而避免推动变革时，如果领导者采取保守的策略，会阻碍必要的创新和改进。

3. 利益损失

变革往往伴随着利益和权力的重新分配，可能会损害某些人的利益，引起他们的担心，进而触发员工的抵制情绪和行为。

（二）群体层面

1. 群体的惯性

群体的惯性指当既定利益团体认为变革可能干扰他们在工作中习惯化或模式化的行为方式时，就会抗拒变革。无论是正式群体还是非正式群体，工作中形成的群体规范都可能影响个体对变革的思想态度，即个体受到社会群

① 陈春花、张超:《组织变革的“力场”结构模型与企业组织变革阻力的克服》,《科技管理研究》2006 年第 4 期，第 203~206 页。

体的约束，这会成为阻力的来源。值得注意的是，群体的凝聚力越强，当他们意识到变革的不利影响时，反抗变革的情绪和行为越激烈。

2. 信息沟通障碍

信息沟通障碍指信息在传递过程中的失真、过滤或中断。信息的传递受到人的主观意识的影响。在通常情况下，信息沟通障碍主要来自信息发送者、接受者和沟通环境三个方面。如果群体成员对决策过程的参与程度较低，沟通障碍的存在会使他们对变革认识存在误差，进而使他们的认同感降低，形成较大改革阻力。

3. 群体自主行为的独立性

当群体被赋予广泛的自治权时，组织的权力和威严会有所下降，缺乏执行变革的动力。

（三）组织层面

1. 结构惰性

结构惰性指在长期的运作中，组织形成的对一定事物的习惯性反应。这种惯性思维可以帮助组织稳定现状，但对于组织的进一步发展却会产生障碍。尤其体现在层级多的组织中，决策流程的烦琐可能导致变革效率低下。

2. 部门抵制

因为变革是利益的调整过程，涉及各个部门的职权和责任的重新分配。这可能导致原来的利益主体产生抵抗，使企业变革趋于失败。

3. 组织资源的不充足

因为变革需要额外的资金、人力和时间投入，而在资源紧张的情况下，企业只能推动部分变革，无法实现组织的全面变革。

4. 专业知识威胁

组织变革可能涉及专业群体的专业技术知识。变革要求部分专业群体学习和掌握新知识和新技术，但如果学习过程存在障碍，不能顺利完成学习过程，这部分专业群体的变革就失败了。

5. 组织文化

落后的组织文化会成为组织变革的阻力源。组织文化对员工的行为和思维方式影响深远，一旦文化落后，将难以适应变革需求。

二　克服变革阻力

克服变革阻力是组织管理中的一大挑战，特别是在追求长期发展和适应环境变化的过程中。现在我们知道变革阻力主要来源于个体、群体和组织三个层面，组织需要采用综合策略，从多个层面应对和克服这些阻力。

（一）力场分析法

力场分析法是由库尔特 · 勒温（Kurt Lewin）提出的，它通过分析促进变革的力量（驱动力）和阻碍变革的力量（制约力），寻找平衡点，进而采取措施以增强驱动力、减弱制约力。

以下是勒温的力场分析法在组织变革中应用的步骤。①识别当前状态。需要识别组织当前的状态和存在的问题。这包括对组织结构、流程、文化和员工行为的全面审视。②分析力量。分析影响组织变革的各种力量。驱动力指促使组织变革的因素，具体见本章第一节第二部分。制约力则指阻碍变革的因素，见本节第一部分。列出驱动力及制约力因素并按照强弱进行排序。③制定变革目标。基于对当前状态和力量的分析，制定清晰的变革目标和愿景。这些目标应该是具体、可衡量的，并且能够激励组织成员共同努力。④设计变革策略。设计实施变革的策略和行动计划，包括如何增强驱动力和减弱制约力。主要设计谁去做、做什么、可行性及成本 - 收益。⑤实施变革。按照策略和计划实施变革。在这个阶段，领导者需要有效沟通变革的必要性和益处，确保所有组织成员都了解并参与到变革过程中。⑥监控和调整。在变革过程中持续监控进展情况，并根据反馈和结果进行必要的调整。这有助于确保变革活动按计划进行，并能够及时应对出现的问题和挑战。⑦巩固变革成果。通过建立新的规定、流程和文化来巩固变革成果，确保变革能够持久并成为组织的新常态。

（二）时机与匹配

“穷则变，变则通”，组织变革的成功与否不仅体现在其内容上，变革的节奏和时机也至关重要。企业所筹划的是未来持久的竞争优势，若一味地强调变革的速度，其内部组织未能随之适应，会使组织成员产生一种压迫感，造成已成习惯的工作关系的变异，从而形成前所未有的阻力，这种变革便有可能产生危险，甚至威胁企业的生存。而所谓时机，实为审时度势，即企业所面临的内外部环境的变化趋势。①同时，变革方法也要与行为变革程度相匹配（见图 15-4），以更为有效地达到预期的变革目标。

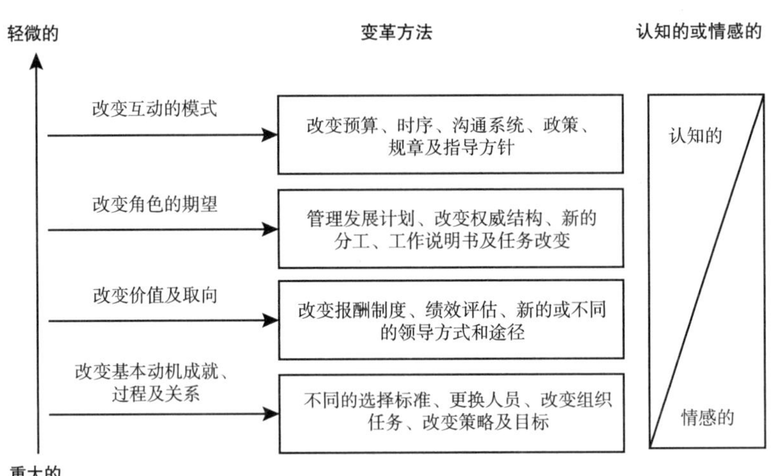

图 15-4 变革方法与行为变革程度的匹配

资料来源:《组织行为学》编写组编《组织行为学》，高等教育出版社，2019，第 245 页。

（三）克服阻力的方法

1. 学习型组织的搭建

学习型组织是指在共同目标的指导下，全体成员都重视学习、传播、应用和创新知识的一个高度凝聚、充满活力的组织。学习型组织能引起学习者在行为、观念、思维模式、行为方式等多个方面的发展变化。②学习型组织的搭建有助于克服个体惰性、群体惯性和组织惯性思维，使成员在主观上容易接受变革。彼得 · 圣吉（Peter Senge）在其 1990 年出版的《第五项修炼：学习型组织的艺术与实践》一书中提出了学习型组织搭建的五项修炼。一是个人超越。鼓励个人坦诚面对自己的强项和弱点，并致力于个人的持续学习与成长。二是心智模式。识别并审视组织内外的基本假设和信念，以及这些假设和信念如何影响组织的决策和行为。三是共同愿景。建立一个组织成员共同追求的目标和愿景，以此来凝聚力量并指导组织的

---

① 颜世富:《东方管理学》，北京大学出版社，2020，第 397 页。

② 陈乃林、孙孔懿:《学习型组织及其发展》,《教育发展研究》1999 年第 5 期，第 34~37 页。

方向。四是团队学习。发展团队合作的技能，包括沟通、冲突解决和协作，以提高团队的整体效能。五是系统思考。培养从系统角度理解问题和决策的能力，认识各种因素之间的相互依赖和影响。①

2. 管理者的观念更新

企业管理者作为企业组织变革的发起者和推动者，对于有效地利用变革的"动力"和"拉力"，推动组织实现新的平衡，并最终成功完成变革起着重要的作用。组织的变革本就是件很艰难的事情，管理者必须先革自己的命，从心理上、行为上发生改变，然后带领组织员工共同参与变革的执行。因此，管理者必须克服自身的心理抵御机制，以身作则迎接变革。

从"理性人"到"社会人"再到"复杂人"假设，管理者的观念也应随着社会的发展而不断改变。在传统观念里，管理者往往采用权威的领导风格，强调对员工的控制和指令。但现代管理者更倾向于采用变革导向和参与式的领导风格，管理者需要创造共同的愿景，鼓励员工参与决策，提升其对变革的参与积极性和认同感。传统的管理者在决策时比较依赖于个人的经验和直觉，但现代管理者倾向于采用数据驱动的决策方法，并鼓励团队参与决策过程。传统管理者可能对技术和创新持保守态度，但现代管理者积极追求技术创新，他们允许组织有相反的意见，以更加多元的方式处理组织内不和谐的声音，利用最新技术来提高效率、增强客户体验和创造新的商业模式。

3. 员工参与变革

在霍桑实验之后，企业家普遍认识到员工参与的重要性，当员工参与到管理与决策过程中时，他们会对工作更有热情、更有责任感，同时也能提高工作质量和效率。居安思危，能让员工保持强烈的危机感和紧迫感，从而更好地激发他们的潜力，使他们全身心参与到组织变革之中，增强组织整体的适应性和创新能力。在实际操作中，变革推动者和管理者首先应确保沟通渠道开放，向员工提供清晰的信息，让他们明白团队合作的重要性。其次，鼓励员工积极参与组织变革的决策，尊重员工的意见，并赋予他们一定的决策权力。同时，提供必要的培训和支持，认可员工的成就，积极处理他们的抵

① 彼得·圣吉:《第五项修炼：学习型组织的艺术与实践》，张成林译，中信出版社，2021。

抗和担忧，并持续提供反馈。最后，适当增加外部压力，设计奖罚机制，让员工个人和群体感受到变革的必要性。

4. 组织结构的弹性

组织结构的弹性是指组织在面临变化时，能够灵活调整和适应的能力。这通常涉及对传统组织结构的某些方面进行调整，以提高组织的反应速度和效率。弹性的组织结构可以更加扁平和灵活化，可以弱化组织内信息沟通中的障碍，降低员工心理上的不安全感。而层级多、分工细致的组织结构会使员工个体在工作中缺少变化，形成个体惰性和群体惯性，增强变革的阻力。要想构建弹性组织结构，需要：①鼓励跨部门合作和技能多样化，以便在面对挑战时能够快速调整；②精简管理层级以减少决策传递的延迟，提高组织敏捷度；③强化内部信息交流机制，确保信息迅速地在组织内部传播，以便快速决策和协作，良好的内部交流机制有利于变革的持续反馈；④强调平等、速度与效率，而不是固定的等级制度。

5. 公平地实施变革

确保变革实施过程的公平是有效减少变革阻力的一种方式。一方面，当组织在处理权责调整时遵循公平原则，即使出现权责的重新划分，部门成员也相信组织会公正地处理相关问题。这种信任感有助于降低部门员工对变革的恐惧和抵制，从而使变革过程更为顺利。倘若变革期间出现分歧，部门成员也会倾向于提出建设性意见，与组织共同应对变革过程中的挑战。另一方面，组织公平有助于优化资源配置。当员工认为组织公平对待他们时，他们会更愿意留在组织中并发挥自己的潜力，高效地利用组织提供的资源。公平具体体现在机会公平、参与和反馈的公平、平等的培训和资源支持，以及奖励惩罚的公平等。

总之，克服变革阻力是一个复杂而艰巨的任务，需要组织从多个层面出发，综合运用各种策略和手段。只有深入了解和分析变革阻力的根源，采取有针对性的措施，组织才能顺利推进变革，实现长期发展和成功。

三　变革的政治性

变革在组织中可能会引发政治性问题，因为它改变了现有的权力结构和利益分配。不同的利益相关者可能倾向于采取不同的策略来保护或增进自己的利益，如结盟、游说、阻挠等。通常，新成员和外部领导者更可能推动变革，因为他们不受现有结构约束。而长期在组织中的高层管理者可能会因担忧变革对他们的地位和职务构成威胁而抵制变革或者倾向于采用温和变革的方式。为了顺利实施变革，组织需要平衡内部政治力量，鼓励关键成员支持和参与变革过程。①

案例链接 15-1

海尔的组织变革之路

海尔集团是世界第四大白色家电制造商，也是中国电子信息百强企业之一。它旗下有 240 多家法人单位，在全球 30 多个国家建立了本土化的设计中心、制造基地和贸易公司，全球员工总数超过 5 万人。2024 年 9 月，海尔集团入选中国企业 500 强榜单，排名第 74 位。海尔集团创始人、董事局名誉主席张瑞敏总结：海尔过去几十年的发展，借用了“三子”——孔子、孙子、老子的智慧。

“子帅以正”

1949 年，张瑞敏出生于山东青岛一个普通的工人家庭。他自小就显露出极强的求知欲，课余时间喜欢参加各种兴趣小组，之后他考上了山东省重点中学。在他的想象中，他会去上重点大学，学习文科，未来或许能当一名作家、记者。但没想到，碰上特殊年代，他在 1968 年高中毕业后进了工厂，做了一名钳工。在工厂，张瑞敏考上了一所夜大，白天在工厂做工，下班后骑车到夜大学习与机械制造相关的技术。他将所学应用到工作中，进行了一系列技术革新，他也从班组长一步步升至副厂长。1980 年，张瑞敏被调到青岛家电公司，那是海尔的前身——青岛电冰箱总厂的上级公司。

在进入濒临倒闭的电冰箱总厂前，张瑞敏已经是青岛家电公司的副经理了。他专管技术改造，也分管冰箱项目。他经常去冰箱厂，对冰箱厂的实际情况了如指掌，那时“工厂不像工厂，非常

① 斯蒂芬·罗宾斯、蒂莫西·贾奇:《组织行为学（第 18 版）》，孙健敏、朱曦济、李原译，中国人民大学出版社，2021，第 512 页。

差”。1984 年 8 月，张瑞敏带队前往德国，签订了引进技术设备协议。等他们从德国回来，冰箱厂这一年已经跑了三任厂长。工厂四面冒烟、八面起火，到处是外债，工资都开不出来。当时，引进设备要花 1000 多万元人民币，工厂一年才挣 50 万元，连利息都还不上。主管部门也着急，到处找人，最后只有张瑞敏同意来。

在冰箱厂起步阶段，张瑞敏借用了孔子的儒家学说。儒家学说强调服从、纪律、团队精神。工厂一年换了 4 任厂长，工人已经失去了信心，人心涣散，很少按规矩办事，当时最迫切的任务是凝聚人心。张瑞敏颁布了 13 条管理“军规”。“军规”颁布的第二天上午，就有工人在车间偷了一箱零部件。中午工厂就贴出布告，给予该工人一个严重处分。现在看来，这些规定已经过时了，但在当时却是行之有效的。

张瑞敏奉行孔子所说的“子帅以正，孰敢不正”，带头干。工人工作 8 小时，几个创始人每天平均工作 14 小时，没有节假日。他提出日清工作法，即“日事日毕、日清日高”，即今日事今日毕，每天都要提高。他算了一笔账：如果每天能够比前一天提高 1%，72 天就可以提高一倍；如果每天比前一天提高 10%，一个星期就可以提高一倍。张瑞敏透露，“日清工作法”来源于中国儒家经典《礼记 · 大学》里的“苟日新，日日新，又日新”。

上任第二年，张瑞敏砸了 76 台次品冰箱。当年砸冰箱的那柄铁锤，现在已被中国国家博物馆收藏。砸冰箱是为了改变观念。当时所有人都认为，产品是没办法达到完美的，不可能让每个产品都严丝合缝，没有任何问题。国家当时也有关于等外品的规定，相当于给次品安排了出路，次品可以作为处理品被便宜处理掉。但张瑞敏认为，“今天可以给 76 台次品出路，明天就会出来 760 台”，一定要把次品的出路堵死，倒逼工人改变观念。

“兵闻拙速”

张瑞敏对《孙子兵法》颇有研究，他常引用的一句话是：“故兵闻拙速，未睹巧之久也。”在他看来，投机取巧长久不了，只有把基础工作做好，才能真正改变。

1984 年，海尔抓住改革开放的时机，引进德国先进技术和设备。到 2000 年左右，中国准备加入 WTO，海尔开始进入国际化战略阶段。当时有声音说，现在国内利润很高，可以说是吃肉，何必到国外啃骨头呢？张瑞敏却坚决要走出去，他想，反正迟早要迈出去，这个时机一定要把握住。后来“走出去”时，海尔是当时唯一一家不贴牌、不找代工的企业，所有出口产品均为海尔自己生产的品牌。但从某种程度上来说，这也是无奈之举，因为通常想在母国之外创出品牌，至少要亏 8 年。事实上，在海外创牌这条路上，海尔亏了 26 年。海尔从 1991 年开始出口创牌，直到 2015 年才熬过盈亏平衡点。又过了 6 年，直到 2021 年，海尔才最终使海外市场利润率超过出口代工的平均利润率。张瑞敏认为，这个代价是值得的，因为创出了自己的世界名牌。

2024 年 6 月，海尔集团董事局主席周云杰在接受媒体采访时曾透露了一组数据：截至目前，海尔的产品已经卖到全球 200 多个国家和地区，连续 15 年蝉联全球大型家电零售量第一。中国白色家电产量占全球的 56%，但中国家电品牌的海外市场份额仅 8.5%，在这 8.5% 中，海尔贡献了 62%。

“让每个人都成为 CEO”

进入互联网时代，张瑞敏的法宝是老子的《道德经》。他认为《道德经》中的核心观点与互联网时代是吻合的。在他看来，现在正处于混沌时代。混沌的特征，一是动态的，二是非线性的。在这个时代，不可能控制每个人，而道德经的核心就是“无”——“那么我就放权，让每个人发挥作用，这样反而形成一种可以生生不息的体系。”

这场前无古人的试验，从 2005 年就开始了。早在 1995 年张瑞敏就第一次提出了进军全球 500 强的口号，到 2004 年，海尔营收为 1016 亿元，距离当年全球 500 强仅一步之差。但临到全球 500 强门前，张瑞敏却在思考一个问题：海尔如果踏进全球 500 强门槛，发展后劲在哪儿？没有。更重要的是，他发现海尔与其他企业一样，患上了大企业病，决策越来越慢，离用户越来越远。

2005年9月，张瑞敏提出了“人单合一”。他认为企业中的人，不是仅听从命令的工具人，而应该是创造价值的自主人。“人单合一”就是要把工具人变成自主人。简单地说，人就是员工，单就是用户，让员工与用户融合在一起，员工为用户创造价值，进而体现自身价值。在传统“正三角”型的组织架构中，科层制是很大的问题。张瑞敏去美国通用汽车，对方告诉他，通用内部管理层级有14层。在科层制中，所有人都像零件一样，被安在不同的岗位上。

比20多年前砸冰箱更震撼的是，2013年，海尔砍掉了有着一万多人的中间管理层，这些人要么去创业，要么离开。十几万人的海尔集团被拆成了一个个单元，也就是小微。所谓小微，就是自组织，每个小微不超过10个人。不同的小微互相结合，形成链群。在这个平台上，每个人都成为创客。砸组织比砸冰箱更艰难，这是将传统经典管理理论全部推翻了，质疑声席卷而来，企业营收一度停滞。面对改革的非议，重压之下的张瑞敏回应道：“如果我还在乎外界怎么看我，这场改革还搞得下去吗？”

张瑞敏一直在思考的一个问题是，什么是企业家精神？他第一次听到“企业家”这个说法，是在一个外国人的报告里，对方说中国有厂长，但没有企业家。“企业家”怎么定义？在海尔初期，他说，“以企业为家就叫企业家”。到了海尔国际化阶段，他提出“四海为家就是企业家”。再到后来，张瑞敏见过太多企业的兴衰，对企业家精神有了新的疑惑和理解。创始人有强大的企业家精神和驱动力，往往能冲破一切阻力，将企业做大，企业也越来越依赖于他。但创始人离开以后呢？这是一个难以破解的命题。

张瑞敏的答案是：“我理解的企业家精神，就是让更多创业者、企业家能在一个平台上成长起来的精神，让每个人都成为CEO的精神。”

资料来源：《他用40年改造小厂，如今年收超3700亿》，2024年10月5日，http://www.ce.cn/macro/more/202410/05/t20241005_39158821.shtml，最后访问时间：2024年10月6日。

第三节　组织变革的模型与方法

组织变革涉及多种理论和实践工具，这些理论和方法旨在帮助组织实施变革，并确保变革的持续性和有效性。其常用模型与方法有勒温的三步骤变革模型、科特的八步骤计划模型、行动研究以及促进变革的六种方法等。

一　勒温的三步骤变革模型

库尔特·勒温是一位德裔美国心理学家，前面我们介绍过他的力场分析法。勒温曾提出一个包含解冻、变革、再冻结三个步骤的组织变革模型（如图 15-5 所示），用以解释和指导如何发动、管理和稳定组织变革过程。这是力场分析法在实践中的应用，它强调了环境与个体行为的相互作用，并认为通过改变这种相互作用可以实现行为的改变，指出变革是一个渐进的、不断循环的过程。

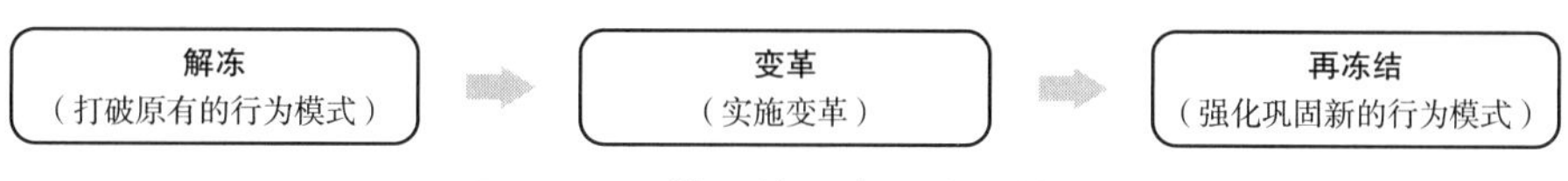

图 15-5　勒温的三步骤变革模型

（一）解冻

解冻（Unfreezing）是组织变革的前奏阶段，目的是引发变革的动力，创造变革的环境，使员工准备好接受新的变革。在这个阶段，组织需要识别并传达变革的必要性，解释为什么现有的工作方式、流程或文化需要改变。解冻可能涉及提供培训、增加沟通、讨论变革的好处和挑战以及可能对个人和团队产生的影响。这个阶段的目的是减少员工对现状的依赖和对变革的抵抗，为变革创造心理上和实际上的空间。

（二）变革

变革（Changing）是组织变革的实质阶段，目的是按照所拟定的变革方案的要求开展并完成具体的组织变革行动。通常包含实验（局部）和推广（整体）两个阶段。变革阶段要求明确变革的目标和计划，制定详细的行动步骤，并将变革计划传达给所有相关人员。其间，领导者需要提供支持和资源，确保员工理解他们的角色和责任，并鼓励他们积极参与变革过程。变革阶段可能会遇到阻力和挑战，因此，有效的沟通、问题解决和调整计划至关重要。

（三）再冻结

再冻结（Refreezing）是组织变革的强化和巩固阶段，目的是巩固变革成果，确保新的工作方式、流程或文化成为组织的新常态。在这个阶段，组织需要通过奖惩机制来引导激励员工继续遵循新的标准。再冻结也涉及对变革效果的评估和反馈，以便进行必要的调整和改进。这个阶段的目的是确保变革不仅仅是一种临时的调整，而已长期嵌入到组织的文化和日常运作中。

勒温的三步骤变革模型强调了变革是一个逐步的过程，需要时间和努力来实现。这个模型提供了一个有用的框架，帮助组织理解和管理变革的复杂性，并为成功实施变革提供了指导。然而，它也有局限性，该模型过于简单、线性和静态，忽视了组织内部的政治、权力关系以及文化等因素，在今天动态复杂的实践环境中应用具有较大的局限性。[①] 尽管如此，勒温的模型仍然是理解和指导组织变革的一个重要工具。

二　科特的八步骤计划模型

约翰·P. 科特（John P. Kotter）提出的八步骤计划模型旨在指导组织更有效地实施变革，以应对快速变化的市场和环境。相对勒温的三步骤变革模型，科特的模型是一种更为详细的变革管理方法。该方法包括以下八个步骤[②]。

建立紧迫感。组织成员需要意识到变革的必要性和紧迫性。领导者需要通过清晰的信息传达和行动示范，展示不进行变革可能带来的风险和潜在损失，使员工理解变革的重要性和不可避免性。

建立引导联盟。变革需要强有力的支持和领导。组织应该组建一个多元化的团队，包括各个层级和部门的成员，这个团队需要有足够的权力来推动

① 高静美、陈甫：《组织变革知识体系社会建构的认知鸿沟——基于本土中层管理者DPH模型的实证检验》，《管理世界》2013年第2期，第107~124、188页。

② J. P. Kotter & L. A. Schlesinger, *Choosing Strategies for Change*（London: Macmillan Education UK, 1989）, pp. 294-306.

变革，并能在获得广泛支持的情况下共同推动变革过程。

开发愿景和策略。明确和制定清晰的组织变革愿景，以及实现这一愿景的具体策略。确保变革计划可行，并得到利益相关者的认同。

沟通变革愿景。通过各种沟通渠道和方法，确保每个员工都能理解和接受变革愿景。领导者需要不断地、一致地传达这一愿景，以增强员工的信心，提升他们的参与度。

授权行动。移除阻碍员工按照愿景行动的障碍，确保有特定的人员或团队负责实施变革，提供必要的资源和支持。鼓励员工采取行动，实施变革计划，并为他们的努力提供认可和奖励。

创造短期胜利。通过规划和实现一系列可达成的短期目标，进行持续的沟通和表彰来展示变革的成效。这些短期胜利能够帮助组织增强动力和信心，并为进一步的变革创造支持。

巩固成果并产生更多变革。利用早期的胜利来巩固变革成果，同时继续推动更多的变革。确保变革成为组织文化的一部分，并不断寻找改进和创新的机会。

将变革方式固化到企业文化中。将变革的理念和方法融入组织的日常生活中，使之成为企业文化的一部分。这样，即使未来再次面对挑战，组织也能够持续地进行自我更新和改进。

科特的八步骤计划模型与勒温的三步骤变革模型联系紧密，其中第一步至第三步对应解冻阶段，第五步至第七步对应变革阶段，第八步对应再冻结阶段。科特的贡献在于为管理者和变革推动者成功推行变革给予了更具体的指导。

三 行动研究

苏斯曼（Susman）和埃弗雷德（Evered）发表的《行动研究的科学价值评估》一文探讨了实证主义科学在解决组织成员面临的问题时的不足，并提出了行动研究作为一种补充方法[①]。行动研究强调研究者与研究对象的互动合作，以及在实践中的直接参与。他们指出，行动研究具有未来导向、协作性、

① Gerald I. Susman & Roger D. Evered, “An Assessment of the Scientific Merits of Action Research,” *Administrative Science Quarterly* 23 (1978): 582-603.

系统发展、行动基础理论的生成、不可知论和情境性六个特点。行动研究主要包括诊断、分析、反馈、行动、评估五个环节，其在组织变革研究中的应用如下。

诊断。在变革初期，研究者需要深入组织内部，了解组织变革的现状和存在的问题。这包括对组织成员的态度、需求、期望以及组织文化等方面的调研。通过诊断，研究者可以明确组织变革的目标和方向。它采用问卷调查、访谈、观察等手段，收集关于组织现状的详细信息，为后续的变革提供基础数据。

分析。诊断后，研究者将对收集到的数据进行分析，根据诊断结果，分析组织变革的动力和阻力。包括使用 SWOT 分析、PEST 分析等工具进行分析，将分析结果作为制定变革策略的依据。

反馈。分析完成后，研究者需要将分析结果反馈给组织成员，尤其是决策层。这一步骤至关重要，因为它涉及变革方案的制定和接受程度。反馈应该是开放和坦诚的，旨在促进组织内部的沟通和共识形成。同时，研究者也需要收集组织成员对分析结果的反馈，以便进一步调整和完善变革方案。

行动。在确定了变革策略后，组织开始实施变革行动。研究者在这个过程中扮演着变革推动者和实践者的角色，与组织成员一起参与到具体的变革活动中。这可能包括重新设计工作流程、改善沟通机制、培训员工、调整组织结构等。行动阶段需要密切监控变革进展，并及时调整策略以应对可能出现的挑战，同时及时给予员工合理的支持和帮助。

评估。变革实施后，需要对其效果进行评估。研究者通过定量和定性的方法来衡量变革成果，包括员工满意度、工作效率、组织绩效等方面的改进。评估结果将为组织提供宝贵的反馈，以便为下一次变革提供经验和教训。

行动研究方法强调研究者与组织的密切合作和持续互动，使得研究不仅仅是理论上的分析，更是实际推动组织发展和改进的过程。这种循环迭代的方法，更有利于解决问题。

四　促进变革的六种方法

关于组织发展的技术或措施可以用来促进变革，下面我们具体介绍六种方法。

（一）敏感性训练

敏感性训练（Sensitivity Training）是一种旨在提升个体对他人情感、态度和行为的敏感度和理解力的方法。敏感性训练是组织变革中不可或缺的一环，它通过提高组织成员对文化差异、社会偏见和多样性的认识和理解，促进组织内部的和谐与协作。在变革过程中，组织成员可能会面临不同的观点和价值观，敏感性训练可以帮助他们更好地理解和尊重彼此的差异，从而减少冲突，提高团队凝聚力。通过敏感性训练，组织成员可以学会如何在变革中保持开放的心态，接受和适应新的观点和做法，从而推动组织变革的顺利进行。

（二）调查反馈

调查反馈（Survey Feedback）是一种通过问卷调查收集员工意见和感受的方法，以此来评估组织的现状和员工的需求。调查反馈可以帮助组织了解组织成员的需求和期望，发现变革中的问题和挑战，从而更加精准地推动变革。在变革过程中，组织成员可能会感受到不确定性和焦虑，调查反馈可以提供一个表达意见和担忧的平台，帮助组织成员更好地理解变革的原因和目标，减少变革的阻力。通过定期进行调查并公开结果，组织可以建立信任，同时确保变革措施与员工的实际需求一致。

（三）过程咨询

过程咨询（Process Consultation）是一种组织发展技术，涉及聘请专业的顾问或专家来帮助组织分析和改进其工作流程和内部运作。通过过程咨询，组织可以更加科学和系统地推动变革，提高变革的成功率。在变革过程中，组织可能会面临各种问题和挑战，过程咨询可以提供专业的建议和解决方案，帮助组织成员更好地应对变革带来的挑战。过程咨询还可以帮助组织建立有效的沟通机制和决策流程，提高组织成员的参与度和责任感，从而推动组织变革的顺利进行。

（四）团队建设

团队建设（Team Building）是一种旨在加强团队成员之间的相互关系、沟通和协作能力的方法。通过一系列的团队活动，如户外拓展、团队挑战和协作游戏，团队成员可以在非正式的环境中相互了解和建立信任。在变革过程中，组织成员可能会面临新的工作环境和任务，团队建设可以帮助他们建立信任和合作关系，提高团队凝聚力和执行力。团队建设还可以帮助组织成员发展新的技能和知识，提高他们的适应能力和创新能力，从而推动组织变革走向成功。

（五）群际发展

群际发展（Intergroup Development）是指促进不同群体之间的理解和合作，通过群际发展活动，组织可以消除群体之间的隔阂，推动变革的顺利进行。在变革过程中，组织可能会面临不同群体之间的利益冲突和价值观念的差异，群际发展可以帮助组织成员更好地理解和尊重彼此的差异，建立有效的沟通和协作机制。群际发展还可以帮助组织建立包容性和多元化的文化，提高组织成员的归属感和忠诚度，从而使组织变革获得成功。

（六）肯定式探寻

肯定式探寻（Appreciative Inquiry）是指鼓励组织成员通过积极的探寻，发现变革中的积极因素和成功经验。通过肯定式探寻，组织可以更加坚定地推动变革，提高变革的成功率。在变革过程中，组织成员可能会感受到不确定性和挑战，肯定式探寻可以帮助他们看到变革的潜力和机会，激发他们的积极性和创造力。肯定式探寻还可以帮助组织建立积极向上的组织文化，鼓励组织成员勇于尝试和探索新的方法，从而推动组织变革的成功。

这六种方法可以帮助组织成员在变革过程中更好地理解、沟通与协作，从而推动变革的进行。

第四节　创建支持变革的文化

在前几节中，我们了解了组织变革的模型和变革方法，接下来我们将讨论组织如何通过打造支持变革的文化，从而更加积极地接受变革，这是组织变革过程中的关键环节，它涉及塑造一种有利于创新和适应的组织氛围。主要包含组织创新文化的激发、学习型组织的构建和变革压力的管理三个部分。

一　组织创新文化的激发

创新文化是组织变革的催化剂。当一个组织拥有强大的创新文化时，它更有可能接受变革，适应新的市场条件和技术发展。创新文化鼓励员工提出新想法，尝试新方法，这直接促进了组织的进化和成长。在变革过程中，创新文化能够帮助组织克服阻力，激发员工的积极性和参与度。

（一）创新的定义

从本质上来说，创新是指创造新的事物或者以新的方式对现有事物进行改进。这个概念广泛地应用于各个领域，包括科技、艺术、商业和社会科学等。罗宾斯和贾奇指出，创新的目标是更好的解决方案[①]。在组织行为学中，创新通常被定义为引入新的产品、服务、流程或管理方法，旨在提高效率、增加价值和满足市场需求。创新通常伴随着风险，但也会带来巨大的机遇和潜在的收益。

（二）创新的来源

创新的来源多种多样，可以是内部的也可以是外部的。内部来源包括员工的知识、技能和经验以及组织内部的研发活动。外部来源则包括市场趋势、竞争对手的行为、客户反馈以及科技发展等。

（三）创新的分类

创新可以分为个体创新和组织创新。个体创新通常指的是个人的创新行为，这类创新往往源于个人的独特见解、好奇心和对问题的深刻理解，例如新想法或新方法。组织创新则是指整个组织范围内的创新活动，包括新产品开发、流程改进、组织结构变革等。

（四）创新文化

创新文化指组织内部鼓励创造性思维、实验和风险承担的文化。在这种文化中，员工被鼓励提出新想法，并对现有流程和产品进行改进。创新文化通常包括以下几个方面。

开放性：鼓励员工提出新想法，对新想法持开放态度。

风险容忍：接受失败作为创新过程的一部分，鼓励员工从失败中学习。

合作与共享：鼓励团队合作，分享知识和资源。

持续学习：鼓励员工不断学习新知识和技能，以适应不断变化的环境。

领导支持：领导层对创新活动提供支持和资源。

---

① 斯蒂芬·罗宾斯、蒂莫西·贾奇：《组织行为学（第18版）》，孙健敏、朱曦济、李原译，中国人民大学出版社，2021，第67页。

案例链接 15-2

华为的组织变革

华为的组织变革历程是一段融合了战略眼光和变革文化的企业进化史。自 1987 年成立以来，华为经历了三次重大的组织进化，每一次都伴随着企业文化的深化和员工思想的统一。从第一阶段的创业求生存到第二阶段的二次创业和走向国际化，再到第三阶段的真正实现全球化，成为世界级企业，其历史就是一部管理变革史。华为通过建设企业文化来统一思想，并以制度化的方式使变革融入企业文化，引导员工认识变革、推动变革。

1996 年 1 月 28 日，历时一个月的华为“市场部集体辞职”活动落下帷幕。所有市场部正职干部，从市场部总裁到各办事处主任，都向公司提交两份报告：一份述职报告，检讨 1995 年工作，提出下一年工作计划；另一份是辞去正职的报告。公司根据个人实际表现、发展潜力及市场需要，批准其中一份。这一活动，不仅仅是对干部队伍的一次大整顿，更将变革融入企业文化，引导员工认识到变革的必要性和紧迫性。这一变革的成功，得益于华为对《华为基本法》的发布和推广。通过《华为基本法》的发布和推广，华为明确了公司的核心价值观和经营理念，使之成为员工共同遵守的行为指南，为后续的变革奠定了思想基础。

进入 21 世纪，华为在 2005 年左右开始了以客户为中心的组织结构调整，这一变革进一步强化了华为的市场导向和客户服务能力。在这一过程中，华为特别注重沟通和团队建设，通过建立跨部门的项目团队，打破部门壁垒，促进了团队协作和资源整合。同时，华为对组织文化进行了调整，鼓励创新、尊重个性、追求卓越，这些文化特质成为推动变革的强大动力。

通过研究可以发现，在组织变革的具体行动中，华为特别注重与人相关的八个关键要素，即沟通、关键人物支持度、团队建设、变革前准备、组织文化调整、组织及职责重新设计、绩效管理与奖励、教育及培训。华为通过有效沟通确保变革信息的透明和及时传达，培养支持变革的关键人物。

华为的组织变革历程向我们展示了文化引领在推动变革中的重要作用。通过统一思想、关注人的关键要素、加强沟通和培训，华为成功地将变革理念融入企业文化，引导员工认识并推动变革。这种以文化为核心的变革策略不仅为华为带来了成功，也为其他企业提供了宝贵的启示：在快速变化的市场环境中，企业必须建立一种能够适应变革、推动变革的企业文化，这样才能在激烈的竞争中立于不败之地。

资料来源：王旭东、孙科柳《华为组织变革：中国企业转型升级的标本解析》，电子工业出版社，2022，第222~225页。

二　学习型组织的构建

学习型组织是指一个能够持续学习和不断适应外部环境变化的组织。对组织而言，成为学习型组织可以帮助其在快速变化的市场环境中保持竞争力，通过不断的学习和创新来适应新的挑战和机遇。对个人而言，学习型组织提供了一个持续成长和发展的平台，员工可以通过学习新技能和知识来提升自己的职业素养和市场价值。学习型组织的持续学习文化为组织变革提供了动力和资源。同时，学习型组织的成员更愿意接受变革，因为他们已经习惯了不断学习和适应新事物。本章第二节在介绍克服阻力的方法时，提到了学习型组织搭建的五个核心：个人超越、心智模式、共同愿景、团队学习、系统思考。接下来，我们将从其他角度更好地认识学习型组织的构建。

（一）学习型组织的特征

第一，学习型组织具有共同的愿景和目标，这有助于指导组织成员的学习和行动。

第二，学习型组织鼓励持续的个人和集体学习，这包括对新技能的掌握、对工作流程的改进和对新业务模式的探索。

第三，学习型组织强调反思和批判性思维，鼓励成员质疑现状并寻求改进。学习型组织还具备快速适应变化的能力，能够迅速响应市场和技术的变化。

第四，学习型组织倡导开放和透明的沟通，确保信息的自由流动和知识的共享。

（二）学习型组织搭建过程中遇到的困难

第一，改变根深蒂固的文化和习惯是一个挑战，需要时间和持续的努力。

第二，确保所有成员都参与到学习过程中可能会遇到困难，特别是对于那些抵触变化或缺乏学习动力的员工。

第三，资源的分配也是一个问题，组织需要投入足够的时间和资金来支持员工的学习和成长。

第四，衡量学习成效和将学习成果转化为实际业绩也是一个挑战，需要有效的评估和反馈机制。

（三）组织发展的三部曲

从学习型组织，到创新型组织，再到创业型组织，这是一个组织发展的三部曲，体现了组织在不断学习和适应变化的过程中，逐步实现从被动适应到主动创新，再到引领变革的过程。学习型组织通过持续的学习和知识积累，为创新提供了丰富的土壤。随着知识的增长和技能的提升，组织逐渐发展出将学习成果转化为新想法和新技术的能力，从而转变为创新型组织。创新型组织通过不断的创新活动，积累了一系列创新成果。为了实现这些成果的市场价值，组织开始寻求外部机会，进行市场开拓和商业模式创新，从而演化为创业型组织。这一发展过程不仅要求组织在结构和流程上进行调整，还需要培养一种支持变革、鼓励创新和倡导创业的组织文化。通过这样的发展路径，组织得以不断提升自身的竞争力，适应不断变化的市场环境，实现可持续发展。

三　变革压力的管理

压力是一个复杂的现象，通常被定义为个体或组织在面对挑战、威胁或其他要求时所感受到的紧张和焦虑状态。变革压力是指在组织变革过程中，员工和管理层所面临的心理压力和挑战。这种压力可能源于对未知的恐惧、对变化的抗拒、对新环境的适应困难，或是对变革可能带来的工作不稳定和角色变化的担忧。

（一）压力感受模型

如图 15-6 所示，罗宾斯和贾奇构建的压力模型指出，压力来源于环境、组织和个人，由于个体差异和文化差异的影响，个体感受到的压力有所不同，最后产生了生理、心理、行为三个层面的后果。

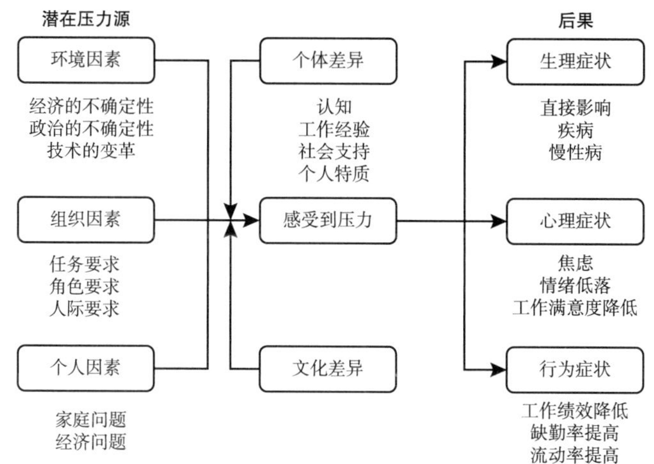

图 15-6　压力模型

资料来源：斯蒂芬 · 罗宾斯、蒂莫西 · 贾奇《组织行为学（第 18 版）》，孙健敏、朱曦济、李原译，中国人民大学出版社，2021，第 523 页。

（二）变革压力的解决途径

为了有效管理变革压力，组织可以采取以下策略。

第一，识别和管理变革压力。管理者需要识别变革过程中可能产生的压力源，并采取措施来减轻这些压力。

第二，提供支持和资源。应确保员工在变革过程中获得必要的支持和资源，帮助员工提升新技能，更好地适应变革后的工作要求。建立支持系统，如心理咨询服务系统、同事支持网络等，帮助员工应对压力和焦虑。

第三，沟通和透明度。保持与员工的沟通，确保他们对变革有清晰的理解和期望。

第四，鼓励参与和反馈。鼓励员工参与变革过程，并对他们的反馈做出响应。

第五，认可与奖励。对积极参与变革并取得成果的员工给予认可和奖励，增强他们的动机，提升他们的满意度。

复习思考题

1. 为什么要进行组织变革？

2. 组织变革面临哪些阻力，如何克服？

3. 请解释勒温的组织变革模型，并结合实际分析它如何在现代组织中运用？

4. 请简述学习型组织搭建的意义和途径。

5. 管理者如何创建变革文化？

6. 当个人和组织感受到变革压力时，应该怎么办？

案例分析题

突破恶性循环：竹叶青茶业的组织变革与业绩提升

竹叶青茶业在2016~2022年经历了持续性变革，实现了从恶性循环到良性循环的机制演化。变革前，竹叶青茶业长期采用集权式管理模式，权力过度集中在高层管理者手中，中低层管理者缺乏自主权和决策权，仅需“听话照做”。这使得企业陷入了授权与控制悖论关系的恶性循环，组织面临业绩衰退和品牌影响力不足等问题。为突破这一困境，竹叶青茶业开始进行组织变革，并逐渐实现了授权与控制悖论关系的良性循环，促进了公司的业绩提升和品牌影响力的增强。其变革主要分为三个阶段。

变革发起阶段。在这一阶段，竹叶青茶业面临业绩衰退和组织影响力不足的问题。为应对这些问题，竹叶青茶业开始意识到需要进行组织变革。在这一阶段，公司开始尝试引入新的管理模式，如阿米巴经营模式（将企业拆分为小单元，独立核算，自负盈亏，鼓励员工发挥能动性，以提升企业整体效益），以减轻对低权力者的“胁迫”，打破授权与控制悖论关系的恶性循环。

变革探索阶段。在这一阶段，竹叶青茶业开始尝试新的变革方向。公司围绕高端化战略，进行了改革尝试。调整了公司的组织结构，优化了业务流程，并实施了战略要务及配称动作。在这一阶段，竹叶青茶业高层管理者和中低层管理者都做出了积极的响应。

变革系统化阶段。在这一阶段，公司围绕高端化战略，进行了系统化的变革。高层管理者搭建了元沟通渠道，鼓励员工参与变革实践，同时降低了情景性权力的行使，减轻了对中低层管理者的控制。中低层管理者也开始积极参与变革，通过参加战略宣贯大会和战略成果发布会，不断接受来自高层管理者的意义给赋并重新建构意义，提升了信心和士气。

变革过程中也存在集权式管理模式难以改变、不同群体的利益冲突、变革资源的协调利用、员工情绪抵制等问题，但公司通过在每个阶段强化正确的变革理念、建立激励机制等克服了变革的阻力。我们可以看到，组织变革是一个复杂的过程，需要充分考虑组织内外部因素，抓住变革契机，制定匹配的变革策略，持续评估变革效果，以确保变革的成功。这对于其他单位的组织变革具有重要的启示意义。

资料来源：林海芬、胡严方《从恶性循环到良性循环：组织变革中授权与控制悖论动态演化研究》,《管理世界》2023 年第 11 期，第 191~216 页。

思考题

1. 竹叶青茶业在变革过程中遇到了哪些主要的阻力？公司是如何克服这些阻力的?

2. 竹叶青茶业在变革成功后，应如何维持和进一步加强授权与控制的良性循环?

案例分析题参考答案

第一章

1. 在企业 A 和企业 B 中，二代领导者通过实际行动和决策，展现了管理者角色。作为人际角色的沟通协调者和团队领导者，他们与家族成员、员工和其他利益相关者进行了有效的沟通，并激励团队朝着共同目标前进。在信息传递角色方面，二代领导者担任了信息的收集者、传播者和企业的发言人，确保关键信息的流通和对外形象的维护。在决策角色上，他们作为战略规划者和危机管理者，参与企业长期发展和应对挑战的决策过程。这些不同的角色不仅帮助二代领导者在继承过程中建立起领导身份认知，而且为企业的持续成长和市场适应提供了坚实的基础。

2. 企业领导者自我认知是一个循环反馈和动态演化的过程，一代领导者和二代领导者通过调整认知和角色期望形成对二代领导者身份认知的一致性，有助于传承的顺利进行。通过企业分析，我们发现自我认知帮助二代领导者适应领导角色，如企业 A 中的二代领导者通过自我反思促进个人成长，不断提升了决策质量，企业 B 中的二代领导者发现短板及时调整，不再创业，利用自身优势做出明智的决策。此外，自我认知对于塑造企业文化极为关键，企业 D 在首次交接班行为之后，二代领导者一直未能做出明显成果，也未能按照一代领导者的管理方式进行内部管理，导致一代领导者难以产生再认知，传承陷入停滞不前的阶段。此时二代领导者意识到一代领导者的负面认知偏见，出于明确的角色期望动机而尝试通过企业内创业改变一代领导者的认知偏见、协商关于企业领导者应“怎么做”的角色期望，促进了公司和自己的共同成长。综上所述，自我认知不仅影响领导者的个人发展，也是推动企业战略、团队合作、文化适应和危机管理成功的关键因素。

第二章

1. 它们虽然有所关联，但各自有着不同的侧重点和影响因素。幸福感涵盖员工的情感状态、生活满意度、成就感、工作生活平衡以及工作的意义，受个人价值观、生活状况、工作环境和组织文化的影响。工作满意度则侧重于对工作条件、内容、薪酬、晋升机会和人际关系的满意程度，是对工作情境的直接反应。员工幸福感的提升有助于提高工作满意度，因为积极的生活情绪可以促进工作投入。反之，工作满意度的提高也能提升幸福感，因为满意的工作体验能带来积极情绪和更高的工作投入。然而，幸福感可能受到工作外因素的影响，而工作满意度则更专注于工作本身。

2. 工作本身：工作内容的挑战性和意义感对员工幸福感至关重要。服务机器人的合作型角色通过减少重复性劳动，使员工能够从事更有挑战性和创造性的工作，这直接增强了工作的意义，提升了员工的幸福感。工作环境：一个积极、健康的工作环境可以显著提升员工的幸福感。服务机器人的引入改变了工作环境，可能会带来新的工作方式和交流模式，这需要员工适应新的工作条件，也可能对员工的幸福感产生影响。个人人格：员工的个人特质，如开放性、适应性和乐观性，也会影响他们的幸福感。对于服务机器人的接受度和适应性，不同个性的员工可能会有不同的反应，这需要企业在引入机器人时考虑个性化的员工需求。创新氛围与技术焦虑：创新氛围的营造和技术焦虑的管理对于调节员工对服务机器人的接受度和员工幸福感至关重要。企业需要通过建立支持性的文化和提供适当的培训来缓解员工的焦虑，增强他们对新技术的信心。

3. 在本案例中，员工幸福感的提升可能对工作行为产生积极影响。幸福感较高的员工往往会表现出更高的工作卷入，更愿意为组织目标付出努力。这种积极情绪状态还能提高工作绩效，因为员工更有动力去完成任务并追求卓越。此外，幸福感提升还可能激发员工的创新思维，促进团队合作，增强员工工作敬业度，提高他们对工作条件的满意度，改善人际关系，以及增强他们的组织承诺。

第三章

1. 自主氛围通过增强员工的心理所有权影响其建言行为，这种心理所有权分为与个人工作相关的和与整个组织相关的两种形式。个人主义者在感知到高度自主的工作环境时，更倾向于提出与个人工作相关的建议，而集体主义者则倾向于提出关注组织整体的建言。这种影响受到文化价值观的调节，其中个人主义和集体主义分别正向调节自主氛围与工作心理所有权、组织心理所有权之间的关系。因此，管理者在实施自主氛围管理策略时，应考虑员工的文化背景，以更有效地促进员工的建言行为，提升其对工作的投入和对组织的忠诚度。

2. 本案例的研究表明，员工的价值观（个人主义和集体主义），作为员工的内在信念和偏好，影响他们对工作环境的期望和行为。个人主义者可能更重视独立性和个人成就，而集体主义者可能更看重团队合作和组织目标。情景，即组织提供的自主氛围作为一种外部工作环境，通过提供决策参与和工作灵活性，激发员工的内在动机。这种情境因素是影响员工心理所有权和建言行为的关键外部条件。员工的心理所有权，即他们对工作的主观拥有感和责任感，是价值观和情境因素共同作用的结果。这种心理所有权促使员工采取行动，如提出改进意见或建议，从而表现出建言行为。

价值观与情境的交互作用：个人主义和集体主义价值观调节自主氛围与心理所有权之间的关系。这意味着不同的价值观会影响员工如何感知和响应自主氛围，从而影响他们的建言行为。价值观对工作行为的直接和间接影响：价值观不仅直接影响员工的工作行为，还通过心理所有权间接影响建言行为。对于个人主义者而言，工作心理所有权是其提出工作相关建议的重要中介变量；而对于集体主义者而言，组织心理所有权在其提出组织层面建议的过程中起到了中介作用。

第四章

1. 在创业的过程中，情绪调节对团队成员的心理健康起着至关重要的作用，它的影响既有积极的一面，也有可能带来负面效应。情绪调节能够缓解创业过程中不可避免的压力，降低焦虑感，帮助团队成员从失败中迅速恢复，增强心理韧性。不仅如此，它还能提升员工的工作满意度和幸福感，促进团队内部的和谐与合作。然而，如果情绪调节不当，比如长期压抑真实情绪，可能会导致情绪疲劳和职业倦怠，甚至引发信任危机，影响团队凝聚力。不恰当的情绪调节还可能导致决策偏差，使团队在面对风险时过于乐观或忽视潜在问题。此外，情绪的传染性意味着领导者和关键成员的负面情绪若未得到有效管理，可能会对整个团队产生不良影响。

文化和环境因素在情绪调节中也扮演着重要角色。不同文化对情绪表达的接受度各异，这要求团队在情绪调节策略上必须考虑到文化差异。同时，工作环境的支持性和开放性对于鼓励健康的情绪表达和调节至关重要。情绪调节策略，如认知重评和表达抑制，以及团队内部的社会支持和沟通氛围，对于维护团队成员的心理健康至关重要。

团队领导者需要进一步发现情绪调节对团队成员心理健康的影响，研究情绪传染机制，为创业团队提供更有效的情绪管理策略。通过深入理解和有效管理情绪调节，创业团队可以构建一个更加健康、高效和有韧性的工作环境，从而促进团队的长期发展和成功。

2. 情绪调节在多个层面上影响着团队的动态和效能。领导者的情绪智力，其中包括关键的情绪调节技能，使他们能够有效地理解和管理自己的情绪，并识别及影响团队成员的情绪状态。领导者的情绪状态具有强烈的传染性，能够迅速塑造整个团队的情绪氛围，因此，领导者的积极情绪可以提升团队士气，而负面情绪则可能对团队产生不利影响。

在决策过程中，情绪调节能力有助于领导者在压力下保持冷静，做出更合理的决策。此外，情绪调节还与领导风格紧密相关，能够有效调节情绪的领导者更可能展现出变革型或服务型领导风格，从而激发团队成员的潜力和参与感。情绪调节能力对团队绩效有着直接的影响，它帮助领导者管理团队压力和冲突，提升团队的整体表现。在危机情况下，领导者的情绪调节能力尤为重要，他们需要保持镇定，以稳定团队情绪，引导团队有效应对挑战。领导者的情绪调节不仅影响团队氛围，还对员工的心理健康和福祉产生影响。

此外，领导者的情绪调节行为还能够塑造积极的组织文化，建立一个开放、支持和积极的工作环境。通过培训和发展计划，领导者可以提升自己的情绪智力和情绪调节技能，这对提升领导效能和团队绩效至关重要。

第五章

1. 管理者只有能够识别环境的变化，以及环境的变化对企业战略的影响，并且将其嵌入自己的知识结构中，才能够影响企业战略的制定，形成环境－管理者认知和知识结构－企业战略的逻辑机理。

2. 组织惯性影响企业运作模式，削弱管理者自主权，减少变革弹性，惯性限制管理者行为，使其易受旧模式束缚，抵制变革。即使管理者意识到需要进行变革以应对环境，强惯性仍阻碍其行使权力，削弱变革程度。

第六章

1. 首先，自主需求，即个体追求按自身意愿行动和发挥主观能动性的需求，在零工工作者中得到了体现。其次，胜任需求的满足来自个体对环境的掌控和对挑战的应对能力。最后，关系需求的满足则在于与他人建立深厚的关系。自我领导在促进零工工作者基本心理需求的满足方面发挥了重要作用，有助于提升他们的工作满意度和绩效。心理需求的满足对零工工作者选择实施深层扮演而非表层扮演起到了关键作用。

2. 通过满足自主需求、胜任需求、关系需求三个层次满足员工心理需求，员工心理需求的满足进一步影响情绪劳动中的深层扮演。

第七章

1. 为了应对社区用户流失问题，可以从上述四个维度强化同侪影响以增加用户互动和黏性。例如，增设内容分享功能以推动优质信息在社区内部传播，实现信息影响；设置点赞、反对按钮以反映群体规范，形成功能影响；搭建用户互评机制，邀请用户对帖子内容进行评价，使用户充分认识同侪的优缺点，这有助于进行客观的自我评价，从而形成比较影响；创建情感交流板块，鼓励用户表达情绪，促进情绪传染。为了进一步激活用户群体的创新潜能，社区还应在营造浓厚的创新氛围上做出努力。在创新目标传达上，既要通过公告和活动宣传创新主旨，也可在表情包等元素中融入创新理念；在激励认可机制上，不仅要嘉奖优质内容创作者，还要对积极互动者和有价值的评论者给予表扬；在资源共享方面，确保选拔原则公开透明，让用户明白自己为何被选中试用新产品，以此提高资源共享过程的公平感和透明度。

2. 当前企业普遍认为领先用户的创新行为更具价值，往往通过识别用户身份来筛选创新行为，但这可能导致企业难以精准获取符合自身需求的创新内容。未来，企业可以针对创新行为本身，根据所在的新产品开发阶段进行筛选：在新产品开发的前期阶段，可着重关注用户群体产生的创新构想，获取更原创且贴近用户需求的创意；而在产品研发的后期阶段，可以利用用户群体贡献的创新资源，补充和完善现有的研发知识库，或把用户群体提出的创新构想当作初始产品原型，通过迭代优化来开发新产品。

第八章

1. 知识共享在创业团队中扮演着至关重要的角色，它通过促进团队成员间知识和经验的交换、分析和整合，将个体层面的差异化资源上升至组织层面，更新组织知识库，并加深团队对既有和新惯例的共同理解及价值感知，进一步推动惯例更新进程。共享领导作为一种特殊情境下的领导模式，其领导力在团队成员中得到分配和共享，而非集中在单个个体上。共享领导在调节团队多样性与知识共享关系中起着重要作用。创业团队能否有效利用其多样性资源，关键在于团队成员间知识和信息的开发、交换和整合程度，而这在不同共享领导水平下会有差异。

2. 首先，要充分挖掘和利用创业团队在年龄多样性、信息多样性和价值观多样性方面的优势，通过强化知识共享，提升团队的知识创造能力和共享意愿，积累与创业任务相关的新型知识资源，为企业的惯例更新提供扎实的基础。其次，可以根据团队多样性的具体特征，合理采纳和运用共享领导风格。共享领导在信息多样性（如受教育水平、职能经验）和价值观多样性较高的团队中能更好地催化知识共享，发挥正向调节作用。然而，在社会类别多样性（如性别、年龄）较高的团队中，共享领导的调节效果可能并不明显。因此，创业团队应明智地根据自身的多样性特点选择是否采用共享领导模式，以最大限度地释放团队多样性的潜力，服务于企业的惯例更新与持续发展。

第九章

1. 首先，组织应该鼓励领导对员工的贡献表达感激，进而降低员工的离职意愿。如前所述，领导感激表达可能仅耗费一句话或者一封邮件的成本就能降低员工离职率，对于组织和领导来说不仅节省了时间成本和精力，同时还节省了发放奖金等物质激励可能产生的成本。可以说，领导感激表达对员工离职意愿的抑制作用起到了“四两拨千斤”的效果。因此，组织应尽可能鼓励领导向员工真诚表达感激，同时在提拔管理者时也应关注管理者的感恩特质。其次，研究发现领导感激表达会通过提升员工基于组织的自尊和对领导的情感承诺降低其离职意愿。因此，应当关注员工基于组织的自尊和情感承诺，从工作设计、积极反馈和奖励等多个维度提升员工基于组织的自尊和情感承诺。

2. 中国文化情境中的员工普遍持有较高的权力距离，但高权力距离会削弱领导感激表达的作用和效果。因此，应当致力于营造平等的组织文化和组织氛围，通过组织培训教育员工平等地看待个人与领导之间的关系，降低员工的权力距离，帮助员工自由、开放、真诚地与领导进行沟通，强化领导感激表达对员工离职意愿的积极作用。

第十章

案例分析题一

1. 利用式领导指的是一种领导者行为，这种行为表现为领导者过度榨取员工的时间、精力和资源，以满足自身的需求或获取利益。利用式领导可以通过多种方式影响员工的工作拖延行为。首先，利用式领导会打乱员工的工作规划，破坏其工作节奏，从而导致工作拖延。其次，利用式领导可能会使员工面临过度的工作压力和负面情绪，使员工失去工作的积极性和动力，从而产生工作拖延的行为。最后，利用式领导还可能改变员工的工作要求和资源分配，使工作环境变得更加恶劣，进而诱发工作拖延。

2. 减轻利用式领导对员工工作拖延影响的一个可能途径是培养员工的自我增强型幽默。自我增强型幽默能够帮助员工在面对压力和挑战时，保持积极的心态和情绪状态，从而减少对情绪资源的消耗。当员工具备更强的情绪调节能力时，他们更能应对利用式领导带来的负面影响，减少工作拖延的行为。此外，企业也可以通过改善领导风格、加强员工培训和心理辅导等方式，减少利用式领导对员工工作拖延的潜在影响。

案例分析题二

1. 平台型领导是一种领导方式，其核心理念是为员工创造一个开放、自主、协作的工作环境，使员工能够充分发挥自己的潜能和创造力。平台型领导通过提供资源、支持和指导，帮助员工实现自我驱动和自我发展，从而促进他们的工作沉浸。这种领导方式能够激发员工的工作热情和动力，使他们更加投入和专注于工作，达到“挑战 - 技能平衡”的工作沉浸状态。

2. 自我领导在平台型领导对员工适应性绩效的间接影响中起到了调节作用。自我领导水平较高的员工能够更好地理解和适应平台型领导的工作方式，更加主动地利用领导提供的资源和支持，从而在工作沉浸中取得更好的认知和情感升级。这种升级进而有助于提升员工的适应性绩效，使他们能够更好地应对复杂多变的工作环境。相反，自我领导水平较低的员工可能无法充分利用平台型领导的优势，导致工作沉浸和适应性绩效的提升受限。

第十一章

案例分析题一

1. 权力的合法性感知在权力对竞争行为的影响中起着显著的调节作用。当组织成员对权力的合法性有着较高的感知时，权力通过增强自信进而影响竞争行为的正向中介效应表现得尤为显著。相反，如果组织成员对权力的合法性持怀疑态度或认为其不合情理，那么权力的影响力就会大打折扣。

2. 权力的影响需要通过个体自信心来间接塑造和增强竞争行为，这是因为自信心是个体参与竞争的重要心理基础。当个体拥有更高的权力时，他们往往更加自信，这种自信使得他们更愿意参与竞争，追求更高的成就。因此，权力并非直接作用于竞争行为，而是通过影响个体的自信心来间接发挥作用。

案例分析题二

1. 当员工越权行为源于对工作的热情、对组织的责任感以及对改进工作流程的渴望时，这种越权行为可能被视为积极的。例如，当员工发现某个工作流程存在问题并主动提出改进建议，尽管这超出了其职权范围，但这种行为可以促进组织效率的提升。

2. 企业可以通过建立明确的权责体系和决策流程来平衡员工越权行为的潜在风险与可能的积极效果。首先，企业应确保员工清楚了解自己的职权范围，并遵守公司的决策流程。其次，企业可以建立一种鼓励员工提出改进意见和建议的机制，同时确保这些建议在得到适当评估和授权后才能实施。最后，企业可以通过培训和文化建设来增强员工的责任感和职业道德意识，以减少不必要的越权行为。

第十二章

案例分析题一

1. 内部既有知识与外部异质知识的冲突指的是员工在进行跨界行为时，他们所掌握的、基于自身职能、部门或组织内部的知识（内部既有知识）与从外部环境中获取的不同背景、行业或文化价值观下的知识（外部异质知识）之间的不一致或矛盾。这种冲突可能导致员工在整合信息、解决问题时面临更大的挑战。知识冲突对员工的跨界行为具有双重影响。一方面，它可能增加员工在整合不同来源知识时的难度，导致决策迟缓或创新受阻；另一方面，适度的知识冲突能够激发员工的创新思维和解决问题的动力，促进他们更积极地寻求新的解决方案，从而有助于提升员工的创造力。

2. 管理或利用知识冲突来提升员工的创造力需要采取以下措施。首先，鼓励员工保持开放的心态，接受和尊重不同来源的知识和观点。其次，提供适当的培训和指导，帮助员工提升认知灵活性和知识整合能力。最后，创造有利于知识共享和协作的环境，可以促进员工之间的交流和合作，使他们共同解决知识冲突带来的问题。

案例分析题二

1. 劳资冲突指的是在企业中，由于劳动者和雇主之间在工资、福利、工作环境、管理政策等方面的利益分歧或矛盾而产生的冲突。近年来，随着我国经济结构的转型和市场竞争的加剧，企业面临着更多的经济压力和不确定性，导致在劳动关系中的矛盾和分歧增加，从而使劳资冲突进入高发期。

2. 在劳资冲突中，员工可能会经历工资待遇不公、工作环境恶劣、管理层的不当处理等负面事件，这些事件可能会激发员工的愤怒、失望、焦虑等负面情绪。这些负面情绪不仅会影响员工的心理健康，还可能影响他们的工作表现和对组织的忠诚度。

第十三章

1. 在数字化转型的浪潮中，企业需要构建一个灵活且敏捷的组织结构，以快速响应市场和技术的变化。这通常意味着要打破传统的部门界限，促进跨功能的协作，同时培育数据驱动的决策文化。领导层应展现出前瞻性和变革能力，引导员工接受新技术，并在整个组织中培养创新精神，投资于员工的数字技能培训和终身学习，确保团队能够保持技术优势。企业应以客户为中心，利用数字化手段提供个性化服务，并建立有效的风险管理机制来应对转型中可能出现的风险。通过创建创新机制，如内部孵化器，鼓励原型设计、测试和反馈。培育开放、合作的组织文化，支持持续学习和改进。绩效评估体系也应与数字化转型的目标和关键绩效指标相一致。战略性规划和有效的变革管理对于确保数字化转型成功和提高企业竞争力至关重要。

2. 组织变革的动力主要来自提升效率、竞争力、适应市场变化和技术进步的需求，这些需求可能是外部市场的压力或内部改善的追求。变革的阻力通常包括员工对变化的恐惧、抵触情绪、根深蒂固的组织文化、管理层的反对、资源限制和沟通障碍等。

为了有效克服这些阻力，企业需要采取明确措施。首先，通过透明的沟通明确变革的必要性，确保所有相关方对变革有清晰的理解。其次，提供培训和教育以减少员工对新流程的恐惧，并通过强有力的领导团队展示对变革的承诺。此外，应鼓励员工参与变革，通过反馈提高他们的参与度。同时，尊重并利用现有文化作为变革的资产，逐步引导其支持变革。最后，确保变革管理有足够的资源支持，并为解决变革过程中的问题做好准备。通过这些策略，企业便能够促进组织变革，实现战略目标。

第十四章

1. 为了提升员工对数据共享的接受度和参与度，组织可以采取一系列措施来塑造和强化其组织文化。首先，建立开放透明的沟通环境，明确数据共享的价值和目标，可以增强员工对数据共享的认识和信任。其次，团队合作和领导的示范作用可以增强员工的归属感和团队精神，从而使他们更愿意参与数据共享。此外，提供必要的培训和教育，制定清晰的政策和指导原则，以及建立反馈机制，都是提升员工参与度的有效手段。同时，激励和认可机制能够激发员工的积极性，而强化数据安全和隐私保护意识则能增强员工的信心。最后，促进跨部门合作和持续的沟通更新，可以进一步巩固数据共享的文化，确保员工持续参与和贡献。通过这些综合性的策略，组织可以有效地提升员工对数据共享的接受度和参与度，进而推动整个组织在数据共享方面的进步和创新。

2. 在优化组织文化的过程中，常见的挑战包括员工对变革的抵抗、价值观的冲突、领导力的不足、沟通障碍、员工参与感的缺失、资源分配不均以及缺乏有效的度量和评估机制等。为了应对这些挑战，组织可以采取以下策略：首先，明确并传达一个清晰的文化变革愿景，使员工理解并认同变革的必要性；其次，领导者需要通过自己的行为来示范新的价值观和行为准则，成为文化变革的引领者；再次，通过全员参与的方式，让员工参与到文化建设的讨论和活动中，增强他们的参与感和归属感；又次，保证沟通的开放性和透明性，避免误解和隔阂，提供必要的培训和资源支持，帮助员工适应新的文化环境；最后，建立有效的度量和反馈机制，定期评估文化变革的进展和成效，确保文化优化工作能够持续进行并取得实效。

第十五章

1. 竹叶青茶业在变革过程中遇到的主要阻力包括集权式管理模式的惰性、利益损失、员工和部门抵制以及变革资源的协调利用。为了克服这些阻力，公司采取了包括引入阿米巴经营模式、优化门店管理模式、建立元沟通渠道、实施物质及荣誉激励以及进行反复的战略宣贯等措施。这些方法有助于激发员工的参与感和创造力，平衡不同群体的利益，提升员工的积极性和归属感，以及提高资源利用效率。

2. 为了在变革成功后维持和进一步加强授权与控制的良性循环，竹叶青茶业应持续进行战略宣贯以强化变革理念，建立有效的反馈机制来响应员工的意见，继续实施激励与认可政策以提升员工的成就感和忠诚度，加强对中低层管理者的领导力培训，推进数字化转型和业态创新以提高运营效率，以及建立持续的评估机制来确保变革措施的持续性和有效性。此外，公司还需要强化企业文化建设，营造一种支持变革和鼓励创新的组织氛围。通过这些综合性措施，竹叶青茶业能够确保变革成果的巩固，并推动组织向着长期稳定的方向发展。

参考文献

阿伦·肯尼迪、特伦斯·迪尔:《西方企业文化》，孙耀君等译，中国对外翻译出版公司，1989。

暴占光、张向葵:《自我决定认知动机理论研究概述》,《东北师大学报》2005年第6期，第142~147页。

彼得·圣吉:《第五项修炼：学习型组织的艺术与实践》，张成林译，中信出版社，2021。

边一民等编著《组织行为学（第二版）》，浙江大学出版社，2018。

蔡思辰、裴嘉良、刘善仕:《目标设置理论视角下平台工作游戏化感知对零工工作者服务绩效的影响机制研究》,《中国人力资源开发》2023年第5期，第6~20页。

陈春花、张超:《组织变革的“力场”结构模型与企业组织变革阻力的克服》,《科技管理研究》2006年第4期，第203~206页。

陈思静、马剑虹:《第三方惩罚与社会规范激活——社会责任感与情绪的作用》,《心理科学》2011年第3期，第670~675页。

陈万江、李鑫:《移动互联时代个人数据的保护》，载张晓东主编《中国管理发展报告（2014）》，社会科学文献出版社，2014，第341~367页。

陈晓红、赵可:《团队冲突、冲突管理与绩效关系的实证研究》,《南开管理评论》2010年第5期，第31~35页。

丁奕、严云鸿:《团队合作能力培训方法研究》,《中国人力资源开发》2009年第7期，第10~13页。

董玉芳、何大伟:《中国企业管理沟通问题及对策研究》,《经济问题》2005年第3期，第33~35页。

杜运周:《夯实管理哲学，促进中国管理理论方法创新》，载张晓东主编《中国管理发展报告（2023）》，社会科学文献出版社，2023，第67~68页。

方振邦、刘琪编著《管理思想史（第 3 版）》，中国人民大学出版社，2014。

甘怡群、王纯、胡潇潇:《中国人的核心自我评价的理论构想》,《心理科学进展》2007 年第 2 期，第 217~223 页。

高静美、陈甫:《组织变革知识体系社会建构的认知鸿沟——基于本土中层管理者 DPH 模型的实证检验》,《管理世界》2013 年第 2 期，第 107~124、188 页。

顾远东、彭纪生:《组织创新氛围对员工创新行为的影响：创新自我效能感的中介作用》,《南开管理评论》2010 年第 1 期，第 30~41 页。

管理科学奖案例研究课题组:《新时代的中国管理》，载张晓东主编《中国管理发展报告（2023）》，社会科学文献出版社，2023，第 227~228 页。

何建华、姜小暖、于桂兰:《团队集体效能感与团队绩效：团队沟通的调节作用》,《科技管理研究》2014 年第 4 期，第 169~173 页。

黄敏儿、郭德俊:《情绪调节的实质》,《心理科学》2000 年第 1 期，第 109~110 页。

黄攸立、李璐:《组织中的自恋型领导研究述评》,《外国经济与管理》2014 年第 7 期，第 24~33 页。

靳娟、宁娟娟、张昕:《高科技企业研发人员工作积极压力影响因素研究——基于工作特征模型》,《科技进步与对策》2017 年第 6 期，第 151~155 页。

孔华秀、郭斌、张楠等:《自恋的潜在类别及其对大学生行为影响的双刃剑效应》,《心理研究》2022 年第 1 期，第 86~93 页。

郎淳刚、席酉民、郭士伊:《团队内冲突对团队决策质量和满意度影响的实证研究》,《管理评论》2007 年第 7 期，第 10~15 页。

李陈、陈午晴:《基本归因错误的文化局限性》,《心理科学进展》2006 年第 6 期，第 938~943 页。

李春玲、张西英、仇勇等:《不同激励偏好下创新奖励对研发人员创新行为的影响——自我决定与特质激活理论整合视角》,《科技进步与对策》2019 年第 24 期，第 153~160 页。

李凯城:《哲学、理论与方法成功实践的中国管理学——中国共产党和解放军管理理论研究》，载张晓东主编《中国管理发展报告（2014）》，社会科学文献出版社，2014，第 138~169 页。

李玲、金盛华:《Schwartz 价值观理论的发展历程与最新进展》,《心理科学》2016 年第 1 期，第 191~199 页。

李梅、卢家楣:《不同人际关系群体情绪调节方式的比较》,《心理学报》2005 年第 4 期，第 517~523 页。

梁巧、白荣荣:《农民合作社组织规模与绩效的关系探究》,《经济学家》2021 年第 8 期，第 119~128 页。

刘颖、张正堂、段光:《团队薪酬激励效应的影响因素、作用机制与研究框架》,《管理评论》2015 年第 12 期，第 151~163 页。

刘智强、邓传军、廖建桥、龙立荣:《组织支持、地位认知与员工创新：雇佣多样性视角》,《管理科学学报》2015 年第 10 期，第 80~94 页。

刘智强、关培兰编著《组织行为学（第 5 版）》，中国人民大学出版社，2020。

刘智强、严荣笑、唐双双:《领导创新期望与员工突破性创新投入：基于悖论理论的研究》,《管理世界》2021 年第 10 期，第 226~241 页。

楼鸣、李萍、刘宝巍:《主管支持感与组织公民行为：自我效能感的调节作用》,《管理科学》2021 年第 4 期，第 115~123 页。

吕鸿江、赵兴华:《中层管理者正式与非正式网络一致性、组织文化与双元创新：在混沌边缘的结构与情境融合》,《管理工程学报》2023 年第 3 期，第 5~6 页。

马亮、王程伟:《管理幅度、专业匹配与部门间关系：对政府副职分管逻辑的解释》,《中国行政管理》2019 年第 4 期，第 107~115 页。

孟现鑫、罗怡、韩晨媛等:《社会接纳调节社会排斥对情绪冲突适应的影响》,《心理学报》2024 年第 5 期，第 577~593 页。

O. 吉弗 · 哈里斯、斯塔德拉 · J. 哈特曼:《组织行为学》，李丽、闫长坡、刘新颖译，经济管理出版社，2010。

任国华、刘继亮:《大五人格和工作绩效相关性研究的进展》,《心理科学》2005 年第 2 期，第 406~408 页。

沈伊默、诸彦含、周婉茹、张昱城、刘军:《团队差序氛围如何影响团队成员的工作表现？——一个有调节的中介作用模型的构建与检验》,《管理世界》2019 年第 12 期，第 104~115 页。

斯蒂芬 · 罗宾斯、蒂莫西 · 贾奇:《组织行为学（第 18 版）》，孙健敏、朱曦济、李原译，中国人民大学出版社，2021。

宋华：《权力、信任对冲突解决机制及其伙伴关系持续影响研究》，《管理学报》2009 年第 11 期，第 1437~1443 页。

苏钟海、魏江、胡国栋：《企业战略更新与组织结构变革协同演化机理研究》，《南开管理评论》2023 年第 2 期，第 61~71 页。

陶厚永、刘洪、吕鸿江：《组织管理的集权—分权模式与组织绩效的关系》，《中国工业经济》2008 年第 4 期，第 82~83 页。

田录梅、张向葵：《自尊与自我服务偏好的关系述评》，《心理科学进展》2007 年第 4 期，第 631~636 页。

田志龙、熊琪、蒋倩：《跨国公司中中国员工面临的跨文化沟通挑战与应对策略》，《管理学报》2013 年第 7 期，第 1000~1015 页。

王端旭、赵轶：《工作自主性、技能多样性与员工创造力：基于个性特征的调节效应模型》，《商业经济与管理》2011 年第 10 期，第 43~50 页。

王端旭：《工作轮换与企业内部隐性知识转移》，《科学学研究》2004 年第 4 期，第 395~398 页。

王国锋、李懋、井润田：《高管团队冲突、凝聚力与决策质量的实证研究》，《南开管理评论》2007 年第 5 期，第 89~93 页。

王智：《工作设计的激励作用浅析》，《人口与经济》2009 年第 S1 期，第 59~60 页。

魏巍、白润泽、黄杜鹃等：《地位提升事件强度对员工创造力的影响：自我效能与归因倾向的作用》，《中国人力资源开发》2021 年第 11 期，第 80~93 页。

温瑶、甘怡群：《主动性人格与工作绩效：个体—组织匹配的调节作用》，《应用心理学》2008 年第 2 期，第 118~128 页。

《小巨人 | 安瑞科蚌压杨威锋：建设美丽新蚌压》，2021 年 12 月 24 日，https://new.qq.com/rain/a/20211224A0D0NZ00，最后访问时间：2024 年 5 月 4 日。

徐明：《党管人才的核心议题、研究进路与实践向度》，《人民论坛 · 学术前沿》2023 年第 18 期，第 52~67 页。

徐明：《基于人才集聚的科技政策对关键核心技术攻坚的影响——以北京市为

例》,《北京社会科学》2023 年第 10 期，第 21~33、128 页。

徐明:《新时代人才强国战略的总体框架、时代内涵与实现路径》,《河海大学学报》(哲学社会科学版)2022 年第 6 期，第 88~101、131~132 页。

徐明:《中国共产党百年人才思想的理论进路与实践向度》,《北京社会科学》2022 年第 2 期，第 4~15 页。

徐明:《中国共产党人才思想的理论来源、逻辑理路与当代启示》,《人民论坛·学术前沿》2021 年第 24 期，第 24~32 页。

徐小凤、李苗苗、关浩光等:《家庭和谐对员工韧性的影响：自我效能感与社会支持的作用》,《中国人力资源开发》2021 年第 6 期，第 68~78 页。

伊志宏、于上尧、姜付秀:《忙碌的董事会：敬业还是低效?》,《财贸经济》2011 年第 12 期，第 46~54 页。

尹润锋:《仆从领导与员工创新行为关系研究》,《领导科学》2013 年第 11 期，第 48~50 页。

于海晶、蔡莉、詹天悦、陈彪:《创业中的情绪调节过程模型：基于情感事件理论》,《南开管理评论》2023 年第 6 期，第 201~209 页。

张宝山、俞国良:《污名现象及其心理效应》,《心理科学进展》2007 年第 6 期，第 993~1001 页。

张建人、刘佳怡、皮丹丹等:《时间视角下工作价值观的结构访谈：基于重要性排序的分析》,《中国临床心理学杂志》2019 年第 4 期，第 716~721 页。

张剑、张建兵、李跃等:《促进工作动机的有效路径：自我决定理论的观点》,《心理科学进展》2010 年第 5 期，第 752~759 页。

张真、皇甫刚:《影响整合式谈判的情境因素和过程因素》,《心理科学进展》2007 年第 3 期，第 518~523 页。

张正堂:《团队薪酬计划的激励效应研究》,《科学学与科学技术管理》2010 年第 11 期，第 176~181 页。

赵君、蔡翔:《人口统计学特征对工作场所偏差行为的差异性影响研究》,《软科学》2014 年第 8 期，第 112~113 页。

赵立:《中小企业组织道德氛围及其对组织绩效的影响——基于浙江等省市的调查与分析》,《浙江社会科学》2011 年第 7 期，第 136 页。

赵燕梅、张正堂、刘宁等:《自我决定理论的新发展述评》,《管理学报》2016

年第 7 期，第 1095~1104 页。

周泽将:《董事会会议、过度投资与企业绩效——基于国有上市公司 2001~2011 年的经验证据》,《经济管理》2014 年第 1 期，第 88~100 页。

《组织行为学》编写组编《组织行为学》，高等教育出版社，2019。

A. Arlinghaus & F. Nachreiner, "When Work Calls-Associations between Being Contacted Outside of Regular Working Hours for Work-Related Matters and Health," *Chronobiology International* 9 (2013): 1197-1202.

A. Bandura, *Self-Efficacy: The Exercise of Control* (New York: Freeman, 1997).

A. Bandura, "Self-Efficacy: Toward a Unifying Theory of Behavioral Change," *Psychological Review* 84 (1977): 191-215.

A. C. Edmondson, "The Local and Variegated Nature of Learning in Organizations: A Group-level Perspective," *Organization Science* 13 (2002): 128-146.

A. Luksyte, J. A. Carpini, et al., "Conscientiousness and Perceived Ethicality: Examining Why Hierarchy of Authority Diminishes This Positive Relationship", *Human Resource Management* 63 (2024): 601-617.

A. Nandkeolyar, J. Shaffer, A. Li, et al., "Surviving an Abusive Supervisor: The Joint Roles of Conscientiousness and Coping Strategies," *Journal of Applied Psychology* 99 (2014): 138-150.

A. Tversky & D. Kahneman, "Judgment Under Uncertainty: Heuristics and Biases," *Science* 185 (1974): 1124-1131.

B. Barry & L. Stewartg, "Composition, Process, and Performance in Self-managed Groups: The Role of Personality," *Journal of Applied Psychology* 82 (1997): 62-78.

B. Bradley, A. Klotz, B. Postlethwaite, et al., "Ready to Rumble: How Team Personality Composition and Task Conflict Interact to Improve Performance," *Journal of Applied Psychology* 98 (2013): 385-392.

B. H. Gaddis & J. L. Foster, "Meta-Analysis of Dark Side Personality Characteristics and Critical Work Behaviors among Leaders across the Globe: Findings and Implications for Leadership Development and Executive

Coaching," *Applied Psychology* 64 (2015): 25-54.

B. Oc, M. R. Bashshur, & C. Moore, "Speaking Truth to Power: The Effect of Candid Feedback on How Individuals with Power Allocate Resources," *Journal of Applied Psychology* 100 (2015): 450-463.

C. Chang, C. Rosen, & P. Levy, "The Relationship between Perceptions of Organizational Politics and Employee Attitudes, Strain, and Behavior: A Meta-Analytic Examination," *Academy of Management Journal* 52 (2009): 779-801.

C. Rosen, P. Levy, & R. Hall, "Placing Perceptions of Politics in the Context of the Feedback Environment, Employee Attitudes, and Job Performance," *Journal of Applied Psychology* 91 (2006): 211-220.

D. C. Miller & W. H. Form, *Industrial Sociology: Work in Organizational Life (3th)* (New York: Harper & Row, 1980).

D. Greenberg & E. M. Landry, "Negotiating a Flexible Work Arrangement: How Women Navigate the Influence of Power and Organizational Context," *Journal of Organizational Behavior* 32 (2011): 1163-1188.

D. H. M. Chng, M. S. Rodgers, E. Shih, et al., "Leaders' Impression Management during Organizational Decline: The Roles of Publicity, Image Concerns, and Incentive Compensation," *The Leadership Quarterly* 26 (2015): 270-285.

D. N. Jones & D. L. Paulhus, "Introducing the Short Dark Triad (SD3) a Brief Measure of Dark Personality Traits," *Assessment* 21 (2014): 28-41.

D. Treadway, G. Ferris, A. Duke, et al., "The Moderating Role of Subordinate Political Skill on Supervisors' Impressions of Subordinate Ingratiation and Ratings of Subordinate Interpersonal Facilitation," *Journal of Applied Psychology* 92 (2007): 848-855.

David Myers & Jean Twenge, *Social psychology* (New York: McGraw-Hill, 2019).

E. E. Jones & V. A. Harris, "The Attribution of Attitudes," *Journal of Experimental Social Psychology* 3 (1967): 1-24.

F. Walumbwa, C. Hartnell, & A. Oke, "Servant Leadership, Procedural Justice Climate, Service Climate, Employee Attitudes, and Organizational Citizenship Behavior: A Cross-Level Investigation," *Journal of Applied Psychology* 95 (2010): 517-529.

G. Ferris, D. Treadway, P. Perrewé, et al., "Political Skill in Organizations," *Journal of Management* 33 (2007): 290-320.

G. Ferris, W. Hochwarter, C. Douglas, et al., "Social Influence Processes in Organizations and Human Resource Systems," *Research in Personnel and Human Resources Management* 21 (2002): 65-127.

G. Johns, "The Essential Impact of Context on Organizational Behavior," *Academy of Management Journal* 31 (2006): 385-408.

H. Lian, D. J. Brown, D. L. Ferris, L. H. Liang, et al., "Abusive Supervision and Retaliation: A Self-Control Framework," *Academy of Management Journal* 57 (2014): 116-139.

J. B. Carnevale et al., "Laughing with Me or Laughing at Me? The Differential Effects of Leader Humor Expressions on Follower Status and Influence at Work," *Journal of Organizational Behavior* 43 (2022): 1153-1171.

J. D. Mackey, R. E. Frieder, J. R. Brees, et al., "Abusive Supervision: A Meta-Analysis and Empirical Review," *Journal of Management* 43 (2017): 1940-1965.

J. E. Barbuto & D. W. Wheeler, "Scale Development and Construct Clarification of Servant Leadership," *Group & Organization Management* 31 (2006): 300-326.

J. Haidt, "The New Synthesis in Moral Psychology," *Science* 316 (2007): 998-1002.

J. Ham & R. Vonk, "Impressions of Impression Management: Evidence of Spontaneous Suspicion of Ulterior Motivation," *Journal of Experimental Social Psychology* 47 (2011): 466-471.

J. R. Hackman & G. R. Oldham, "Development of the Job Diagnostic Survey," *Journal of Applied psychology* 60 (1975): 159-170.

J. R. Hackman & G. R. Oldham, *Work Redesign* (Massachusetts: Addison-Wesley, 1980).

J. R. Katzenbach & D. K. Smith, "The Discipline of Teams," *Harvard Business Review* 71 (1993): 111-120.

J. Shi, R. Johnson, Y. Liu, et al., "Linking Subordinate Political Skill to Supervisor Dependence and Reward Recommendations: A Moderated Mediation Model," *Journal of Applied Psychology* 98 (2012): 378-384.

J. Walter, F. W. Kellermanns, & C. Lechner, "Decision Making Within and Between Organizations: Rationality, Politics, and Alliance Performance," *Journal of Management* 38 (2012): 1582-1610.

K. Behfar, R. Peterson , E. Mannix, et al., "The Critical Role of Conflict Resolution in Teams: A Close Look at the Links Between Conflict Type, Conflict Management Strategies, and Team Outcomes," *Journal of Applied Psychology* 93 (2008): 170-188.

K. Bezrukova, C. S. Spell, D. Caldwell, et al., "A Multilevel Perspective on Faultlines: Differentiating the Effects Between Group and Organizational Level Faultlines," *Journal of Applied Psychology* 101 (2016): 86-107.

K. Dirks & D. Ferrin, "Trust in Leadership: Meta-Analytic Findings and Implications for Research and Practice," *Journal of Applied Psychology* 87 (2002): 611-628.

K. Jiang, Y. Hong, P. Mckay, et al., "Retaining Employees through Anti-Sexual Harassment Practices: Exploring the Mediating Role of Psychological Distress and Employee Engagement," *Human Resource Management* 54 (2015): 1-21.

K. Kacmar, D. Bachrach, K. Harris, et al., "Fostering Good Citizenship through Ethical Leadership: Exploring the Moderating Role of Gender and Organizational Politics," *Journal of Applied Psychology* 96 (2011): 633-642.

K. M. Kacmar, M. C. Andrews, K. J. Harris, et al., "Ethical Leadership and Subordinate Outcomes: The Mediating Role of Organizational Politics and the Moderating Role of Political Skill,"*Journal of Business Ethics* 115(2013): 33-44.

K. S. Wilson, D. S. Derue , F. K. Matta, et al., "Personality Similarity in Negotiations: Testing the Dyadic Effects of Similarity in Interpersonal Traits and the Use of Emotional Displays on Negotiation Outcomes," *Journal of Applied Psychology* 101 (2016): 1405-1421.

L. A. Burke & J. E. Moore, "The Reverberating Effects of Job Rotation: A Theoretical Exploration of Nonrotaters' Fairness Perceptions" *Human Resource Management Review* 10 (2000): 127-152.

L. Cortina & S. Wasti, "Profiles in Coping: Responses to Sexual Harassment Across Persons, Organizations, and Cultures," *Journal of Applied Psychology* 90 (2005): 182-192.

M. Abbas, U. Raja, W. Darr, et al., "Combined Effects of Perceived Politics and Psychological Capital on Job Satisfaction, Turnover Intentions, and Performance," *Journal of Management* 40 (2012): 1813-1830.

M. Barrick, J. Shaffer, & S. Degrassi, "What You See May Not be What You Get: Relationships Among Self-Presentation Tactics and Ratings of Interview and Job Performance," *Journal of Applied Psychology* 94 (2009): 1394-1411.

M. D. Ensley, A. W. Pearson, & A.C. Amason, "Understanding the Dynamics of New Venture Top Management Teams: Cohesion, Conflict, and New Venture Performance," *Journal of Business Venturing* 17 (2002): 365-386.

M. J. Stevens & M. A. Campion, "The Knowledge, Skill, and Ability Requirements for Teamwork: Implications for Human Resource Management," *Journal of Management* 20 (1994): 503-530.

M. Neubert, K. Kacmar, D. Carlson, et al., "Regulatory Focus as a Mediator of the Influence of Initiating Structure and Servant Leadership on Employee Behavior," *Journal of Applied Psychology* 93 (2008): 1220-1233.

N. Anderson, K. Potočnik, & J. Zhou, "Innovation and Creativity in Organizations: A State-of-the-science Review, Prospective Commentary, and Guiding Framework," *Journal of Management* 40（2014）：1297-1333.

O. Epitropaki & R. Martin, "Transformational-Transactional Leadership and upward Influence：The Role of Relative Leader-Member Exchanges(RLMX) and Perceived Organizational Support（POS）," *The Leadership Quarterly* 24（2013）：299-315.

P. Cappelli & P. D. Sherer, "The Missing Role of Context in OB: The Need for a Meso-level Approach," *Research in Organizational Behavior*（1991）：55-110.

P. Trapnell & D. Paulhus, "Agentic and Communal Values：Their Scope and Measurement," *Journal of Personality Assessment* 94（2012）：39-52.

R. B. Kaiser, J. M. Lebreton, & J. Hogan, "The Dark Side of Personality and Extreme Leader Behavior," *Applied Psychology* 64（2015）：55-92.

R. E. Sturm & J. Antonakis, "Interpersonal Power：A Review, Critique, and Research Agenda," *Journal of Management* 41（2015）：136-163.

S. Bani-Melhem, R. Zeffane, & M. Albaity, "Determinants of Employees' Innovative Behavior," *International Journal of Contemporary Hospitality Management* 30（2018）：1601-1620.

S. Zedeck, "Maintaining, Expanding, and Contracting the Organization," *American Psychological Association* 3（2011）：435-459.

W. Yen, "Relationships among Perceptions of Organizational politics (POPs), Work Motivation and Salesperson Performance," *Journal of Management & Organization* 21（2015）：203-216.

X. Chen, M. B. Eberly, T. Chiang, et al., " Affective Trust in Chinese Leaders：Linking Paternalistic Leadership to Employee Performance," *Journal of Management* 40（2014）：796-819.

图书在版编目（CIP）数据

组织行为学 / 徐明主编 . -- 北京 : 社会科学文献出版社 , 2024. 9. -- (中国社会科学院大学系列教材).
ISBN 978-7-5228-4288-2

Ⅰ .C936

中国国家版本馆 CIP 数据核字第 2024MT2637 号

· 中国社会科学院大学系列教材 ·

组织行为学

主　　编 / 徐　明

出 版 人 / 冀祥德
组稿编辑 / 谢蕊芬
责任编辑 / 赵　娜
责任印制 / 王京美

出　　版 / 社会科学文献出版社 · 群学分社（010）59367002
地址：北京市北三环中路甲29号院华龙大厦　邮编：100029
网址：www. ssap. com. cn
发　　行 / 社会科学文献出版社（010）59367028
印　　装 / 三河市东方印刷有限公司

规　　格 / 开　本：787mm × 1092mm　1/16
印　张：32.5　字　数：528千字
版　　次 / 2024年9月第1版　2024年9月第1次印刷
书　　号 / ISBN 978-7-5228-4288-2
定　　价 / 128. 00元

读者服务电话：4008918866